I0830351

prometeo
l i b r o s

ESTADO Y MARXISMO: UN SIGLO Y MEDIO DE DEBATES

Mabel Thwaites Rey
(compiladora)

Estado y marxismo:
un siglo y medio de debates

prometeo
libros

Thwaites Rey, Mabel
    Estado y marxismo: un siglo y medio de debates / Mabel
Thwaites Rey; - 1a ed. - Buenos Aires: Prometeo Libros, 2007.
    xxx p. ; 21x15 cm.

    1. Filosofía. I. xxx II. Título
    CDD xxx

Diseño: R&S
Armado: Cutral Ediciones
cutral@cutralediciones.com.ar

Índice

Prólogo

Este volumen colectivo es producto de un largo trabajo de equipo. Como Cátedra de Sociología Política de la Carrera de Ciencia Política de la Facultad de Ciencias Sociales de la UBA, hace ya varios años que veníamos esbozando el esqueleto de un libro que incluyera los ejes principales del programa de la materia. Diversos índices se fueron sucediendo junto con el paso de queridos compañeros que trabajaron con nosotros en la Cátedra, como Ana Dinerstein, Osvaldo Battistini, Ruth Felder y otros, hasta dar finalmente con el esquema que logramos concretar. La principal consigna fue articular, de la manera más armónica y coherente posible, el recorrido de los debates marxistas acerca del Estado, comenzando con la obra del propio Marx. Si bien cada autor eligió su estrategia expositiva para desarrollar su capítulo, se procuró respetar el propósito común de presentar los aportes teóricos de los diversos enfoques marxistas en su perspectiva histórica. El resultado, creemos, es una obra unitaria, concebida como un todo, a la que también se puede acceder provechosamente por sus partes.

Los actuales integrantes de la cátedra, Mabel Thwaites Rey (Titular Regular), José Castillo (Adjunto), Alberto Bonnet y Hernán Ouviña (JTP), Rodolfo Gómez, Clara Bressano, Nicolás Freibrun y Martín Cortés (Ayudantes), agradecemos a los estudiantes y ayudantes alumnos que, durante estos años, han sido el motor de ricas e intensas discusiones en clases, seminarios, talleres extracurriculares y charlas de visitantes de la talla de John Holloway, Werner Bonefeld, Robin Blackbourn, Guillermo Almeyra, Edgardo Logiudice, Jacques Bidet y Giussepe Prestipino, por citar sólo algunos, que contribuyeron al resultado final de esta obra. El trabajo se enmarca, asimismo, en el proyecto de investigación de UBACyT E032, *"Política y técnica en los procesos de reforma del Estado: hacia un diseño alternativo"*, al que pretende aportar desde una dimensión teórica.

Introducción

Cada relectura que se hace de una problemática teórica, de un pensador o de un grupo de autores determinados carga, ineludiblemente, con el peso de la mirada epocal desde donde se efectúa esa nueva "visita". El significado que se le atribuya, entonces, puede ser diverso, en la medida en que cambia la perspectiva desde la cual se realiza el análisis. Por eso, traer nuevamente al primer plano el "tema Estado" en el marxismo, que es el propósito de este libro, tiene hoy una connotación particular.

Durante los años ochenta y noventa del siglo xx, los vientos huracanados del neoliberalismo parecieron barrer no sólo con numerosas conquistas de los movimientos obreros y populares de todo el planeta, sino con las categorías teórico-políticas que les dieron sustento durante más de un siglo. En un contexto signado por la hegemonía neoliberal y conservadora y la caída del "socialismo real", la discusión sobre el Estado, en cuanto instancia clave de la dominación capitalista, fue desplazada tanto por el ataque al tamaño y al costo de sus aparatos, como por la supuesta pérdida de centralidad de los espacios estatales nacionales frente al avance de la globalización. Sin embargo, con el inicio del nuevo siglo empezaron a hacerse más agudas las contradicciones planteadas por la reconfiguración neoliberal y un nuevo ciclo histórico parece empezar a configurarse. Es en este escenario que se plantea la pertinencia de abordar la "cuestión del Estado" y donde la contribución de los clásicos se vuelve ya no sólo útil, sino indispensable.

Desde el punto de vista estrictamente académico –y en particular, pedagógico-, nuestra intención es reunir en un sólo volumen y de forma integral, una revisión sistemática del legado de las principales figuras del marxismo acerca del Estado, enmarcada en una perspectiva histórica que dé cuenta de los momentos particulares en los que cada uno de los teóricos produjo su obra. Incorporar aportes bibliográficos nuevos, poco conocidos o no disponibles en lengua castellana es un cometido específico adicional de este libro, que hace a nuestra tarea de investigación y docencia. Desde una mirada política –entendida en sentido amplio–, consideramos que es fundamental conocer la génesis histórica de una contribución teórica dada, el contexto de su producción y la trayectoria intelectual de su autor, para poner a prueba su riqueza explicativa en el tiempo que pretendió comprender y en el presente, en tanto tenga un carácter universalizable y no estrechamente acotado en términos temporales. Por eso este libro trata de recuperar conceptos y categorías centrales para la comprensión de la naturaleza de la dominación capitalista y para la práctica emancipatoria contemporánea. Aquí reside, entendemos, su actualidad.

Esta cuestión se entronca, a su vez, con dos dimensiones cruciales en materia *política*: una es la que anima las prácticas concretas relativas a la toma y ejercicio del *poder*, es decir, la *acción política* capaz de afectar el rumbo de una comunidad política (el "hacer" política). La otra es el *análisis de la política*, la interpretación que los científicos sociales dan a los hechos que acontecen en la *polis* (el "pensar" la política). Ésta suele tener mayor o menor incidencia sobre tales prácticas políticas en la medida en que, como "insumos" teóricos, como información fáctica o como fundamentos normativos, ingresan a la acción política de diversas formas y a través de múltiples mediaciones. Así, las dimensiones de la política como "objeto de estudio" o como "campo de acción" aparecen permanentemente tensionadas en las realidades históricas concretas y es sólo a la luz de esta tensión que puede comprenderse más afinadamente la magnitud de un determinado pensamiento y de las ideas de aquellos autores que se proponen reflexionar y dar cuenta de fenómenos políticos históricos o contemporáneos.

"El gobierno (Poder Ejecutivo) del Estado moderno no es más que una junta (comité) que administra los negocios comunes de toda la clase burguesa", afirmaron Marx y Engels en las páginas del Manifiesto Comunista de 1848. Desde entonces, la caracterización del poder burgués sintetizada en esa famosa frase ha sido objeto de intensos debates teóricos y políticos, centrados en definir los alcances y los rasgos típicos de esta "junta" y la naturaleza de los "negocios comunes" de la clase dominante en el capitalismo. El curso histórico de tales debates ha seguido el derrotero de las transformaciones operadas en el Estado capitalista a lo largo de más de un siglo y medio y que corresponden a lo que podríamos definir, a muy grandes rasgos, como tres "ciclos": liberal, benefactor y neoliberal.

La historia de las formas concretas de Estado es, al mismo tiempo, la historia del Estado como concepto teórico y de las distintas maneras en que se materializa. Por eso, las formas estatales específicas sólo pueden separarse *analíticamente* de los modos de concebirlas, de entenderlas, de interpretarlas. Una de las repercusiones más significativas de la crítica postpositivista de las ciencias sociales es el reconocimiento de que los hechos nunca hablan por sí mismos. El poder ideológico de las teorías reside en su habilidad para discriminar lo esencial de lo contingente y sintetizar la complejidad de los desarrollos históricos y los datos empíricos en un conjunto acotado de relaciones ordenadas, que explican tales desarrollos y datos. Estas explicaciones o concepciones, a su vez, pueden influir sobre el devenir de lo real, en la medida en que logren encarnar en prácticas políticas capaces de producir efectos determinados. Como cada concepción teórica del Estado implica una forma de interpretar a la sociedad y al poder político que no es una mera descripción de "lo real", supone valoraciones que recortan y pueden influir (en mayor o menor medida) en la realidad que pretende elucidar. Porque toda construcción discursiva –en este caso la descripción-construcción "teórica" de la naturaleza del Estado– conlleva un "deber ser" que, explícita o implícitamente, puede ponerse en juego como estrategia de lucha política.

De ahí que, para "contar" la historia *del* Estado *vis à vis* la sociedad se requiera, al mismo tiempo, "contar" la historia de la construcción *del concepto* Estado. A la inversa, para comprender el sentido de una teoría acerca del Estado hay que remitirse al contexto histórico de su producción, lo que implica dar cuenta de la articulación entre el Estado en tanto forma histórica de dominación, y la producción y reproducción de las condiciones materiales de existencia social. Esto significa que, antes que perseguir el escarpado –¿e improbable?– objetivo de producir una teoría del Estado (como generalidad totalizante, universal y ahistórica que describe la naturaleza de todo poder político), parece más provechoso referirse a las teorías que dan cuenta del moderno Estado capitalista, y mucho más aún, remitirse a las *formas históricas del Estado capitalista* que, con las salvedades necesarias, podemos sintetizar analíticamente en tres grandes ciclos en el proceso de acumulación capitalista a escala mundial. Estos ciclos son, entendidos en términos muy generales: la etapa de *capitalismo de laissez-faire*, expresada en el *Estado liberal*; la etapa de capitalismo "tardío", "maduro" o "fordismo", ligada al *Estado interventor-benefactor* keynesiano y finalmente, la etapa "postfordista" y de globalización, correspondiente a la *reconfiguración neoliberal del Estado*.

Para dar cuenta del fenómeno estatal podemos distinguir, a su vez, dos grandes paradigmas: por una parte, las teorías que –con diferentes matices– apuntan a la afirmación del orden capitalista existente y que tratan de explicarlo, justificarlo y/o corregirlo y, por la otra, las que –también con grandes variedades de posturas– lo impugnan y apuntan a una construcción alternativa. Hay que subrayar, sin embargo, que desde el paradigma liberal la problemática del Estado ha sido totalmente expulsada de la sociología y la ciencia política, con la solitaria y excepcional contribución de Max Weber. En la medida en que la cuestión de la dominación importa sólo referida a la "gobernabilidad", los afanes teóricos se desplazan hacia los temas relativos al sistema político (formas de gobierno, partidos, elecciones, división de poderes, etc.), mientras se ignora todo lo relativo a la dimensión sustantiva del poder y el Estado.

Dentro del campo "crítico", la teoría marxista es la que ha producido un mayor cúmulo de conocimientos y dado sustento a las prácticas transformadoras más significativas del siglo xx. Pero dentro de la perspectiva marxista sobre el Estado se han formulado diversas interpretaciones y enfoques teóricos, que han dado lugar a polémicas académicas y expresado posiciones políticas diferentes. Algunas teorizaciones se han planteado en franca discusión con las concepciones no marxistas, haciendo hincapié en la disputa por la construcción de "sentido" socialmente relevante, en la batalla "intelectual y moral" indispensable para producir transformaciones revolucionarias. Otras centraron la mira en el debate al interior de la tradición marxista, pugnando por hallar la mejor interpretación capaz de dar sustento a estrategias de lucha política viables.

Cada una de las teorías sobre el Estado ha puesto su foco en determinadas cuestiones, problemas de interpretación histórica y fenómenos empíricos que dan forma y justifican su andamiaje conceptual. Estas herramientas teóricas, a su vez, recortan el universo "real" analizado, por lo que es preciso que sean permanentemente interrogadas y sujetas a revisión para que sirvan para iluminar –y no terminen oscureciendo– los hechos y procesos que pretenden elucidar. Las teorías tienen dimensiones analíticas y metodológicas, las primeras de las cuales consisten en conceptos clave que seleccionan, nominan e interrelacionan lógicamente un rango específico de fenómenos. La peculiaridad del marxismo se define, precisamente, en esta constelación conceptual, que incluye las nociones de relaciones de producción, clases, plusvalía, explotación, tendencia a la caída de la tasa de ganancia, por nombrar algunas. Barrow (1993) afirma, en cambio, que lo metodológico no reviste una peculiaridad que pueda asignarse al marxismo, distanciándose de la afirmación lukacsiana de que "la ortodoxia en el marxismo es el método". Abordajes como el análisis de la estructura de poder, el estructural funcionalismo, el análisis sistémico y el realismo organizacional no hacen a la sustancia del marxismo, aunque condicionan el énfasis que cada teoría del Estado reivindicada como marxista le otorga a las diversas categorías conceptuales que constituyen su corpus analítico. Estar atentos a esta distinción es central a la hora de juzgar los puntos de concordancia y disidencia entre las diversas teorías marxistas del Estado y, sobre todo, para discriminar aquello que tienen de genuinamente incompatible y lo que poseen de valioso complemento analítico.

A su vez, hay que resaltar que detrás de cada reformulación de la teoría del Estado está el afán no sólo de comprender la forma efectiva de la dominación por simple gusto gnoseológico, sino de configurar alternativas viables de cambio social. Porque en la comprensión de la esencia de la dominación, de sus resortes y características, está ínsito el diseño de la estrategia viable para su transformación. De ahí que las disputas interpretativas sobre la naturaleza del Estado capitalista difícilmente puedan disociarse de posturas políticas e incluso tácticas, tendientes a enfrentar el modelo dominante de una manera que, se presume, es la más apropiada para tener éxito en la empresa revolucionaria.

Este volumen colectivo se divide en dos partes. La primera comprende el ciclo histórico del "Estado liberal" –cuyo inicio puede fecharse con la Revolución Francesa de 1789 y su agotamiento definitivo con la culminación de la Segunda Guerra Mundial, etapa de crisis mediante–, e incluye trabajos sobre los clásicos del marxismo. La segunda abarca los ciclos del "Estado Benefactor" –de 1945 a 1980– y del "Estado Neoliberal" –de 1980 a 2006–, con sus respectivas crisis, y está dedicada a los nuevos enfoques y debates teóricos que surgieron en el período.

Una interpretación bastante generalizada afirma que Marx dejó una teoría económica coherente y elaborada del modo capitalista de producción, expuesta en *El capital*, pero que no desarrolló una teoría política semejante –en cuanto a su sistematicidad– sobre las estructuras del Estado burgués, ni tampoco diseñó una estrategia ni una táctica acabadas de la lucha socialista revolucionaria para derrocarlas. La dispersión de las referencias a la problemática estatal a lo largo de la obra de Marx y las contribuciones de Engels, así como la tensión y las contradicciones entre muchas de ellas, han dado lugar a numerosas y dispares interpretaciones. El primer ensayo que integra este volumen sigue, precisamente, los recorridos de Marx en la conceptualización del Estado, desde sus obras de juventud hasta su producción madura, haciendo referencia a las cambiantes circunstancias históricas que enmarcaron sus reflexiones. En este capítulo, se intenta deslindar lo que Marx efectivamente "dijo" sobre el Estado de lo que interpretadores posteriores decantaron como doctrina, para lo cual se pasa revista y clasifica a los textos correspondientes a lo que se considera tres épocas diferenciables: juventud, "de ruptura" y adultez. En el segundo capítulo del libro se analiza la contribución de Engels, poniendo el eje en una pieza clave para entender su pensamiento: la Introducción a *La lucha de clases en Francia*. Aquí se analiza el contexto histórico en el cual emerge este texto tan rico como problemático para pensar la tensión entre reforma y revolución, entre vía electoral e insurreccional, que marcaría la trayectoria política de los partidos marxistas desde entonces. En este capítulo se pone el acento en la coyuntura sumamente delicada que influye/condiciona la escritura y acción de uno de los padres del marxismo.

El tercer capítulo está dedicado a revisar el legado de Lenin y elucidar las claves teóricas y prácticas que dan sustento a *El Estado y la revolución*. Es en esta obra donde el revolucionario ruso intenta, antes que formular una teorización sobre el Estado capitalista –que ya daba por realizada por Marx y Engels–, fijar las bases de la estructura política que habría de dar sustento a la etapa de transición del capitalismo al comunismo. El propósito de Lenin, en este trabajo de 1917, no fue así desmenuzar el formato *per se* de dominación política del capitalismo, sino identificar las características que debía asumir la "dictadura del proletariado" como "Estado de nuevo tipo".

Después de Lenin, sólo la obra gigantesca de Antonio Gramsci, elaborada sobre todo en sus años de cárcel y como una suerte de reflexión "en estado puro" a partir del fracaso de la revolución en Occidente, puede contarse como un activo teórico central sobre la cuestión del Estado durante la primera mitad del siglo XX. En el capítulo cuarto se sigue el itinerario teórico que realiza el italiano desde la época de *L'Ordine Nuovo* hasta sus reflexiones carcelarias. A partir de constatar los cambios operados en la forma de dominación burguesa occidental durante las primeras décadas del siglo XX y las diferencias con Oriente, el interés de Gramsci se centra en indagar sobre qué bases materiales les es posible a las clases dominantes occidentales construir una supremacía hegemónica, que apele más al consenso que a la coerción. La "ampliación" del Estado que produce/propone el sardo arraiga en esa preocupación. En el siguiente y último capítulo de esta parte se ahonda en el pensamiento gramsciano, pero poniéndolo en contraste con Max Weber, la mente más aguda del campo liberal del siglo XX. Los conceptos de legitimidad del profesor alemán y de hegemonía del comunista italiano son comparados y revisados, además, a la luz de sus respectivas y diferenciadas posturas frente a la praxis política.

Los avatares de la producción gramsciana determinaron que su recepción e influencia efectivas no se hicieran sentir sino en los años sesenta, tres décadas después de su gestación y cuando el ciclo "interventor-benefactor" ponía a la problemática estatal otra vez en primer plano. La segunda parte de este libro está dedicada a los aportes sobre el Estado que se realizan a partir de esos años, signados por la recomposición capitalista de posguerra y el proceso de impugnación al estalinismo abierto en 1956, lo que transformó radicalmente las perspectivas políticas en el campo del comunismo y de las izquierdas en general. En el primer capítulo se aborda el pensamiento de Louis Althusser, quien en diálogo polémico con las principales corrientes de pensamiento que florecían a la luz de los acontecimientos mundiales, aportó al marxismo una lectura estructuralista que habría de tener gran influencia teórica y política, especialmente en los años setenta. Enfrentado al humanismo, al economicismo y al historicismo, Althusser plantea la antinomia entre ciencia e ideología y la tensión entre sujeto y estructura, que sería recuperada por Nicos Poulantzas para desarrollar su análisis sobre el Estado. Precisamente, el segundo capítulo de esta parte se dedica a revisar la producción de Poulantzas y el intercambio que tuvo con el británico Ralph Miliband en la primera mitad de los años setenta, a partir de la publicación de sus respectivos libros dedicados a desmenuzar, tras décadas de silencio en la teoría marxista sobre el tema, las características del Estado capitalista. El debate sostenido por Miliband, Poulantzas, sus seguidores y comentaristas constituye un hito teórico relevante. En este capítulo se parte de situar el contexto histórico en el que se produjo la polémica, que trascendió simplificadamente como "estructuralismo versus instrumentalismo", para pasar revista a los núcleos principales de las obras de cada autor y del cruce que protagonizaron.

El tercer capítulo presenta sintéticamente algunos de los principales aportes a la teoría marxista del Estado introducidos en el denominado *debate de la derivación*, que se desarrolló en Alemania durante la primera mitad de los setenta, y en su posterior recuperación en el *debate de la reformulación* del Estado, producido en Gran Bretaña durante la década de los ochenta. Signados por sus respectivos contextos históricos, mientras el foco de atención de los intercambios teóricos alemanes fue la *crisis* capitalista del modelo benefactor, el eje de los británicos fue puesto en la cuestión de la *reestructuración* del capitalismo bajo la hegemonía neoliberal. Un rasgo destacable de estos aportes (con múltiples matices y énfasis variados, por cierto) es el intento de superar la supuesta dicotomía entre capital y Estado, a partir de desarrollar el concepto marxiano de "forma". Antes que aceptar la clásica metáfora y concebir a lo económico como la base que determina la superestructura política, estos autores señalan que es preciso comprender que lo económico y lo político (capital y Estado) son ambos formas de las relaciones sociales capitalistas, atravesadas por el conflicto de clases. La separación entre esferas emerge, lógica e históricamente, de la naturaleza de estas relaciones sociales conflictivas. Autores como Margareth Wirth, Elmar Alvater, Joachim Hirsch, John Holloway, Sol Piccioto, Bob

Jessop, Simon Clark, Werner Bonefeld, entre otros, participararon activamente en estos intercambios.

En el marco del debate alemán se dieron interesantes cruces con las concepciones del Estado de bienestar propias de algunos miembros de la segunda generación de la denominada Escuela de Frankfurt, a quienes los derivacionistas criticaron por la relevancia que otorgaban a la dimensión "política". En el capítulo cuatro se analizan las contribuciones a la problemática estatal de dos de los autores más destacados de esa tradición frankfurtiana: Jürgen Habermas y Claus Offe.

La llamada *globalización* y las políticas neoliberales que la acompañaron, en las últimas décadas le impusieron a los Estados nacionales profundas metamorfosis, que obligaron a poner en discusión su relevancia, sus características y sus relaciones con el mercado mundial y el sistema internacional de Estados. Es en ese marco que aparecen, a comienzos de este siglo, dos obras que son analizadas en el último capítulo de este volumen. Aunque *Imperio*, de Toni Negri y Michael Hardt, y *Cambiar el mundo sin tomar el poder*, de John Holloway, no son libros de teoría marxista del Estado en sentido estricto, su impacto sobre la concepción de lo político y de lo estatal contemporáneo es significativa. La revitalización, en los últimos años, de prácticas políticas alternativas que no parecen tener su eje en la conquista del poder del Estado, encontró sustento en los planteos de Negri y Holloway. Aunque las posturas de estos autores se diferencian en puntos relevantes, como se muestra en el capítulo, ambas sirvieron de soporte teórico a las prácticas de movimientos, sobre todo en la Argentina, de orientación autonomista o neoautonomista. De ahí su inclusión en un mismo capítulo de este libro.

Primera Parte
Capítulo 1
La genealogía del Estado en Marx

José Ernesto Castillo

Introducción

Este ensayo busca adentrarse en los recorridos de Marx conceptualizando el Estado. Si bien nuestro énfasis estará puesto en el Estado capitalista (objeto privilegiado de la investigación) haremos cuando corresponda las entradas que realiza nuestro autor a otras formas de dominación política, sean "Estados precapitalistas" o bien formas de dominación políticas posteriores al derrocamiento del poder burgués.

Nuestra intención es deslindar, hasta donde sea posible, lo que efectivamente "dijo" Marx sobre el Estado, de lo que interpretadores posteriores decantaron como doctrina. En este punto podemos acordar con Miliband (1991) en que "vale la pena preguntarse lo que él —y no Engels, Lenin, o cualquier otro de sus seguidores, discípulos o críticos— dijo o pensó realmente acerca del Estado". Claro que esto es muchas veces más fácil afirmarlo que poder llevarlo a la práctica. Sobre todo en el caso de Engels, *que comparte con Marx la escritura de alguna de las páginas fundamentales* sobre la materia. Cuando sea posible, trataremos de deslindar a ambos autores. Esto no va en absoluto en desmedro del autor del *El origen de la familia, la propiedad privada y el Estado*. Lo que queremos hacer es mostrar la totalidad de la reflexión de Marx sobre el Estado, abriendo incluso sus contradicciones, evoluciones y zonas grises. Que el lector saque conclusiones con su propia cabeza.

Un problema previo: ¿cómo se lee a un clásico?

Los autores clásicos pueden ser definidos como aquellos cuya escritura trasciende la coyuntura concreta sobre la cual están trabajando. Marx integra, sin dudas, este lote. Muchos de sus textos más polémicos, producidos al calor de un debate específico (contra Proudhon, Bakunin o sus propios camaradas en la *Crítica al Programa de Gotha*) nos son hoy de utilidad para la reflexión aun cuando hace ya mucho tiempo que los antagonistas directos han desaparecido.

Pero lo otro que caracteriza a un clásico es la construcción de un cuerpo teórico propio, nuevo, que "rompe" con tradiciones anteriores. Y acá aparece entonces el primer problema: ¿en qué momento un autor empieza a escribir ya dentro de "su" nueva cosmovisión? En nuestro caso, ¿a partir de qué textos podemos afirmar que Marx ya es "marxista"?[1]

Podríamos decir que necesitamos una "teoría" para leer teoría. Una teoría acerca de cómo leer a nuestro autor, de qué hacer con la totalidad de sus escritos. Sumémosle a ello la dificultad de que Marx escribió libros y artículos publicados, otros sin terminar, cartas, e inclusos apuntes manuscritos para su propia reflexión: ¿qué de todo aquello expresa afirmaciones concretas del autor, y qué sólo planteos provisorios, sujetos a revisión posterior?

Daremos una solución parcial a nuestras dificultades. Primero buscaremos pistas en las afirmaciones del propio Marx. Y tenemos una muy clara: el Prefacio a la segunda edición del *Manifiesto Comunista* (1872). Allí un Marx adulto afirma: "Aunque las condiciones hayan cambiado mucho en los últimos veinticinco años, los principios generales expuestos en este 'Manifiesto' siguen siendo hoy, en su conjunto, enteramente acertados. Algunos puntos deberían ser retocados. El mismo 'Manifiesto' explica que la aplicación práctica de estos principios dependerá siempre, y en todas partes, de las circunstancias históricas existentes... Dadas las experiencias, primero, de la revolución de febrero, y después, en mayor grado aún, de la Comuna de París que eleva por primera vez al proletariado, durante dos meses, al Poder político, este programa ha envejecido en alguno de sus puntos. La Comuna ha demostrado, sobre todo, que la clase obrera no puede simplemente tomar posesión de la máquina estatal existente y ponerla en marcha para sus propios fines"[2] (destacado nuestro). La afirmación es blanco sobre negro: más allá de modificaciones específicas a algunas afirmaciones del Manifiesto (dentro de las cuales hay una muy impor-

---

[1] Marx se escandalizaría por esta definición.
[2] *Manifiesto del Partido Comunista* (1973: 6).

tante), la cosmovisión que plantea ese texto sigue siendo reivindicada por Marx. *Nuestro autor se hace cargo de lo que escribió allá a principios de 1848, cuando tenía veintinueve años.*

Dada esta "pista", nos vemos obligados a ir hacia atrás de esa fecha a la búsqueda de alguna ruptura previa. Y acá se abre un debate, acerca de si lo que estamos buscando es una ruptura epistemológica –como señala Althusser (1964)– o más bien política, como acordarían Lowy (2002) y Mandel (1968).

Y con todas las salvedades que nos merecen las apreciaciones althusserianas –en particular no coincidimos con el corte "abrupto y total" que él hace entre los textos de juventud y los adultos– creemos sin embargo que es útil partir de su periodización. Y lo justificamos a partir de afirmar como cierto que podemos visualizar un tipo de escritura y un interés centralmente filosófico en los textos anteriores a *La ideología alemana* y las *Tesis sobre Feuerbach*. Por lo tanto, sin exagerar ni abrir un juicio previo sobre el carácter "marxista" de tal o cual escrito, nos parece adecuado clasificar como "textos de juventud" al conjunto de la obra de Marx hasta los dos textos antes mencionados. Esto incluye sus materiales periodísticos de la *Gaceta del Rhin*, los manuscritos de 1843 y 1844, los dos textos publicados en los *Anales Franco Alemanes* (*La cuestión judía* y la *Crítica de la filosofía del derecho de Hegel*), los artículos publicados en el *Vorwärts* en 1844, y *La Sagrada Familia*. La terminología utilizada por Marx en estos textos y su foco puesto hacia la crítica filosófica, y no su carácter "feuerbachiano" o "premarxista", nos hace adoptar este criterio.

También vamos a acordar en ubicar a las *Tesis sobre Feuerbach* y a *La ideología alemana* como textos de "ruptura", siguiendo en este caso lo relatado por el propio Marx en 1859: "cuando, en la primavera de 1845, vino, también él [Federico Engels, aclaración nuestra] a domiciliarse en Bruselas, decidimos trabajar juntos en despejar el contraste de nuestra opinión con la opinión ideológica de la filosofía alemana, respecto a ponernos en regla con nuestra conciencia filosófica de antaño. El propósito fue realizado en la forma de una crítica de la filosofía poshegeliana. El manuscrito, dos gruesos volúmenes en octavo, hacía largo tiempo que se encontraba en poder del editor, en Westfalia, cuando nos advirtieron que un cambio de circunstancias ponía un obstáculo a la impresión. Abandonamos el manuscrito a la roedora crítica de los ratones tanto más a gusto cuanto habíamos alcanzado nuestro principal fin, el de ver claro en nosotros mismos"[3]. Y daremos, entonces, la jerarquía de textos del Marx "adulto" a los producidos a continuación.

[3] Prólogo a la *Contribución a la crítica de la economía política* (1970: 12).

En lo que respecta a las clasificaciones de Löwy y Mandel, creemos que resultan importantes para precisar el momento en que el joven Marx abandona su radicalismo democrático y asume el comunismo. Mandel (1968) nos da una pista, al señalar que todavía Marx critica al comunismo en una carta a Arnold Ruge de setiembre de 1843, encontrándose su primera profesión de fe comunista en marzo de 1844. Löwy pone énfasis en el impacto que produce en Marx la rebelión de los tejedores de Silesia, también en 1844. Esto coloca sin duda a las columnas periodísticas de 1842 en la *Gaceta del Rhin* en la fase "radical-democrática" y al conjunto de los textos del 43-44 como centrales para ver los andamios con los cuales Marx va construyendo lentamente su cosmovisión.

Resumiendo, entonces, encontramos los siguientes textos en los que Marx hace referencias explícitas al Estado:

TEXTOS DE JUVENTUD:
A) Período radical-democrático:
      Artículos periodísticos de la *Gaceta del Rhin*.
B) Período de pasaje al comunismo:
      Crítica a la filosofía del Estado de Hegel (manuscrito)
      La cuestión judía (en Anales Franco-Alemanes)
      Introducción a la crítica de la filosofía del derecho de Hegel (ídem anterior)
      Manuscritos económico-filosóficos de 1844
      La Sagrada Familia

TEXTOS DE RUPTURA:
      Tesis sobre Feuerbach
      Ideología alemana

TEXTOS DEL MARX ADULTO:
A) Período París-Bruselas-Revoluciones de 1848:
      La miseria de la filosofía
      Manifiesto Comunista
      La lucha de clases en Francia 1848-1851
      Trabajo asalariado y capital

B) Período de exilio en Londres:
      El XVIII Brumario de Luis Bonaparte
      Manuscritos de crítica a la economía política

Contribución a la crítica a la economía política
El capital
La guerra civil en Francia
Crítica al Programa de Gotha

El Estado: temática omnipresente en Marx

La importancia de trabajar con esta periodización se debe a que nuestro tema está presente en toda la obra de Marx. Difícilmente encontremos otro concepto que reaparezca con tanta obsesividad a lo largo de los años. Así vamos a encontrar definiciones del Estado en la *Gaceta del Rhin*, en los manuscritos de 1843 (*Crítica a la filosofía del Estado de Hegel*), en *La ideología alemana*, en el *Manifiesto Comunista*, en el *XVIII Brumario*, en la *Contribución a la crítica a la economía política*, en *El capital*, en *La guerra civil en Francia*, en la *Crítica al Programa de Gotha*: prácticamente no hay texto importante de Marx donde la reflexión sobre el Estado no emerja con fuerza.

Por supuesto que el Estado aparece trabajado con las herramientas y fuentes centrales que en distintos momentos de su vida Marx va introduciendo. Por eso nos parece de utilidad la clasificación de Lenin (1973) de esas fuentes en:

1) La filosofía clásica alemana;

2) El socialismo utópico (aunque aquí nos animaríamos a ampliarlo al conjunto del pensamiento revolucionario francés desde la Revolución Francesa en adelante);

3) La economía clásica inglesa.

Estos tres elementos van entrando en la conformación del pensamiento de Marx, como en etapas, por capítulos. Nunca uno hace desaparecer al otro, pero sí van generando una mezcla particular según cada momento. Así, en los escritos del joven Marx va a prevalecer la fuente filosófica (aunque desde su llegada a París en 1843 ya esté imbuido de los autores socialistas franceses y, desde 1844, de la economía política clásica), en su primer período "militante", entre 1847 y 1850, la fuente política revolucionaria –francesa– y, a partir de 1851, la economía política clásica. Repetimos, porque es extremadamente importante, que no acordamos con los que hablan de un Marx "filósofo", "político socialista" o "economista", como si fueran compartimentos estancos. Marx va tomando y criticando cada fuente, agregándola a su impresionante entramado. Más aún, podemos verificar que, en pleno proceso de elaboración de *El capital*, Marx "vuelve" a Hegel –a la *Ciencia de la lógica* en particular–, que reaparece con fuerza en sus capítulos sobre teoría del valor.

La teoría del Estado en el joven Marx

Marx nunca fue un hegeliano puro. Hay pruebas de que, ni aun en su época de estudiante, se sintió cómodo con la cosmovisión de Hegel. Ya tan tempranamente como en 1837 había escrito, ridiculizando al gran teórico: "enseño palabras mezcladas a una agitación demoníaca y confusa: que cada uno piense lo que quiera" (citado en Rubel 1991). De hecho, se adscribía al ala izquierda hegeliana, cuya figura más importante era Ludwig Feuerbach. El libro que más impresión causa en Marx por esa época es *La esencia del cristianismo* de Feuerbach, publicado en 1837. Sin embargo, el albacea de Marx no era Feuerbach, sino Bruno Bauer, el que lo intima a que presente "rápidamente" su tesis doctoral en la Universidad de Jena (pese a que Marx había estudiando en Berlín). Y, cuando a fin de 1841 todo parecía indicar que la vida de Marx iba a discurrir por el ámbito académico de la filosofía universitaria, bajo el ala de Bruno Bauer, este último súbitamente pierde su cargo en la Universidad de Bonn, obligando a nuestro autor a dedicarse al periodismo para ganarse la vida. Este acontecimiento es el que abre los primeros escritos de Marx, realizados en clave periodística.

La Gaceta del Rhin

Este corte es importante porque durante todo el año 1842 Marx va a trabajar en este periódico de la ciudad de Colonia. Las primeras apreciaciones y definiciones de Marx sobre el Estado aparecen en esos artículos de la *Gaceta*. Un Marx que se empieza a confrontar con una definición de Estado, hegeliana, con la que cada vez va a sentirse más incómodo. Y así tenemos los textos más importantes, "clásicos", las primeras opiniones en las que nuestro autor requiere de una definición, así sea operativa, del Estado. Será en el debate sobre el robo de la leña: la Dieta[4] de Colonia vota que los pobres ya no iban a poder tomar libremente la leña para el invierno de los bosques comunales.

Hay una frase que podría tomarse como una representación de la definición de Estado en Hegel, tomada de la *Filosofía del derecho*: "El Estado es la realidad de la idea ética; es el Espíritu ético en cuanto voluntad patente, claro por sí mismo, sustancial, que se piensa y se conoce, y que cumple lo que él sabe y como lo sabe [...]. El Estado, como la realidad de la *voluntad* sustancial que posee en la conciencia de sí individualidad elevada a su universalidad, es lo racional en sí y por sí"[5].

---

[4] La Dieta era el Concejo Deliberante.
[5] Hegel, *Filosofía del Derecho* (1987: 208).

Marx, desde esta definición de Hegel, va a sostener que un Estado que no es la realización de la libertad racional es un mal Estado. Pero esta afirmación parece más kantiana que hegeliana. Marx comprende que entre su definición de Estado y la realidad hay una escisión. Sin embargo, en todos los textos de 1842, Marx continúa con esta tensión. Es imposible, desde el pensamiento hegeliano, decir que hay un deber ser (que el Estado debe ser la realización de la libertad racional) que se separa del ser. Marx sabía esto, pero él se da cuenta de que, de hecho, está ante una trampa teórica. No la resuelve durante ese año, aunque sí registra que esa escisión entre la definición de Estado y la realidad se da, fundamentalmente, siempre que están en juego intereses materiales (los debates sobre el robo de la leña, sobre los vitivinicultores del Mosela, sobre la libertad de prensa).

Hay un único texto entre los de la *Gaceta*, del 14 de Julio de 1842, donde podemos encontrar elementos más de fondo acerca de cómo Marx "leía" la teoría política. Resulta interesante analizarlo en detalle.

En ese texto se plantea un debate alrededor del carácter laico o religioso del Estado prusiano, un Estado que se definía a sí mismo como Estado cristiano. Y Marx, medio irónicamente, pone a jugar este concepto de Estado cristiano y va marcándole las propias contradicciones. Más allá del motivo del texto en sí, y del interesante juego que hace Marx, en cierta forma, alrededor de una lectura de *La ciudad de Dios* de San Agustín, jugando un poco con un pensamiento más tomista del Estado cristiano, llega hasta una definición. Señala: "O bien el Estado cristiano responde al concepto que define el Estado como realización de la libertad racional, y entonces alcanzará con que el Estado sea racional para que sea cristiano… o bien el Estado de la libertad no puede ser deducido del cristianismo, y entonces tendréis que reconocer que esta tendencia no está implícitamente comprendida en el cristianismo, dado que éste no admite un Estado malo".[6] Y termina con la famosa frase: "un Estado que no es la realización de la libertad racional es un mal Estado".[7] A esto nos referimos cuando decimos que acá hay un desliz "kantiano" en Marx. Porque, en realidad, Hegel dice que el Estado es la realización de la libertad racional y no que el Estado *debe ser* la realización de la libertad racional. Dice que *es* esencialmente: no hay ninguna posibilidad de que no lo sea. Por lo tanto, todo lo que emana del Estado, por definición, es realización de la libertad racional. No es una definición para ver si después la realidad es así o no.

---

[6] *Gaceta del Rhin*, número 195, 14 de julio de 1842, en Escritos de Juventud (1982: 233 y sgss.)
[7] Ídem anterior.

Marx, ya de entrada, le está poniendo un grado de flexibilidad a "su" definición de Estado. Si leemos esto, se saca la conclusión que, para Marx, podría haber Estados que cumplan su esencialidad siendo la realización de la libertad racional, y otros que no, o sea, "malos Estados".

Este planteo de Marx vuelve a aparecer en el llamado "debate acerca del robo de la leña": "Condenar la atribución al Estado del papel de servidor del rico contra el pobre. Ello [o sea, el Estado que se transforma en servidor del rico contra el pobre] es una perversión de la verdadera misión y de los verdaderos fines del Estado" (En defensa de la libertad, 1983: 122). Y dice Marx: "la propiedad privada puede desear que el Estado se degrade a su propio nivel de intereses, pero todo Estado moderno, en la medida en que permanece fiel a su propio significado, debe gritar ante tales pretensiones: *tus caminos no son mis caminos, tus pensamientos no son mis pensamientos*" (*idem*: 222). De nuevo, tenemos esta tensión que aparece entre un Estado que debe realizar la libertad y la razón y la comprobación fáctica, a partir de sus políticas concretas, de que no la realiza.

Marx descubre que esta escisión entre el "ser" del Estado y el "deber ser" hace su aparición manifiesta siempre que están en juego cuestiones materiales. La importancia de las "condiciones materiales de existencia" se va abriendo paso en la mente de Marx, aún fuertemente imbuido por el idealismo filosófico. Y también observamos cómo hay una tensión muy fuerte por saldar las escisiones entre la sociedad civil, el reino de lo privado y la sociedad política, mediante el término "pueblo", mientras que Hegel había tendido a hacerlo mediante el de "Estado".

Por ejemplo, siempre en *La Gaceta del Rhin*, tenemos un texto donde Marx dice: "la verdadera educación 'pública' del Estado es, por el contrario, su existencia racional y pública; el Estado educa a sus miembros al hacerlos miembros del Estado, al transformar los fines del individuo en fines generales, el instinto grosero en la tendencia moral y la independencia natural en libertad espiritual, al hacer que el individuo goce en la vida del todo y el todo en las convicciones del individuo" (*idem*: 113). Y aparece otra definición acá: "el Estado es una asociación de hombres libres que se educan recíprocamente" (*ibidem*). De hecho Marx todavía no "reemplaza" al Estado como eje central que permita reconstruir un concepto de comunidad. Sin embargo, empieza a introducir en el Estado contenidos que después va a colocar fuera del Estado.

¿Qué elementos, qué autores, qué antecedentes en clave de teoría política había en Marx, independientemente de que todavía estuviera utilizando, con las incomodidades que señalamos, la definición hegeliana de Estado? Marx dice que en realidad la política está siguiendo, a partir de la secularización, de la modernidad, de Maquiavelo en adelante, un camino como el de todas las disciplinas en su separación del eje teocéntrico: "así como (…) Copérnico hizo su gran descubrimiento del verdadero sistema solar, se descubrió la ley de gravitación del Estado" (*Escritos de Juventud*, 1982: 233). Está señalando el derrotero, ¿y cuál es el camino más interesante para ver el recorrido? Maquiavelo y Campanella, Spinoza (Marx es uno de los pocos, con Hegel, que en el siglo XIX leían a Spinoza), obviamente Hobbes y Grocio (el del derecho natural), y por último Rousseau, Fichte y Hegel, y dice que ellos "comenzaron a examinar el Estado donde el punto de vista humano y a deducir de él las leyes naturales de la razón y de la experiencia y no las de la teología" (*idem*). Por oposición, es interesante notar la ausencia de Locke, del recorrido que arranca con la teoría liberal clásica. La idea de democracia que va decantando Marx es claramente la de Rousseau. Es el recorrido de Hobbes hacia Rousseau y no el de Hobbes hacia Locke. "La filosofía moderna no ha hecho otra cosa que proseguir la tarea comenzada por Heráclito y Aristóteles" (*idem*). Pero hay algo más: "si antaño los filósofos que enseñaban el derecho público construyeron su concepto de Estado a partir del instinto de la ambición o del instinto social [¿Hobbes?, podríamos preguntarnos], si a veces lo dedujeron de la razón, pero no de la razón de la sociedad sino de la razón de individuo [todo el pensamiento contractualista, del que Marx aquí se separa], en cambio la concepción filosófica moderna, más profunda y rica que la antigua, lo dedujo de la idea de universalidad" (*idem*). Esto es, independientemente de los elementos evidentemente existentes del pensamiento hobbesiano (y mucho más del rousseauniano), hay un desmarque de entrada con cualquier concepción que arranque del individuo en clave "contrato social". Y aparece, ahí sí, fuertemente la tradición alemana (particularmente Hegel): la deducción del Estado de la idea del todo, de la idea de universalidad.

Marx va a decir que uno de los grandes elementos que aporta Hegel es esta concepción de la universalidad, esta concepción del todo. Y termina diciendo que esta concepción, en la cual él se inscribe, "considera al Estado como un gran organismo en que deben [y acá sí que vuelve a Hegel] realizarse las libertades jurídica, moral y política, en que el ciudadano individual, obedeciendo a las leyes del Estado, no hace sino obedecer a las leyes naturales de su propia razón humana" (*idem*). Todavía está trabajando plenamente con la definición hegeliana, pero se da el lujo de hacer, sobre todo en su propia genealogía, un recorrido propio, que no sigue exactamente el hegeliano, dejándonos luces en el camino para nuestra reconstrucción genealógica.

Marx en París[8]

Hemos titulado a este apartado de esta manera porque la llegada de Marx a París, así como su posterior instalación en Inglaterra en 1850, va a significar un corte que, de hecho, lo coloca en el centro político del mundo y, sobre todo, en el eje donde se discutía el concepto de revolución. Se trata de la Francia donde todavía soplaban los vientos de todo el período de la Revolución Francesa, ya se había producido la Revolución de 1830 y se acercaba la de 1848. Una Francia que era, además, una caldera de grupos exiliados (alemanes, italianos, decenas de grupos y subgrupos), cantera de todo el pensamiento anarquista, socialista utópico, comunista y libertario en general. Marx, va a tomar contacto con muchos de esos grupos y ahí va a aparecer por primera vez en su reflexión el socialismo utópico francés y, como decíamos antes, el pensamiento político francés en su conjunto. Sabemos que ahí Marx lee atentamente y "anota" a Rousseau (aunque es probable que hubiera tenido alguna lectura anterior del autor en su período de estudiante universitario).

En ese período (1843-44) se destaca un texto, muy oscuro, publicado bajo el nombre de *Crítica de la filosofía del Estado de Hegel*.[9] De hecho,[10] se trata de las anotaciones que hace Marx en su relectura crítica de *La Filosofía del derecho* de Hegel.

Evidentemente, queda claro que Marx tenía un conocimiento pleno de la *Filosofía del derecho* de Hegel, pero a la vuelta de su experiencia en *La Gaceta del Rhin*, aparece la necesidad de hacer una relectura crítica de ese libro. Comienza analizando lo que a su juicio es el aporte más importante de Hegel: "Lo más profundo en Hegel es que ve una contradicción entre la separación de la sociedad civil y la sociedad política".[11] Dada esta escisión en dos esferas, ¿cuál es la premisa y cuál la consecuencia? Marx va a preguntarse si el Estado es la premisa de la sociedad civil y de la familia, o la familia y la sociedad civil son las premisas del Estado. Esta pregunta es central, es la prehistoria de la discusión más importante que va a fundar el

---

[8] Marx renuncia a *La Gaceta del Rhin*, de la que había llegado a ser redactor en jefe, en enero de 1843, poco antes de su clausura. Poco tiempo después marcha hacia París a trabajar en los *Anales franco-alemanes*.

[9] Esta obra no debe confundirse con la *Crítica a la filosofía del derecho de Hegel*.

[10] El manuscrito que se analiza a continuación en realidad fue escrito por Marx en la ciudad de Kreuznach, previo a su viaje a París. Pero, por razones temáticas, lo incorporamos en este bloque, el posterior a los textos periodísticos de *La Gaceta del Rhin*.

[11] *Crítica a la Filosofía del Estado de Hegel*, en Escritos de Juventud (1983: 384).

materialismo histórico: ¿qué es lo que determina –o condiciona[12]– a qué? Lo material, lo espiritual, la base, la superestructura, el ser social y su conciencia, etcétera, los distintos conceptos que Marx va a ir incorporando posteriormente se ordenan desde esta pregunta básica.

Empieza diciendo, entonces: "La familia y la sociedad civil [las dos esferas que Hegel plantea separadas del Estado] se consideran (en Hegel) como esferas conceptuales del Estado, y precisamente como las esferas de su finitud, como la finitud del Estado" (*Crítica a la filosofía del Estado de Hegel*, en Escritos de Juventud, 1982: 321). El Estado, que es el espíritu real infinito para sí, se manifiesta en dos esferas que sí son finitas, que sí están claramente delimitadas, que son la familia (la base natural) y la sociedad civil (la base artificial). Podemos anticipar ya que cuando Marx hable de sociedad civil en esta primera instancia está refiriéndose tanto a los individuos como a las instituciones de la sociedad civil. Se trata de dos esferas, familia y sociedad civil, que se expresan, que se escinden y manifiestan en forma finita ("la extrema infinitud del Estado es la realización de la libertad racional"). Entonces, el Estado escinde estas esferas y le da el material de la realidad. En conclusión, el Estado para Hegel es el sujeto, las esferas de la familia y la sociedad civil son el predicado.

Vayamos ahora a las críticas de Marx a esta concepción de Hegel. Entendemos que las podemos dividir analíticamente en tres. La primera, obviamente, es la inversión: "la división del trabajo en la familia y en la sociedad civil es algo ideal y, por lo tanto, necesario, que forma parte de la esencia del Estado; familia y sociedad civil se convierten *ellas mismas* en Estado. Son el motor. Para Hegel, por el contrario, son el producto de la idea real: no es el curso de vida de la familia y la sociedad civil el que las une para formar el Estado, sino, por el contrario, el curso de vida de la idea el que por sí mismo conduce a este resultado; [...] en otras palabras, el Estado político no puede existir sin la base natural de la familia y la base artificial de la sociedad civil, que son la condición *sine qua non* [para la existencia del Estado]" (*idem*: 325). Pero, en Hegel, la condición pasa a ser lo condicionado, lo determinante se convierte en "lo determinado, el productor es convertido en producto del producto" (*ibidem*).

Marx va a afirmar que aquí está todo el "misterio" de Hegel. "Hegel erige siempre la idea en sujeto, haciendo del sujeto real y verdadero, [...] el predicado. Y el desarrollo se opera siempre por el lado del predicado" (*ibi-*

[12] Rubén Dri (1993) señala que, más allá de que la mayoría de las traducciones utilizan el verbo "determinar" en vez de "condicionar", este último es el correcto, ya que Marx usa el término *bedingen* y no *bestimmen*.

dem). Señalemos que esta primer crítica (la inversión de premisas) todavía se desarrolla dentro de la propia terminología hegeliana: familia, sociedad civil y Estado.

La segunda crítica, es que hay un cierto panlogismo en Hegel, o sea, que todo se resuelve a partir de la idea. Dice Marx: "La relación *real* está en que 'la distribución' del 'material del Estado' entre 'lo individual' se realiza 'por medio de las circunstancias del arbitrio y de la propia elección particular de su determinación'. Este hecho [la relación real, lo que existe de verdad] es presentado por la especulación como una *manifestación*, como un *fenómeno*" (*idem*). No como la esencia, sino como fenómeno. Y ¿de donde sale esa mediación? ¿Cómo es esta mediación, este fenómeno? Continúa Marx: "la idea subjetivada y la relación real entre familia y sociedad civil y Estado se concibe como su actividad interna imaginaria. Familia y sociedad civil son las premisas del Estado; son, en realidad, los factores activos; pero, en la especulación [hegeliana] ocurre a la inversa" (*ibidem*). En realidad, lo que se está moviendo es la idea. No es simplemente que el Estado como materia, como instituciones, determina la familia y la sociedad civil. Es mucho más peor que eso, acota Marx. No sólo Hegel dice que el Estado crea la familia y la sociedad civil, sino que ese Estado que lo está haciendo, no es el Estado material, no son las instituciones: es la idea realizándose a sí misma. Es la idea que se ha construido en sí para hacer el Estado como máximo lugar de realización. Y, por lo tanto, el Estado que va a resolver esa contradicción entre el sujeto y el predicado, no existe. No es el Estado material, sino que es la idea realizándose a sí misma.

Resumamos entonces las tres críticas. Primera crítica: es de la familia y de la sociedad civil que emana el Estado (y no al revés, como sostenía Hegel). Segunda crítica: el Estado debe ser analizado como lo realmente existente, llámese administración burocrática, régimen político y/o políticas públicas, pero para Hegel el foco no está acá sino en una definición que deriva de la "idea realizándose a sí misma" (centro de su filosofía de la historia). Esa encarnación de la libertad racional alcanzaría una estación (¿final?) en el Estado prusiano. Recordemos que para Hegel lo que se materializa en las instituciones es entonces la "finitud de la idea". Y, en las sociedades modernas, esa materialización adopta la forma de la escisión entre el Estado político por un lado, y sus dos esferas "finitas": la sociedad civil y en la familia. Y acá Marx está cuestionando que esa materialización (y esa escisión sociedad política-sociedad civil) sea la materialización de la idea. En esta segunda crítica Marx va a analizar un Estado que se realiza, pero no desde la idea, sino desde lo concreto. Y en la discusión de que es el "sujeto" y que "el predicado", está la discusión más profunda alrededor de que el motor de la historia no es la idea realizándose (aun cuando Marx todavía no tenga una respuesta a ese interrogante).[13] Y la tercera crítica es qué o quién "resuelve" la escisión de las sociedades modernas: "el Estado" será la respuesta hegeliana, mientras que Marx obsesivamente va reemplazando esa afirmación por la de "pueblo".

Si continuamos con la lectura de la *Crítica de la filosofía del Estado de Hegel* podemos observar cómo Marx, lentamente, va dejando de hablar de las dos esferas de la finitud (familia y sociedad civil), creando un todo concentrado alrededor del término sociedad civil. Hay un hecho de la realidad, que Marx señala como el más grande descubrimiento de Hegel: la sociedad moderna está rasgada, escindida en "sociedad política" y "sociedad civil". Ése es el rasgo distintivo de la modernidad que ha marcado Hegel. La característica de las formaciones sociales antiguas va a ser, justamente, la no existencia de esa escisión entre una esfera política y una esfera no política. Y esto es justamente lo que diferencia a la sociedad moderna de las antiguas, donde no existía esa escisión, sino una totalidad.

Marx, como hemos dicho, busca resolver esa escisión de una forma distinta de Hegel. Y acá aparece, un tanto enigmáticamente, el término "democracia". Evidentemente se trata de uno de los términos más complejos de Marx. A lo largo de sus escritos podemos encontrar cuatro definiciones distintas de democracia en nuestro autor. En este Marx de 1843 aparece una definición de democracia que la podríamos resumir como *solución de la escisión entre "sociedad política" y "sociedad civil"* y que, en realidad, si quisiéramos buscar un equivalente en el Marx adulto, sería sinónimo de "comunismo". Todas las formaciones estatales, las formaciones estatales concretas (el Estado prusiano, el francés postrevolucionario, el norteamericano) son una cierta y determinada forma particular del Estado.

"En la democracia el principio formal es al mismo tiempo principio material, es decir: el principio material que es la sociedad civil, y el principio formal que es el Estado, son uno. La democracia es, por primera vez, la verdadera unidad de lo general y lo particular. En la monarquía, por ejemplo, o en la república como forma de Estado solamente particular, el hombre político vive su existencia particular junto al hombre no político, junto al hombre privado" (*Crítica a la filosofía del Estado de Hegel*, 1982: 343). O sea, hay una escisión entre hombre y ciudadano: el hombre de la sociedad civil y el ciudadano de la sociedad política. Hay formas particulares de existencia que conviven junto al Estado político. Y dice Marx: "los france-

---

[13] La lucha de clases y la contradicción entre las fuerzas productivas y las relaciones sociales de producción serán su respuesta a partir de *La ideología alemana*.

ses modernos[14] conciben esto en el sentido de que en la verdadera democracia desaparece el Estado político" (*idem*: 343). El Estado que ha sido una emanación de la sociedad civil, un constructo de la sociedad civil, vuelve a ser absorbido por ésta, desaparece. "En todos los Estados distintos de democracia [en todos los otros], *el Estado, la ley, la Constitución*, son lo dominante, sin que realmente dominen [o sea, aparecen como lo dominante, pero lo que realmente domina es la sociedad civil, los intereses privados], es decir, sin que penetren de un modo material el contenido de las demás esferas no políticas" (*idem*). Somos todos iguales ante la ley y la ciudadanía, pero, en realidad, en el Estado no político, o sea, la sociedad civil, quedan presentes todas las escisiones, desigualdades, etc. "En la democracia [en esta definición de democracia] la constitución, la ley, el Estado mismos son solamente la autodeterminación del pueblo y el contenido material de éste" (*idem*), o sea, Constitución política.

Advirtamos ahora cómo lo compara con el Estado antiguo, antes de la modernidad, cuando no había escisión entre sociedad civil y sociedad política. "En los Estados antiguos, el Estado político forma el contenido del Estado con exclusión de las otras dos esferas" (*idem*), o sea, todo está en el Estado, o todo está en esa totalidad que mezcla al Estado y la sociedad civil. "El Estado moderno [en cambio] es la acomodación entre el Estado político y el Estado no político" (*idem*).

"En la democracia, el Estado *abstracto* [Marx dice que el Estado político es abstracto porque es la igualdad formal, la igualdad en abstracto] ha dejado de ser el momento dominante. La disputa entre monarquía y república sigue siendo todavía una disputa que se mantiene dentro del Estado abstracto". O sea, la república cita como su fundamento a la constitución, a la democracia, a la igualdad, pero en realidad, no tiene capacidad de evitar la escisión de esferas entre sociedad política y sociedad civil y se mueve entonces en el campo de lo formal, en el campo del Estado abstracto. "La forma de Estado abstracta de la república es, por lo tanto, la república, por ello, deja de ser aquí la constitución *solamente política*" (*idem*). La república es sólo forma de Estado, pero el contenido real de esos Estados se halla afuera. O sea, se puede escribir una Constitución que estatuya la igualdad, pero, sin embargo, no puedo penetrar las formas materiales que están más allá de la esfera del Estado.

---

[14] ¿Quiénes son los franceses modernos? Hay un debate aquí entre los que dicen que, en realidad, se refiere al pensamiento que viene de la Revolución Francesa, a Rousseau, por ejemplo, a la idea de comunidad en Rousseau; y otros autores que dicen que se está refiriendo a los socialistas utópicos franceses, especialmente a Proudhon. Ya el socialismo utópico francés, el anarquismo francés de esa época planteaba el tema de la desaparición del Estado.

"De los diferentes momentos de la vida de un pueblo, el más difícil de desentrañar fue el Estado político, la Constitución" (*idem*). Porque, a través de la Constitución, se quiere crear ilusoriamente el concepto de democracia, el concepto de igualdad. No se lo consigue, pero queda escrito. "La *Constitución política* era hasta ahora la *esfera religiosa*, la *religión* de la vida del pueblo, el cielo de su generalidad frente a la existencia terrenal de su realidad" (*idem*). Después, en *La cuestión judía*, Marx va a generalizar con respecto a esto y va a decir claramente que está a favor de que exista una generalidad, así sea abstracta o no. Él prefiere la emancipación política a ninguna emancipación, aunque la emancipación política no es la emancipación humana. Pero insiste en señalar que la república también es escisión entre Estado y sociedad civil, también es escisión entre el mundo de la generalidad abstracta y un mundo de la realidad desigual.

Y dice: "se comprende que la Constitución política como tal sólo llegue a desarrollarse allí donde las esferas privadas han cobrado una existencia independiente" (*idem*). Porque, en realidad, la gran contradicción es que, para que pueda desarrollarse la Constitución política y, por tanto, la república, debe haber madurado el concepto de individuo, y el concepto de individuo implica la existencia de esferas privadas de algún tipo. Esto, que es tan trabajoso de leer, que está en clave filosófica, en realidad va a ser traducido después por Marx en términos de "revolución burguesa". La revolución burguesa, en clave de Revolución Francesa, es la culminación de la existencia históricamente previa y del fortalecimiento económico de la burguesía, que por último disputa el control del poder político, pero que primero, durante dos siglos, se consolidó como clase económicamente dominante.

Observemos la prehistoria de esta conclusión, tal como la planteaba Marx en 1843: "Allí donde el comercio y la propiedad sobre la tierra no son libres, no han cobrado aún su independencia, no existe tampoco hoy la constitución política" (*idem*). Y agrega una frase que es muy interesante: "la Edad Media era *la democracia de la carencia de libertad*" (*idem*). Es muy interesante porque nos demuestra claramente que lo que está planteando Marx es que hay "democracia" cuando no hay escisión de sociedad política y sociedad civil. Entonces, si hay escisión entre sociedad política y sociedad civil, la forma abstracta del Estado político podrá ser la monarquía, la república, etc. Y cuando no hay esa escisión, hay democracia. Aunque él irónicamente utilice la expresión "democracia de la carencia de la libertad" para hablar de la Edad Media, es obvio que está pensado en el término democracia hacia "adelante", en un sentido de igualdad sustantiva. Por eso Marx, entendemos que irónicamente, hace esa afirmación hacia atrás, y dice que en la Edad Media no había escisión entre sociedad política y sociedad civil, era la democracia de la carencia de libertad, ya que eran todos iguales: nadie era libre. Eran todos iguales en esa mezcla de la carencia de libertad. El concepto de libertad requiere la escisión de las esferas, pero resulta que esa libertad es abstracta. Está escrita en las Constituciones, figura en los principios del Estado político, pero no se materializa.

Miremos hacia el "Estado" antiguo. ¿Cómo es la dominación política, por ejemplo, en Grecia? "En la república [la república griega] la incumbencia privada real, el contenido real de los ciudadanos, y el hombre privado es esclavo" (*idem*); o sea, en la república griega no existe el individuo, existe la polis como totalidad. El individuo, como nosotros lo pensaríamos, con derechos y obligaciones, no existe. "O como en el despotismo asiático, el Estado político no es sino el arbitrio privado de un solo individuo" (*idem*), y todos los demás son esclavos. En la polis, que es una construcción colectiva, donde todos los ciudadanos construyen la polis, en tanto individuos, no existe ninguno. En el Estado asiático, existe el déspota, tampoco existe el individuo moderno. Ésa es la esencia de las sociedades previas a la modernidad.

¿Hay algún vínculo, alguna ligazón que permita salvar esta contradicción, que hasta acá es abrupta, entre Estado y sociedad civil? Ya tenemos, en los párrafos anteriores, una respuesta. Para Marx esto se va a resolver a partir de la autodeterminación de los pueblos, o sea, se va a resolver desde el lado de la sociedad civil. En 1875, Marx define esta "autodeterminación de los pueblos" como "los productores libremente asociados". El concepto de pueblo, que obviamente va a cambiar por el de clase obrera, va a estar mediado por el concepto de revolución. Es la "recuperación de la esencia comunista de la sociedad".

Es interesante hacer una acotación que diferencia al Marx del 42 (*Gaceta del Rhin*), de éste del 43. Cuando Marx usaba la definición de Estado como realización de la libertad racional (1842), los principios de realización son libertad y razón, más que igualdad. Marx incorpora el concepto de igualdad a partir de su lectura de los franceses. Es obvio que en el Marx demócrata-radical del 42 hay una inclinación a pelear en favor de los pobres, cosa que se nota cuando uno lee el contenido de los materiales. Pero la explicitación de un concepto de igualdad aparece en el 43, porque ahora Marx lo que está haciendo es abandonar la definición de la libertad racional. Está avanzando sobre un Estado que trata de dejar de ser una realización abstracta, y la conclusión de Marx es que para dejar de serlo tiene que dejar de ser Estado.

Volvamos a cómo "resolver" la contradicción entre Estado y sociedad civil. Hegel propone formas de resolución muy claras. Las ata a partir de un par, que es el par "burocracia/corporaciones". Marx, a lo largo de toda su obra, va a darse cuenta de la importancia que tiene, para la disputa contra la concepción de que el Estado resuelve las contradicciones, desenmascarar el problema de la burocracia. Hay otro eje, que también aparece acá pero más claramente unos años después, que es desenmascarar la idea de que esas contradicciones se resuelven en el poder legislativo.[15] Pero, en 1843, aparece muy clara la crítica a la burocracia como lugar de resolución de la escisión.

Marx critica al par burocracia/corporaciones, comienza por estas últimas, que están en la sociedad civil. Son "el materialismo de la burocracia y la burocracia es, a su vez, el *espiritualismo* de las corporaciones. La corporación es la burocracia de la sociedad civil; la burocracia es la corporación del Estado" (*idem*: 357). Marx dice que en las corporaciones lo único que va a estar en juego son intereses privados, resoluciones de lo particular, en ambos casos, como el manto ideológico de la resolución de lo general. Y sigue: "en la realidad, la burocracia se contrapone, en cuanto 'sociedad civil del Estado' [se hace como si fuera la sociedad civil del Estado] al 'Estado de la sociedad civil' [que son las corporaciones]. Allí donde la 'burocracia' es un nuevo principio [donde surge una determinada burocracia], donde el 'interés general del Estado' comienza a convertirse por sí mismo en un interés 'aparte' y, por tanto, en un interés 'real', [la burocracia] lucha en contra de las corporaciones, a la manera como toda consecuencia lucha contra la existencia de sus premisas" (*idem*).

¿Cuál es la primera tarea de esa burocracia? Pelear contra los intereses particulares de la sociedad civil que siguen reclamando la resolución de su problema. Es la burocracia contra las corporaciones. Es lo que dice más abajo. "En cambio, tan pronto como despierta la vida real del Estado, y la sociedad civil se libera de las corporaciones por el propio impulso de su razón, la burocracia trata de restaurarla; pues, al desaparecer el 'Estado de la sociedad civil', desaparece la 'sociedad civil del Estado'" (*idem*). Si lo bajamos bien a tierra, vemos que la burocracia trata siempre de reducir lo más posible el poder de las corporaciones con las que está en contacto, pero si llegan a aparecer en el seno de la sociedad civil movimientos que cuestionen a esa corporación, la burocracia inmediatamente cerraría filas con ella, única institución con la que puede "negociar" en sus propios términos. Porque lo que pondría en cuestión, en todo caso, esos movimientos

---

[15] Este tema es central en *El XVIII Brumario*.

ya no sería sencillamente a la corporación, sino por interpósita persona a la propia burocracia. O sea, la burocracia y las corporaciones se necesitan unas a otras, porque una es la premisa de la otra.

En realidad, a lo que está yendo de fondo Marx es a que la burocracia y las corporaciones sí son un hilo conductor, es el hilo que articula la sociedad política y la sociedad civil, pero no resuelve la escisión entre lo formal y lo material, entre la igualdad abstracta y la sustantiva, entre el Estado y la sociedad civil. Porque la burocracia, en realidad, hace de los fines del Estado su propiedad privada.

Contra Hegel, con su idea de Estado prusiano, contra la idea estatalista de que se resuelve todo en el Estado, Marx dice, "no, no se resuelve nada en el Estado". Ésta es la discusión. Está discutiendo con Hegel dentro del lenguaje hegeliano y las premisas hegelianas. Y, desde allí, está negando al Estado. A la pregunta ¿puede el Estado resolver las contradicciones de la sociedad civil?, Marx da una respuesta negativa. Lo hace analizando al aparato de Estado en concreto, que está constituido por la burocracia. Porque la burocracia no "dialoga" con la sociedad civil, sino con los intereses particulares en que está organizada esa sociedad civil, o sea, con las corporaciones, las que, a su vez, al organizarse en intereses particulares, convierten a esos intereses particulares en una supuesta generalidad. Por eso dice: "las corporaciones son el 'Estado de la sociedad civil'" (*idem*). Ese Estado de la sociedad civil es la premisa que hace a la construcción de la burocracia. Se trata de una relación conflictiva, por supuesto. La burocracia trata de destruir su propia premisa, porque esa premisa es la que en realidad muestra cuál es su existencia. Ahora, la trata de destruir hasta el punto en que su destrucción absoluta no desnude qué es, efectivamente, la burocracia. Entonces, cuando hay una activación desde la sociedad civil por fuera de las corporaciones que, por lo tanto, va a interpelar directamente al Estado, éste, inmediatamente, va a buscar al interlocutor organizado, porque el interlocutor no organizado es la sociedad civil en su desnudez. Es la expresión concreta de que todo lo que hay en el Estado no es otra cosa que una formalidad.

La corporación permite construir lo material y sustantivo en formal. Es como un traductor: traduce lo material y sustantivo al lenguaje de la formalidad. Y la burocracia lo hace directamente. "La burocracia es el *formalismo de Estado*' de la sociedad civil… La burocracia debe defender la generalidad *imaginaria* del interés general, que es su propio espíritu. El Estado debe ser una corporación mientras la corporación pretenda ser un Estado y representar, por consiguiente, una sociedad *especial*, *aparte*, dentro del Estado" (*idem*), o sea, a una porción, a una parte de la sociedad civil.

Señalemos que Marx mantiene desde el principio hasta el fin de sus escritos una desconfianza absoluta hacia el Estado como instancia de resolución de las contradicciones y un odio a la burocracia en sentido pleno. Analicemos la diatriba: "El 'formalismo de Estado' que es la burocracia es el 'Estado como formalismo'" (*idem*). Y sigue: "a la burocracia le parece que el fin real del Estado es un fin *contra* el Estado. El espíritu de la burocracia es el 'espíritu formal del Estado' o la carencia *real* de espíritu de Estado. La burocracia se considera a sí misma como el fin último del Estado. Y como la burocracia hace de los fines 'formales' su contenido, entra siempre en conflicto con los fines 'reales'" (*idem*), porque formaliza cualquier fin real en uno formal. "Los fines del Estado se convierten en fines burocráticos o los fines burocráticos en fines del Estado. La burocracia es un círculo del que nadie puede escapar. Su jerarquía es la *jerarquía del saber*. La cúspide encomienda a los círculos inferiores el conocimiento de los detalles, a cambio de lo cual los círculos inferiores confían a la cúspide el conocimiento de lo general, engañándose así mutuamente" (*idem*).

Entonces, "la burocracia es el Estado imaginario junto al Estado real, [es] el espiritualismo del Estado. Esto hace que cada cosa tenga un doble significado, un significado real y otro burocrático… La burocracia considera la esencia del Estado, la esencia espiritual de la sociedad, como posesión suya, es su *propiedad privada*" (*idem*). Es decir, la burocracia considera al Estado como su propiedad privada. "El espíritu general de la burocracia es el secreto, el misterio, que […] se mantiene por medio de la jerarquía y al exterior como corporación cerrada" (*idem*). La adoración de la autoridad. Y, entonces, este principio formal que parecería que transforma al Estado en un puro espiritualismo, sobre todo formal, "el espiritualismo se convierte [en realidad] en un *craso materialismo*, en el materialismo de la obediencia pasiva, de la fe en la autoridad, del *mecanismo* de un comportamiento formal fijo, de principio, ideas y tradiciones fijas. Por lo que se refiere al burócrata [como individuo], el fin del Estado se convierte en su propio fin, en una *cacería de puestos cada* vez más altos, en el *hacer carrera*. En primer lugar, el burócrata considera la vida real como una vida *material*, pues el *espíritu de esta vida tiene una existencia aparte* en la burocracia. […] El burócrata ve en el mundo simplemente un objeto para su tratamiento" (*idem*). Entonces, en la burocracia la identidad, el interés del Estado y del fin privado particular (que de eso se trataría una política pública) se estatuye de tal modo que el interés del Estado se convierte en un interés privado particular frente a otros intereses privados.

Resulta interesante comparar los párrafos antes mencionados con otros que aparecerán más adelante, en *El XVIII Brumario*. Observemos su similitud: "Este poder ejecutivo, con su inmensa organización burocrática y militar, con su compleja y artificiosa maquinaria de Estado, un ejército de funcionarios que suma medio millón de hombres, este espantoso organismo parasitario que se ciñe como una red al cuerpo de la sociedad francesa y le tapona todos los poros..."[16] Y, si queremos ver cómo el "odio" a la burocracia se mantiene hasta el último Marx, leamos, ya en 1871, en *La guerra civil en Francia*: "El aparato de Estado centralizado que, como una boa constrictor, oprime con sus órganos militares, burocráticos, eclesiásticos y judiciales, omnipresentes y complicados, el cuerpo vivo de la sociedad burguesa...".[17] Vemos entonces que la adjetivación sobre la burocracia en el pensamiento de Marx se mantiene presente, aun cuando luego haya distintas definiciones de Estado. La lucha contra esos Estados, que alcanza su máxima expresión en 1871 en la Comuna de París, se va a expresar, en cierta forma, contra esa burocracia que expropia el poder de decisión. ¿Con qué reemplazar a la maquinaria estatal destruida de la burguesía? El programa político del 71 de Marx (en realidad es el programa de la Comuna de París), fundamentalmente, es un programa contra la burocracia.

Volvamos ahora al texto del 43, donde Marx dice: "La superación de la burocracia sólo puede consistir en que el interés general llegue a ser particular *realmente* y no sólo, como en Hegel, imaginariamente, en la abstracción, lo que sólo será posible cuando el interés *particular* llegue a convertirse realmente en el interés *general*" (*Crítica de la filosofía...*1982: 357). Acá lo que está diciendo Marx es que, en realidad, la burocracia no es lo que permite la articulación de la sociedad política con la sociedad civil. Esa articulación implicaría que los intereses particulares se constituyan en interés general, pero en interés general de verdad, real, material. Y que el interés general se materialice en los intereses particulares concretos.

Marx critica fuertemente a la ilusión hegeliana acerca de la resolución de la escisión entre Estado y sociedad civil. "Hegel parte de la separación entre la 'sociedad civil' y el 'Estado político' como de una antítesis entre dos contradictorios fijos, como dos esferas realmente diferentes. Y no cabe duda de que esta separación existe realmente en el Estado moderno" (*idem*: 411). Así como no existía en la Edad Media. Y dice, "lo más profundo en Hegel es que ve una contradicción entre la separación de la sociedad civil y la sociedad política" (*idem*). Esto es lo más grande de Hegel, "pero su error está en contentarse con la *apariencia de esta solución*, presentándola como la cosa misma" (*idem*). La solución no está en la burocracia, tampoco está en el

---

[16] *El XVIII Brumario de Luis Bonaparte* (1973: 131).
[17] *La guerra civil en Francia* (borrador), en Maximilien Rubel, Vol. 1: 152.

elemento político constituyente, o sea, en la idea de república, en la idea de igualdad que se expresa por esto a partir de la Revolución Francesa.

¿Qué pasa cuando, efectivamente, se constituye todo este Estado político, cuya expresión más clara es el concepto de república? Dice: "Se pone de manifiesto aquí en el individuo la *ley general*" (*idem*). ¿Cuál es la ley general? El divorcio entre la sociedad civil y el Estado. Esta separación entre el individuo y el ciudadano. "Aparecen escindidos el ciudadano de Estado y el ciudadano en cuanto simple miembro de la sociedad civil" (*idem*). El individuo forma parte de una doble organización: la organización burocrática y la organización social, la sociedad civil. En la sociedad civil es el hombre privado, fuera del Estado. En la otra es el ciudadano. Para comportarse como ciudadano, el individuo se ve obligado a salir de la sociedad civil y entrar en un mundo imaginario, una especie de comunidad imaginaria. Cuando Marx dice "lo real", "la comunidad", "la comunidad comunista dentro de la que el individuo existe", se refiere a la sociedad civil separada del Estado.

Aquí tenemos que hacer una acotación. Sólo en los textos posteriores, particularmente en *La cuestión judía* y en la *Introducción a la crítica de la filosofía del derecho de Hegel*, va a aparecer algo que es la propia escisión al interior de la sociedad civil. Porque, hasta acá, podríamos traducir a Marx diciendo que "la sociedad civil es buena y la sociedad política es mala". El problema sería la sociedad política que ha expropiado las capacidades comunitarias de la sociedad civil. Y todavía esto está acá, porque cuando dice: "la esencia comunista dentro de la que el individuo existe, es la sociedad civil separada del Estado" (*idem*). La comunidad es la sociedad civil. Pero entonces Marx empieza a ver el otro problema, que se nota en *La cuestión judía* y se despliega completamente en *La ideología alemana*: la esencia comunista, o la idea de comunidad, desapareció también de la sociedad civil. Porque la sociedad civil va a empezar a parecerle a Marx, primero, una especie de reino caótico de intereses egoístas y mercantiles, y después, desglosando, una sociedad de clases. De la sociedad civil, entonces, vamos a pasar a la sociedad de clases.

Se podría comparar este texto, donde todavía Marx está diciendo que "en la sociedad civil está la comunidad", con *La cuestión judía*, donde empieza a hablar de un mundo de intereses egoístas, mercantiles, que se cruzan y que impiden que se desarrolle la esencia comunitaria. Parecería que la culpa la tuviera el mercado, el comercio, la propiedad privada en general. Pero en *La ideología alemana* todo aparece más claro: ha culminado un tránsito conceptual que termina en la definición de "la sociedad de clases". La sociedad civil se va a transformar en la sociedad burguesa, con sus clases, y el Estado va a ser una emanación de esa sociedad de clases, y no simplemente de la sociedad civil. Es interesante ver este recorrido en detalle.

Podemos encontrar un antecedente todavía en un párrafo del 43: "¿Cuál es, pues, el poder del Estado político sobre la propiedad privada? [Es] el *propio poder de la propiedad privada*, su esencia llevada a existencia. ¿Y qué le queda al Estado político, por oposición a esta esencia? La *ilusión* de [creerse] lo determinante allí donde es lo determinado. Es cierto [el Estado político] quebranta la *voluntad de la familia y de la sociedad*, pero lo hace solamente *para dar existencia a la voluntad de la propiedad privada que carece de familia y de sociedad* y para reconocer esta existencia como la existencia suprema del Estado político, como la existencia *moral* suprema" (*idem*). Este texto tiene ya una similitud con la discusión de *La cuestión judía*.

El trabajo de Marx en París, además de sus manuscritos sobre Hegel, implicó también la preparación de una revista: los llamados *Anales* (o *Anuarios*) *franco-alemanes*, que sale en 1844, aunque los artículos son escritos a fines del año anterior. En ella encontramos dos materiales centrales para esta etapa de nuestro autor, *La cuestión judía* y la *Introducción a la crítica de la filosofía del derecho de Hegel*. Allí aparecen muchos conceptos importantes en relación con la propia definición del Estado. También otros que nos interesan colateralmente, como el concepto de emancipación humana que aparece en *La cuestión judía* y el enunciado de que el proletariado es el sujeto revolucionario en la *Introducción a la crítica de la filosofía del derecho de Hegel*. Y también es importante el momento de los *Anales franco-alemanes* porque a partir de aquí va a comenzar, efectivamente, el contacto entre Marx y Federico Engels.[18] Engels le "presenta" a Marx a los economistas clásicos ingleses (Adam Smith y David Ricardo). Así, en 1844, Marx lee por primera vez a estos autores, escribiendo las acotaciones que luego serán publicadas bajo el título de *Manuscritos de 1844* o *Manuscritos económico-filosóficos*, donde aparece la noción de enajenación.

En *La cuestión judía* se da un debate con Bruno Bauer (que va a continuar hasta la ruptura final de Marx con éste en *La Sagrada Familia*). El tema de la discusión es "un clásico en Alemania": la emancipación de los judíos.

---

[18] Engels conocía, al igual que Marx, la filosofía clásica alemana. La gran diferencia es que, radicado en Inglaterra para atender los negocios de su padre, tenía una visión más clara de la importancia de la revolución industrial, la economía política y la situación del proletariado. Siendo mucho más "ateo militante" que Marx, había intentado en 1842, cuando Marx dirigía *La Gaceta del Rhin*, dirigir por medio de éste una fuerte campaña antirreligiosa, cosa con la que Marx no acordó, ya que no lo consideraba el eje central de la propaganda política. Así, el primer encuentro de los que luego serían inseparables amigos, fue frío y no llegó a buen puerto. A partir de los *Anales*, sin embargo, y sobre todo durante el año siguiente en Bruselas, empezará una colaboración entre ambos que durará toda la vida.

Marx va a insistir en ver esta reivindicación como política, antes que religiosa. Por eso vuelve a centrarse en la crítica a la definición de Estado prusiano como Estado cristiano, que otorga la ciudadanía sólo a los cristianos, negándosela a los no cristianos. Mientras que Bauer, siguiendo a Feuerbach y de hecho a todos los hegelianos de izquierda, intenta sostener la consigna de la emancipación de los judíos desde el punto de vista de la crítica religiosa, Marx responde desde la Revolución Francesa, los derechos del hombre y la ciudadanía universal. Y aquí resulta importante la diferenciación que nuestro autor hace entre lo que significa la "emancipación política", que Marx defiende y apoya, y los límites propios de ella. En la clave de lo que venimos discutiendo en los textos anteriores, Marx nos dice que la emancipación política no es sinónimo de democracia, esto es, no resuelve el desgarramiento entre sociedad política y sociedad civil. Emancipación política, en esta clave, es república, o sea una forma de Estado, y no democracia, como la hemos enunciado en la primera definición de Marx. Así, va a diferenciar esta emancipación política de la "emancipación humana", que sí implicaría la igualdad sustantiva y la reconstitución de la comunidad rota por la escisión de la modernidad. Esta emancipación política se puede leer como ciudadanía para todos o, para ser más claro, como revolución burguesa. Pero esto no resuelve la enajenación. Marx sostiene que puede ser que haya un Estado libre sin que el hombre sea libre. "El *Estado* puede haberse emancipado de la religión [como en el modelo de la Revolución Francesa] aun cuando la *gran mayoría* siga siendo religiosa".[19] Aceptando a veces en el texto el desafío de debatir en clave religiosa, Marx plantea la metáfora de que la emancipación política puede garantizar que el hombre se libere de las garras del Estado sacerdote, pero a cambio de construir un sacerdote a su imagen y semejanza en sí mismo. Ya no hay un Estado que lo obliga a seguir una religión (y acá Marx está tomando el concepto de religión como podría haber tomado cualquier otro concepto del campo de la sociedad civil), pero en tanto y en cuanto no se produzca la liberación de las garras de la religión, no se producirá la emancipación humana. Pero a Marx no le interesa discutir de teología, sino de política. Por eso insiste en que no confundamos la república, donde aparece con plenitud el Estado político y la Constitución, con la emancipación humana.

El texto resulta interesante porque Marx explícitamente le está dando importancia a la emancipación política, colocándole un lugar central en lo que después va a ser su programa revolucionario del proletariado. Así, más adelante, Marx va a escribir en el *Manifiesto comunista*, explícitamente: "los comunistas fijan su principal atención en Alemania, porque Alemania se

[19] *La cuestión judía*, en Escritos de Juventud (1973: 468).

halla en vísperas de una revolución burguesa y porque llevará a cabo esta revolución bajo las condiciones más progresivas de la civilización europea en general, y con un proletariado mucho más desarrollado que el de Inglaterra en el siglo XVII y el de Francia en el XVIII y, por lo tanto, la revolución burguesa alemana no podrá ser sino el preludio inmediato de una revolución proletaria" (1973: 77/78).

Marx coloca a la república como una forma abstracta, la más alta, del Estado moderno. Veamos cómo sigue "La emancipación política como divorcio entre hombre y ciudadano…Es indudable que la emancipación política representa un gran progreso, y aunque no sea la forma más alta de la emancipación humana general, sí es la forma más alta de la emancipación humana *dentro* del orden del mundo actual… El hombre se emancipa *políticamente* de la religión cuando la destierra del derecho público al derecho privado. La religión ha dejado de ser el espíritu del Estado, donde el hombre (aunque sea de un modo limitado, bajo una forma especial y dentro de una esfera especial) se comporta como ser genérico, en comunidad con otros hombres; ahora, la religión se ha convertido en el espíritu de la *sociedad burguesa*, en el espíritu de la esfera del egoísmo. No es ya la esencia de la *comunidad*, sino la esencia de la *diferencia*"… "La emancipación política es, al mismo tiempo, la *disolución* de la vieja sociedad, sobre la que descansaba el Estado que se ha enajenado del pueblo", el viejo Estado, dice Marx en *La cuestión judía* (Escritos de Juventud, 1973: 468). "*La revolución política es la revolución de la sociedad burguesa*" (*idem*). Y finalmente dice, "sólo cuando el individuo real recobra dentro de sí al ciudadano abstracto y se convierte, como hombre individual, en *ser genérico*, en su trabajo individual y en sus relaciones individuales; sólo cuando el hombre ha sabido reconocer y organizar sus '*forces propres*' [fuerzas propias] como fuerzas *sociales* y cuando, por tanto, no desgaja ya de sí mismo la fuerza social bajo la forma de fuerza *política*, podemos decir que se lleva a cabo la emancipación humana" (*idem*). Ya está apareciendo el concepto de sociedad burguesa. El lugar de lo material, en este concepto de "sociedad civil" o "sociedad burguesa", es muy fuerte en *La cuestión judía*.

Es importante preguntarse qué está pensando Marx bajo el concepto de emancipación humana. Porque la emancipación política implica, efectivamente, el reconocimiento de la importancia de la plena realización del Estado político, de la igualdad formal y del concepto constituyente. Pero, al mismo tiempo, esto no resuelve la enajenación del "ser genérico" "En el Estado, donde el hombre es considerado como un ser genérico, es miembro imaginario de una imaginaria soberanía, se halla despojado de su vida como individuo dotado de una generalidad irreal". El concepto de ser genérico Marx lo ha tomado de Feuerbach y lo ha utilizado en su lectura de Adam Smith. Entonces, lo que está planteando es que sólo habrá emancipación humana cuando se supere la *enajenación*. Si recordamos las dimensiones de la enajenación que Marx desarrolla en ese famoso texto de 1844, veremos que el obrero (prestemos atención a la dimensión clasista, el obrero encarna ahora a la humanidad) está enajenado del producto de su trabajo, del proceso de trabajo y también de su ser genérico. O sea, está enajenado de sus capacidades de apropiarse y transformar la naturaleza a partir de la actividad productiva. El ser genérico implica entonces la articulación del ser humano en su capacidad de apropiarse y transformar la naturaleza a partir del trabajo y poner a esa naturaleza a su servicio, que lo diferencia de las otras especies, cuyo campo de acción es muy reducido (no se "apropian" de la naturaleza). Vemos así que estamos ya ante el planteo de que la emancipación humana tiene una dimensión política, de que va a hacer falta la revolución y la toma del poder del Estado. Pero no se va a resolver exclusivamente en este ámbito. La expropiación del capital, el aniquilamiento del modo de producción que genera esa enajenación, ya ha aparecido en el horizonte.[20]

Un tema interesante es que la superación de la enajenación del ser genérico, la emancipación humana, es entendida ya en estos manuscritos a partir de la materialidad de la clase obrera. El punto de articulación es el otro de los artículos publicado por Marx en los *Anales franco-alemanes*, la *Introducción a la crítica de la filosofía del derecho de Hegel*, donde aparece planteado por primera vez el concepto de "proletariado como sujeto revolucionario", aunque las tareas que se le plantean a este sujeto son, todavía, más filosóficas que políticas. Marx descarga sobre los hombros del proletariado la tarea que no pueden llevar adelante los filósofos críticos de la izquierda hegeliana. Porque ve que la escisión "sociedad civil / sociedad política" no se salda con la crítica teológico-filosófica. El proletariado puede asumir la tarea de salvar el desgarro de las sociedades modernas, ya que se trata de una clase "contra la cual no se ha cometido una injusticia, sino la injusticia misma".[21]

A esta altura, 1844, resulta interesante preguntarse de qué manera toda esta construcción teórica es bajada operativamente por Marx. En síntesis,

---

[20] Recordemos que, en el joven Marx, el concepto de enajenación aparece antes que el de explotación. La primera lectura de Marx de la relación obrero/capital es una lectura más en clave de la enajenación que de la explotación. Aunque rápidamente veremos la aparición y complementación con el otro eje.

[21] *Introducción a la crítica de la filosofía del derecho de Hegel*, en Escritos de Juventud (1973: 492).

¿cuál es la definición de Estado a la que Marx adscribe en este período de transición? Tenemos una pista en un interesante artículo que Marx escribe para la revista *Vorwärts!* titulado *El Rey de Prusia y la reforma social*. ¿Puede el Estado (acá sí es el Estado en concreto), con sus políticas públicas, resolver problemas fundamentales como el pauperismo? Tras este interrogante, vemos una respuesta donde el Estado ya aparece como inútil para resolver estos problemas: "Donde quiera que existen partidos políticos, cada uno de ellos encuentra la razón de todo mal en el hecho de que no sea él, sino su contrincante, quien empuña el *timón del Estado*. Hasta los políticos radicales revolucionarios buscan la razón del mal, no en la *esencia* del Estado, sino en una determinada *forma de gobierno*, que tratan de sustituir por otra" (Escritos de Juventud 1982: 512).[22] Acá está el problema. Porque "desde el punto de vista *político*, el Estado y la *organización de la sociedad* no son *dos* cosas distintas. El Estado es la organización de la sociedad. Cuando el Estado reconoce la existencia de anomalías *sociales*, trata de encontrar éstas bien en *leyes naturales*, a las que ningún ser humano puede hacer frente, bien en la *vida privada*, independientemente de él, bien en la *transgresión de sus fines por la administración* que de él depende" (ídem). "Todos los Estados buscan en los defectos, *causales o intencionales de la administración* [o sea, errores de la administración] *la causa de sus males*" (ídem) y buscan medidas administrativas para resolverlos, porque en definitiva el Estado no es otra cosa que actividad administrativa, burocracia. Pero, "el Estado no puede superar esta *contradicción* entre la disposición y buena voluntad de la administración, de una parte, y de otra sus medios y su capacidad sin destruirse a sí mismo, ya que *descansa* sobre esta contradicción. Descansa en la contradicción entre la *vida pública* y la *vida privada*, en la contradicción entre los *intereses generales* y los *intereses particulares*. De ahí que la *administración* deba limitarse a la actividad *formal* y *negativa*, pues su acción termina allí donde comienza la sociedad civil y su labor… La impotencia es la ley natural de la administración" (ídem).

¿Por qué el Estado no puede resolver estos problemas? ¿Se trata simplemente de "ineficiencia administrativa"? Marx vuelve a su eje de la contradicción entre la sociedad política y la sociedad civil. En la sociedad civil, nacen, se expresan y se materializan estas contradicciones. El Estado no puede resolverlas, salvo negándose a sí mismo, anulando la sociedad civil. Como no puede anularla, ya que es su premisa, el Estado está llamado a ser impotente. No se trata de un problema de administración, aun cuando se manifieste como tal. "Si el Estado moderno quisiera acabar con la *impoten-*

---

[22] La cita corresponde a *Glosas críticas al artículo "El rey de Prusia y la reforma social. Por un prusiano", Vorwärts!*, en Escritos de Juventud (1973: 512).

cia de la administración, tendría que acabar con la actual vida privada. Y si quisiera acabar con la *vida privada*, tendría que destruirse a sí mismo, pues el Estado *sólo* existe por oposición a ella" (*idem*: 512).

Bruselas

Marx debe instalarse en Bruselas por una orden de expulsión de París producida por el ministro Guizot a raíz de sus contactos con los grupos de exiliados alemanes. Y va a ser justamente en Bélgica donde la militancia política de Marx va a adquirir más peso, particularmente en la Liga de los Comunistas, para la que terminará escribiendo el célebre *Manifiesto comunista*. Vamos a ver cómo, mientras continúa su trabajosa crítica a la filosofía hegeliana y posthegeliana, vive un proceso de profunda radicalización política, que va a terminar siendo determinante para toda su actuación posterior.

Todavía va a quedar un texto fuerte del debate filosófico, en el que va a romper lanzas con Bruno Bauer. Se trata de un libro escrito en conjunto con Federico Engels titulado *La Sagrada Familia o Crítica de la crítica crítica*, subtitulado *Contra Bruno Bauer y consortes*. En este escrito, en el que tratan diversos temas con valor desigual,[23] Marx y Engels nos van marcando el camino que va de la crítica filosófica a la lucha política, negándole productividad a la "crítica de la crítica" (particularmente religiosa) presente en Bauer.

Hay un párrafo de *La Sagrada Familia* que nos plantea una cuestión muy interesante: el tema de la co-constitución del Estado y de la burguesía. Las instituciones estatales del Estado moderno, en realidad, nacieron antes que la burguesía o junto con la burguesía y ayudaron a su constitución. "El Estado moderno nació de la formación de los Estados absolutos en la época de las monarquías enfrentando a los poderes feudales, que se fue centralizando y acotando..."[24] Hay un relato aquí sobre un Estado moderno al cual la burguesía constituyó cuando aún no dominaba –porque de hecho financió a los reyes absolutos contra los poderes particulares feudales– y después, en algún momento, cuando alcanzó el poder político con la Revolución Francesa, el Estado quedó constituido como "comité administrador de los asuntos comunes de la burguesía". En este texto de *La Sagrada*

---

[23] "Junto a muchos pasajes verdes y lozanos... *La Sagrada Familia* contiene también trechos resecos y agotados. Hay capítulos, principalmente los dos largos capítulos consagrados a analizar la increíble sabiduría del honorable señor Szeliga, que someten a dura prueba la paciencia del lector", sostiene Franz Mehring, en el capítulo III de su *Carlos Marx, historia de su vida*.

[24] *La Sagrada Familia*, Buenos Aires, Claridad, (1938: 288).

Familia, Marx plantea una tensión en relación con el pasaje político del feudalismo al capitalismo, tema que luego va a ser desarrollado en profundidad en el capítulo XXIV de *El capital*, donde Marx va a afirmar que no hubiera habido ni burguesía ni proletariado si no fuera por la intervención violentísima del Estado absoluto inglés en los siglos XV, XVI y XVII, construyendo esas clases.

Pero los verdaderos textos de ruptura –en la terminología althusseriana– vendrán luego: las *Tesis sobre Feuerbach*, de la que rescatamos la famosa frase "los filósofos se han encargado de interpretar el mundo, de lo que se trata es de transformarlo", y *La ideología alemana*. Este último texto tendrá mucha importancia para nuestro recorrido sobre la definición del Estado. Marx va a plantear en *La ideología alemana*[25] la génesis del Estado. Éste está en la contradicción que se abre entre el interés particular y el interés público. Obviamente, esto requiere, presupone, la existencia de las esferas separadas de la sociedad civil y la sociedad política. Recordemos que el término en alemán para denominar la sociedad civil y la sociedad burguesa es el mismo (*bürgerliche Gesellschaft*) y, por lo tanto, tenemos que extraer su significado del contexto. En *La ideología alemana*, cuando aparece "sociedad civil", entendemos que se refiere ya a una sociedad de clases, o sea al contenido material. El origen de esa sociedad de clases se encuentra en una división del trabajo siempre creciente: "finalmente, la división del trabajo nos brinda ya el primer ejemplo de cómo, mientras los hombres viven en una sociedad natural, mientras se da, por lo tanto, una separación entre el interés particular [sociedad civil] y el interés común, mientras las actividades, por consiguiente, no aparecen divididas voluntariamente, sino de modo natural, los actos propios del hombre se erigen ante él como un poder ajeno y hostil, que lo sojuzgan, en vez de ser él quien los domine [...]. Esta plasmación [esta materialización, si queremos poner una palabra más fácil] de las actividades sociales, esta consolidación de nuestros propios productos en un poder material erigido sobre nosotros [frente a nosotros], sustraído a nuestro control, que levanta una barrera ante nuestra expectativa y destruye nuestros cálculos, es uno de los momentos fundamentales que se destacan en todo el desarrollo histórico anterior [o sea, en el proceso de constitución del Estado], y precisamente, por virtud de esta contradicción entre el interés particular y el interés común [general], cobra el interés común, en cuanto *Estado*, una forma propia e independiente, separada de los reales intereses particulares y colectivos y, al mismo tiempo,

---

[25] Recordemos que *La ideología alemana* es el texto de ruptura entre la concepción filosófica y lo que ya sería algo más que los andamios de lo que podríamos llamar materialismo histórico.

como una comunidad ilusoria, [aquí aparece el término 'ilusoria'] pero siempre sobre la base real de los vínculos existentes" (*La ideología alemana*, 1975: 34). Y Marx continúa diciendo que todas las luchas que se libran al interior del Estado, la lucha sobre la forma Estado (cosa que ya veníamos escuchando desde *La cuestión judía*), sobre la monarquía versus la república, las luchas por el derecho de sufragio, etc., "no son sino formas ilusorias bajo las que se ventilan las luchas reales entre las diversas clases" (*ídem*).

Entonces, como lo que existe materialmente es el interés particular, cuando este interés particular se presenta como interés general tiene que asumir, necesariamente, una forma ilusoria. Recordemos lo que aparecía planteado en textos anteriores, cuando Marx todavía consideraba a la sociedad civil como un espacio enfrentado a la sociedad política y decía: "la esencia comunista de la sociedad civil se enfrenta al Estado". Acá ya no va a decir "la esencia comunista de la sociedad civil" porque tiene en claro que la sociedad civil, en realidad, está desgarrada en clases. Pero va a sostener que esa esencia comunitaria reaparece en el Estado ilusoriamente, en el reino de la libertad, de la igualdad y de la fraternidad.

Si existe el Estado, significa que hay 'contradicción' entre los intereses de lo individuos singulares [o particulares] y el interés común de todos los individuos. Es decir, que tiene que haber escisión entre interés particular e interés general para que exista el Estado. Y prestemos atención a cómo, en toda *La ideología alemana*, el lugar de la división del trabajo aparece como genético, especialmente en relación con las clases: "Ya que la división del trabajo no es un acto concertado y libre, sino más bien natural y forzado, la actividad social se cristaliza, por así decirlo, en una fuerza material [por encima] y al exterior de los productores que pierden el control sobre ella y precisamente por virtud de esta contradicción entre el interés particular y el interés común, cobra el interés común, en cuanto Estado, una forma propia e independiente, separada de los reales intereses particulares y colectivos" (*ídem*). Marx no está diciendo que no se puedan construir reales intereses colectivos, pero no son los que construye ilusoriamente la forma Estado. Por eso dice "separada de los reales intereses particulares y colectivos". Y sigue: "y, al mismo tiempo, como una comunidad ilusoria, pero siempre sobre la base real de los vínculos existentes, dentro de cada conglomerado familiar, tales como la carne y la sangre, la lengua, la división del trabajo en mayor escala y otros intereses". El Estado es una comunidad ilusoria, pero no es pura ilusión, se materializa, se construye.

Es evidente que la constitución del Estado moderno, del Estado-nación, se apoya sobre arcos comunes de solidaridades que no son los que definen las condiciones materiales de existencia (o sea, las clases), pero que son "realmente existentes", como un pasado común, una lengua o una religión. El Estado se apoya sobre la constitución del principio del pueblo o de la nación y a partir de ahí construye, como una comunidad ilusoria, la entidad Estado como si estuviera por encima de las clases. Ese interés común, ese interés general (ideológico, ilusorio), necesita tener anclajes en cosas concretas. Y lo encuentra en estos elementos que provienen efectivamente de elementos básicos de la sociedad civil, como la historia, la cultura, la lengua, la religión, etcétera.

En *La ideología alemana* hay un elemento importante, que creemos que recupera Gramsci bajo la idea de la dirección intelectual y moral, del concepto de contenido ético del Estado, que supera lo estrechamente corporativo; o sea, el conjunto de conceptos que va a construir Gramsci para plantear cuándo una clase puede, efectivamente, postularse para dirigir, con su noción de hegemonía: "los individuos que dominan bajo estas relaciones [las que hacen al poder estatal] tienen, independientemente de que su poder deba constituirse como Estado, que dar necesariamente a su voluntad [que es una voluntad particular, de clase], condicionada por dichas determinadas relaciones, una expresión general como voluntad del Estado, como ley, expresión cuyo contenido está dado siempre por las relaciones de esta clase, como con la mayor claridad demuestran el derecho privado y el derecho penal. Así como no depende de su voluntad idealista o de su capricho el que sus cuerpos sean pesados, no depende tampoco de ellos el que hagan valer su propia voluntad en forma de ley, colocándola al mismo tiempo por encima del capricho personal de cada uno de ellos" (*ídem*). "El Estado no existe, pues, por obra de la voluntad dominante, sino que el Estado, al surgir como resultante del modo material de vida de los individuos, adopta también la forma de una voluntad dominante".[26]

Nos parece que acá hay dos afirmaciones para rescatar. Por una parte, el interés particular tiene que constituirse formalmente en interés general, asumiendo necesariamente esa forma (eso que Gramsci después va a llamar "salir del marco de lo estrechamente corporativo" y poder "darle un contenido ético al Estado"). Por otra parte, cuando Marx se refiere al concepto de voluntad, a que el Estado no es el resultado de voluntades individuales, aparece lo que más adelante Engels va a plantear como la definición del Estado como capitalista colectivo ideal. El Estado garantiza la relación social capitalista, el orden capitalista, más allá del personal que esté a cargo del aparato de Estado. Discusión que, como vamos a ver enseguida, se inicia claramente cuando Marx tiene que debatir la naturaleza de Luis

---

[26] Véase en este sentido el artículo de Mabel Thwaites Rey incluido en este volumen.

Bonaparte, del *bonapartismo*, y por qué garantiza la relación social capitalista independientemente del propio Bonaparte, de los campesinos franceses y de la "soldadesca comprada en base a aguardiente y salchichón".

El Marx adulto
De la Liga de los Comunistas al fin de la Revolución de 1848

En este período (1847-50) Marx produce dos textos centrales (la *Miseria de la filosofía* y el *Manifiesto Comunista*) e innumerables notas periodísticas referidas a los sucesos de la revolución del 48. Este apartado estará dedicado, casi exclusivamente, al *Manifiesto*, que sale a la luz semanas antes de la Revolución de 1848.

Acá aparece la definición quizá más conocida de Marx sobre el Estado. A la pregunta ¿qué es el Estado moderno?, Marx da su respuesta después de pasar por un recorrido histórico con lo que ello significó en términos de expropiación del monopolio de la fuerza que estaba en manos de los poderes feudales, de su centralización en el Estado, de la propia centralización burocrática y la unificación administrativa, hasta que culmina con la toma del poder político por la burguesía. Y entonces llegamos a la definición clásica: "El Estado es el comité organizador de los asuntos comunes de la clase burguesa" (1973: 35).

Pero en el *Manifiesto* aparecen por primera vez los interrogantes acerca de qué implica este Estado ante el programa de la revolución proletaria. Y hay tres elementos importantes en el *Manifiesto*: a) la *toma del poder político*. El proletariado se apropia del poder político, "toma el poder del Estado, esto es la conquista de la democracia". Acá se modifica la definición anterior de democracia. Porque Marx introduce una segunda definición, que la podríamos leer en clave rousseauniana: la democracia como voluntad de las mayorías. La clase mayoritaria va a tomar el poder político y va a ejercer un determinado poder (con todo lo que implica ejercer) sobre los derrotados, sobre la clase burguesa. Esto que, en una definición de muy pocos años después, en la carta a Weydemeyer de 1852, va a aparecer como el concepto de *dictadura del proletariado*, es la expresión de la voluntad general o democracia de masas. Evidentemente, es una definición de democracia distinta a la de 1843, porque no ha desaparecido el Estado, sino que es el ejercicio del poder político por la clase obrera.[27]

---

[27] Señalemos que el carácter polisémico del término *democracia* en Marx no termina aquí. Podemos agregar que, más adelante, se definirá a la democracia como *dictadura de la burguesía*, es decir, que va a aparecer otra definición de democracia: "*la democracia no es otra cosa que la dictadura de la burguesía*". Y también, en algún momento, Marx presenta a la

Pero continuemos. "El proletariado se valdrá de su dominación política para ir arrancando gradualmente a la burguesía todo el capital, para centralizar todos los instrumentos de producción en manos del Estado, es decir, del proletariado organizado como clase dominante, y para aumentar con la mayor rapidez posible la suma de las fuerzas productivas" (*idem*). Ahí también aparece un párrafo que incluye todo un programa de nacionalizaciones o de estatizaciones. Tenemos así todo un clivaje para analizar: la toma del poder político, el concepto de democracia, diferente del anterior, el concepto de centralización en el Estado de los principales medios de producción. Sabemos, por anticipado, que Marx en la edición de 1872 va a hacer la acotación de que el proletariado no puede simplemente tomar la máquina del poder estatal y ponerla a funcionar para su propio beneficio, sino que debe destruirla y reemplazarla por otro aparato de dominación. Pero eso lo veremos en su momento. Nos faltaría señalar aquí que en el *Manifiesto* aparece también por primera vez un atributo esencial del Estado: "violencia organizada de una clase para la opresión de la otra". El Estado es violencia organizada. Hasta ahora, si bien había aparecido el término "revolución" desde el comienzo, el concepto de violencia organizada en el Estado no había aparecido blanco sobre negro como aparece en el *Manifiesto*. Y esto explica el final del *Manifiesto*, con el llamado al proletariado a la revolución violenta, contraponiéndose justamente al Estado como violencia organizada.

De la Revolución del 48 al exilio en Londres

Se produce inmediatamente la Revolución de 1848. Y la Revolución del 48 lleva a Marx, a partir de la invitación del Gobierno Revolucionario de París y cuando se le levanta la interdicción, a volver de Bruselas. El proyecto de Marx, junto con Engels, es participar de la Revolución Alemana. Entonces, Marx vuelve a instalarse en Colonia e inicia un periódico titulado *La Nueva Gaceta del Rhin*. Este diario relata todo el proceso de la Revolución del 48 en Alemania y sigue además la francesa.[28] De esta época es

---

democracia como sinónimo de la república, de máxima expresión de gobierno burgués, con una connotación positiva o intermedia: el camino que le permitiría después al proletariado avanzar hacia el socialismo. Tenemos, en síntesis, cuatro definiciones: la de *sinónimo de comunismo*, la de *dictadura del proletariado* –la de *democracia de masas*–, la de *república representativa –emancipación política pero no humana*– y la de *dictadura de la burguesía*.

[28] Lo que Marx escribe en *La Nueva Gaceta del Rhin* está editado en un material que se llama *La lucha de clases en Francia 1848/1851*. Es interesante el avance que Marx hace en esta época, en su concepción de crítica de economía política, con sus primeras definiciones del

también el concepto de dictadura del proletariado, como forma política de dominación luego del derrocamiento del poder burgués. Durante mucho tiempo se pensó que ese concepto aparece recién en el Marx de 1871, pero, como bien acota Lenin en *El estado y la revolución*, existe una carta a Joseph Weydemeyer de 1852 que revela la utilización temprana por Marx del concepto de dictadura del proletariado.

El proceso que abre la Revolución de 1848 va a ser, sin ningún lugar a dudas, un parteaguas de la reflexión marxista en muchos sentidos: a) porque Marx va a emplear su definición de Estado, la del *Manifiesto*, por primera vez sobre una situación histórica concreta, sobre el concentrado del proceso revolucionario del 48; y b) porque va a significar, con la derrota de dicha revolución, el exilio de Marx y el comienzo de otra forma de trabajo que va a plasmarse en *El capital*. Si uno mira los textos que están alrededor del debate del 48, hay dos tipos de textos: 1) los textos de la *La Nueva Gaceta del Rhin*, que son textos periodísticos, de combate; 2) después tiene el libro, la síntesis final, de Marx que en 1852 narra el proceso en su conjunto, pone énfasis en explicar cómo la Revolución del 48 termina en la reconstrucción del imperio con el golpe de Estado del 2 de diciembre del 51 (el XVIII Brumario), y generaliza algo que ya sospechaba para Alemania pero que ahora amplía: el cambio del rol de la burguesía en las revoluciones, el fin de su rol abierto en 1789.

Este último punto es importante. La conclusión de Marx, expresada en un texto de 1850 llamado *Circular del Comité Central a la Liga de los Comunistas*, será que ante la emergencia del proletariado como clase con personalidad política independiente, como es el caso en el proceso abierto en el período que va de febrero a junio de 1848, la burguesía retrocede hasta el extremo de priorizar el orden y, por lo tanto, asimilarse a los acuerdos con el Antiguo Régimen: ya no va a haber revoluciones como las de 1789 o de 1830. Y esto va a ser un corte tajante en Marx.

El exilio en Gran Bretaña

La derrota de la revolución en Alemania y después en Francia, y el cierre, obviamente, de *La Nueva Gaceta del Rhin*, junto con la persecución que se da en los dos países, marcan el derrotero de Marx: de Colonia a París, su expulsión de París, de allí a Bruselas, su expulsión de Bruselas, y

---

concepto de *plusvalía*, por ejemplo. Marx desarrolla una especie de "cursillo de economía" en el propio periódico, que años después es editado bajo el nombre de *Trabajo asalariado y capital*.

su instalación, ya en el 50, en Londres. Y, evidentemente, para una figura del vuelo teórico y de la capacidad receptiva sobre los fenómenos de Marx, el instalarse en la capital del Imperio Británico debe haber provocado en su cabeza el mismo efecto que su instalación en 1843 en París. Es claro que en este período es donde Marx va a plantearse esa obra monumental de revisión sobre la economía política clásica inglesa que va a terminar siendo *El capital*. Su devoción, en cierta forma, por Smith y Ricardo, la impresión que le causa la Biblioteca del Museo Británico, refleja qué está pasando por la mente de Marx a comienzos de los años cincuenta.

El XVIII Brumario de Luis Bonaparte

Pero su primer producto en Gran Bretaña es todavía un texto que estaría mejor ubicado en su fase inmediata anterior, la de la actividad militante alrededor de la revolución de 1848. Se trata del *El XVIII Brumario de Luis Bonaparte*, texto escrito a fines de 1851 y principios de 1852 por encargo de un editor norteamericano.

La importancia de este texto es que aquí están puestos en acto histórico todos los planteos teórico-metodológicos a los cuales Marx había llegado hasta ese momento. Y aparece la necesidad de precisar mejor su concepto de Estado. Porque ahora tiene que dar cuenta de la figura de Luis Bonaparte. En particular, de cuál es la relación de Bonaparte, un lumpen, un desclasado, con la burguesía. Y va a aparecer el concepto de *bonapartismo* y una definición de Estado que algunos autores van a ver como radicalmente distinta de la del *Manifiesto*. Quizás acá nazcan los ejes que conducirán al posterior debate entre "instrumentalismo" y "estructuralismo": los defensores de la concepción instrumentalista del Estado, defendiendo la definición del *Manifiesto*, y los estructuralistas apoyándose en los planteos del *El XVIII Brumario*. Pero nosotros tenemos la impresión de que no hay tal diferencia entre los dos textos, sino que más bien los planteos del *El XVIII Brumario* están contenidos en el *Manifiesto*, que no son contradictorios sino que, en realidad, uno está comprendido dentro del otro. Aunque es cierto que, si se quiere forzar la lectura, puede efectivamente llegar a dos definiciones distintas.

Marx se encuentra en este texto frente a la necesidad de explicar un régimen político concreto. Evidentemente, hay una conceptualización del Estado (o por lo menos, un uso del desarrollo histórico del término Estado) con algunos grados de autonomía mayores que en el *Manifiesto comunista*. Y entonces aparecerá el debate de cuán "autónomo" con respecto a las clases es ese Estado que emerge del bonapartismo. Lo central del texto, sin embargo, y lo que marca el hilo de continuidad con el *Manifiesto*, es la afirmación de Marx de que el Estado, finalmente, garantiza el orden social capitalista, independientemente de la figura que surja producto del momento histórico. Pero es interesante prestar atención a ciertos elementos que Marx deja abiertos en su texto de 1852 y que sólo va a cerrarlos en 1871. El párrafo clave, explicado una y mil veces, dice: "Y sin embargo, el poder no flota en el aire. Bonaparte [en última instancia] representa a una clase que es, además, la clase más numerosa de la sociedad francesa: *los campesinos parcelarios*".[29]

Se ha discutido durante más de ciento cincuenta años acerca de qué quiso decir efectivamente Marx con esto. La respuesta mayoritaria es que está señalando que Bonaparte gana con el voto campesino y que construye, de hecho, ese lugar de "tercero" entre la burguesía y el proletariado desde un concepto de *pueblo* partiendo del sector más atrasado de la sociedad francesa. Pero si comparamos ese párrafo con *La guerra civil en Francia*, vemos cómo en 1871 Marx pareciera corregirse en su expresión y decir entonces sí, claramente, que Bonaparte "hizo" como que se apoyaba en los campesinos, "parecía" que se apoyaba en los campesinos, pero con el objetivo de reconstituir la máquina de guerra del capital contra el trabajo.

Pero hay un planteo que ya habíamos visto en la *Crítica a la filosofía del Estado de Hegel* y que acá reaparece, sólo que ahora se trata del Estado francés en vez del Estado prusiano: el concepto de Estado parasitario. Pero ahora el énfasis es histórico y no filosófico. Marx relata cómo se forma el Estado en la maquinaria centralizada del Poder Ejecutivo. Es fundamental aquí, una vez más, trabajar comparativamente *El XVIII Brumario* con *La guerra civil en Francia*. En este último texto, del cual Marx escribe dos borradores, podemos encontrar un desarrollo interesante de su pensamiento. Porque en el primero y en el segundo borrador sigue sosteniendo como característica central del Estado su carácter parasitario. En cambio en el texto definitivo, si bien sigue estando presente, obviamente, la fuerte tensión antiburocrática, lo que prevalece es algo distinto: el Estado se ha fortalecido, ha crecido y ha construido su enorme maquinaria *a medida* que se ha profundizado la lucha de clases. Y el Estado, entonces, se ha constituido en máquina de guerra del capital contra el trabajo. Y desde esa clave es que debemos entender sus componentes: el ejército, la policía, la burocracia, la administración central, el Ejecutivo y el Legislativo.

¿Qué es este Estado enorme que "tapona todos los poros de la sociedad civil"? Todavía en *El XVIII Brumario* es el resultado del devenir histórico

---

[29] *XVIII Brumario de Luis Bonaparte, op. cit.*, p. 340.

que llevó a la dominación de la burguesía. Ésta, para perfeccionar su dominación, tuvo primero que destruir al poder feudal, financiando el acceso al trono de los reyes absolutos. Pero este Estado absoluto se construyó absorbiendo en su interior todos los viejos privilegios. Después, la Revolución Francesa acrecentó la necesidad de la centralización. En la etapa napoleónica, aparece la necesidad de garantizar el orden frente al fenómeno revolucionario en el interior y la modernidad y el dominio burgués en la guerra con los diferentes Estados europeos. Así se va constituyendo el aparato de administración moderno (nace la policía, los códigos civiles). Y, posteriormente, la maquinaria que se perfecciona, planteándose cómo hacer para que todas las fracciones burguesas participen del poder político. Ése es el programa "real" de la Revolución de 1830, de la exigencia de gobiernos parlamentarios.

Y aparecerá a partir de allí la tensión entre poderes ejecutivo y legislativo. Esta contradicción, con el fortalecimiento del ejecutivo, es lo que provoca la "vuelta" a las reflexiones primarias de Marx sobre la relación del Estado con la burocracia. Éste había sido uno de los elementos centrales de la crítica de Marx a Hegel, al sostener que el aparato burocrático no puede resolver la escisión entre sociedad política y sociedad civil. Y todo esto aparece transmutado en la lectura de la realidad francesa del 48-51 en términos de "el poder legislativo no puede resolver la escisión entre una voluntad popular [al estilo de la 'comunidad ilusoria', que Marx había citado en *La ideología alemana*] que 'representa' los intereses comunes, y la realidad material". No puede ser que haya un poder ejecutivo –el aparato de dominación– al lado de un poder legislativo donde el pueblo se exprese efectivamente. Esa esterilidad del legislativo, que al final no sirve para nada porque el ejecutivo termina haciendo todo, provoca una fuerte contradicción que se vive en términos revolucionarios. Hay un período en que, para vivir "la ficción de que todos gobiernan" (todas las facciones burguesas, porque todavía no ha aparecido el proletariado como sujeto independiente) y la realidad de hacer participar en el botín a las expresiones políticas de todas esas facciones, va a prevalecer el gobierno parlamentario.

Pero es una contradicción que tiene que saldarse. No puede durar *ad eternum*. Esta contradicción va a aparecer al rojo vivo cuando se active el proletariado como sujeto independiente. Y así, violenta y rápidamente, en el proceso que va de junio a diciembre del 48, se acaba toda la belleza del gobierno parlamentario. Se crea entonces un pseudogobierno parlamentario, se produce el primer acceso de Luis Bonaparte al poder y termina, naturalmente, con cada vez menos atribuciones para el legislativo y más para el ejecutivo, hasta el "cierre final" de 1851 con el Imperio.

Este despliegue histórico, que busca también explicar el sentido del gobierno de Luis Bonaparte, ha generado un debate muy fuerte dentro del marxismo. El *bonapartismo*, ¿es un Estado o un régimen político? Cuando hablamos de *bonapartismo*, ¿estamos planteando atributos del Estado o refiriéndonos a un régimen político determinado (más allá de que ese régimen político, después, pueda, según las condiciones históricas, tener una aparición muy permanente en la historia)? ¿Está diciendo Marx que centralizar, ampliar el aparato, construir la maquinaria, tiene que ver con la necesidad de la burguesía de asumir de la manera más pura posible la dominación política? En *La lucha de clases en Francia*, la República de febrero, al derribar la corona detrás de la que se escondía el capital, hizo que se manifestase en su forma pura la dominación de la burguesía: la república (y particularmente la república parlamentaria). Pero en el proceso histórico no hay equilibrios ni cristalizaciones: inmediatamente, casi en el mismo acto en que la burguesía consigue cristalizar su forma pura de dominación, ella misma comienza a construir una forma Estado que niega sus propios atributos. Será ahora una forma centralizada, donde el poder parlamentario se reduce prácticamente a cero, y ella va a ser la forma ideal para que el Estado se transforme en máquina de guerra del capital contra el trabajo. Entonces, en esta lectura, podríamos decir que el bonapartismo no es ni un accidente histórico, ni un régimen político más. Es el Estado del momento en el cual ya ha emergido el proletariado como clase independiente. El Estado, desde el 48 en adelante, va a asumir siempre algunos rasgos bonapartistas. La centralización va a ser cada vez mayor.

Es claro que podemos leer al bonapartismo como un régimen político: el que surge del resultado del empate entre las clases cuando la burguesía no puede dominar normalmente y el proletariado tampoco tiene la fuerza para acceder al poder político. Ahí es donde emerge esta figura que pone orden como un "tercero"[30]. En este planteo la definición de Estado capitalista no se ve afectada en sí por la categoría de *bonapartismo*. Se trata evidentemente de dos interpretaciones posibles. Nos parece que, en la definición de 1871, Marx aporta elementos a favor de la conclusión de que el bonapartismo es una forma de Estado. Porque, efectivamente, el Estado burgués asume cada vez más este carácter centralizado y represivo. Y ello depende del grado de desafío que plantea la clase social en ascenso. Por eso 1871 es un punto nodal, ya que aquí el proletariado llega, por dos meses, a arrebatarle el poder político a la burguesía.

[30] Se puede tratar de un tercero entre el proletariado y la burguesía, que es lo que plantea Marx, o de un tercero entre la burguesía nacional y el imperialismo, como va a plantear Trotsky para el caso de Latinoamérica con la denominación de *bonapartismo sui generis*.

Las lecturas del siglo xx, por ejemplo las de la Tercera Internacional, han leído preferentemente al bonapartismo como un régimen político. Aunque reconociendo que es un tipo de régimen que se da cada vez con más frecuencia, hasta el extremo de señalar que en el siglo xx casi todos los regímenes políticos asumen la forma bonapartista, o semibonapartista, que cada vez sería más difícil encontrar en el siglo xx otro régimen político como, por ejemplo, repúblicas parlamentarias puras al estilo del siglo xix.[31]

Otro elemento central de la discusión que discurre alrededor de los textos del 48 es la propia dinámica de los actores de la revolución burguesa. La burguesía agota su capacidad como clase revolucionaria. Ya no será capaz de repetir su actuación de 1789. Ahora, la emergencia de un proletariado con una relativa independencia política, termina arrojando a la propia burguesía, en su búsqueda de "orden", en los brazos del Antiguo Régimen. Por lo tanto, de aquí en más, el ascenso al poder político de la clase burguesa seguirá otros carriles ("camino prusiano", se lo denominará). Y la conclusión, en términos de régimen político, es que ya la democracia republicana no será el subproducto necesario del recorrido de las revoluciones burguesas. Es que el programa burgués, tanto en clave de monarquía constitucional como de república, se ve desbordado. Hay un punto en común entre las revoluciones de 1848 y 1830: las masas insurrectas de las barricadas ya pertenecen a la clase obrera. Pero las similitudes terminan aquí: en 1848 hay una incipiente organización política, un "partido del proletariado", que no existía en 1830. Por eso en junio de 1848, en el momento de mayor giro a la izquierda de la revolución, se llega a plantear lo que Marx va a llamar los "elementos de república social". Sin dejar de ser el programa de una república burguesa, se empiezan a cuestionar la hegemonía y el poder político de la burguesía. Ahí es donde esta última retrocede horrorizada ante lo que ella misma ha generado. Y en ese retroceso va a la búsqueda del orden. Y se encuentra, naturalmente, con el Antiguo Régimen.

En Alemania, donde se da un recorrido similar,[32] ese recorrido terminó en la contrarrevolución alemana leída como una alianza entre la burguesía y los *junkers* que poco después van a cumplir, de un modo distinto, la tarea burguesa de la unidad alemana. En Francia, en cambio, el Antiguo Régimen "puro", previo a 1789, como poder político real y concreto, no tenía ninguna capacidad de volver a imponerse. Entonces, necesariamente emerge una figura: "el sobrino del Tío", ya que quien puede representar la idea de

---

[31] Un autor que, desde otra tradición teórica, llegó a conclusiones similares fue Max Weber, particularmente en *Parlamento y Gobierno en Alemania*.

[32] Lamentándose de la situación alemana Marx había expresado que "compartió las restauraciones de las naciones modernas, aunque no participó en sus revoluciones".

orden debe estar en la línea de la reacción termidoriana. Alguien que represente a la vez la idea de orden y el blasón de la revolución: el descendiente de Napoleón.

Resulta interesante del concepto de *bonapartismo*, su lectura en clave del siglo xx. Porque, cuando nos referimos al poder político como el poder de un tercero que parece pararse por sobre las clases, normalmente tendemos a pensar en una personalidad fuerte, con un conjunto de atributos que lo colocan en ese lugar como resultante (en clave weberiana) de una legitimidad carismática. No es el caso de este Bonaparte, si nos regimos por lo que dicen los historiadores de la época, incluyendo al propio Marx. Su poder concreto sólo residía en "aquella soldadesca comprada en base a aguardiente y salchichón".

Para nosotros, la conclusión final de toda esta reflexión que gira alrededor de *La lucha de clases en Francia* y *El XVIII Brumario* está en los textos de 1871. Porque *La guerra civil en Francia* tiene dos ejes: por un lado, el programa de la Comuna, que significa el intento de un primer gobierno de la clase obrera, y sus medidas concretas: la forma, "al fin descubierta", de la dictadura del proletariado. Pero, por otro lado, se retoma el planteo acerca de qué es lo que ha caído, ese Imperio que surgió como excrecencia de la Revolución de 1848. Y la primera sensación que se tiene es que se está leyendo de nuevo las páginas de *El XVIII Brumario*. Pero esto sólo es cierto en parte: en la similitud de la driatriba de Marx contra la burocracia. Sin embargo, como señalamos anteriormente, debemos observar con sutileza cómo Marx cambia la razón de ser de "ese aparato que la clase obrera no puede utilizar y por ende debe destruir". Ese aparato estatal había crecido a partir del desafío que le había generado la clase obrera como institución independiente a la burguesía y, por lo tanto, se fue consolidando como órgano de represión del capital contra el trabajo.

Y un último elemento que aporta la experiencia de la Comuna es la materialización del concepto de *dictadura del proletariado*. Como dijimos, éste se encuentra ya en aquella carta de Marx a Weydemeyer de 1852, pero ahora da lugar a la única corrección explícita que Marx le hace al *Manifiesto comunista* en su prólogo a la segunda edición en 1872: el proletariado no puede, simplemente, tomar el aparato de Estado existente y ponerlo a funcionar para su propio beneficio, sino que debe destruirlo. A la forma política de dominación de la clase obrera resultante de esa destrucción, Marx le da el título de *dictadura del proletariado*. Y así tenemos la última de las definiciones de democracia: "la democracia representativa no es otra cosa que la dictadura de la burguesía".

El capital

La laboriosa elaboración de *El capital* va a ocupar la mayor parte de las energías de Marx en su exilio londinense.[33] Esta obra monumental, inacabada, abre miles de perspectivas de análisis. Y, sobre todo, una discusión que ha dividido aguas entre los estudiosos de Marx: ¿es *El capital* "la obra" crítica que está proyectada en tantos manuscritos anteriores como plan de trabajo? ¿O se trata solamente de una parte, la crítica de la economía, a la que debían seguir, en otros textos, la crítica del derecho, de la política, etc.? Entendamos claramente la pregunta. No se trata de negar el carácter inacabado, y por tanto en algún sentido incompleto, de *El capital*. Lo que está en discusión, en cambio, es si se trata de una "obra de economía", que ha desarrollado una serie de conceptos, como los de mercancía, valor, dinero, plusvalor, trabajo abstracto, etc., a la que deben seguir otras obras que desarrollen la "crítica de la política", a su vez con su particular batería de conceptos.[34]

Nuestra postura difiere radicalmente de esta última respuesta. Siguiendo a Roman Rosdolsky, vamos a sostener que Marx incluye en *El capital* la totalidad de su "crítica". Es más, que sin esta noción el propio texto es incomprensible. Por lo tanto, no es cierto que en este período abandone su interés por la temática del Estado. Y un hito es el famoso "Prólogo" a la *Contribución a la crítica de la economía política*. Tenemos que citarlo *in extenso*, ya que en él aparece la metáfora "arquitectónica" que coloca al Estado en la superestructura: "En la producción social de su existencia, los hombres establecen relaciones determinadas, necesarias, independientes de su voluntad, que corresponden a un cierto grado de desarrollo de las fuerzas productivas materiales. El conjunto de estas relaciones forma la estructura económica de la sociedad, la base real, sobre la que se eleva un edificio jurídico y político y a la que corresponden formas determinadas de conciencia social. El modo de producción de la vida material condiciona en general el desarrollo de la vida social, política e intelectual. No es la conciencia del hombre lo que determina su existencia; por el contrario, es su existencia social la que determina su conciencia. Al llegar a determinado grado de su desarrollo, las fuerzas productivas materiales de la sociedad

---

[33] Sin embargo, tenemos que evitar la visión del Marx estudioso "puro" en la Biblioteca del Museo Británico. En 1864, Marx retoma su militancia política activa con la fundación de la Asociación Internacional de los Trabajadores (luego conocida como la Primera Internacional), donde tendrá una participación muy importante hasta su disolución. Son conocidas de este período las batallas de Marx contra el pensamiento anarquista, en particular contra Bakunin, y los citados textos sobre la Comuna de París en 1871.

[34] Esta última postura será la sostenida, más allá de sus diferencias epistemológicas, tanto por Ralph Miliband como por Nicos Poulantzas (véase el capítulo de este volumen).

chocan con las relaciones de producción existentes, o con las relaciones de propiedad dentro de las cuales se desenvolvieron hasta ese momento, que no son sino su expresión jurídica. De formas de desarrollo de las fuerzas productivas que fueron hasta ayer, estas condiciones se transforman en pesadas trabas. Entonces comienza una época de revolución social. El cambio de la base económica es acompañado por una transformación más o menos rápida de todo aquel enorme edificio".

Esta síntesis magnífica, que rivaliza por lo conciso con la del *Manifiesto Comunista*, de la cosmovisión de nuestro autor abrió innumerables debates. De ella parten las definiciones de Estado de Gramsci, Althusser y Poulantzas, por nombrar sólo algunas de las más importantes. ¿Cómo es exactamente esa "ligazón" entre base y superestructura, más allá del sentido de la determinación desde la base "hacia" la superestructura? Gramsci intentará responder con su concepto de bloque histórico. ¿Qué grado de automatismo o retraso temporal implica esa relación? Esto dará lugar a las elaboraciones de Althusser y Poulantzas sobre la "autonomía relativa", la "determinación en última instancia" y la "sobredeterminación".[35]

Este último concepto, el de *sobredeterminación*, que implica una cierta inversión en la que hay un punto en que los cambios en la superestructura modifican la base material, es fundamental para comprender el planteo de Lenin. El leninismo, cuando incorpore con fuerza la necesidad del sujeto político, y no sólo de sujeto social, de la revolución, y enfoque sobre el concepto de revolución, sobre el arte de la revolución, va a introducir un debate: si no se dan determinadas circunstancias (que tienen que ver con un proceso de luchas políticas concretas) que culminen en la toma de poder por el proletariado (y esto requiere de la existencia del sujeto político revolucionario, el partido), la explosión revolucionaria puede fracasar y por lo tanto no habrá modificación de la base económica. Notemos la "sutil" diferencia con Marx. Éste dice que se abre la época revolucionaria y que la modificación de la base material implica una modificación más o menos rápida de la superestructura política. No es que ambos planteos sean necesariamente contradictorios; es más, nuestra lectura tiende a acentuar la complementariedad entre ambos enfoques. Pero sí es cierto que el carácter amplio y abierto del planteo de Marx dio lugar en las décadas siguientes a otras interpretaciones. Entre estas lecturas distintas la más importante es la bernsteiniana, en clave de marcar el "error" de Marx: al no haber habido

---

[35] El mejor resúmen de las discusiones sobre la noción de *Bloque histórico* está en *Gramsci y el bloque histórico*, de Hugues Portelli. Con respecto al llamado "estructuralismo althusseriano", el texto fundante es *Contradicción y sobredeterminación*, incluido en *La revolución teórica de Marx*.

"derrumbe final" del capitalismo, la revolución ya no sería el camino para el cambio social, adviniendo éste paulatinamente, por el camino evolutivo de la ampliación de la democracia liberal.[36]

Refiriéndonos ahora exclusivamente a *El capital*, el interrogante particular que trataremos de responder es acerca de la existencia o inexistencia de una teoría del Estado en *El capital*. Nuestra respuesta va a ser afirmativa en tres dimensiones.

Primero remitámonos a la dimensión histórica: el Estado está omnipresente en el capítulo XXIV "La llamada acumulación originaria". En él queda claro que no podrían haberse constituido ni la burguesía ni el proletariado sin una activa intervención estatal. Marx, siguiendo el recorrido de la historia inglesa, nos propone acá un carácter co-constitutivo entre el Estado y las relaciones sociales capitalistas.

La segunda dimensión la encontramos en la formación de la legislación laboral del siglo XIX, impresionantemente documentada por Marx en su capítulo sobre la plusvalía absoluta. Muchos autores han "pasado de largo" las largas páginas históricas de Marx al respecto. Pero es fundamental prestar atención al hecho de que acá Marx nos está presentando un Estado que interviene, a partir de las luchas obreras, promulgando legislación laboral. Aparece entonces un clivaje: ¿qué es este Estado que promulga leyes que a veces favorecen a los obreros? Los propios materiales de trabajo de Marx, los *Libros azules* en los cuales se apoya para hacer todas sus denuncias, no son otra cosa que libros oficiales de inspectores de fábrica. Leamos: "para 'defenderse' contra la serpiente de sus tormentos, los obreros no tiene más remedio que apretar el cerco y arrancar, *como clase*, una ley del Estado, un *obstáculo social* insuperable que les impida a ellos mismos venderse y vender a su descendencia como carne de muerte y esclavitud *mediante un contrato libre con el capital*". Se trataría de un Estado que garantiza la relación social capitalista pero que, producto de la confrontación, puede llegar a tomar medidas que beneficien a la clase obrera. De nuevo se trata de un Estado que garantiza el "orden capitalista", aunque para hacerlo deba perjudicar a determinados capitales individuales o fracciones del capital. Esto nos da un matiz distinto para analizar al Estado como "tercero escindido" por sobre las clases que el que vimos en *El XVIII Brumario*.

Marx va estudiando tanto el surgimiento como las contradicciones alrededor de la efectiva vigencia de la legislación obrera. Un elemento es central: ésta nace de la lucha de la clase obrera. Nunca es una concesión gra-

---

[36] La respuesta de Rosa Luxemburg a este planteo fue conocida al final del siglo XIX como el debate "Reforma vs. Revolución".

ciosa de la burguesía. Tenemos entonces una temática nueva ante nuestros ojos: la clase obrera puede internalizar al Estado. Pero acá debemos ser claros, ya que el Estado sigue siendo capitalista; es el garante de la reproducción de la relación social capitalista. Quizás ahora el énfasis está en que garantizar ese orden implica garantizar la existencia de los dos polos que lo componen: el capital y el trabajo.[37] No se trata de un Estado neutral, sino de un Estado que garantiza una relación desigual, de explotación. Sin embargo, acá aparece una tensión hacia el propio Estado capitalista que, para garantizar el orden social capitalista, se puede ver obligado, aunque sólo bajo presión de la lucha de clases, a incorporar alguna legislación que favorezca a la clase obrera. Estamos de hecho ante una discusión parecida a la del bonapartismo, aunque ahora el énfasis no está en el régimen político sino en la intervención estatal en la realización del propio proceso productivo. Una legislación determinada a favor de la clase obrera no cambia el carácter del Estado. Es más, como de hecho busca "suturar", terminar con un conflicto abierto, que siempre en el horizonte tiene la perspectiva de la revolución social, hasta sirve para la reproducción del orden social. Pero, al mismo tiempo, dice Marx que cada una de estas conquistas es valiosísima: es un "triunfo de la economía política de la clase obrera sobre la economía política burguesa".

La tercera dimensión es la más compleja, ya que es lógica, antes que histórica, y requiere de la plena comprensión de *El capital* como un texto de crítica de la sociedad capitalista y no sólo como un "manual de economía marxista": la propia categoría capital es imposible de entender sin el concepto de Estado. Se trata de comprender que el propio concepto de *crítica de la economía política* está cuestionando a la economía como ciencia separada, a la escisión entre lo económico y lo político, a eso que se arroga la economía burguesa (incluyendo en esto a los clásicos) que es la capacidad para poder explicar la realidad a partir de una naturalización de las categorías económicas. Por lo tanto, si en la economía (la "anatomía de la sociedad civil", como dice Marx) está la lucha de clases, esto significa que la política en sí no es un simple fenómeno de la superestructura, sino que impregna la propia base material. *El capital* es la crítica a esta concepción naturalista de la economía. Por lo tanto, si las categorías que elabora Marx (mercancía, valor, dinero, capital) al derivarse unas de las contradicciones de las anteriores, no son categorías "económicas" sino de la lucha de clases, el Estado, aun cuando no aparezca específicamente nombrado en los pri-

---

[37] Sin compartir la totalidad de su planteo, en particular su "mezcla" de elementos weberianos y marxistas, sigue resultando esclarecedor en este sentido, más allá del paso de los años, el ya clásico *Apuntes para una teoría del Estado,* de Guillermo O'Donnell.

meros cuatros capítulos de *El capital*, debe ser concebido teóricamente de la misma manera. Éste es el enfoque que va a desarrollar lo que se conoce como la "Escuela de la derivación": el Estado se deriva de *El capital* y de su secuencia de categorías lógicas que, comenzando por la mercancía, continúa con el valor, el dinero, y el capital. En el planteo *derivacionista*, el Estado es la categoría teórica que sigue en esa secuencia lógica.[38]

La Comuna de París

Ya nos hemos referido a las reflexiones de Marx sobre la Comuna de París en comparación con los escritos acerca del 1848. Ahora queremos reflexionar sobre otro aspecto que también está presente en *La guerra civil en Francia*: las instituciones políticas que surgen del "primer gobierno de la clase obrera del mundo", que duró dos meses, entre marzo y mayo de 1871. ¿Qué es lo que reemplaza al Estado burgués una vez que el proletariado toma el poder? La conclusión de Marx de 1872 es que el proletariado no puede simplemente hacer "uso" de la maquinaria de instituciones del Estado burgués, sino que debe crear otras.

Esa forma, "al fin descubierta", dice Marx, se materializa en una serie de instituciones. La Comuna nos irá dando las claves: "supresión del ejército permanente para sustituirlo por el pueblo armado", la revocabilidad permanente de los mandatos de los representantes, el carácter de clase ("la mayoría de sus miembros eran, naturalmente, obreros o representantes reconocidos de la clase obrera"), el fin de los privilegios económicos de los representantes políticos (salario de obrero para los funcionarios, fin de los gastos de representación) y la abolición del parlamentarismo ("la comuna no había de ser un nuevo cuerpo parlamentario, sino un organismo activo, ejecutivo y legislativo al mismo tiempo").[39] Sin embargo, un punto que siempre quedará abierto en el debate marxista posterior es si es posible llamar a la Comuna de París una "dictadura del proletariado". Engels terminará dando una respuesta afirmativa, cosa que parecería no ser compartida por Marx.

---

[38] Para una presentación exhaustiva del debate, véase la compilación de John Holloway y Sol Picciotto *State and capital: a marxist debate*; véase asimismo el artículo de Alberto Bonnet incluido en este volumen.

[39] Para ver cómo estos planteos de Marx influyen en la concepción soviética de Lenin, véase *El Estado y la revolución*.

Los estudios sobre el Estado asiático

En el último Marx encontramos dos reflexiones interesantes. Una en sus *Manuscritos*, trabajo teórico inconcluso que tiene que ver con la temática que empieza a analizar alrededor de lo que va a llamar el concepto de *Estado asiático*. En su recorrido de los modos de producción, va a ubicar entre lo que denomina "el Comunismo primitivo" y "el Estado esclavista" una fase, "el Estado asiático", compuesta por sociedades como la china y el Egipto antiguo donde, sin ser todavía sociedades de clases, se da la conformación estatal a partir de una casta que se apropia de un eje fundamental del desarrollo de las fuerzas productivas de la época como es el control del riego. Entonces, ahí aparece la incorporación de una noción de Estado precapitalista. Y tenemos entonces una tensión muy fuerte, que dejaremos abierta y que recorre todos los textos de Marx: ¿el Estado, es un producto de la sociedad capitalista o, por el contrario, de toda sociedad donde se da la división en clases? Podemos deducir distintas respuestas a esta pregunta en diferentes textos de Marx. Una respuesta afirmativa, por ejemplo, en el *Manifiesto*, donde el Estado aparece como la dominación política de cada clase que, en los diferentes modos de producción, ejerció el rol de explotadora. Sin embargo, vemos cómo otras veces, particularmente cuando aparece el énfasis hegeliano de división entre sociedad política y sociedad civil, prevalece la concepción de Estado como una forma de dominación política moderna, exclusiva del capitalismo.

Los trabajos sobre el modo de producción asiático son importantes, ya que aquí Marx da un fundamento material para la génesis del Estado en una sociedad precapitalista. Concretamente, el desarrollo de las fuerzas productivas, en este caso el descubrimiento del control del almacenamiento del agua, está en el origen de una forma de dominación política, el Estado asiático, cuyas materializaciones históricas se encuentran en el análisis de Marx del Egipto y la China antiguas, pero que nosotros podemos extender con facilidad al Imperio Inca (el Tahuantisuyo).[40]

La Crítica al Programa de Gotha

El último material que analizaremos es la *Crítica al Programa de Gotha* de 1875. Se trata de la crítica que hace Marx al programa fundacional del Partido Socialdemócrata Alemán. Más allá de planteos donde Marx va a

---

[40] Cabe señalar que Federico Engels, en *El origen de la familia, la propiedad privada y el Estado*, adopta claramente la postura de un Estado surgiendo del carácter irreconciliable de las clases, en todo modo de producción donde éstas existan.

repetir su cosmovisión antiestatalista (su crítica al concepto de "Estado Popular Libre"), lo más interesante de este texto es que nuestro autor se adentra en algunos aspectos más referidos a las formas de dominación política postcapitalistas. Recordemos que había en Marx, desde su crítica a los socialistas utópicos, toda una concepción metodológica que constantemente lo había inhibido a hacer planteos de este tipo, concentrándose en la crítica de la sociedad existente. De ahí el carácter excepcional de este texto.

Las grandes definiciones del socialismo, la de que "reciba cada cual según su trabajo", y de comunismo, "dé cada cual según su capacidad, y reciba según su necesidad", son el centro de su planteo. En el socialismo o "primera fase del comunismo", como la denomina, habrá todavía un Estado o proto-Estado proletario. En él pervivirá el derecho burgués, a partir de la necesidad de hacer valer la ley de la igualdad: todos recibirán en proporción a lo que aporten en términos de trabajo. Notemos el eje: hay derecho, por lo tanto hay Estado. Es la máxima expresión, ahora no formal, sino real, del derecho burgués. Por lo tanto Marx nos está diciendo que ese Estado, cuya forma política había prefigurado en los textos sobre la Comuna, tendrá restos del Estado burgués. Será claramente de transición, hacia una sociedad sin clases y por lo tanto sin Estado, la sociedad comunista. La famosa desaparición o extinción del Estado se da en esta instancia, en el pasaje del socialismo al comunismo, de la primera fase comunista a la segunda.

Conclusiones

Creemos haber demostrado a lo largo de nuestro recorrido la omnipresencia de la reflexión sobre el Estado en todos los textos de Marx. Es evidente que hay matices, énfasis e incluso diferencias terminológicas fuertes a lo largo de toda la obra. Sin embargo resulta impactante el entramado reflexivo entre todos los textos, la forma en que se va "trabajando" y abriendo paso en nuestro autor sus dudas y complejizaciones sobre el mismo tema.

No creemos que los "distintos Marx" que algunos autores clasifican e incluso a veces enfrentan entre sí, permitan descartar ningunos de los matices trazados por nuestro autor. Siendo claros: existe sin duda en Marx una tensión "instrumentalista" así como otra "estructuralista" en su teorización sobre el Estado. También pueden apoyarse en nuestro autor los que ponen énfasis en la derivación teórica de la categoría Estado por parte de la categoría Capital. Todo esto está en Marx, así como también las lúcidas reflexiones de Lenin en *El Estado y la revolución*.

A lo que nos incita Marx es a profundizar en el trabajo, teórico y práctico, sobre las formaciones sociales concretas, buceando en nuestros "Estados realmente existentes", a la búsqueda de una más profunda comprensión de la dominación política contemporánea y, por sobre todo, de las formas más eficaces para transformar revolucionariamente nuestra sociedad. Para esta tarea Marx es, sin duda, un imprescindible.

Capítulo 2
Reforma y revolución. A propósito del "testamento político" de Engels

Hernán Ouviña

No se puede pinchar con alfileres
lo que debería destruirse a mazazos
(Karl Marx, 25 de enero de 1843).

Hay textos que, por breves y coyunturales que puedan pretender presentarlos sus "autores", escamotean la intención de quien contribuyó a parirlos. Tal es el caso de la "Introducción" a *La lucha de clases en Francia*, escrita por Friedrich Engels a sólo cinco meses de su muerte en Londres el 5 de agosto de 1895. Podría decirse que éste es un escrito maldito como pocos: introducción que cobra vida propia dejando de ser el pre-texto de un libro que tampoco es tal (*La lucha de clases en Francia*, de Karl Marx, no es más que una serie de notas periodísticas compiladas para su publicación), es recortada en su primera versión por la socialdemocracia alemana, por lo que habrá que esperar hasta 1930 (sí, ¡35 años después de su redacción!) para que la edite en forma íntegra y sin censuras David Riazanov, director del Instituto Marx-Engels de Moscú. Y el destino de este intelectual resultó tanto o más trágico que el manuscrito encontrado: despojado de sus cargos en 1931 bajo la acusación de "contrarrevolucionario", murió en uno de los tantos campos de trabajos forzados que proliferaron durante la etapa stalinista en la Unión Soviética.

Así pues, teniendo en cuenta estas particularidades, a lo largo del presente capítulo abordaremos el contexto histórico en el cual emerge este texto tan rico como problemático, intentando demarcar la coyuntura sumamente delicada que influye / condiciona la escritura y acción de uno de los padres del marxismo. Partiendo de una concepción materialista de la historia, no mecanicista ni lineal sino, por el contrario, multifacética y dialéctica, confrontaremos los escritos y cartas contemporáneos del propio Engels, así como los de los principales dirigentes de la socialdemocracia, privilegiados interlocutores de este debate a distancia que realizaron con el máximo referente del socialismo en ese entonces, radicado desde hacía tiempo en Inglaterra. Sólo así nos será posible entender el por qué de esta "revisión" efectuada por quien pregonó incansablemente, junto con su eterno compañero Karl Marx, el camino insurreccional como vía al socialismo, más allá de las posibles excepciones que avizoraban por fuera de lo que ellos llamaban el "continente" europeo. Una de las hipótesis que guía nuestro capítulo es la siguiente: *si bien Engels realiza en la Introducción de 1895 una (parcial) reformulación de sus posturas con respecto a las diversas formas de lucha en pos del socialismo, está lejos de haber descartado la necesidad de la revolución en tanto proceso superador de la barbarie capitalista.* Lo que con posterioridad los partidos socialdemócratas europeos interpretaron como una señal clara de quiebre respecto del modelo de transformación social por la vía revolucionaria, significó en realidad un texto coyuntural que de ninguna manera arrojaba al basurero de la historia las tesis anteriores postuladas por Marx y Engels en relación con la praxis política *dentro* y *contra* el Estado burgués.

En nuestra segunda parte, a modo de complemento, indagaremos en las múltiples interpretaciones a que dio lugar el polémico escrito en las filas del marxismo, recuperando los debates formulados por Kautsky, Bernstein, Luxemburg, Luckacs y Lenin, entre otros. Haremos especial hincapié en las numerosas similitudes que, creemos, existen entre la auto-crítica realizada por Engels y las contribuciones efectuadas a la teoría política por Antonio Gramsci. Por último, formularemos una serie de conclusiones, desde ya provisionales, revistando los aportes y limitaciones de Engels en el que fuera posteriormente considerado como su "testamento político".

El contexto alemán y europeo

Siguiendo a Lucien Goldmann (1975), podemos afirmar que "la historia del problema es el problema de la historia, y viceversa". De ahí que, para entender el porqué de este texto de Engels, sea preciso aclarar el contexto histórico en el cual emerge.

En efecto, ya desde fines de los años '60, las luchas obreras comenzaron a cobrar una relevancia creciente: en 1867, al conquistar su derecho al voto, los socialistas alemanes llevan al Parlamento sus primeros diputados. Entusiasmado por el hecho, Marx decide redactar un cuaderno de instrucciones para Wilhelm Liebknecht, uno de los legisladores electos para la Dieta prusiana. En ese mismo año se publica en Hamburgo el primer Libro de *El capital* y, dos años después, se funda en el Congreso de Eisenach el Partido Obrero Socialista Alemán. Pero la insurrección de París y la instauración por 72 días de la Comuna desencadenará una feroz represión en gran parte del continente europeo contra las diversas corrientes socialistas en auge. En el caso de Alemania, el canciller Bismarck decide encarcelar a Liebknecht y a Bebel, los cuales recuperarán su libertad sólo cuatro meses más tarde. No obstante esta cruenta persecución, en 1873 se produce un levantamiento revolucionario en España, en paralelo a la caída de la bolsa de Viena, la cual daría inicio a la primera gran crisis del sistema capitalista a nivel mundial. En 1875, empujados por los acontecimientos, se fusionan en el famoso Congreso de Gotha la Asociación General de Obreros Alemanes (*lasalleanos*) y el Partido Obrero Socialista Alemán (*eisenacheanos*), conformando el Partido Socialista Obrero Alemán. El hecho marcó un quiebre en la política europea, ya que apenas dos años después dicho partido obtuvo cerca de 500.000 votos en las elecciones (casi el 10% del total), convirtiéndose en el cuarto del Reich y contabilizando un total de doce diputados.

Pero una serie de sucesos iban a servir de pretexto para intentar imponer un freno legal a este crecimiento estrepitoso a nivel electoral de la socialdemocracia alemana. En el mes de mayo de 1878, un obrero hojalatero de tendencia anarquista dispara sin éxito contra el Kaiser Guillermo I. Aprovechando la situación, Bismarck decide presentar en el Parlamento un proyecto de ley de excepción contra los socialistas, acusándolos de instigar el confuso incidente. Semanas más tarde, el doctor Karl Nóbiling realiza un atentado contra el emperador, a quien hiere gravemente. Inmediatamente, Bismarck disuelve el Reichstag y convoca al cuerpo electoral. Luego de intensos debates, el nuevo Parlamento aprueba en octubre del mismo año la prohibición del funcionamiento legal del Partido Socialdemócrata y de su prensa, clausurando el *Vörwarts* y encarcelando a numerosos dirigentes y militantes. La medida no prohibía, sin embargo, que el PSDA se presentara a elecciones y que mantuviera sus bancas en el Parlamento, aunque sí le estaba vedada cualquier tipo de actividad propagandística, como mítines o asambleas.[1] Este he-

---

[1] Para la caracterización de este período realizada por el propio Engels, véase su artículo "Bismarck y el partido obrero alemán", publicado en el semanario tradeunionista *The Labour Standard*, editado en Londres de 1881 a 1884 (reproducido en Marx y Engels 1966).

cho no impidió que, en el transcurso de los años, la socialdemocracia creciera como no lo hizo ningún otro partido, conquistando en 1884 un total de 24 bancas en el Parlamento. Este aumento no se reflejó sólo en los votos obtenidos sino también en la participación de trabajadores, jóvenes y mujeres en diferentes ámbitos culturales, sociales y políticos como sindicatos, clubes, bibliotecas, cooperativas y demás organismos que se gestaban día a día al calor de las luchas. Es en el marco de las mismas que debe entenderse la sanción de una serie de leyes sociales por parte de Bismarck para beneficio de los obreros: el seguro por enfermedad, en 1883, así como el seguro por accidentes y la puesta en marcha de un sistema de pensiones a la vejez y la invalidez en 1884, no expresan una dádiva por parte de las clases dominantes sino más bien una tenaz conquista de los sectores subalternos. En paralelo, temeroso por el incremento de los votos por parte de la socialdemocracia, el gobierno decide prorrogar las leyes de excepción, situación que se repetirá en los años posteriores. Nuevamente, lejos de hacer menguar su caudal electoral, el hecho no hace más que potenciar la influencia del partido en los sectores oprimidos de la sociedad alemana, consiguiendo en 1887 763.000 votos.

En 1888 muere Guillermo I y, luego de un efímero reinado de su hijo Federico III, ocupará el trono su nieto, Guillermo III, dando comienzo así a un período de distensión que tendrá como correlato el dejar sin efectos, en 1890, las leyes antisocialistas. En este contexto, la socialdemocracia obtiene 35 bancas, duplicando la cantidad de votos lograda tres años atrás. En paralelo, conservadores y liberales ven caer estrepitosamente su caudal electoral, perdiendo entre ambos 85 bancas. De esta forma, se desvanece por completo la base principal de apoyo a la política bismarckiana, dando comienzo a una etapa que, aunque no exenta de restricciones, permitiría un mayor margen de acción legal al Partido Social Demócrata Alemán. Esto no impedirá que, en diciembre de 1894, el canciller Hohenlohe-Schllingusfürst presente un proyecto de "ley contra actividades subversivas", previendo la agravación de la normativa existente. Con idéntica preocupación por el crecimiento del PSDA, el Reichstag enviará el 14 de enero de 1895 dicho proyecto a una comisión parlamentaria, en la que será debatido hasta finales de abril. Precisamente en este intervalo tan particular, Engels recibe una carta de Richard Fischer, miembro de la dirección del partido y director de la editorial Dietz, en la que le solicita su autorización para publicar los artículos de Marx sobre el proceso revolucionario francés de 1848 y 1849, junto con un prólogo, motivo por el cual decidirá elaborar lo que luego se conocerá como su "testamento político".

Una aclaración necesaria: ¿fue la "Introducción" de 1895 la génesis de la burocratización y el reformismo de los partidos socialdemócratas?

A contrapelo de las variadas interpretaciones que indagan en las cuestiones individuales y hasta psicológicas del viejo Engels a la hora de explicar el porqué de la autocrítica, buscando en el polémico texto una causa crucial del aburguesamiento de buena parte de la socialdemocracia europea (véase Colletti 1972), creemos necesario realizar un análisis crítico, que dé cuenta de los diferentes condicionamientos que dieron lugar a una teorización crecientemente escindida de la praxis revolucionaria, cuya máxima expresión se termina plasmando, en los albores del primer conflicto bélico a escala planetaria, con el voto a favor de los créditos de guerra por parte de los legisladores del PSDA.

Al respecto, Ernest Mandel (1973) brinda ciertas herramientas para entender el complejo proceso de burocratización sufrido por la socialdemocracia en gran parte del mundo.[2] En efecto, según el autor de *El capitalismo tardío*, el problema de la burocracia en el movimiento obrero se plantea como "el problema del aparato de las organizaciones obreras". Esto significa que, en la medida en que un grupo diferenciado hace profesionalmente y de forma permanente política o sindicalismo revolucionario, existe ya de modo latente una incipiente posibilidad de burocratización del movimiento. Siguiendo este planteo, podemos afirmar que la famosa frase del *Manifiesto Comunista* "los proletarios no tienen nada que perder salvo sus cadenas" estaba totalmente alejada de la realidad del Partido Social Demócrata Alemán. Con millones de electores y miembros, centenares de periódicos y diarios, miles de sindicatos, cooperativas, bibliotecas, nucleamientos juveniles y feministas, así como decenas de militantes rentados y diputados del Reichtag, constituía sin lugar a duda una organización política y social de enorme envergadura. Frente a esta situación, surgió indefectiblemente el conflicto de *la necesidad de defender lo adquirido*. Según Mandel, tras el problema de la burocratización se encuentra el de los privilegios materiales y de la defensa de las conquistas parciales obtenidas. Es desde esta óptica que debe ser entendido el creciente reformismo de los miembros del parti-

---

[2] Existen, obviamente, otras interpretaciones, tanto en el seno del marxismo, como ajenas a él. Un aporte interesante, desde una perspectiva opuesta a la de Mandel, es el desarrollado por Robert Michels (1979). Debido a la extensión de este capítulo, nos remitimos simplemente a mencionarlo.

do, y no a partir de una posible "contaminación teórica" realizada por Bernstein o Kautsky.[3]

Otro factor a tener en cuenta es la evolución de la composición social y profesional de los miembros del partido.[4] Lenin utilizó en numerosas ocasiones el concepto de *aristocracia obrera* para referirse a este sector mayoritario en el seno de la socialdemocracia.[5] Este creciente aburguesamiento de ciertas capas del movimiento obrero europeo respondió, en buena medida, a la ausencia de estallidos revolucionarios a lo largo de todo el período que se extiende desde el cruento aplastamiento de la Comuna de París en 1871 hasta principios del siglo xx. Las esperanzas de transformación social se trasladarían, según Marx y Engels, de Francia hacia Alemania. Pero a la primera gran crisis del capitalismo (1873-1887), a la que, en teoría, debía sucederle una etapa de catástrofes económicas e insurrecciones políticas, le sobreviene, por el contrario, la *belle epoque*: un florecimiento y expansión capitalista nunca antes visto.[6] Esto minó los ánimos de numerosos dirigentes del movimiento obrero, llevando a muchos de ellos a replantearse, tal como lo hizo el viejo Engels en su introducción, la capacidad creciente del capital de salir airoso de las crisis periódicas que lo acechaban. En los años siguientes, el imperialismo brindaría, además, un marco de contención material para las clases dominantes europeas frente a los sectores subalternos en constante crecimiento. Esta relativa (y, por supuesto, temporaria) *bonanza* capitalista puede, por tanto, aportar alguna explicación adicional al paulatino reformismo y burocratización de la socialdemocracia en el viejo continente.

---

[3] Como afirma Paul Kellog (1995), la verdadera raíz de la aceptación de la vía parlamentaria al socialismo no está en el viejo Engels "sino en la realidad material de la práctica cotidiana de la socialdemocracia europea (en especial la alemana)".

[4] Un claro ejemplo de ello es que, en 1890, de los 35 diputados socialdemócratas miembros de Reichstag, ninguno era obrero.

[5] Si bien fue Lenin quien desarrolló esta noción de manera acabada, Engels había expresado, más de medio siglo atrás, lo siguiente: "Parece que, después de todo, los obreros (franceses) se han aburguesado completamente por la momentánea prosperidad y por las perspectivas de la gloria del imperio" (carta a Marx del 24 de septiembre de 1852). Pocos años después, extendería esa caracterización para referirse al "real aburguesamiento progresivo del proletariado inglés". Como posible explicación de este fenómeno, argumentaba que "en una nación que explota al mundo entero, ello es en cierto modo de esperar" (carta a Marx del 7 de octubre de 1858; ambas en Marx y Engels 1973).

[6] Entre 1893 y 1902, la industria alemana creció aproximadamente un 40%.

Antecedentes "revisionistas" en Marx y Engels

Consideramos que tanto la obra de Marx como la de Engels deben ser entendidas en términos *dinámicos*, es decir, no como un cuerpo teórico cerrado y monolítico, sino en base a una dialéctica del cambio. Desde esta lectura abierta, numerosos teóricos han destacado la constante insistencia por parte de los fundadores del materialismo histórico en torno de la tensa relación entre Estado, revolución y democracia, expresada en la propia "Introducción" de 1895. Así, por ejemplo, Jacques Texier (1994) se aboca a rastrear el concepto de democracia que subyace a diversos textos y escritos de Marx, encontrando sugestivas apreciaciones en torno del sufragio universal y la lucha parlamentaria. De manera similar, Lelio Basso (1983) indaga en las potencialidades otorgadas por el barbudo de Treveris al voto y a la citada tribuna de debate y denuncia, en determinados contextos. Este planteo no implicaba, desde ya, renegar de la construcción de una sociedad sin clases sociales ni, por consiguiente, Estado. Sí nos muestra la complejidad y riqueza de las diversas formas que asume la lucha política de acuerdo con la coyuntura específica de cada sociedad. De esta manera, se torna comprensible, por ejemplo, por qué Marx redacta el 5 de marzo de 1852, en *The New York Daily Tribune*, un artículo titulado *Los Cartistas*, en el que asegura que "en Inglaterra, donde el proletariado constituye ampliamente la mayoría de la población, el sufragio universal equivaldría al poder político de la clase obrera (...) Aquí, la dominación política de la clase obrera sería una consecuencia inevitable" (Texier 1994).

Años más tarde –en febrero de 1871– y en un contexto totalmente diferente –en el marco de la Asociación Internacional de los Trabajadores– Engels escribe que "el sufragio universal nos proporciona un medio de acción excelente" (Basso 1983). Pocos meses después de la sangrienta represión sobre los *communards* en París, será Marx quien, en su famoso discurso pronunciado en septiembre de 1872 en Amsterdam, afirme que existen países como Estados Unidos, Inglaterra, y hasta tal vez Holanda, en los que es posible la conquista del poder político por medios pacíficos. Ya en marzo de 1891, en una carta enviada a Oppenheim, Engels avizoraba que "dentro de cinco o diez años, los distintos parlamentos presentarán un aspecto completamente diferente" (Marx y Engels 1974).

Además de éstas, podrían citarse numerosas ocasiones en las que los autores del *Manifiesto Comunista* revalorizan el papel del sufragio universal y, en particular, la instancia parlamentaria como un espacio más de confrontación política, aunque aquí nos remitimos sin más a los trabajos de Basso, Colleti y Texier mencionados. Ahora bien, como veremos más adelante, esto no supone que los padres del marxismo hayan claudicado en relación con la necesidad de la lucha revolucionaria. Como señala el mismo Engels en sus *Principios del comunismo*: "¿será posible suprimir por vía pacífica la propiedad privada? Sería de desear que fuese así, y los comunistas, como es lógico, serían los últimos en oponerse a ello" (1973a). No obstante, resulta poco probable que la burguesía se despoje de sus privilegios sin oponer una férrea resistencia. Y, a pesar de las variadas experiencias históricas vividas a lo largo del siglo xx, el debate no ha podido zanjarse en el seno del marxismo. Es por ello que las respuestas, quizá, deban buscarse en la propia praxis colectiva, antes que en textos erróneamente considerados "canónicos".

Cómo leer la "Introducción": las reiteradas quejas de Engels

Como vimos, el contexto en el cual se elabora el polémico prefacio es sumamente delicado. De acuerdo con Karl Kautsky, en su artículo sugestivamente titulado *Engels, un hombre sin carácter*, éste, "que vivía en Inglaterra, no se consideraba autorizado, frente a la amenaza de la inminente ley antisubversiva, a exigir la publicación de pasajes de los cuales sus amigos alemanes temían que pudieran causar dificultades al partido cuyas consecuencias ellos y no él debían afrontar" (1978a). Acusando recibo de las advertencias de Fischer, Bebel y demás dirigentes de la socialdemocracia, Engels acepta solamente algunas enmiendas en el texto original del manuscrito, pero rechazando cualquier publicación sesgada que pudiera dar lugar a interpretar su escrito en clave reformista. Es así como expresa, en una carta enviada a Kautsky en la cual le adjunta la introducción corregida, lo siguiente: "Mi texto ha sufrido un poco a consecuencia de las aprensiones de nuestros amigos de Berlín, que temen el proyecto de ley sobre las actividades subversivas; debía tenerlas en cuenta en estas circunstancias" (Kautsky 1978b).[7] Puede decirse entonces, siguiendo nuevamente a Kautsky, que "no hay que olvidar que Engels sólo tenía en cuenta la situación del mo-

---

[7] No fue ésta, por cierto, la primera vez que los líderes de la socialdemocracia utilizaran como argumento la delicada situación interna de Alemania para avalar sus posiciones crecientemente moderadas. Ya en 1888, en ocasión del debate generado en torno del Programa de Erfurt, Engels envía desde Inglaterra una serie de rectificaciones, a la cuales Kautsky, Bernstein y otros dirigentes le responden que es necesario no caer en provocaciones debido al reciente retorno de la legalidad. Es así como lo que tanto en este caso como en 1895 parecía significar una simple concesión *táctica* deviene, con el correr del tiempo, un replanteo *estratégico* del propio Partido Social Demócrata.

mento. Los que quieren saber cómo hay que interpretar este pasaje de Engels deben compararlo con sus cartas (...) se ve allí con qué energía se defiende de pasar por 'adorador pacífico de la legalidad a cualquier precio'". Lo que omite mencionar aquí Kautsky es que una de esas cartas posteriores iba dirigida precisamente a él y que fue Wilhelm Liebknecht, compañero de militancia suyo y director desde 1891 del periódico oficial del partido, quien se encargó de recortar los párrafos más "subversivos" de la "Introducción" para que pudiera ser publicada en el *Vorwärts*. Recordemos que la versión completa no fue editada sino hasta 1930, es decir, más de 35 años después de que Engels lo solicitara.[8]

Las diversas cartas enviadas desde Inglaterra por Engels a los dirigentes de la socialdemocracia alemana demuestran cuán equivocados estaban éstos al considerar como un quiebre irreversible a la "Introducción" de 1895. Vale la pena citarlas, ya que es propiamente su autor quien enumera los motivos de la elaboración en aquella coyuntura tal especial. El 8 de marzo, en respuesta a sus recomendaciones de excluir los párrafos más controvertidos, le escribe a Fischer: "no puedo suponer que quiera entregarse en cuerpo y alma a la absoluta legalidad, a la legalidad a toda costa, a la legalidad aun frente a las leyes transgredidas por sus propios autores, en una palabra, a la política de quien ofrece la mejilla izquierda al que le ha abofeteado la derecha. En *Vorwärts*, a decir verdad, la revolución aparece a veces renegada con la misma energía con que primero –y como tal vez volverá a serlo pronto– se la predicaba. Pero esto no puedo considerarlo como una norma. (...) Cuando en plena discusión de temas generales, piensan en el hecho de que (...) –quién sabe en cuánto tiempo– puede volver la época que se tomará en serio la cancelación de lo 'legal' que se le exigió en tiempos inmemoriales, a Widen. ¡Miren a los austríacos, con amenazas con recurrir, lo más directamente posible, a la violencia, si no llega pronto el derecho electoral! ¡Piensen en la ilegalidad de ustedes con las leyes antisocialistas, que quieren volver a descargarles! ¡Legalidad hasta cuándo y en la medida que nos convenga, pero ninguna legalidad a cualquier precio ni siquiera de palabra!" (Longinotti 1975).

[8] En marzo de 1925, el por entonces director del Instituto Marx-Engels de Moscú, David Riazanov, publicó en el primer número de la revista alemana *Unter dem Banner de Marxismus* un artículo sobre el prefacio de Engels en el cual dio a conocer las frases excluidas por los referentes de la socialdemocracia. Cinco años más tarde incorporó, entre otros textos perdidos y/u omitidos anteriormente, la versión completa de la "Introducción" de 1895 a *La lucha de clases en Francia* de Marx en la MEGA (Marx-Engels-Gesamt-Ausgabe), editada en Rusia en 1930.

Semanas después, como consecuencia de la publicación en el periódico del partido de un artículo de fondo que citaba arbitrariamente algunos fragmentos de su prólogo al libro de Marx, decide acusar nuevamente recibo, esta vez escribiéndole a Kautsky: "He leído hoy, con asombro, en *Vorwärts* un extracto de mi "Introducción", publicado sin conocimiento mío, truncado de tal manera que yo aparezco en él como un adorador pacífico de la legalidad cueste lo que cueste. Tanto más quisiera yo que la "Introducción" apareciese enteramente en *Neue Zeit* y se borrase esa bochornosa impresión. Expresaré mi opinión a este respecto en forma muy determinada a Liebknecht y a todos –sean los que sean– los que le han dado esa oportunidad de tergiversar mi criterio" (Lenin 1978).

El 3 de abril, una vez más, le manifiesta a Lafargue: [Liebknecht] "me ha jugado una buena pasada. Ha tomado de mi 'Introducción' a los artículos de Marx acerca de Francia de los años 1848 a 1850 todo lo que le podía servir para la defensa de *la táctica pacífica contraria a todo precio a la violencia*, que desde hace cierto tiempo le agrada predicar, sobre todo ahora, cuando en Berlín se preparan las leyes de excepción. Pero yo recomiendo esa táctica nada más que para *la Alemania de nuestros días*, y, además, *con mucha reserva*. En Francia, Bélgica, Italia y Austria no sería posible atenerse enteramente a esa táctica, y para Alemania puede ser ya mañana inaceptable" (Lenin 1978).

Las expresiones vertidas en estas cartas resultan sumamente contundentes y dejan en claro lo erróneo del planteo defendido por aquellos socialdemócratas que, en el afán por justificar las prácticas cotidianas del partido, confundían su propio anhelo con la incendiaria pluma epistolar de Engels.

Interpretaciones del texto en el seno del marxismo

El polémico texto dio lugar a numerosas interpretaciones, producto no solamente de las censuras sufridas en sus primeras ediciones, sino también a raíz de su relativa ambigüedad. A continuación, reseñaremos sólo algunas de las diferentes (y hasta contrapuestas) lecturas efectuadas por los principales dirigentes del marxismo, así como las respectivas posiciones que asumieron en relación con el parlamentarismo como forma de lucha política.[9]

[9] Dejamos de lado las interpretaciones a que dio lugar el texto en América Latina y, en particular, en nuestro país. En este último caso, cabe mencionar que la "Introducción" sirvió de base tanto para la acción reformista-parlamentaria del Partido Socialista de Juan B. Justo en las primeras décadas del siglo xx, como para propiciar la lucha armada a finales de

En primer lugar, podemos retomar a Karl Kautsky, quien, como mencionamos en el apartado anterior, realizará una defensa explícita de las numerosas tachaduras efectuadas por "los amigos berlineses de Engels" a la "Introducción". Respecto de estos últimos expresará que "hay que reconocer en su favor que la perspectiva de una nueva Ley Antisocialista llamaba a la prudencia". El eufemismo aludía a los recortes sistemáticos efectuados al texto de Engels por Liebknecht y buena parte de la dirigencia socialdemócrata, a los efectos de su publicación. Pero si en aquella ocasión el polémico y fragmentado escrito permitió hacer pasar a Engels como "un adorador pacífico de la legalidad a cualquier precio", identificándolo con las crecientes prácticas reformistas impulsadas en el seno del partido, acordes con su "estrategia del desgaste", en 1925 va a simbolizar para Kautsky (1985) "una firme fundamentación y justificación de la política de la socialdemocracia y una decidida condena a la táctica bolchevique". Años antes de esta crítica ya había manifestado que "la socialdemocracia es un partido revolucionario, no un partido que hace revoluciones" (Kautsky 1978a). Esta postura era compartida a finales de siglo por casi la totalidad de los miembros del organización, por lo que la ruptura entre la elaboración teórica y la acción política disruptiva que, de acuerdo con Perry Anderson, caracterizará al marxismo occidental, ya puede rastrearse parcialmente en los líderes de la Segunda Internacional. Bajo esta perspectiva, el cambio social, lejos de ser un proceso de construcción humana consciente, acontece a espaldas de las masas, siendo el verdadero agente revolucionario, por ejemplo, "la máquina de vapor". Una frase, por demás elocuente, sintetiza este quiebre: "No somos partidarios de la legalidad a cualquier precio *ni revolucionarios a toda costa*" (Kautsky 1978a).

No obstante, será recién Edouard Bernstein quien se atreva a hacer explícita esta incongruencia entre el discurso insurreccional pregonado a nivel teórico por parte de la socialdemocracia alemana y su práctica crecientemente reformista. Mediante la publicación de una serie de artículos en la *Neue Zeit*, posteriormente reunidos en formato de libro, abre el debate político en relación con la caducidad de las, según él, principales tesis del marxismo, a saber: 1) la teoría del hundimiento automático del capitalismo a partir de sus propias contradicciones internas; 2) la teoría del cre-

___

los años '60, por parte del Partido Revolucionario de los Trabajadores, en su Cuarto Congreso. En las resoluciones de este último, por ejemplo, se expresa que en los padres del marxismo deben distinguirse dos períodos diferentes en torno de la estrategia para la toma del poder por la clase obrera: "sus concepciones hasta 1895 y la concepción de Engels a partir de 1895" (véase De Santis 1998).

ciente empobrecimiento del proletariado; 3) la teoría de la toma del poder mediante una insurrección violenta. Si bien estas tres tesis se encuentran íntimamente relacionadas, nos abocaremos al desarrollo de la última, por vincularse en forma estrecha con el tema en cuestión.

En efecto, en los párrafos de la "Introducción" de 1895, la vía cancelada no era la revolucionaria, sino la impulsada por un pequeño grupo esclarecido y separado de las masas. Sin embargo, a criterio de Bernstein, la revolución ya no tenía sentido alguno, desde el momento en que las contradicciones de clase tendían a armonizarse, producto del positivo desarrollo del capitalismo a finales del siglo XIX. En este sentido, si para Engels nunca debía perderse de vista el objetivo final (la construcción de una sociedad comunista), para Bernstein (1984), por el contrario, el fin no es nada, el movimiento lo es todo. Tal vez previendo su posterior revisión, ya en 1885, Engels (1973) le advertía en una carta "no olvidar la vieja regla de no descuidar, por el presente del movimiento y de la lucha, el futuro del movimiento". Décadas más tarde, será Rosa Luxemburg quien polemice con el olvidadizo Bernstein: en su famoso texto *¿Reforma o revolución?* expresará que "la reforma social y la revolución social forman un todo inseparable", por lo que no habría, en principio, oposición entre ambas luchas. Sin embargo, la fundadora del Grupo Espartaco se encarga de aclarar que si el camino ha de ser la lucha por la reforma, la revolución será el fin. Bernstein se abocará, kantianamente, a invertir estos términos.

Sin embargo, aun cuando quiera presentárselo como el precursor del revisionismo, Bernstein no fue el primero en efectuar un replanteo en relación con las nociones básicas del socialismo.[10] Como vimos, ya los propios Marx y Engels lo habían hecho. En rigor, la puesta en cuestión de determinadas concepciones –que, en principio, no necesariamente supone su "caída en desuso"– lejos de ser una claudicación teórica y política, forma parte del movimiento dialéctico inherente a la praxis transformadora. El problema, por tanto, no radica en la *revisión* como tal, sino más bien en los postulados y consecuencias que la sostienen y hacen que devenga en una teorización reformista. Un claro ejemplo de ello es su crítica a la "necesidad histórica" del socialismo. En principio, esto no constituye un hecho nega-

---

[10] Tampoco el único: contemporáneas a él fueron las "revisiones" efectuadas por Jaurès en Francia o Turati en Italia, por nombrar sólo las más conocidas. Como antecedente podemos citar la reformulación de la relación entre socialismo y democracia realizada por Louis Blanc.

tivo, ya que supondría entender la historia de las sociedades como una construcción permanente y no determinada teleológicamente. La cuestión radica en que, para Bernstein, la lucha de clases devendría superflua en la explicación del cambio social y político, ya que lejos de intensificarse (según él, un pronóstico errado de Marx), la confrontación entre burguesía y proletariado tendió a menguar y a ceder paso a la colaboración creciente, a tal punto de que el socialismo resultaría un proceso "natural" de profundización de las bases democrático-liberales del sistema capitalista. "Por lo que concierne al liberalismo como movimiento histórico universal –dirá Bernstein– el socialismo es su heredero legítimo" (1984). Esta concepción reformista, que según él está presente ya en la "Introducción" de 1895, tendría como correlato práctico un creciente quietismo político, entendiendo a las instituciones liberales de la sociedad moderna, por contraposición a las feudales, como flexibles, con capacidad para transformarse sustancialmente. Esto a su vez tornaría innecesaria (e indeseable) la destrucción de las mismas: sólo sería preciso hacerlas evolucionar, debido a que el propio desarrollo de la democracia –y, en particular, del Parlamento en tanto encarnación de la voluntad general– supone "la supresión del dominio de clase" (Bernstein 1984). De esta manera, si para Engels puede realizarse un uso "revolucionario" del Parlamento (por definición transitorio), sin que mengüen en paralelo las restantes formas de lucha, para Bernstein el camino al socialismo supone necesariamente la *absolutización* del culto a la legalidad, más allá de cualquier momento o circunstancia.

Ya en la tradición revolucionaria, probablemente sea Rosa Luxemburg quien haya realizado la crítica más implacable al "testamento" de Engels. Ella concibió el escrito como una concesión efectuada a los máximos dirigentes de la socialdemocracia alemana a raíz de la delicada coyuntura política vivida en aquel entonces. En su famoso discurso pronunciado en ocasión de la conferencia fundacional del Partido Comunista Alemán, celebrado entre el 30 de diciembre de 1918 y el 1 de enero de 1919, analiza en profundidad los postulados de la "Introducción" de 1895. Al respecto expresa: "hay que dejar bien sentado que Engels escribió ese prólogo, como se sabe, bajo la presión directa de la fracción parlamentaria de entonces" la cual "decidía, ideológica y tácticamente, los destinos y las tareas del partido". Bajo este contexto, "Bebel y sus compañeros (...) forzaron a Engels, que vivía en el extranjero y tenía que atenerse a sus seguidores, a escribir ese prólogo, asegurándole que era de la máxima urgencia salvar en aquel momento el movimiento obrero alemán de desviaciones anarquistas" (Luxemburg 1983a). Rosa explicará que este documento clásico, a raíz del contexto en el cual se escribió, cayó en parte en el "exclusivismo parlamentarista", viendo erróneamente en la lucha parlamentaria lo opuesto a la acción revolucionaria directa del proletariado. Dicha concepción derivó en el asesinato de la socialdemocracia alemana como organización anticapitalista. El viejo Engels pensaba además que el derrumbe del capitalismo iba a suponer un recorrido excesivamente prolongado y no iba a basarse en una revolución efectuada por las masas en la calle, dadas las notorias desventajas que implicaba tal confrontación con las fuerzas del orden. Ahora bien, de acuerdo con Rosa Luxemburg (1983a), en este último caso se parte de la premisa de que "el soldado, por el mero hecho de serlo, se convierte, a priori y de una vez por todas, en soporte de las clases dominantes, error que ha sido desmentido por la experiencia de que disponemos actualmente". A esto se sumaría el hecho de que, a partir de la revolución rusa de 1905, las revueltas callejeras han sido la forma más común de desenlace revolucionario. En este sentido, la fundadora del Partido Comunista Alemán plantea que el período abierto con la insurrección bolchevique sitúa al proletariado no ya en 1895, sino en 1848, con todas las consecuencias políticas que ello supone.

Sin embargo, no fue ésta la única posición adoptada por Rosa Luxemburg en relación con el parlamentarismo. En una etapa anterior –que podríamos denominar de "repliegue"–, la incorporación del dirigente socialista Alexander-Etienne Millerand en el gabinete del gobierno francés de Waldeck-Rousseau a comienzos de siglo provocó un enorme debate en las filas socialdemócratas en torno de la participación o no en el seno de las instituciones burguesas. Rosa fue una de las primeras en levantar el guante, generando una acalorada discusión en periódicos franceses y alemanes. En su artículo *Una cuestión táctica* diferencia dos posiciones a adoptar frente a la participación de socialistas en gobiernos como el de Francia. Una es la sintetizada a nivel teórico por Bernstein, que postula la necesidad de considerar dicho ingreso no sólo como deseable sino incluso natural. La otra, defendida por ella, propugna que la actividad socialista debe orientarse a ganar todas las posiciones posibles en el Estado actual, sólo en la medida en que las mismas *permitan intensificar la lucha de clases contra la burguesía*. En este sentido, existe una diferencia esencial entre los cuerpos legislativos y el ejecutivo de un Estado burgués: mientras que "en los parlamentos los representantes obreros elegidos pueden, cuando no consiguen hacer pasar sus mociones y reivindicaciones, como mínimo, persistir en su lucha de oposición", el ejecutivo, "que tiene encomendada la tarea de ejecutar las leyes, la acción, no tiene lugar en su seno para una oposición de principios". Desde esta perspectiva socialista, no es entonces el *qué* lo que importa, sino más bien el *cómo*. De ahí que, cuando los representantes socialistas intentan impulsar reformas sociales en el Parlamento, tienen la posibilidad, por su *oposición* paralela y simultánea a la legislación y al gobierno burgués en su conjunto, de dar a su lucha un carácter socialista y antiestatal (Luxemburg 1983b).

En otro escrito poco conocido, titulado *El affaire Dreyfus y el caso Millerand*, retomará esta distinción, desarrollando con total claridad una concepción antiinstrumentalista del Estado. En él expresa que "la participación en el poder burgués parece contraindicada, pues la naturaleza misma del gobierno burgués excluye la posibilidad de la lucha de clases socialista". Esto se debe a que "la naturaleza de un gobierno burgués no viene determinada por el carácter personal de sus miembros, sino por su función orgánica en la sociedad burguesa. El gobierno del Estado burgués es esencialmente una organización de dominación de clase cuya función regular es una de las condiciones de existencia para el Estado de clase" (Luxemburg 1983c). La contundencia se amplía aún más cuando la joven polaca se refiere al ingreso de Millerand al gabinete francés: en este caso "el gobierno burgués no se transforma en un gobierno socialista, pero en cambio un socialista se transforma en un ministro burgués". Ante tamaña intransigencia, podría parecer que Rosa Luxemburg niega rotundamente la posibilidad de dar la batalla en *cualquier* institución que exprese los intereses de la burguesía. Sin embargo, establece nuevamente una diferenciación crucial entre la participación en el Parlamento, ámbito en el cual "podemos obtener reformas útiles luchando contra el gobierno burgués", y en el ejecutivo, en cuyo caso no sería una conquista parcial del Estado burgués por los socialistas sino, por el contrario, una conquista parcial del partido socialista por el Estado burgués.

Este planteo está en plena consonancia con su previo y famoso texto de confrontación con la teoría de Bernstein, en el cual afirma que "quien para transformar la sociedad se decide por el camino de la reforma legal, *en lugar y en oposición a la conquista del poder*, no emprende, realmente, un camino más descansado, más seguro, aunque más largo, que conduce al *mismo* fin, sino que, al propio tiempo, elige distinta meta" (Luxemburg 1971). Dicho en otros términos: el revisionismo, lejos de propugnar la realización del comunismo, tiende a la mera reforma del sistema capitalista, sin lograr trascenderlo. Como veremos a continuación, al igual que Lenin y Lukács, Rosa Luxemburg no reniega de la participación efectiva en la institución parlamentaria, siempre y cuando la misma tenga como horizonte (y permita avanzar hacia) la eliminación de la burguesía en tanto clase dominante y del Estado como maquinaria de guerra del capital contra el trabajo. Según Anton Pannekoek, la corriente revisionista no concebía a la lucha parlamentaria como lo que efectivamente era, esto es, "un medio para acrecentar el poder del proletariado", sino en tanto *la lucha misma* por el poder (en Bricianer 1969). A contrapelo, Rosa nos deja sendas enseñanzas para no caer en esta trampa teórico-política característica del llamado "radicalismo pasivo".

En cuanto a la lectura realizada por Vladimir Ilich Ulianov, popularmente conocido como Lenin, podemos decir que resulta paradójico que sea él, máximo dirigente de la revolución rusa, quien caracterice al texto de Engels en términos "reformistas". Más aún teniendo en cuenta que dicha lectura no era en clave peyorativa, sino coincidente con el momento histórico particular en el cual se encontraba inmerso el movimiento obrero a fines del siglo XIX y principios del XX. En palabras de Lenin, "después de derrotada la Comuna de París, la historia había puesto a la orden del día una labor lenta de organización y de educación. No cabía otra" (1946a). Sorprende la cita casi textual, al parecer, extraída de la polémica "Introducción" de Engels.

Frente a la pregunta, utilizada como subtítulo en su libro *La enfermedad infantil del "izquierdismo" en el comunismo*, de si "¿debe participarse en los parlamentos burgueses?", Lenin advierte que el parlamentarismo debe ser superado *en la práctica*. Esto supone la necesidad imprescindible de distinguir el ideal político deseado, de la realidad que acontece a diario. De ahí que, hasta tanto no sea posible disolver el Parlamento burgués, el proletariado está obligado a actuar en su seno, sin quitarle relevancia por supuesto a los restantes espacios de confrontación. Como ejemplo histórico, Lenin pasa revista a las múltiples formas de lucha implementadas por los bolcheviques desde principios de siglo en la Rusia zarista. Aparece aquí su reiterada tesis de "el análisis concreto de la situación concreta", que en términos políticos supone como consecuencia la máxima *flexibilidad* a nivel táctico. Precisamente esta concepción le permitirá criticar fuertemente, en vísperas de la insurrección de octubre, el sufragio universal, caracterizándolo como el arma de dominación de la burguesía (Lenin 1985). En este mismo período, signado por la necesidad de impugnar la posible salida electoralista impulsada por el menchevismo, califica al Parlamento como "ámbito de charlatanería" cuyo único objetivo es "embaucar al pueblo".

En el caso de Georg Lukács, es preciso aclarar el contexto en el cual discute el texto de Engels: durante 1920, en el marco de la revista *Kommunismus*, editada en la inmediata posguerra por la Internacional Comunista para los países de Europa sudoriental, y bajo la plena efervescencia y auge de las luchas insurreccionales, siendo la revolución rusa la punta del iceberg anticapitalista. Es por ello que, de acuerdo con el autor de *Historia y conciencia de clase*, el Parlamento no puede representar más que un arma defensiva de los trabajadores, propia de un momento de repliegue del movimiento socialista. Esto implica que la correlación de fuerzas es desfavorable para el proletariado a tal punto que la revolución social es impensable en un tiempo cercano (Lukács 1978). De hecho, cuando este momento llegue, el parlamentarismo resultará superfluo e incluso peligroso. Lukács es contundente a la hora de sopesar las diversas formas de lucha: sólo es posible evitar el reformismo propio de las prácticas parlamentarias en la medida en que dicha actividad se subordine plenamente a la dirección y praxis extra– (y sobre todo *anti*–) parlamentaria. De ahí que, desde el momento en que es posible constituir consejos obreros, el parlamentarismo no tiene razón de ser. En palabras de Lukács (1968), "no hay elección: o los consejos obreros desorganizan el aparato del Estado burgués, o éste llega a corromper a los consejos, los reduce a simulacros y los deja morir solos".

Por otra parte, respecto de la ruptura de la legalidad por parte de la burguesía, tan discutida por Engels, Lukács postula que el prólogo de 1895 ha sido frecuentemente malentendido en forma intencional y tendió a pensarse que la iniciativa corriera por parte de la clase dominante. Por el contrario, de acuerdo con el padre del marxismo occidental, es preciso preparar la táctica parlamentaria de tal manera que el impulso disruptivo quede en manos del proletariado. De ahí que "uno de los fines principales de la actividad de todo partido comunista es obligar al gobierno de su país a violar él mismo su propio orden jurídico" (Lukács 1984).

Excursus: La "Introducción" como posible preludio gramsciano

> *¿Dará Italia al mundo el nuevo Dante, que*
> *anuncie la hora del alumbramiento*
> *de esta nueva era, de la era proletaria?*
> (F. Engels, 1 de febrero de 1893).

Diversos autores han acordado en señalar las sorprendentes coincidencias entre las "innovaciones" vertidas por Engels en la "Introducción" de 1895 y la reformulación teórica efectuada por Antonio Gramsci, en especial durante su período carcelario. Aquí simplemente intentaremos formular algunas de ellas, en particular aquellas vinculadas con la problemática en cuestión.

Una primera similitud puede hallarse, tal como Atilio Borón (1996) lo hizo notar, en sus respectivas concepciones de la revolución: tanto en el caso de Gramsci como en el del último Engels, ésta debe ser entendida como un amplio *proceso*, complejo y multifacético, y no como un mero *suceso* inminente y breve a nivel histórico. De acuerdo con el autor de *El Anti-Dühring*, el proletariado, "lejos de poder conquistar la victoria en *un* gran ataque decisivo, tiene que avanzar lentamente, de posición en posición, en una lucha dura y tenaz" (Engels 2004). En completa consonancia, Gramsci realiza varias décadas después su famosa distinción entre Oriente y Occidente. En las formaciones económico-sociales occidentales acontecía lo relatado por Engels: "entre el Estado y la sociedad civil había una justa relación y en el temblor del Estado se discernía en seguida una robusta estructura de la sociedad civil. El Estado no era más que una trinchera avanzada, detrás de la cual había una robusta cadena de fortalezas y de casamatas" (Gramsci 1993). Como contrapartida, en Oriente la sociedad es primitiva y gelatinosa, abarcándolo todo el Estado, por lo que la estrategia política correcta es, según Gramsci, la guerra de maniobras. Sorprendentemente, Engels preanuncia esta caracterización en una carta enviada a Vera Zasúlich el 23 de abril de 1885. En ella avizora que "los rusos se acercan a su 1789. La revolución *debe* estallar cualquier día (...) Éste es uno de esos casos excepcionales en que un puñado de gente puede *hacer* una revolución, es decir, hacer que con un pequeño empujón se derrumbe todo un sistema que se mantiene en un equilibrio más que inestable" (en Marx y Engels 1973). Faltarían todavía unos años para que el infatigable compañero de Marx realizara una autocrítica a las posturas "blanquistas" defendidas, según él, a partir de la revolución del 1848 por ambos. Esta revisión suponía, a la vez, fomentar el involucramiento activo de las masas en el proceso revolucionario, así como la necesidad de que tengan la plena conciencia del cambio que van a protagonizar.

Otra confluencia teórica se encuentra en sus severas críticas al jacobinismo, en tanto deformación autoritaria y profundamente elitista de la organización política de los trabajadores. La superación de esta concepción "putchista" era para ambos la base para avanzar en la construcción de un partido de masas, profundamente enraizado *con* los sectores subalternos y no ubicado *encima* de ellos. El problema estaba a la orden del día tanto en la Alemania de fines del siglo xix como en la Italia meridional de posguerra, y ambos autores, si bien en contextos diferentes, intentan dar cuenta de ello. No hay, por lo tanto, identidad entre la revolución proletaria y la francesa: los socialistas, dirá Gramsci con respecto al proceso insurreccional ruso de 1917, *han ignorado el jacobinismo* (fenómeno puramente burgués), sustituyendo el autoritarismo por la libertad. En el proceso abierto en 1789, por el contrario, "la burguesía no tenía un programa universal; servía intereses particulares, los de su clase y los seguía con la mentalidad cerrada y mezquina de cuantos siguen fines particulares. El hecho violento de las revoluciones burguesas es doblemente violento: destruye el viejo orden, *impone* el nuevo" (Gramsci 1974). En este punto, su planteo se acerca al del viejo Engels, quien desde Inglaterra realizó en sus últimos escritos implacables críticas al jacobinismo: "La época de las revoluciones por sorpresa, de las revoluciones hechas por pequeñas minorías conscientes a la cabeza de las masas inconscientes, ha pasado. Allí donde se trate de una transformación completa de la organización social, tienen que intervenir directamente las masas, tienen que haber comprendido ya por sí mismas de qué se trata, por qué dan su sangre y su vida (...) Y para que las masas comprendan lo que hay que hacer, hace falta una labor larga y perseverante". De manera análoga, el joven Gramsci (1974) manifestará que "la clase obrera tiene que comprender toda la hermosura y nobleza del ideal por el cual lucha y se sacrifica".

Una tercera confluencia se relaciona con la concepción gramsciana de las crisis, no ya como catástrofes inevitables del capitalismo, sino más bien como procesos contradictorios que no necesariamente suponen la emergencia de luchas revolucionarias y, menos aún, el derrumbe definitivo del sistema capitalista en su conjunto. A este planteo subyace un reconocimiento explícito de la capacidad del capital para afrontar y superar airosamente las crisis periódicas resultantes de las propias contradicciones del modo de producción. La diferenciación gramsciana entre una mera crisis "económica" y las llamadas crisis "orgánicas" o del "Estado en su conjunto" tiene quizá como puntapié inicial este replanteo realizado por el viejo Engels.

Un cuarto punto, profundizado, para el caso de Gramsci, por Nelson Coutinho (1993), es la socialización de las instancias de participación política y social en los países capitalistas desarrollados. Producto de una radical transformación económico-social, se desarrollaron y complejizaron las que vulgarmente se denominan como las superestructuras jurídica, política e ideológica. No casualmente, el pensador meridional fue catalogado como "teórico de la superestructura", en una clara alusión a su concepción ampliada del Estado y de la política, no ya acotados al aparato represivo de dominación burguesa, el primero, y a la mera toma del poder, la segunda, sino concibiendo a ambos como una correlación de fuerzas que debe ser modificada en base a la *praxis* revolucionaria en las múltiples y disímiles trincheras que amurallan y recubren a la sociedad política (o Estado en sentido estricto). De manera análoga, Engels comienza a avizorar, si bien en forma embrionaria, una complejización y fortalecimiento de los múltiples espacios de participación cultural, social y política, plasmadas por ejemplo en la conquista del voto universal en extensas regiones de Europa, así como en la legalización de las crecientes formas de organización del movimiento obrero.

Por último, podemos mencionar el fuerte hincapié de ambos en la necesidad del momento político-militar como *decisivo* a la hora de definir la correlación de fuerzas entre las clases en pugna. Cabe preguntarse si este postulado no contradice, en cierta medida, sus caracterizaciones de la revolución como proceso sumamente prolongado, ya que acota a un mero *suceso* el quiebre (o puente) entre una sociedad y la otra. Creemos que, si bien los planteos subyacentes –en especial en el caso de Gramsci– son mucho más complejos, no brindan una solución satisfactoria a esta tensión permanente inscripta en la lógica revolucionaria del marxismo.

A modo de conclusión: (in)actualidad de la "Introducción" de 1895

Revistadas las principales interpretaciones en torno del polémico texto, podemos ahora efectuar un balance, desde ya provisorio, que nos permita cotejar el análisis realizado por Engels a finales del siglo XIX a la luz de las experiencias políticas del pasado siglo.

En tal sentido, a nuestro entender, uno de los mayores errores del último Engels es el de expresar una cierta ambivalencia en torno de la confianza en la debilidad de los fuertes, más que a la iniciativa autónoma expresada en la fuerza de los débiles. En el discurso engelsiano, la revolución aparece por momentos más como una reacción o respuesta a la ofensiva burguesa, que en términos de proceso (auto)creativo. Nuestra praxis no puede reducirse, creemos, a la espera del quiebre de la legalidad por parte de la clase dominante. La idea de entender al proceso insurreccional como una consecuencia de la violación de la Constitución por parte de la burguesía transforma la lucha en pos del comunismo en una incierta y pasiva espera. Consideramos que, lejos de asumir esta forma, la revolución ha de ser un complejo y multifacético proceso de construcción permanente que disloque la normalidad capitalista. Desde esta perspectiva, tal como afirma Rosana Rossanda (1973), "el pasaje al socialismo se convierte en una empresa histórica bastante más compleja que la toma del poder político". Así pues, es preciso asumir la iniciativa, entendiendo que la revolución es posible porque es necesaria, en tanto única salida para la supervivencia la sociedad humana. Pero ello supone concebir al comunismo no como un abigarrado estado de conciencia, sino como "la crítica despiadada de todo lo existente", o bien "el movimiento real que anula y supera el estado de cosas actual", tal como solía repetir Marx. Sólo así nos será posible trascender el estrecho horizonte del mundo burgués.

Existe, además, otra ambigüedad en la conceptualización de Engels en torno de la revolución: si bien por un lado postula a la misma como un largo proceso, por el otro habla de "el día decisivo". Persiste aún, parcialmente al menos, una visión instrumentalista del Estado, tal como se la puede rastrear incluso en Gramsci (1993), cuando afirma que el momento político-militar es "inmediatamente decisivo". Cabe preguntarse hasta qué punto es *decisiva* la toma del "poder", una vez conquistada la hegemonía en el conjunto de la sociedad civil, e incluso en numerosos espacios estatales.[11] Además, ¿resulta factible (y podríamos agregar: deseable) la construcción de una sociedad más democrática y pluralista, en base a estructu-

---

[11] Resulta irónico que La Bastilla, supuesto símbolo del *poder* feudal, se encontrara prácticamente vacía al momento de su toma. Lo mismo puede decirse del Palacio de Invierno ruso, asaltado durante la insurrección bolchevique.

ras políticas apoyadas en el disciplinamiento y el autoritarismo, que suponen intrínsecamente, por lo tanto, relaciones de poder y enajenación?

Consideramos que las nociones de revolución y de poder que subyacen a voluminosos textos "marxistas" tienden a reificar la lógica de la revolución francesa[12], así como los peores postulados de la modernidad, tales como una noción sumamente teleológica del desarrollo histórico, rozando el determinismo, o una visualización del poder político y/o económico en términos cosificantes. Debemos entender, por el contrario, a la revolución como una pregunta sin respuesta. El propio Marx (1985) ha expresado al respecto que la revolución "no puede sacar su poesía del pasado, sino solamente del porvenir". Ello supone luchar porque en los propios medios de construcción se encuentren contenidos los fines propuestos, siendo el camino por recorrer tan importante como la meta misma.

Otro punto controvertido de la "Introducción" es la ausencia de una crítica genética del sistema parlamentario en tanto tal. En efecto, siguiendo a John Holloway (1994), podemos afirmar que el mismo "reproduce la característica general del Estado burgués al tratar a la población como una masa abstracta de ciudadanos cuyo significado puede ser cuantificado a través de las elecciones". Esta definición no supone desconocerlo como ámbito dotado de autonomía, tal como fue calificado por Marx en *El XVIII Brumario de Luis Bonaparte* en contraposición al poder ejecutivo, aunque sí delimita las posibilidades de transformación revolucionaria de la sociedad a partir de las iniciativas políticas que puedan llegar a gestarse en su seno. Dicho en otros términos: si bien la contradicción concesión/conquista está inscripta en la misma constitución de la dominación política burguesa, ella no supone un equilibrio entre ambos polos, aunque sí una constante redefinición de sus límites en función de la correlación de fuerzas entre las clases en pugna. En consonancia con el planteo, Perry Anderson (1988) ha señalado acertadamente que el Estado burgués "por definición 'representa' a la totalidad de la población *abstraída* de la distribución en clases sociales, como individuos y ciudadanos iguales". Desde esta visión, el Parlamento –si bien puede servir como tribuna de denuncia y agitación– aparece en paralelo como la condensación de la "voluntad general", enmascarando las relaciones desiguales inherentes a la sociedad capitalista.

---

[12] Al respecto, Karl Korsch (1982) ha manifestado, en sus *Diez tesis sobre el marxismo hoy*, que uno de los puntos particularmente críticos de éste radica en "su adhesión incondicional a las formas políticas de la revolución burguesa".

Resta decir que, no obstante estas –y seguramente otras– falencias del texto, pueden rescatarse una serie de proposiciones efectuadas en él que aún hoy revisten plena actualidad. Una de las más importantes es la autocrítica realizada por Engels en torno de la noción de revolución abrazada por él y Marx en 1848 y su sustitución por una concepción en la que emerge como un proceso extenso a nivel histórico, del que deben participar activa y conscientemente las propias masas, esto es, como *revolución de la mayoría,* y no solamente en términos estrictamente numéricos. Frente al fracaso estrepitoso durante el pasado siglo de numerosos grupos que se arrogaron el título de "vanguardia" de una clase obrera mayoritariamente pasiva cuyo papel era el de mera observadora, es pertinente reflexionar en torno de esta concepción tan poco rescatada por las diversas corrientes del marxismo. Una enseñanza central de la "Introducción" es, por lo tanto, que las revoluciones efectuadas por minorías esclarecidas han caducado.[13] El *blanquismo,* etapa superior del jacobinismo, no tiene ya razón de ser en un contexto de creciente socialización de la participación política y social. Ahora bien, esto no supone arrojar al "bebé" de la revolución junto con el "agua sucia" de minorías esclarecidas a la cabeza de masas inconscientes. La revolución de la mayoría, lejos de haber devenido obsoleta, es más imprescindible que nunca. Pero para que pueda ser llevada a cabo –afirma Engels– es necesaria una prolongada tarea de agitación y propaganda, que trascienda la vieja idea de conquistar el cambio social simplemente "por sorpresa". Tal como mencionamos anteriormente, la "Introducción" preanuncia el planteo gramsciano de sustituir la guerra de maniobras por una guerra de posiciones; metáfora que, traducida en términos de estrategia política, puede sintetizarse en la máxima de Lenin (1946b) de pasar de la toma del poder por asalto al asedio del mismo.

Otro aporte sustancial de la "Introducción" es su admisión de la *capacidad del capitalismo de superar las crisis,* e incluso de que las mismas actúen de manera positiva como saneadoras, implicando una solución temporal a las contradicciones inscriptas en el propio desarrollo económico. De hecho, lejos de "derrumbarse" abruptamente, la sociedad burguesa ha de-

---

[13] Hasta 1848, "todas las revoluciones se habían reducido al derrocamiento y sustitución de una determinada dominación de clase por otra; pero todas las clases dominantes anteriores sólo eran pequeñas minorías, comparada con la masa del pueblo dominada. Una minoría dominante era derribada, y otra minoría empuñaba en su lugar el timón del Estado y amoldaba a sus intereses las instituciones estatales". Sin embargo, "la época de los ataques por sorpresa, de las revoluciones hechas por pequeñas minorías conscientes a la cabeza de las masas inconscientes, ha pasado" (Engels, 1973b).

mostrado a lo largo del siglo pasado una enorme versatilidad, llegándose a estabilizar (e incluso, hasta cierto punto, consolidar) en base a nuevas formas de acumulación y concentración de capital, tal como ocurrió en la segunda posguerra. En este sentido, es el propio Engels (2004) el que reconoce en clave autocrítica que la base capitalista "tenía todavía, en 1848, gran capacidad de extensión".

Podemos mencionar, por último, *su concepción compleja del Estado*, no ya en tanto estructura monolítica, totalmente homogénea y sin fisuras, al servicio de la burguesía, sino como condensación, material y contradictoria, de la correlación de fuerzas –si bien asimétrica, en constante redefinición– entre los diversos (y antagónicos) sectores de la sociedad capitalista[14]. En su "Introducción" señalará que "las instituciones estatales en las que se organiza la dominación de la burguesía ofrecen nuevas posibilidades a la clase obrera para luchar contra esas mismas instituciones" (Engels 1973b). Desde esta perspectiva, la relación de "exterioridad" entre los sectores subalternos y el Estado irá paulatinamente desvaneciéndose al calor de las luchas por la conquista de la ciudadanía[15], deviniendo los aparatos

[14] Ya años atrás, en su texto *El socialismo: de la utopía a la ciencia* (traducido al castellano como *Del socialismo utópico al socialismo científico*), Engels había realizado un aporte sustancial respecto del análisis estatal al postular que "el Estado moderno no es más que una organización creada por la sociedad burguesa para defender las condiciones exteriores generales del modo capitalista de producción contra los atentados, tanto de los obreros como de los capitalistas aislados. El Estado moderno, cualquiera sea su forma, es una máquina esencialmente capitalista (...) es el capitalista colectivo ideal" (Engels, 1973b). Desde esta perspectiva, el Estado expresaría el interés *general* del capital. Al decir de Elmar Altvater, esto implica que no sustituye la arena competitiva interburguesa, sino que más bien se alinea con ella: debido a que no se encuentra sujeto a las limitaciones del propio capital (lógica lucrativa, de acumulación y producción de plusvalor) y que es una institución especial en el sentido de que está *junto* a la sociedad burguesa y a la vez *al margen* de ella, el sistema capitalista desarrolla en el Estado una forma específica que expresa los intereses generales del capital (en tanto relación social, inestable, de dominación), protegiendo al modo de producción en su conjunto. Lo cual supone desentenderse de una concepción reduccionista del Estado como mero "instrumento", manipulado por la clase económicamente dominante para hacer valer sus intereses particulares al interior de la sociedad.
[15] Este hecho será analizado en profundidad por Max Weber (1982) quien, preocupado por la presencia organizada de las masas en las instituciones del sistema político alemán, intentará brindar una salida "satisfactoria" a la profunda crisis de entreguerras. En un plano más general, y aun con todas las limitaciones que puedan señalarse, consideramos que la ciudadanía no se acota al "derecho a tener derechos" sino que más bien el *proceso de ciudadanización* implica un sujeto que goza de derechos iguales en lugar de privilegios, y que requiere de condiciones de inserción económica y no sólo simbólica, como sustento de su autonomía y ejercicio efectivo de su potestad. Desde esta perspectiva, la ciudadanía supondría un estatus relativamente independiente de –a la vez que en tensión permanente con– el vínculo mercantil. Para un desarrollo de este punto, véase Alejandra Ciriza (1998).

estatales espacios centrales de la confrontación entre capital y trabajo. La revalorización del sufragio universal, efectuada en la "Introducción" de 1895, debe leerse también en esta clave, supeditando su potencial "utilización" a un problema táctico que debe subordinarse, en todo momento, al delicado ejercicio del *derecho a la revolución*.

Para finalizar, creemos necesario afirmar que, más allá de las posibles enseñanzas y caducidades del "testamento político" de Engels, lo importante es no entenderlo como bisagra entre el marxismo revolucionario y el revisionismo bernsteiniano sino más bien en términos dinámicos y (auto)críticos, sin olvidar que, como solía decir el joven Marx, "el arma de la crítica no puede sustituir a la crítica por las armas" (1994). Esta última, si bien no necesariamente remite a un conflicto militar, sí supone el enfrentamiento *práctico* (y no tan sólo teórico) contra todas aquellas formas que nos expropian a diario el hacer humano. El desafío, entonces, es pensar y actuar dialécticamente. El viejo Engels, cada día más joven, tiene todavía mucho por decirnos al respecto.

Capítulo 3
Lenin y la revolución permanente contra el Estado. El problema de la transición al comunismo

Hernán Ouviña y Martín Cortés

La lucha del proletariado no es sencillamente una lucha contra la burguesía por el Poder del Estado, sino también una lucha contra el Poder del Estado mismo.

Antón Pannekoek

Palabras preliminares

A propósito de *El Estado y la revolución (EyR)*, Roque Dalton supo decir que –entre otros motivos– fue escrito para combatir a los que gustan tanto de las citas y las sentencias que terminan por defenderlas de la revolución. Por las paradojas de la historia, el propio Lenin padeció aquello que con insistencia no dejó de denunciar a lo largo de sus textos, como en el Prólogo del citado libro: "En vida de los grandes revolucionarios, las clases opresoras les someten a constantes persecuciones, acogen sus doctrinas con la rabia más salvaje, con el odio más furioso, con la campaña más desenfrenada de mentiras y calumnias. Después de su muerte, se intenta convertirlos en santos inofensivos, canonizarlos, por decirlo así; rodear sus *nombres* de una cierta aureola de gloria para 'consolar' y engañar a las clases oprimidas, castrando el contenido de su doctrina revolucionaria, mellando su filo revolucionario, envileciéndola".

Hoy en día, su pensamiento ha sido reducido, o bien a una serie de verdades reveladas que en conjunto delimitan la fidelidad doctrinaria con respecto al llamado marxismo-leninismo, o bien a un cúmulo de antiquísimas ideas que describen aspiraciones utópicas y preanuncian horrores totalitarios vividos durante el siglo pasado. En ambos casos, su legado se desvirtúa y amputa. No obstante, quizá la más grande y trágica ironía estribe en que, tal como apuntó Mel Rothemberg (1996), la fuerza propulsora de *EyR*, emancipatoria y antiestatal, terminó siendo utilizada para sustentar políticas reformistas en Occidente y para justificar regímenes altamente represivos y antidemocráticos en el Este.

A sabiendas de todas estas lecturas, en el presente artículo intentaremos revisar *críticamente* algunos núcleos eclipsados del pensamiento leninista, en particular en torno de la problemática estatal. Sin ánimo dogmático pero tampoco inquisitorio, nos centraremos en un abordaje de *EyR* "a contrapelo", interpretándolo como una teoría de la transición al comunismo[1] que en esencia implica una *revolución permanente contra el Estado como tal*[2]. El motor dialéctico de ésta no es otro que "el movimiento real que anula y supera el estado de cosas existentes".

Aunque pueda resultar un tópico recurrente, no está de más recordar que el interés inmediato del libro de Lenin no fue indagar en la naturaleza de clase del Estado *per se*, sino intervenir en el debate político coyuntural de su época, polemizando alrededor de las posibilidades o no de la participación de la clase trabajadora en la gestión del aparato estatal. Su problema, por lo tanto, era teórico-práctico. De ahí que la reflexión crítica en torno del Estado resulte para Lenin indisociable de la lucha concreta por destruirlo (en el caso del burgués) o por avanzar hacia su total extinción (en el del "semi-Estado" proletario). A esto se refería el joven Marx cuando afirmaba que "el arma de la crítica no puede sustituir a la crítica de las armas", aun cuando tenga *fuerza material* si prende en las masas.

Consideramos que *EyR* es uno de los textos que más se emparenta con las mejores tradiciones del *marxismo libertario*. Lenin parte de pensar las relaciones sociales como históricas y, por lo tanto, transitorias. En este sentido, concibe la posibilidad de su transformación en la medida en que predomine la praxis política de los sectores populares que protagonicen su

---

[1] O bien de *las* transiciones, siempre y cuando esto no implique caer en una concepción *etapista* del proceso revolucionario, inexistente en el planteo de Lenin.

[2] Consideramos que pueden rastrearse dos acepciones de revolución en *EyR*: 1. como momento violento de toma del poder y destrucción del Estado en sentido estricto, y 2. en tanto proceso de progresiva extinción de la dictadura del proletariado. A lo largo del presente artículo, nos centraremos en esta segunda concepción.

trastocamiento. Teniendo en cuenta que las relaciones sociales capitalistas pueden ser modificadas y orientadas hacia una creciente (auto)emancipación de las masas respecto de la opresión que este modo de producción impone a su accionar cotidiano, *EyR* intenta responder al interrogante acerca de cómo llevar a cabo dicho cambio, que en conjunto implicaría que relaciones opresivas, de las que el Estado es parte constitutiva, sean transfiguradas en un ámbito de libre asociación de productores.

De esta forma, desde el comienzo del libro, el Estado no será visto como una entidad eterna e inmutable sino que, retomando al viejo Engels de *El origen de la familia, la propiedad privada y el Estado*, Lenin postulará una relación íntima entre el surgimiento de las clases sociales con intereses antagónicos y el Estado como "aparato especial de represión", divorciado de y opuesto a la sociedad que le dio origen.

Asimismo, la dictadura del proletariado se concebirá como la *forma política* que durante la fase transicional despliega este complejo proceso de transformación social. Vale aclarar que esta metamorfosis no se da de un modo etapista o automático, sino que implica profundas luchas y autoaprendizaje por parte de las masas, por lo que no puede ser sino denso y multifacético. Al igual que la crisálida, esta dictadura constituye el puente que hace posible que la tosca oruga burguesa mute en bella mariposa comunista.

A lo largo de su obra, Lenin trabaja con distintos conceptos que deben ser entendidos en forma dual, en tanto se presentan como parte constitutiva de la dominación capitalista pero también, al desarrollarse en la dictadura del proletariado, contienen gérmenes de su propia negación. Esto no implica caer en una concepción teleológica de la historia, pero tampoco suponer a la sociedad comunista como una creación *ex novo*. La mediación que opera en este "largo y doloroso alumbramiento" no es otra que la práctica política transformadora, tendiente a revolucionar la sociedad desde sus propios cimientos.

A continuación delimitaremos el contexto en que se produjo esta obra, para pasar luego a analizar las diferentes funciones de la dictadura del proletariado y el modo en que el proceso de realización de las mismas es pensado como un camino hacia el amanecer de una sociedad comunista.

Contexto histórico de *El Estado y la revolución*

Una primera cuestión importante al recuperar la experiencia rusa de 1917, como contexto primigenio en el que se enmarca la escritura leninista, es no disociar la *revolución* en dos momentos desvinculados entre sí, uno "burgués" y el otro "proletario". Restaurar su unicidad implica concebirla no en términos de un evento excepcional de mero asalto al cielo, sino como un proceso complejo e ininterrumpido de crítica y demolición del antiguo régimen, que protagonizó una multiplicidad de actores e involucró asimismo la creación de nuevas formas de organización social, entre las que se destacaron los soviets y, en menor medida, los comités de fábrica.

Como antecedente inmediato, vale la pena recordar que la guerra imperialista iniciada en 1914 abrió una etapa de creciente descontento en Europa y buena parte del mundo. Este nuevo período, signado por la "bancarrota" de la II Internacional a raíz del voto de la socialdemocracia a favor de los créditos de guerra el 4 de agosto de ese año, obligó a Lenin a revisar los fundamentos filosóficos y políticos del marxismo, confrontándolos con el proceso histórico en curso y con los inéditos problemas que el mismo iba haciendo nacer. La lectura crítica de la *Lógica* de Hegel que emprende semanas más tarde de ese episodio y la Conferencia de Zimmerwald que convoca en septiembre de 1915 para recomponer a las fuerzas de izquierda europeas no pueden pensarse como divorciadas, sino que responden ambas a aquella inquietud militante.

También su libro *El imperialismo, etapa superior del capitalismo* —escrito durante aquel año pero publicado en 1916— remite a esta característica, típica en Lenin. De acuerdo con el pensador italiano Umberto Cerroni, hay incluso una conexión intrínseca entre esa obra y *EyR*, consistente en la necesidad con que el líder bolchevique "atrapa inmediatamente una situación nueva en busca de posibilidades estratégicas inéditas para la política revolucionaria y, al mismo tiempo, para el planteamiento de una investigación global que le permita una iluminación teórica orgánica de las nuevas perspectivas" (Cerroni 1984). Si trocar la guerra imperialista en revolución proletaria era una consigna guía para Lenin, definir las tareas de esta última va a tornarse un objetivo prioritario.[3] No es extraño entonces que ése sea uno de los ejes directrices que motivarán a Lenin, ya en el exilio, a releer los clásicos del marxismo referidos al problema del Estado.

[3] Cabe recordar que el subtítulo de *EyR* es "La doctrina marxista del Estado y *las tareas del proletariado en la revolución*" (subrayado nuestro).

Podemos decir que el preludio *teórico* del libro inconcluso de Lenin fueron los manuscritos conocidos bajo el nombre de *El marxismo y el Estado*, escritos entre enero y febrero de 1917 en Zurich.[4] Gran parte de este material, resguardado en Estocolmo y al que Vladimir Ilich pulirá en reiteradas ocasiones, será utilizado durante los meses de agosto y septiembre del mismo año como fuente para elaborar *EyR*, debido a que sistematizaba las principales reflexiones de Marx y Engels en torno del Estado burgués y de la dictadura del proletariado, así como fragmentos de libros y artículos de Pannekoek, Bujarín, Kautsky y Bernstein, todos ellos acompañados por breves comentarios y conclusiones del propio Lenin.

Durante esos primeros meses de 1917 se profundiza el descontento de los obreros, los soldados y los campesinos, haciendo resurgir los espacios de autoorganización social de 1905 a una escala más amplia. Este ciclo de lucha culmina con la caída del zar Nicolás II y la constitución del gobierno provisional.[5] Pero en paralelo a esta instancia estatal, los soviets devienen fuente embrionaria de un poder paralelo. En el marco de esta inestable coyuntura Lenin expresa, en su breve texto acerca de *La dualidad de poderes*, redactado inmediatamente luego de la revolución de febrero, que "el problema de toda revolución es el problema del poder del Estado. Sin comprender claramente esto, no será posible intervenir conscientemente en la revolución, ni mucho menos dirigirla" (1946a: 17). Lo cual explica que, a las pocas semanas de haber escrito esto, comience a trabajar en los borradores de *EyR* con el objeto de "restaurar" la doctrina marxista del Estado proletario que, según él, había sido desvirtuada por mencheviques y eseristas en Rusia así como por el revisionismo kaustkiano a escala europea.

De ahí que una primera aclaración que vale la pena mencionar es el carácter antideterminista (vale decir: no "catastrofista") de la concepción de revolución que subyace en el pensamiento de Lenin. Una revolución que, es preciso aclararlo, no se detendrá hasta la completa desaparición a escala planetaria de las clases sociales y, por lo tanto, del Estado como tal. Así pues, contradiciendo los preceptos dogmáticos de la II Internacional, Lenin afirmará que no hay que esperar que las "condiciones objetivas" es-

[4] Al respecto, puede consultarse la edición de este manuscrito publicada en castellano (Lenin, 1978).

[5] Si bien incluyó a un ministro "socialista" (Kerensky, del ala derechista del Partido Socialista Revolucionario), en su mayor parte lo formaban miembros del Partido Demócrata Constitucional, representante de la burguesía liberal rusa. No obstante, cabe aclarar que con el transcurso de los meses, la coalición asumirá cada vez más una composición de tinte menchevique y eserista, en especial en términos ministeriales.

tén dadas para iniciar la revolución socialista, ya que el contexto imperialista abre un período de guerras e insurrecciones, no sólo en los países avanzados (por caso, Alemania e Inglaterra), sino también y sobre todo en la periferia capitalista. Precisamente uno de los eslabones débiles de esta cadena imperial resultó ser la Rusia zarista.

El frágil poder del gobierno provisional inaugurado en febrero, en función de una conjunción de factores (debilidad endémica de la burguesía rusa, continuidad de la guerra, desarrollo desigual y combinado de la formación social, etc.), tiende a agotarse abruptamente, por lo que en palabras del Lenin de las *Tesis de Abril* se tornaba necesario reorientar la lucha política y pasar de la revolución democrático-burguesa a una socialista. Acorde con esta caracterización, los soviets, en tanto alternativa surgida desde abajo y al margen de la ley, debían asumir *todo el poder*. En el mes de junio, bajo el pretexto de haber incitado una serie de protestas callejeras de obreros y soldados, el gobierno arremete contra los bolcheviques, arrestando a varios de sus dirigentes. Lenin se ve obligado a refugiarse en Finlandia, desde donde de todas maneras mantiene un asiduo contacto epistolar con el Comité Central del partido. En ese momento, con la excepción de los bolcheviques, ya la totalidad de los partidos de izquierda forman parte del bloque gobernante. Esto, sumado al frustrado intento de sublevación reaccionaria liderado por el general Kornilov, fortalece aún más la correlación de fuerzas proclive a la estrategia soviética. Es precisamente durante este forzado exilio y bajo el temor de ser asesinado que Lenin decide emprender la redacción de *EyR* entre agosto y septiembre. Por consiguiente, si bien es cierto que la experiencia histórica inmediata de 1905 y la de los comuneros de París en 1871 constituyen parte del bagaje teórico que nutre su reflexión política, su eje es *el estar adherido a esta inusitada realidad en curso*, signada por una fase ascendente de la lucha de clases. A tal punto esto fue así que el libro quedó inconcluso como consecuencia del alegre "estorbo" de la revolución de octubre.[6]

En vista de esta particular coyuntura soviética, que no sólo requería la crítica social sino asimismo una acuciante labor constructiva, Lenin se aventura a profundizar la noción de *dictadura del proletariado*. La polémica con

[6] De acuerdo con el plan original trazado por Lenin, *EyR* contemplaba siete capítulos. No obstante, a raíz del creciente empuje de las masas, el último titulado "La experiencia de las revoluciones rusas de 1905 y 1917" debió suspenderse. En las palabras finales a su primera edición, Lenin comentará que fuera de éste título, no le fue posible "escribir ni una sola línea", concluyendo que "es más agradable y más provechoso vivir la 'experiencia de la revolución' que escribir acerca de ella".

los socialdemócratas, por un lado, y los anarquistas, por el otro, tiene por objeto afirmar la *necesidad* tanto de la destrucción del aparato estatal burgués (a través de la revolución violenta) como del propio proceso transicional (cuya forma política no es otra que la dictadura de clase). Sólo a partir de estos postulados, según Lenin, puede calificarse a una concepción revolucionaria como propiamente marxista: "circunscribir el marxismo a la lucha de clases es limitar el marxismo, tergiversarlo, reducirlo a algo que la burguesía puede aceptar. Marxista sólo es el que *hace extensivo* el reconocimiento de la lucha de clases al reconocimiento de la *dictadura del proletariado* (Lenin 1974:45).

Esta consideración doctrinaria encontraba en el terreno del movimiento socialista dos adversarios principales. En primer término, los "oportunistas" (Bernstein en Alemania y los mencheviques y eseristas en Rusia) y el más sutil "radicalismo pasivo" de Kautsky, quienes, al margen de sus diferencias[7], argumentaban a favor de la posibilidad de la *extinción* lisa y llana del Estado burgués, omitiendo la necesidad de una revolución violenta y de la consecuente *destrucción* de esa "fuerza especial de represión". En segundo término, en cuanto a los anarquistas, que contaban con un peso relativamente importante en varias regiones de Rusia y los países aledaños, el debate, de tono más fraternal, giraba en torno de la abolición del Estado y de la necesidad o no de una forma política de transición. En este caso, frente a los proyectos "inmediatistas" de las tendencias libertarias, Lenin emprende una férrea defensa de la dictadura del proletariado y de su carácter centralista.[8] Esta certeza leninista en torno de la dictadura del proletariado como elemento central y privilegiado del camino al comunismo permite leer *EyR* desde este concepto, alrededor del cual las categorías y propuestas de la obra cobran un sentido integral.

[7] Mientras Bernstein concibe al Estado como un ámbito cada vez más neutro, postulando la posibilidad de alcanzar el socialismo "ocupándolo" físicamente, Kautsky plantea que el problema de la dictadura del proletariado no resulta acuciante, por lo que puede dejarse "tranquilamente para el porvenir". Lenin desarrolla su visión acerca de estos debates en el capítulo VI de *EyR*.

[8] Cabe aclarar que el anarquismo no es unívoco en este punto, sino que contiene diversas vertientes que trabajan de diferentes modos el problema de la transición al comunismo (libertario). Incluso suele confundirse la necesidad del federalismo con la "abolición inmediata" del Estado. Mijail Bakunin, por ejemplo, expresará que "la abolición del Estado no puede ser alcanzada de un solo golpe (...) Incluso las revoluciones más súbitas, inesperadas y radicales han sido siempre preparadas por un largo trabajo de descomposición y de nueva formación, trabajo subterráneo o visible, pero nunca interrumpido y siempre creciente. Así pues, también para la Internacional, no se trata de destruir de hoy a mañana todos los Estados. Emprenderlo o solamente soñarlo sería una locura" (Bakunin 1972: 71). De todas formas, Lenin elige una versión sencilla y exenta de esta complejidad para su polémica.

¿Qué es la dictadura del proletariado?

La noción de *dictadura del proletariado* ha sido blanco de una inmensa cantidad de impugnaciones. Sin embargo, pocas de ellas parten de un acabado conocimiento de su contenido conceptual, tal como fue pergeñado por Marx, Engels y, luego, por Lenin. En muchos casos –y esto está particularmente presente en América Latina– se ha denostado al concepto por el primero de los términos que lo componen. La noción de dictadura se asocia de manera automática con cualquier forma de Estado (o incluso gobierno) autoritario. En el caso del segundo término, la idea se completa suponiendo que se trataría de una dictadura de un gobierno compuesto por obreros, o algo semejante. La experiencia histórica del estalinismo, además, provee cierto plafón a aquel prejuicio, aun cuando –como veremos en nuestro excursus– las razones de dicha tragedia no pueden ni deben buscarse en la letra de *EyR*.

Pues bien, la concepción leninista dista radicalmente de esta vaga vulgarización. Supone, por el contrario, un complejo proceso de creciente democratización del gobierno de los asuntos comunes de la sociedad. Su aspecto central es, entonces, la irrupción de las masas en la escena política,[9] recuperando un concepto de democracia más ligado a la *democracia absoluta* de Rousseau y Spinoza que a los formalismos procedimentales de la ciencia política contemporánea. Los orígenes del concepto pueden rastrearse en algunas de las obras de Marx más ligadas a la intervención política y a la reflexión sobre las estrategias del proletariado en su camino (auto)emancipatorio. Si consideramos las ideas principales de *La guerra civil en Francia* –texto abocado a extraer las enseñanzas de la experiencia de la Comuna de París, instaurada en marzo y abril de 1871 en dicha ciudad– cabe aclarar una diferencia de percepción de estos sucesos por parte de Marx y Engels. Este último concibió a la Comuna como una puesta en acto de la dictadura del proletariado, es decir, como la destrucción del Estado burgués y el comienzo de un derrotero transicional hacia formas comunistas de sociedad, donde todas las medidas tomadas por los comuneros expresan el contenido mismo de ese proceso.[10] Marx difiere de esta caracteri-

---

[9] Para el desarrollo del carácter esencialmente democrático de la dictadura del proletariado, véase los trabajos de Etienne Balibar (1979) y Marcel Liebman (1978).

[10] "Últimamente, las palabras *dictadura del proletariado* han vuelto a sumir en santo horror al filisteo socialdemócrata. Pues bien, caballeros, ¿queréis saber qué faz presenta esta dictadura? Mirad a la Comuna de París: ¡he ahí la dictadura del proletariado!", dice Friedrich Engels en su "Introducción" de 1891 a *La guerra civil en Francia* (Marx 1980).

zación por cuanto estima que su corta duración (tan sólo setenta y dos días, por lo demás de asedio constante), así como el casi total aislamiento con respecto al resto del territorio francés no permitieron a los acontecimientos parisinos el desarrollo necesario para considerarlos una dictadura del proletariado. Sin embargo, esta diferencia pierde valor si se tiene en cuenta que ambos van a tomar a la Comuna como una importante ilustración en lo que a la *forma política* de la transición al comunismo se refiere.

Debemos entonces hacer una importante distinción: la dictadura del proletariado no es la transición al comunismo sino su *forma política*. Según Marx: "Entre la sociedad capitalista y la comunista media el período de la transformación revolucionaria de la primera y la segunda. A este período corresponde también un período político de transición, cuyo Estado no puede ser otro que la *dictadura revolucionaria del proletariado*" (1979: 30). Así como al capitalismo le corresponde el Estado burgués como forma política, el socialismo se liga con la dictadura del proletariado. Sin embargo, las diferencias entre ambos son de mucho mayor valor que su similitud. La dictadura del proletariado es el primer "Estado" que se reconoce como Estado *de clase* y que, además, no tiene por objeto sostener, reproducir y perpetuar una relación de dominación sino la destrucción de *toda* dominación de clase y, con ello, su propia disolución. De ahí que podamos afirmar, junto con Lucio Colletti (1976), que este proceso revolucionario "no sólo es el paso del poder *de una clase a otra* sino también el paso *de un tipo de poder a otro*".

El horizonte de sentido de este "semi Estado", según la concepción de Lenin, no es otro que la devolución "al organismo social de todas las fuerzas que hasta entonces venía absorbiendo el Estado parásito, que se nutre a expensas de la sociedad y entorpece su movimiento" (Marx 1980: 66). Es decir, un proceso de democratización que descansa en la participación creciente de las masas en la gestión de su propio destino. Si bien las funciones de la dictadura del proletariado son diversas, todas ellas pueden leerse en esta clave de desenvolvimiento: como una reabsorción por parte de la sociedad civil de las energías alienadas en el Estado en tanto instancia de concentración de la capacidad política de la primera.

En este contexto, Lenin va a postular una serie de funciones centrales de la dictadura del proletariado, tendientes a operar como catalizadores de la transición hacia la sociedad comunista:

- *Romper la resistencia de la clase burguesa*. Esto implica avanzar sobre su posición de privilegio en relación con el Estado, evitando que reconquiste su poder. No se trata de una eliminación física de capitalistas y terratenientes, sino de su desmembramiento en cuanto clases. De todas formas, esta medida es de una profunda importancia por cuanto explicita el carácter violento del período de transición y se liga con la continuación de la lucha de clases, sobre nuevas bases, durante esta fase.

- *Regular la economía y distribuir los productos de consumo*. Esto no remite, como podría suponerse, a una estricta centralización estatal de aquella, sino a un creciente control social sobre las fuerzas productivas, en oposición a la "anarquía" de la producción reinante en el capitalismo. Así, dicha función es crucial en la recuperación de la iniciativa de los trabajadores sobre su propio destino (leída como asignación *ex ante*), involucrando a su vez el manejo por parte del "semi-Estado" de la medida de trabajo y consumo.[11] Este problema aparece ligado a la persistencia del derecho burgués en la fase transicional, estableciendo un parámetro ordenador de la distribución.

- *Realizar las tareas vinculadas con el "registro y control"*. La ampliación de la democracia y de la gestión de lo público son el presupuesto de ellas. Aquí se juega un componente central que distingue el socialismo del capitalismo. La dictadura del proletariado supone un involucramiento cada vez mayor de las masas en su autodeterminación. Esto no se reduce a su mera aparición pública en el momento insurreccional, sino sobre todo a su capacidad permanente de apropiarse de las funciones de regulación social.

- *Dirigir y "elevar" culturalmente a las masas*. Sin duda, subyace aquí la noción de hegemonía del proletariado sobre el resto de las clases subalternas, que luego Gramsci desarrollará con mayor profundidad en su período carcelario. En el caso de Lenin, por un lado se alude a la necesidad de generar un sistema de alianzas entre la clase obrera y los sectores no proletarios, en especial el campesinado pobre, con el objetivo de enfrentar a la contrarrevolución; y por el otro al proceso de autonomización ideológica y cultural, bajo la égida de la "vanguardia" proletaria, de todos los sectores oprimidos respecto de la concepción burguesa del mundo.

- *Monitorear las tareas que requieren pericia "técnica"*. En este caso, Lenin contempla la posibilidad de liberar estas actividades de los lazos de dominio que las atan a la clase burguesa, aunque sin realizar una crítica

---

[11] Huelga aclarar que no se trata de una armónica división de dicho control entre Estado y sociedad sino, por el contrario, de una permanente disputa en la cual ésta última rebasa y se apropia paulatinamente de las funciones del aparato estatal.

radical de las relaciones de poder implicadas en las tareas "técnicas" como tales. A lo sumo, ellas deben ser *subordinadas* al objetivo de la dictadura proletaria.

A continuación, desarrollaremos cada una de estas dimensiones teniendo en cuenta su horizonte común: la paulatina desaparición del Estado como instancia *separada* de la sociedad y su creciente sustitución por la libre asociación de los productores (no en el sentido llano o "productivista" del término, sino en tanto agentes que inciden de manera progresiva en la producción y reproducción de la vida en común). Llamamos a este proceso *revolución permanente contra el Estado*, lo cual implica que la "conquista" del poder, aunque central, lejos de ser la culminación del transitar emancipatorio, constituye uno de sus momentos primigenios.

Antes de avanzar sobre las funciones de la dictadura del proletariado, cabe hacer una mención a una serie de mecanismos específicos que Lenin piensa para la puesta en movimiento de este proceso revolucionario transicional. Para el Lenin que está a la víspera de la revolución de octubre es imperioso pensar en medidas concretas que le otorguen coherencia al período de profunda metamorfosis que se avecina. Será la experiencia histórica de la Comuna de París, reactualizada por la emergencia de los soviets en 1905 y su fortalecimiento a partir de febrero de 1917, la que proveerá buena parte de ellas, ya que adscribe a los análisis marxianos que la postulan como la auténtica forma política de la emancipación del trabajo. El sentido propuesto por las medidas de la Comuna y emulado por Lenin para los soviets no es otro que la destrucción del Estado burgués. La enseñanza mayor de la experiencia parisina es que "la clase obrera no puede limitarse simplemente a tomar posesión de la máquina del Estado tal y como está y servirse de ella para sus propios fines" (Marx 1980: 59). En tal sentido, Marx afirma en los borradores de preparación de sus reflexiones sobre la Comuna: "La Comuna no fue una revolución contra una forma cualquiera de poder estatal legitimista, constitucional, republicano o imperial. Fue una revolución contra el Estado como tal, contra ese engendro monstruoso de la sociedad, fue la resurrección de la auténtica vida social del pueblo, llevada a cabo por el pueblo. No tuvo como finalidad transferir de una fracción de clases dominantes a otra el poder estatal, sino destruir esta abyecta maquinaria de la dominación de clase" (Marx 1978).

Con este horizonte, entonces, son pensadas las primeras medidas que el gobierno revolucionario de los soviets debe tomar en su camino a la realización de la sociedad comunista. Las reproducimos en el orden en que el propio Lenin las establece, ya que no se trata de una yuxtaposición aleatoria sino de un ordenamiento que puede leerse como un orden de prioridades en las tareas de la revolución: 1) supresión del ejército permanente y su reemplazo por el pueblo en armas y 2) elegibilidad y revocabilidad de todos los funcionarios públicos. Estas dos primeras medidas apuntan al corazón del Estado moderno. Para Lenin, la característica central del Estado en "sentido estricto" es la existencia de una enorme concentración de poder en su maquinaria burocrático-militar. Así, el objetivo de estas medidas es desarticular el carácter *especial* de dicha instancia, para devolver la gestión y la defensa de los asuntos públicos a la propia sociedad. Y las dos medidas siguientes son 3) disolución del Parlamento e institución de una comuna activa, legislativa y ejecutiva a la vez[12] y 4) destrucción de los privilegios de la burocracia, mediante la generalización de los trabajos de "registro y control" y su igualación al nivel del salario obrero tipo. Estas medidas instauran mecanismos de democracia directa y participación popular en las tareas antes ligadas a lo estrictamente estatal. De esta manera, se intenta reducir al mínimo posible la distancia entre Estado y sociedad, con el horizonte de disolver en forma progresiva toda diferencia entre ambos.

La dictadura del proletariado como violencia de clase

El carácter coactivo inscripto en el proceso transicional está fuertemente presente en la concepción de Lenin. La primera de las funciones de la dictadura del proletariado es someter a través de la violencia a sus adversarios. El momento propiamente coercitivo no se reduce a la conquista del poder político, sino que se extiende a la tarea de sostenerlo en el tiempo. En primer lugar se trata de *derrocar* a la burguesía del poder. Luego, una vez que el proletariado se ha "elevado a clase dominante", la función del semi-Estado consiste en la represión organizada de la minoría, esto es, en evitar que la burguesía se rearticule como clase: "Más adelante, durante la *transición* del capitalismo al comunismo, la represión es *todavía* necesaria, pero ya es la represión de una minoría de explotadores por la mayoría de los explotados. Es necesario *todavía* un aparato especial, una máquina especial para la represión: el 'Estado'" (Lenin 1974:111).

---

[12] Aquí aparece una sugestiva coincidencia entre Lenin y Weber. Para la misma época, ambos considerarán, de una u otra manera, al Parlamento como "ámbito de charlatanería", si bien las propuestas de superación de este problema distarán radicalmente.

Siguiendo al Engels de *El origen de la familia, la propiedad privada y el Estado*, Lenin comprende la existencia del Estado en estricta relación con el antagonismo irreconciliable entre dos clases, que produce una institución que amortigua sus ineluctables enfrentamientos, evitando la guerra civil. Así, se instituye una "fuerza especial de represión" de una clase sobre otra. Como tal, el socialismo o período transicional no implica una extinción de las clases, sino incluso una agudización de la lucha entre éstas. De allí que el Estado no pueda desaparecer y que su faceta represiva siga presente. Sin embargo, una serie de aclaraciones del autor dan cuenta de transformaciones cualitativas que sufre el Estado capitalista con la dictadura del proletariado: "Pero ésta [la dictadura del proletariado] es ya un Estado de transición, no es ya un Estado en el sentido estricto de la palabra, pues la represión de una minoría de explotadores por la mayoría de los esclavos asalariados de *ayer* es algo tan relativamente fácil, sencillo y natural que será muchísimo menos sangrienta que la represión de las sublevaciones de los esclavos, de los siervos y de los obreros asalariados. (...) Los explotadores no pueden reprimir al pueblo sin una máquina complicadísima que les permita cumplir ese cometido, pero el *pueblo* puede reprimir a los explotadores con una 'máquina' muy sencilla, casi sin 'máquina', sin aparato especial, por la simple *organización de las masas armadas*" (Lenin 1974:112).

La represión de la burguesía por parte del proletariado es cualitativamente diferente de cualquier coacción en las precedentes sociedades de clase, ya sean esclavistas, feudales o capitalistas. Esto se debe a una diferencia radical entre la dictadura del proletariado y cualquier tipo de Estado. Aquella lucha por su propia desaparición, es decir, por la extinción de la sociedad que le da existencia. Por el contrario, el Estado "en sentido estricto" reprime en pos de *sostener en el tiempo* una determinada relación social de explotación. De allí que la represión que intenta evitar la rearticulación de la burguesía no necesite prácticamente de mediaciones. No requiere enmascarar sus acciones en un tercero pseudoneutral y escindido, sino que asume directamente su propia tarea de represión de clase. Este carácter *in*-mediato produce importantes transformaciones en el propio aparato estatal, tendiente a su desaparición progresiva en tanto instancia organizada de coacción. Ya no es necesaria una compleja maquinaria burocrático-militar, sino que el propio pueblo *en armas* es quien toma en sus manos la (auto)defensa de la revolución.[13]

---

[13] Aquí no se trata de una mera metáfora: fuentes fotográficas y escritas previas a la profesionalización y el disciplinamiento del Ejército Rojo dan testimonio de que buena parte de la

La unidad de la nación propuesta por Lenin, que distingue la destrucción del aparato estatal de la desarticulación del centralismo[14], aparece fuertemente ligada a la necesidad de defender con toda la violencia necesaria la consolidación de la dictadura del proletariado y la transición al comunismo. Su carácter imprescindible se vincula con la persistencia de los peligros de reconstitución de la clase burguesa, que cuenta aún con cuotas considerables de poder material y simbólico, y por ende con la necesidad de unificar y organizar las tareas represivas que eviten que eso suceda: "Y bien, si el proletariado y los campesinos pobres toman el poder del Estado, se organizan de un modo absolutamente libre y *unifican* la acción de todas las comunas para dirigir los golpes contra el capital, para aplastar la resistencia de los capitalistas, para entregar a *toda* la nación, a toda la sociedad, la propiedad privada sobre los ferrocarriles, las fábricas, la tierra, etc., ¿acaso esto no será el centralismo? ¿Acaso esto no será el más consecuente centralismo democrático, y además un centralismo proletario?" (Lenin 1974: 69).

La violencia de la dictadura del proletariado es el último vestigio de coerción de carácter estructural. Su agudización es el preludio de su desaparición y, con ella, del fin de toda causa fundamental de conflicto, es decir, de la explotación como origen por antonomasia de la violencia. De acuerdo con Lenin, podrán luego existir "excesos", pero será el propio pueblo educado en la libertad el que los solucionará, al tiempo que pueda esperarse incluso la *extinción* paulatina de los mismos.

Regulación de la producción y la distribución

Una producción regulada

Las consideraciones de Lenin en torno de este problema descansan en un presupuesto básico, presente también en algunos textos de Marx: el comunismo proviene de las entrañas del capitalismo, es la forma que asu-

---

guerra civil que la naciente Rusia soviética libró contra las potencias invasoras fue efectivamente protagonizada por el pueblo armado, incluyendo ancianos, mujeres y niños. Al respecto, pueden consultarse algunos documentos fotográficos en Figes (2001).

[14] Si bien no podemos explayarnos sobre esto, resulta cuanto menos polémica la interpretación de Lenin del problema del "centralismo" presente en la lectura de la experiencia de la Comuna de París efectuada por Marx. Para una contraposición desde una perspectiva crítica, véanse los artículos de Karl Korsch (1975) reunidos bajo el título "Comuna revolucionaria".

me su negación y la posibilidad de trascenderlo. Así, la planificación económica no es una creación *ex novo* de la dictadura del proletariado, sino la realización de una tendencia inscripta en la sociedad capitalista, específica y especialmente en el Estado, aunque también la creciente trustización empresaria característica de la época de *EyR* puede considerarse como expresión del mismo proceso en el ámbito privado: "Organizaremos la producción nosotros mismos, los obreros, partiendo de lo que ha sido creado ya por el capitalismo, basándonos en nuestra propia experiencia de trabajo, estableciendo una disciplina rigurosísima, férrea, mantenida por el poder estatal de los obreros armados" (Lenin 1974: 64).

La extinción gradual de la burocracia como casta especializada supone, paralelamente, la centralización de los resortes económicos en la dictadura del proletariado. Las condiciones de posibilidad de esto descansan en la existencia previa del Estado como instancia privilegiada de gestión de la sociedad: "No hay más que derrocar a los capitalistas, destruir, con la mano férrea de los obreros armados, la resistencia de estos explotadores, romper la máquina burocrática del Estado moderno, y tendremos ante nosotros un *mecanismo de alta perfección técnica, libre del 'parásito' y perfectamente susceptible de ser puesto en marcha por los mismos obreros unidos*" (Lenin 1974: 65; cursivas nuestras).

El Estado burgués sufre así profundas transformaciones en su forma y en su contenido, pero su centralización de tareas es *heredada* por la dictadura del proletariado. Aún más, debe ser profundizada y extendida a todos los ámbitos de la economía, de manera de organizar la producción y sustraerla de la anarquía que supone el modo de producción capitalista. En tal sentido, es nuevamente el propio capitalismo el que produce las posibilidades de su superación.

Ahora bien, las tareas vinculadas con la regulación económica no se identifican con la estatización "a secas", sino que Lenin plantea una tensión entre ésta y la socialización, entendida como el creciente involucramiento de cada vez más amplios sectores de la sociedad en la gestión de la economía. En palabras de Ernest Mandel (1982), la planificación económica significa sólo que "las decisiones definitivas acerca de la distribución de los recursos económicos son efectivas antes del inicio del proceso de producción y no se les imponen a través de las leyes de mercado *a posteriori* a los actores del drama económico con independencia de su voluntad". Asimismo, la planificación no debería implicar meramente la extinción de la relación salarial, sino también la democratización del ámbito de la producción: "Los medios de producción han dejado de ser ya propiedad privada de los individuos. Los medios de producción pertenecen a *toda la sociedad*" (Lenin 1974: 114; cursivas nuestras). Sin embargo, cabe preguntarse de qué manera esta transformación en la propiedad repercute en el seno del proceso de trabajo, es decir, cuáles son los cambios en la experiencia vivencial de los trabajadores.[15] Es sabido que, con el "comunismo de guerra" de los primeros años de la revolución, el férreo disciplinamiento en las fábricas y la incorporación posterior de métodos de producción "fordistas" (el stajanovismo), la experiencia histórica rusa no implicó grandes transformaciones emancipatorias en el seno del proceso productivo, sino que no se modificó sustancialmente la alienación de la producción capitalista.

Pues bien, ¿cómo aparece este problema en *EyR*? Lenin no desarrolla la manera en que la clase trabajadora experimentará las transformaciones revolucionarias en su ámbito de trabajo. Es indudable que la reflexión en torno de la alienación inherente a la separación entre el trabajador y los medios de producción no resulta prioritaria en el texto. Según Chris Wright (2002), el problema reside en que Lenin centra su análisis en las relaciones de propiedad y no en lo específico de la explotación en la relación social capitalista, que constituye el blanco privilegiado de la crítica marxiana: la separación del productor de sus medios de producción. De ahí que enfatice más en la estatización de los medios de producción que en una reapropiación de los mismos por los trabajadores. De esta forma, el Estado tendería a tomar el lugar del capital en su oposición al trabajo en el seno del proceso productivo, ya que las relaciones sociales *de producción* no sufrirían transformaciones trascendentes en la fase socialista. Podría concluirse entonces que la concepción de Lenin de las tareas económicas de la dictadura del proletariado resulta, en cierta medida, economicista e incluso tecnicista, en tanto desatiende el problema nodal de la alienación, haciendo hincapié por el contrario en la necesidad de contrarrestar la anarquía de la producción, propia del capitalismo, mediante la centralización de los resortes productivos en pos de su desarrollo.[16] Su escasa atención al interior del proceso de trabajo, sin embargo, no debería leerse como preludio de

[15] En este sentido, resulta por demás llamativa la omisión total a lo largo de *EyR* de la rica experiencia autogestiva de los comités de fábricas en Rusia.

[16] Como bien señala Marcuse (1969), la noción de "*desarrollo* de las fuerzas productivas" establece una continuidad entre el capitalismo y el comunismo. De acuerdo con el autor de *Eros y civilización*, en virtud de esta errónea ausencia de quiebre, la transición hacia una sociedad (auto)emancipada sería en primer lugar un cambio cuantitativo, cuya característica fundamental radicaría en un incremento de la productividad.

otros sucesos históricos acaecidos en la Unión Soviética, máxime cuando, como veremos, el desarrollo de la libertad y de las potencialidades humanas está muy presente en *EyR*.

El problema del derecho

En el caso del derecho, su proceso de transformación en la fase transicional conduce a la instauración de nuevas relaciones sociales desprovistas de opresión, vale decir, a la auto-nomía como capacidad de la sociedad de producir sus propias normas de convivencia en un contexto de ausencia de conflicto estructural. Esto implica que el desarrollo de la categoría misma de derecho, desde el capitalismo hacia el comunismo, tiene como punto de llegada su propia desaparición, en tanto las nuevas costumbres ya no requieren de él. Desglosemos este proceso.

En el libro de Lenin, el derrotero de la legalidad es en buena medida el del Estado, aunque más específico, a raíz de su estrecha relación con las "medidas concretas" que se propone llevar a cabo. En el capitalismo, el derecho burgués es opresivo y evidencia la separación y la dominación del Estado respecto de la sociedad. Aunque no por eso el derecho burgués es un bloque monolítico y sin fisuras, sino que es también un espacio (asimétrico) de lucha en el cual se pueden obtener ciertas ventajas en pos del fortalecimiento de la capacidad organizativa del proletariado. Similares consideraciones caben para la democracia burguesa: *valoración táctica y rechazo estratégico*. Las notas más interesantes de Lenin acerca del derecho aparecen en los fragmentos acerca de la fase "inferior" del comunismo. Aquí es donde, despejando todo halo de neutralidad, Lenin afirma que el derecho es constitutivamente burgués en tanto expresa la existencia de clases y la necesidad de represión organizada.

Pero ¿por qué el derecho es *en sí mismo* burgués? ¿En qué sentido no puede hablarse de derecho "proletario" ni, menos aún, "comunista"? En las respuestas a estas preguntas se alojan las aristas más radicales de la propuesta de Lenin. Siguiendo a Cerroni (1965) podemos decir que el derecho es ante todo una abstracción que establece una igualdad formal. El proyecto crítico de Marx, en lo que atañe al derecho, se sustentó en la necesidad de comprender este problema reconociendo y evidenciando que aquél se encuentra determinado históricamente. Lo específico del derecho, en tanto abstracción, no es otra cosa que lo específico del modo de producción capitalista: la difuminación de las diferencias materiales en pos de la producción de las condiciones de libertad e independencia para asistir al mercado a intercambiar mercancías. Si en el capitalismo la asociación entre los hombres se caracteriza por no ser directa sino mediada por el intercambio mercantil, el derecho cumple una doble función: es productor (basta ver el capítulo XXIV de *El capital* para comprobar su necesidad para el establecimiento de un mercado en el sentido burgués del término) y reproductor de esa mediación. Éste será el punto de partida de Lenin.

La dictadura del proletariado, en tanto fase transicional, no implica la supresión absoluta del derecho burgués, al menos como forma de regulación de la vida social. Sí se produce una transformación radical en su contenido: la abolición de la propiedad privada de los medios de producción. Si bien es una medida central tendiente a la destrucción del capitalismo, su valor no es concluyente. El derecho burgués, entendido como imposición de normas jurídicas que abstraen la condición real de existencia de los sujetos, persiste. Su desdibujamiento en el ámbito de la producción no es tal en el plano de la distribución. Por el contrario, allí sigue rigiendo "un derecho burgués que, como todo derecho, *presupone la desigualdad*. Todo derecho significa la aplicación de un rasero *igual* a hombres *distintos*" (Lenin 1974:114). Es el fin de la explotación pero no de las diferencias de riqueza. La fase transicional se rige por la sentencia "de cada cual según su capacidad y a cada cual según su trabajo". Todavía algunos hombres obtienen más que otros sin atender a sus diferentes capacidades ("unos son más fuertes o más débiles") o necesidades ("unos tienen más hijos que otros"). Según Lenin, subrayando la necesidad de la transición como *proceso en curso*, se trata de un principio ya socialista, pero aún no comunista.

Podemos identificar dos grandes cuestiones ligadas a la dificultad de abolir de manera abrupta el derecho, ambas a partir de una sentencia de Marx (1979) en su *Crítica del Programa de Gotha*: "[la fase transicional] lleva en todos sus aspectos, en el económico, en el moral y en el intelectual el sello de la vieja sociedad". Tanto el problema económico como el cultural involucran de lleno la dimensión del derecho y la necesidad de que éste persista parcialmente durante la dictadura del proletariado.

Por un lado, el problema de la distribución está íntimamente relacionado con el de la producción, aunque más no sea porque el *modo* de distribución estará condicionado por la cantidad de productos a distribuir. Esta cuestión no era menor en Rusia, el "eslabón más débil" de la cadena imperialista, un país con un enorme atraso en términos de desarrollo de la producción moderna a gran escala. Esto implica un primer momento de "socialización de la escasez". Dicha limitación hace necesaria la persistencia de un derecho que contiene una limitación burguesa: debe establecer una medida de igualdad (el trabajo, lo que cada uno aporta a la sociedad) abstrayendo de las desigualdades reales de los productores. Sin embargo, debe distinguirse entre el plano de la distribución y el de la producción, donde las normas de regulación son *ya* una ruptura con la forma capitalista porque se planifica la producción y se colectiviza la propiedad de los medios de producción; en suma, rige una normativa de nuevo tipo (Salazar Valiente 1988).

Por otra parte, la dificultad de abolir el derecho de manera inmediata es una de las apuestas más fuertes de Lenin contra los que denomina "utopistas" (entre los cuales se destacan los anarquistas y, en menor medida, los ultraizquierdistas). "No es posible pensar que al derrocar el capitalismo, los hombres aprenderán a trabajar inmediatamente para la sociedad *sin sujetarse a ninguna norma de derecho*" (Lenin 1974:117). Aquí aparece el importante factor cultural que, como veremos más adelante, hace a la posibilidad de abolición del derecho y de una asunción plena de la autonomía. Para Lenin, por lo antes expuesto, no existen normas jurídicas que no sean las del derecho burgués, por lo que éstas no son reemplazadas por algún "derecho proletario" sino que persisten parcialmente hasta que la sociedad alcance la capacidad de autorregularse.

Recién el comunismo supondrá una sociedad autodeterminada, regida por el lema "de cada cual según su capacidad y a cada cual según su necesidad". A diferencia de la sentencia correspondiente a la fase socialista, la aquí presente no es una norma o una ley, sino la forma de existencia de una sociedad, es decir, la expresión de su madurez para subsistir sin imposiciones abstractas sino a través de la asociación voluntaria de los productores-consumidores. Lenin subraya las bases económicas requeridas para este salto (superación de la economía mercantil y monetaria, expansión de las fuerzas productivas), pero también remarca la necesidad de una nueva cultura. Si el derecho burgués sólo puede abolirse en el socialismo hasta donde lo permiten las transformaciones económicas (la socialización de los medios de producción), esto es, en buena medida, porque no están dadas las condiciones *subjetivas* para su total disolución. Éstas no se alcanzan simplemente con el desarrollo de las fuerzas productivas y la superación de la escasez sino también con un largo proceso que las contiene pero a la vez las supera, pues implica hombres y mujeres libres del "estrecho horizonte del derecho burgués" (¿acaso el *hombre nuevo,* en sentido genérico, al que aludía el Che Guevara?) que somete al cálculo la entera vida cotidiana. El comunismo no puede ser más que producto de una larga etapa de creciente liberación de potencias humanas que vayan dejando en el olvido la prehistoria de las sociedades de clase, como diría Marx. En suma, no puede barrerse el derecho burgués en un solo movimiento o, lo que es lo mismo, el comunismo es imposible establecerlo por decreto.

La democratización contra el burocratismo: las tareas de registro y control

También en este punto podemos pensar en una dialéctica de cambio permanente: a mayor grado de democratización de la gestión pública, menor nivel de burocratismo del poder social, y viceversa. Es por ello que Lenin expresa de modo tajante que el proletariado necesita de un Estado "organizado de tal modo que comience a extinguirse inmediatamente". Esto es posible a raíz de las premisas creadas por el desarrollo del capitalismo, que ha simplificado las tareas de "registro y control" al extremo de tornarse plausible que cualquier trabajador, en tanto agente comunal, se encuentre en condiciones de intervenir en la administración del "semi-Estado" en extinción.

Analicemos la primera arista de esta relación. De acuerdo con Lenin, no es posible hablar de la democracia "a secas". Como expresará en otros escritos posteriores –entre los que destaca *La revolución proletaria y el renegado Kautsky*–, es preciso "llamarla por su apellido" porque, al ser una forma de Estado, tiene siempre un contenido de clase. De ahí que mientras la sociedad esté escindida en clases antagónicas, postular una democracia *pura* supondría que el Estado está por encima de ellas, algo que precisamente intenta desmitificar *EyR* en sus primeros capítulos. Ahora bien, si el Estado capitalista es en realidad una dictadura de la burguesía sobre el proletariado, ni siquiera podemos hablar de la existencia de una democracia en el sentido tradicional del término: como reconocimiento de la subordinación de las minorías con respecto a una mayoría. Muy por el contrario, en las sociedades modernas la democracia es algo excepcional, restringido a un sector minoritario (los explotadores) que ejerce una dictadura sobre gran parte de la población.

Esta democracia formal o *amputada,* dirá Lenin, debe convertirse en una democracia *ampliada* tras el triunfo de la revolución y la destrucción del aparato estatal burgués. La dictadura del proletariado simboliza así "la conquista de la verdadera democracia", pues su elevación a clase dominante supone que la minoría desplazada del poder se subordine a la mayoría, a los trabajadores. Huelga aclarar que esta dinámica expansiva implica una transformación cualitativa de esa democracia. En palabras del propio Lenin: "La democracia, llevada a la práctica del modo más completo y consecuente que puede concebirse, se convierte de democracia burguesa en democracia proletaria, de un Estado (fuerza especial para la represión de una determinada clase) en algo que ya no es Estado propiamente dicho".

Sin embargo, a pesar de este viraje plebeyo, la democracia aún no es plena porque, como vimos anteriormente, se necesita reprimir los intentos de los terratenientes y capitalistas por recomponerse en tanto clases dominantes. La dictadura del proletariado implica, en este sentido, una serie de restricciones impuestas a la libertad de estos antiguos opresores. Sólo con el advenimiento de la sociedad comunista desaparecerá la necesidad de sumisión, a través del ejercicio de la violencia, de una parte de la población a otra. Aunque pueda resultar paradójico, *cuanto más completa sea la democracia, menos necesidad habrá de ella*. A mayor intervención del pueblo en la ejecución de las funciones propias del poder estatal, más superfluo se tornará el mismo. De ahí que la desaparición total del Estado equivalga a la plena realización de la democracia (o sea, a *ninguna* democracia): al habituarse los seres humanos a observar las reglas de convivencia social, la democracia devendrá una simple costumbre y por lo tanto se extinguirá. El gobierno de la personas cederá su paso –según la feliz expresión saintsimoniana recuperada por Marx– a la administración de las cosas.

Hecha esta aclaración, podemos abordar el problema de la burocracia. Lenin concebía a la creciente participación popular como vacuna contra este pernicioso parásito. Si bien la dictadura del proletariado supondrá un aparato, el mismo no será burocrático: "Los trabajadores, tras ganar el poder político, aplastarán el antiguo aparato burocrático, lo destruirán hasta sus mismos cimientos, y lo reducirán a cenizas; lo sustituirán con un nuevo aparato, integrado por los mismos trabajadores y otros empleados; y de inmediato se tomarán las medidas, para evitar su transformación en burócratas, especificadas en detalle por Marx y Engels: 1) no sólo la elección, sino también la revocación en cualquier momento; 2) una paga que no supere la de un trabajador; 3) la introducción inmediata del control y supervisión por todos, de modo que todos podrán convertirse en 'burócratas' por algún tiempo y, por lo tanto, nadie podrá convertirse en un 'burócrata'".

¿Qué sucede, entonces, con las instituciones representativas? Persistirán, sin duda, hasta que cedan paso a formas de democracia directa y autogestión colectiva que serán la antesala de la sociedad comunista, aunque se transformen "de lugares de charlatanería en corporaciones de trabajo" y fusionen los poderes ejecutivo y legislativo. No obstante, Lenin arremete de manera brutal contra el parlamentarismo, proponiendo su destrucción junto con la del aparato burocrático-militar del Estado capitalista: "Decidir, cada cierto número de años, qué miembros de la clase dominante han de oprimir y aplastar al pueblo en el Parlamento: he aquí la esencia del parlamentarismo burgués, no sólo en las monarquías constitucionales, sino en las repúblicas más democráticas". Con la desarticulación de esta institución burguesa, la población incrementará su participación por cuenta propia, no sólo durante los procesos electorales sino también y sobre todo en *la labor cotidiana de la administración pública*. De esta manera, dirá Lenin, "todos intervendrán por turno en la dirección y se habituarán rápidamente a que ninguno dirija".

Aun así, como analizaremos en el siguiente apartado, subyace a lo largo de sus páginas una tensión: la existente entre el carácter expansivo de la democracia y el fomento de la iniciativa de las masas, y la necesidad de una *vanguardia* que oriente y brinde conciencia a las mismas. Esta contradicción atravesará al propio Lenin como dirigente político tras la revolución de 1917, acompañándolo hasta los últimos días de su vida y cobrando cada vez mayor relevancia. Pero veamos a qué se refiere exactamente.

La hegemonía del proletariado y la "elevación" cultural de las masas

Entre las funciones de la dictadura proletaria, ésta es sin duda la menos desarrollada por Lenin a lo largo de su libro. Si bien resulta por demás conocida su posición con respecto al rol del proletariado como vanguardia de la lucha revolucionaria *antes* de la toma del poder, son escasos los momentos en los cuales profundiza en el vínculo que debería establecerse entre dicha vanguardia y el resto de los sectores populares. Así pues, en *EyR* explicita con suma claridad lo primero: "El derrocamiento de la dominación de la burguesía sólo puede llevarlo a cabo el proletariado como clase especial cuyas condiciones económicas de existencia lo preparan para ese derrocamiento y le dan la posibilidad y la fuerza de efectuarlo. Mientras la burguesía desune y dispersa a los campesinos y a todas las capas pequeñoburguesas, cohesiona, une y organiza al proletariado. Sólo el proletariado –en virtud de su papel económico en la gran producción– es capaz de ser el jefe de *todas* las masas trabajadoras y explotadas (...) que no son capaces de luchar *por su cuenta* para alcanzar su propia liberación" (subrayado del autor).

Ahora bien, ¿qué ocurre una vez que, a través de esta revolución *popular*, se ha conquistado el poder estatal y destruido el aparato burocrático-militar? He aquí la nueva función de la dictadura de clase, ausente en la concepción del propio Marx: el proletariado necesita el poder del Estado "para *dirigir* a la enorme masa de la población, a los campesinos, a la pequeña burguesía, a los semiproletarios, en la obra de 'poner en marcha' la economía socialista" (Lenin 1966; subrayado en el original). ¿A qué alude aquí Lenin? Si bien podrían rastrearse ciertas reminiscencias iluministas a la "dictadura educadora" pregonada por Auguste Blanqui, consideramos que sería más correcto remontarse a la noción de hegemonía utilizada por los marxistas rusos a principios de siglo –y enriquecida por Gramsci en sus *Cuadernos de la cárcel*–.[17] Como bien señala Luciano Gruppi (1978), el término en su sentido etimológico remitía a la idea de guía o conducción político-militar.[18] Y Lenin lo utilizó a principios de siglo para designar la *primacía* del proletariado en la revolución burguesa en Rusia, cayendo en desuso tras el triunfo de 1917. Sin embargo, podemos creer que persiste en su acervo teórico para caracterizar la dirección político-cultural respecto de las clases y sectores sociales no antagónicos, sostenida en una alianza revolucionaria con ellas.

---

[17] Durante su período carcelario, Antonio Gramsci resignificará esta concepción expresando que el proletariado "debe ser dirigente antes que dominante", destacando su rol contra-hegemónico frente al conjunto de los grupos subalternos en la construcción de un nuevo "bloque histórico". No obstante, ya en su inconcluso texto *Algunos temas acerca de la cuestión meridional* escribía lo siguiente: "Los comunistas turineses se habían planteado concretamente la cuestión de la 'hegemonía del proletariado', o sea, de *la base social de la dictadura proletaria* y del Estado obrero. *El proletariado puede convertirse en clase dirigente y dominante en la medida en que consigue crear un sistema de alianzas de clase* que le permita movilizar contra el capitalismo y el Estado burgués a la mayoría de la población trabajadora" (Gramsci 1998, subrayado nuestro). Esta función de la dictadura proletaria se relaciona íntimamente con lo que luego en sus *Cuadernos* denominará el "contenido ético del Estado".

[18] El vocablo derivaría del griego *eghesthai* que significa "conducir", "ser jefe". También podría remitir al verbo *eghemoneno*, de idéntica reminiscencia militar. En este caso, hace alusión a "estar al frente" o "comandar" (Gruppi 1978).

Adicionalmente, ligada a esta función de la dictadura proletaria aparece la necesidad de elevar el nivel cultural y educativo a las masas, en especial de los campesinos pobres. Esto significa no sólo abolir el analfabetismo (desde ya una cuestión crucial en un país como Rusia, donde los obreros "educados" constituían una minoría dentro de la minoría), sino también socializar de manera creciente la información referida a los asuntos públicos así como dotar de conocimientos e instruir a la población, de modo que pueda asumir las tareas administrativas y de gestión del conjunto de la sociedad.

Esta cuestión cobrará cada vez mayor relevancia en la reflexión leninista, al punto de volverse prioritaria en sus últimos escritos. En ellos propugnará una revolución *cultural*, tendiente a la modificación sustancial de todos aquellos hábitos y costumbres propios de la cultura burguesa que, en la medida en que se encuentran enraizados en la psiquis de los oprimidos, atentan contra el ejercicio del poder soviético y la desmercantilización progresiva de las relaciones sociales.[19] Para autores como Antonio Sánchez García (1976), la dimensión cultural en Lenin no era sólo uno de los campos fundamentales en los que se desenvolvía la lucha de clases, sino incluso "el lugar privilegiado hacia el que ésta se desplazaba una vez establecida la dictadura del proletariado"[20], de manera que al embrutecimiento inherente a la sociedad capitalista le suceda un nuevo modo de vida basado en la solidaridad y la cooperación crecientes. No obstante, cabe aclarar que, de acuerdo con el planteo de *EyR*, serán las *nuevas generaciones* las que, educadas en condiciones sociales nuevas y libres, materializarán definitivamente este cambio cualitativo en sus modos de pensar y hacer.

La experticia técnica y su (imposible) neutralidad[21]

Sin duda merecerían un tratamiento aparte las funciones de la dictadura proletaria que remiten a la pericia técnica, en tanto y en cuanto las observaciones de Lenin en torno de esta dimensión estatal sugieren más pun-

[19] A mediados de 1920, en su folleto crítico del *izquierdismo*, señalará que "la dictadura del proletariado es una lucha tenaz, cruenta e incruenta, violenta y pacífica, militar y económica, pedagógica y administrativa, *contra las fuerzas y las tradiciones de la vieja sociedad. La fuerza de la costumbre de millones y decenas de millones de hombres es la fuerza más terrible*" (1946b; cursivas nuestras).

[20] De acuerdo con este autor, el concepto de cultura en Lenin "engloba tanto al arte como a la técnica, la ciencia, el saber y la moral, comprendidos como momentos específicos de la formación social en la cual se desarrollan" (Sánchez García 1976).

[21] Para un desarrollo de este apartado, véase Ouviña (2001).

tos de continuidad que de ruptura entre la vieja y la nueva sociedad. A contrapelo de la concepción dialéctica presente en su abordaje de otras dimensiones del Estado, para el líder bolchevique su aparato técnico puede ser *utilizado* en pos del avance hacia el comunismo. Sin embargo, siguiendo a Evgeni Pasukanis (1976) y como vimos en el apartado referido al derecho burgués, podemos afirmar que en el capitalismo la intervención estatal es opresiva por su *forma* misma, al margen del contenido específico de la acción llevada a cabo. La neutralidad no tiene cabida ya que cada aspecto de la organización y accionar estatal expresa y refuerza su naturaleza de clase. Ahora bien, según Lenin, existe un aparato estatal que se encuentra exento de esta lógica. En un texto contemporáneo a la redacción de *EyR*, *¿Se sostendrán los bolcheviques en el poder?*, aseverará que "además del aparato de 'opresión' por excelencia, que forman el ejército permanente, la policía y los funcionarios, el Estado moderno posee un aparato enlazado muy íntimamente con los bancos y los consorcios, un aparato que efectúa, si vale expresarlo así, un vasto trabajo de cálculo y registro. Este aparato no puede ni debe ser destruido. Lo que hay que hacer es arrancarlo de la supeditación a los capitalistas, *cortar*, *romper*, *desmontar* todos los hilos por medio de los cuales los capitalistas influyen en él, *subordinándolo* a los Soviets proletarios y darle un carácter más vasto, más universal y más popular. Esto *se puede* hacer, apoyándose en las conquistas ya realizadas por el gran capitalismo" (Lenin, 1973).

De esta manera Lenin establece una diferencia sustancial entre las funciones de los burócratas y las de los "expertos técnicos" y afirma en *EyR* que "no hay que confundir la cuestión del control y del registro con la cuestión del personal científico (...) estos señores trabajan hoy subordinados a los capitalistas y trabajarán todavía mejor mañana, subordinados a los obreros armados". Así es como los especialistas pueden desempeñar tareas idénticas en la sociedad capitalista y en la transición al comunismo: "El mecanismo de la administración ya está preparado aquí. No hay más que derrocar a los capitalistas y tendremos ante nosotros un mecanismo de alta perfección técnica, libre de 'parásito' y perfectamente susceptible de ser puesto en marcha por los mismos obreros unidos, contratando técnicos, inspectores y contables". Al parecer, como nota Erik Olin Wright (1983), lo que se democratiza es el control y no la pericia técnica como tal. La propuesta de Lenin estribaría así en *manipular* al personal con instrucción científica para fines revolucionarios, en tanto meros ejecutores de las tareas dispuestas por los trabajadores organizados como clase dominante. No concibe que el conocimiento técnico especializado contenga en sí mismo una cuota de poder burocrático que amenace seriamente las bases del proceso de democratización creciente implícito en su idea de la transición al comunismo.[22]

Lenin parece retomar aquí las ideas de Karl Kautsky acerca de la necesidad de que el proletariado tome el poder y utilice el aparato estatal técnico *en lugar de destruirlo*. En sus propias palabras, "para que podamos construir el comunismo, es necesario que hagamos más accesibles a las masas los medios que proporcionan la ciencia y la tecnología burguesas. De otro modo, no será posible construir la sociedad comunista. Y para poder construirla así, debemos arrancar el aparato de manos de la burguesía, debemos incorporar al trabajo a todos estos especialistas" (Lenin 1988). Resulta evidente que la intención es simplemente desmontar los vínculos que *atan* a estos técnicos a los capitalistas para avanzar luego hacia el comunismo. Ahora bien, es lícito preguntarse si el propio aparato estatal que se intenta desligar no se encuentra, como el burocrático-militar, estructuralmente organizado para esos fines. Dicho de otra manera: la conformación misma de esas instituciones, ¿no fue producto de la lucha de la clase dominante por separar (y oponer) lo político respecto de lo social, garantizando de esta manera el máximo control de la explotación de los trabajadores? Creemos que esas instituciones deben ser concebidas como un momento de la confrontación asimétrica entre fuerzas sociales y no como ámbitos inocuos ajenos a las mismas.

Esta concepción errónea permite explicar por qué Lenin llegó a sostener que "el socialismo no es más que el monopolio capitalista del Estado puesto al servicio de todo el pueblo" (Lenin 1966b). Lo cuestionable de los métodos burgueses de producción y administración, según él, era simplemente que se encontraban al servicio de los capitalistas, por lo que su mero *manejo* por parte del Estado obrero permitiría inscribirles una lógica inversa a la hasta ese entonces vigente. Esto es extensivo a la caracterización leninista del sistema de Taylor.[23] Es conocido su creciente interés, en parti-

---

[22] Así por ejemplo, durante el octavo Congreso de los Soviets realizado a finales de 1920, Lenin celebró "el inicio de este tiempo tan feliz en que la política pasará a segundo plano, en que la política se discutirá con menos frecuencia y en menor extensión, y los ingenieros y agrónomos serán quienes hablen más (...) De aquí en adelante, la menor política será la mejor política" (Lenin 1960). Fue alguien ajeno al pensamiento marxista, Max Weber, quien mejor describió esta tendencia inscripta en la propia lógica burocrática a acumular poder, en función de la posición estratégica que ocupan los administradores en relación con el control diario del conocimiento y la información.

[23] Hoy en día existe un consenso generalizado dentro de las filas de marxismo *crítico* en considerar al taylorismo —al igual que al fordismo— como una expresión de la ofensiva del

cular tras la consolidación del poder soviético, en impulsar el estudio y la posterior utilización masiva de este *recurso* dentro del proceso inmediato de producción. Como expresará el propio Lenin "lo *más necesario* para nosotros, ahora, consiste en aprender de Europa y de los Estados Unidos". El aumento de la productividad industrial, al cual compelía en buena medida la "catástrofe del hambre", lo condujo a defender la "organización científica" taylorista, que años más tarde será reformulada en función de las particularidades de la sociedad rusa por Stajanov. Sin embargo, en tanto organización del trabajo gestada en condiciones enajenantes, lleva impresa las relaciones sociales capitalistas en su seno.[24] La propia lógica del taylorismo supone la fragmentación del proceso productivo en subculturas técnico-científicas que impiden una perspectiva de conjunto de la sociedad en tanto totalidad concreta. Aún más: esta atomización –que, en palabras de Coriat (1998) instaura una práctica *individual* allí donde el equipo y las solidaridades a nivel colectivo eran más fuertes– es condición de posibilidad para la existencia del propio sistema capitalista.

Nuevamente Lenin parece desconocer la dimensión *política* presente en el desarrollo tecnológico al interior mismo del proceso de producción fabril.[25] Podría argumentarse que la diferencia sustancial entre Lenin y Marx

---

capital contra el trabajo en aras de su creciente disciplinamiento. En tanto vía tecnológica de la represión, intenta descalificar a los obreros profesionales a través de la expropiación de su saber, destruyendo así la base de sustentación de su poder en el seno del proceso productivo. De ahí que el aumento del capital constante respecto del capital variable, especialmente en la automatización fordista, lejos de ser un proceso ajeno a la lucha de clases, constituya la estrategia política implementada por la burguesía a los efectos de reconstruir su dominación al interior de la fábrica. De esta forma, el trabajo muerto somete y absorbe la fuerza de trabajo viva, castrando al máximo su creatividad y convirtiéndola en existencia negada. Coincidimos, pues, con Adorno (1999) en que "en los propios movimientos que las máquinas exigen de los que las utilizan está ya lo violento, lo brutal". En palabras de Taylor, la dirección de los obreros consiste esencialmente en la aplicación de dos ideas elementales: "en primer lugar, tener enfrente de ellos un señuelo que los haga trepar; en segundo lugar, hacer restallar el látigo sobre ellos, y tocarlos de tanto en tanto con el mismo" (citado en Friedman 1977).

[24] Precisamente, uno de los errores cruciales de Lenin (y de buena parte de la dirigencia soviética) fue creer que el objetivo principal del desarrollo tecnológico capitalista es la máxima producción de bienes. Si bien, en parte, esto puede ser cierto, el verdadero nudo gordiano radica en garantizar la subordinación de la fuerza de trabajo al mando unívoco del capital.

[25] El comunismo comienza, según el líder bolchevique, cuando los obreros "sienten una preocupación –abnegada y más fuerte que el duro trabajo– por aumentar la productividad del trabajo", a tal punto que la derrota definitiva del capitalismo será alcanzada debido a que "el socialismo logra una nueva productividad del trabajo mucho más alta" (Lenin, 1966a). De esta forma, Lenin reifica plenamente el postulado de la modernidad burguesa que plan-

está en que el primero se enfrenta con un problema, no ya meramente teórico, sino práctico. Sin embargo, la desesperante situación económica y social de la Rusia de aquel entonces no puede opacar la discusión ni justificar prácticas por demás alienantes en pos de la mentada "construcción del comunismo". Antes bien, debe potenciar la crítica hacia quienes tendieron a hacer, erróneamente, *de la necesidad una virtud*.

Excursus: los textos no producen tragedias

Pocas semanas después de la redacción de *EyR*, los bolcheviques asaltaban el Palacio de Invierno, amparados en la legitimidad dotada por los soviets, que en ese entonces proliferaban como hongos en Rusia. La dirección política de este proceso revolucionario y, luego, del nuevo gobierno, estuvo a cargo de Vladimir Ilich Ulianov. El ya veterano militante, hombre de cientos de batallas y de años de exilio, llegaba finalmente al poder en octubre de 1917.

Inmerso en esta coyuntura tan particular, *EyR* puede ser leído como el proyecto político de Lenin, en el sentido más pleno del término. Es allí donde se condensan las diversas aristas de su apuesta por el comunismo, leyéndose por momentos un auténtico programa de transición, sin concesión alguna. Las medidas propuestas para la dictadura del proletariado partían de su convicción por alcanzar una sociedad autorregulada y ausente de conflictos estructurales. No obstante, ese Lenin convivía con el estratega, aquel que concibió la insurrección como un arte, aquel que tiñó su vida política del más crudo realismo y que no temió tomar las más controvertidas medidas, en algunos casos antagónicas a sus principios programáticos, cuando las consideraba necesarias para "salvar" la revolución.

A la vuelta de la historia, pareciera ser el segundo Lenin el que ha triunfado. No sin tensiones y ambigüedades, el recurso al realismo se ha sobrepuesto al diseño libertario que llenaba las líneas de *EyR*. Ahora bien, no se

---

tea la existencia de una actividad productivista consustancial al hombre, y previa (al menos en términos lógicos) a su inserción en el conjunto de relaciones que constituyen a la totalidad social. En efecto, elevar la *disciplina* del trabajo era, pocos meses después del triunfo de octubre, una tarea imprescindible: de acuerdo con Lenin (1943), se debía "plantear a la orden del día la aplicación práctica y la experimentación del trabajo a destajo, la utilización de lo mucho que hay de científico y progresivo en el sistema Taylor, la coordinación del salario con el balance general de la producción o con los resultados de la explotación del transporte ferroviario y fluvial".

trata de atribuir esto a un problema de carácter o personalidad, sino de comprender el complejo proceso político que orientó el más potente de los sueños emancipatorios del siglo veinte, hacia la dictadura burocrática de un partido.

Los meses que le siguieron al octubre rojo constituyen quizás el período en que la realidad rusa más se aproximó a los planteos de *EyR*. Efervescencia política, creciente participación civil en las decisiones comunes, e incluso el acceso a las armas de buena parte de la población, llegando a constituirse verdaderas "milicias populares". Este último punto resultó sin duda central, ya que frente a las primeras invasiones extranjeras a la Rusia bolchevique, no se sustituyó el ejército burgués por uno "proletario", sino que efectivamente *el propio pueblo armado* tendió a salvaguardar sus conquistas. "¡Camaradas trabajadores! Recuerden que ahora son ustedes mismos quienes gobiernan el Estado. Nadie los ayudará, si ustedes mismos no se unen y no toman en sus manos todos los asuntos. Sus soviets son desde ahora órganos plenipotenciarios del poder del Estado, órganos que deciden. Agrúpense en torno de los soviets de ustedes, fortalézcanlos. Manos a la obra; empiecen desde abajo, sin esperar a nadie" (Lenin, 1975). Este dramático y subversivo llamado a la ruptura del vínculo representativo, tan arraigado en las formas políticas burguesas, corresponde al 6 de noviembre de 1917, escasos días después de *la toma del cielo por asalto*. Acorde con la situación vivida, muchos de sus escritos contemporáneos no hacían sino insistir en la necesidad de acortar y disolver la brecha entre gobernantes y gobernados, acercando a toda la población a la gestión de sus propios asuntos[26].

¿Qué ocurrió los meses y años posteriores hasta 1924, cuando ya puede hablarse sin rodeos de un poder dictatorial y burocrático en detrimento de la autoorganización de las masas? Recordando sólo algunos de los más importantes y abarcadores postulados de *EyR* –por caso, la sustitución del aparato estatal por un "semi-Estado" u organización social de nuevo tipo, y el paso del "gobierno de los hombres" a la "administración de las cosas"– podemos observar cuán débil resultó ser la transformación en este sentido.

---

[26] La pregunta lanzada provocativamente por Antonio Gramsci (1999) durante su período carcelario sintetiza las aspiraciones de esa breve e intensa coyuntura soviética: "¿Se quiere que existan siempre gobernantes y gobernados o se quieren crear las condiciones en que desaparezca la necesidad de la existencia de esta división?".

No es intención ni posibilidad de este breve apartado ahondar en las complejas causas históricas y políticas de esta tragedia; tampoco en las formas que ella misma tomó en los años posteriores a 1917, aún antes de la consolidación del estalinismo. Nos restringiremos, pues, a delinear sólo algunos aspectos básicos de estos problemas.

En primer lugar, la gran tensión que la revolución debió enfrentar, y que llevó crecientemente a la pérdida del proyecto de *EyR*, giró en torno de los límites de la movilización popular a la hora de enfrentar un enorme –y al mismo tiempo ineficiente– aparato estatal, heredado del zarismo y, en mucha menor medida, de los meses de febrero a octubre. La situación de guerra civil y la escasa experiencia predominante en una importante porción del pueblo ruso coadyuvaron a una gestión de lo público reducida a núcleos dirigentes, casi exclusivamente bolcheviques (con la excepción parcial de los socialistas revolucionarios de izquierda). Si por un lado el espontaneísmo propio de los primeros soviets (combinado con la dinámica delegativa que tendió a predominar en ellos) no alcanzaba para administrar una por demás compleja y extensa maquinaria estatal, la posterior sumisión férrea a la cúpula dirigente comunista creaba un caldo de cultivo para la burocratización de estos mismos resortes cuasi-estatales.

La restauración de los "especialistas" (tanto en el plano militar como en el económico) vinculados con gobiernos anteriores, la búsqueda de un aumento de la productividad y la disciplina en el ámbito fabril, y una generalización de la represión a las corrientes disidentes al interior del campo revolucionario, dan la pauta que para los primeros años de la década del 20 ya no puede hablarse del libro aquí analizado como programa sucesor de la insurrección de octubre. A lo que cabe agregar, como elemento sobredeterminante, las sucesivas derrotas sufridas por el movimiento comunista europeo, asfixiando aún más el proceso en curso en Rusia.

La salida a todos estos dilemas no se identifica ni con la variante formal de la democracia burguesa (la Asamblea Constituyente fue desarticulada por los bolcheviques pocos meses después de su alzamiento) ni con una democracia real y sustantiva, en los términos de Marx y del propio Lenin. Las tensiones antes mencionadas con que la revolución se enfrentó explican en buena medida las condiciones de posibilidad de su ocaso y burocratización. Sin embargo, consideramos que importantes decisiones y tradiciones políticas, propias de los bolcheviques, contribuyeron al problema aquí expuesto. Esto implica que algunas de las raíces de la tragedia estalinista ya se encuentran en ciertos planteos teóricos y prácticas políticas de Lenin (de ninguna manera desarrolladas en *EyR*). La concepción vertical propia del *¿Qué hacer?*, si bien revisada por su autor, y el desprecio general por las tendencias disidentes al interior del partido,[27] pueden pensarse como antecedentes de la burocratización del poder soviético, más allá de las justificaciones esgrimidas frente a cada coyuntura extrema que "compelía" a tomas de decisión cuanto menos polémicas. La disolución de la iniciativa democrática de las masas terminó por fortalecer el aparato estatal, en franca contradicción con el fundante principio marxista de la necesidad de su progresiva extinción. La revolución *contra* el Estado trocó así en restauración *desde* él.

Pero entonces, ¿qué fue la Unión Soviética?; ¿qué tipo de formación social existió en suelo ruso las siguientes siete décadas?. Los debates en torno de este problema son múltiples y muy densos. Esbozaremos un breve resumen de sus postulados y mencionaremos sus representantes teóricos:[28]

• **Socialismo**: Son dos las fuentes de las que surgen posiciones que sostienen que Rusia fue, en el sentido pleno del término, un país socialista. Por un lado, la ideología burguesa más vulgar ha hecho el planteo con el fin de "demostrar" el fracaso del intento de subvertir el orden natural que el modo de producción capitalista expresaría (Francis Fukuyama *dixit*). Por otra parte, la tradición estalinista ha arribado a la misma conclusión (todo orden produce su justificación), pero sustentándola en la desaparición de la propiedad *privada* de los medios de producción, aun cuando no se haya alcanzado la socialización de los mismos.

• **Capitalismo de Estado**: Autores tan disímiles como los de la tradición socialdemócrata europea (Kautsky, Bauer, Martov), los llamados "izquierdistas" (Bórdiga, Mattick) y Mao Tse Tung (y con él, intelectuales europeos como Rossanda) arribaron a esta conclusión. Los puntos centrales sobre los que se sustenta son: 1. La estatización de los medios de producción no equivale a su socialización. Se trata más bien de un cambio jurídico que material; 2. Éstos siguen oponiéndose al trabajador en tanto fuerza

---

[27] Para este punto, es interesante consultar las críticas que Rosa Luxemburg (1969) dirige a Lenin y Trotsky tempranamente en 1918, centradas en la decreciente participación popular en el proceso revolucionario.

[28] Dos excelentes síntesis de estas corrientes son las formuladas por Horacio Tarcus (1991) y Adolfo Sánchez Vázquez (1999).

viva, lo que equivale a decir que las relaciones de producción en sentido estricto no han variado; 3. Existiría en el plano estatal una "burguesía de Estado", que contendría a los funcionarios burocráticos y directores de empresa.

• **Estado Obrero Degenerado**: La tesis central es que el proceso revolucionario no fue destruido sino congelado, es decir, detenido en su potencialidad de producir cambios profundos en la sociedad rusa. Los últimos textos de Lenin, Trotsky (y con él eminentes trostkistas como Deutscher o Mandel) sostienen este argumento. Se trataría entonces de una contrarrevolución *política* que, si bien se asienta sobre relaciones de producción de nuevo tipo, desarticula el poder de decisión de la clase obrera. La burocracia no sería una clase, sino una casta parasitaria surgida a partir del carácter atrasado de Rusia, y del fracaso de la revolución en Occidente, cuya expresión política es el estalinismo.

• **Colectivismo Burocrático**: En este caso se trataría de una forma opresiva de nuevo tipo que es leída como tendencia global a nivel mundial. En la URSS en particular, se emparenta con la emergencia de una "nueva clase", cuya base de sustentación no es ya la propiedad privada de los medios de producción, sino el monopolio de su *control* burocrático. Esto puede leerse en autores como James Burnham (proveniente de la vertiente norteamericana que asocia este proceso con el surgimiento de los "gerentes" como clase), Bruno Rizzi, Milovan Djilas o, de manera quizá más crítica e interesante, en las reflexiones de Castoriadis y Lefort y el grupo *Socialismo o Barbarie*, a partir de aportes del propio Max Weber.

A modo de conclusión: leer *El Estado y la revolución* hoy

Este artículo tuvo por objeto proponer una clave de lectura de una de las obras más leídas y discutidas del siglo XX. Un texto que, a pesar de sus aristas radicales y libertarias, fue canonizado nada menos que por el estalinismo. Así, las páginas que prometían un mundo sin Estado ni forma alguna de dominación fueron convertidas en una ideología *de Estado*, bajo cuyos preceptos se regía, supuestamente, un orden político en realidad antagónico a sus más profundos presupuestos éticos y políticos.

Sin embargo, el texto no puede sustraerse de su tradición. Se trata de la obra más libertaria de Lenin, pero ello no debe soslayar toda otra serie de artículos que no pueden calificarse de este modo. Además, y sobre todo, la práctica del propio autor también requiere ser discutida a la luz de los sucesos posteriores. Pero el debate en torno del "leninismo" no es nuestro objetivo en este trabajo. Las páginas precedentes apuntaron tan sólo a recuperar algunas dimensiones del pensamiento de Lenin que son profundamente actuales, que certifican que sus preguntas continúan siendo vigentes aun cuando puede que sus respuestas deban ser severamente revisadas. El interrogante por una sociedad autorregulada, que se dicte sus propias normas de convivencia sobre la base de la relación *directa* entre todos sus integrantes, sigue estando a la orden del día y quizá sea cada vez más complejo buscar una respuesta a través de la mediación estatal. La necesidad de recuperar toda la capacidad social alienada en el Estado es, además de una preocupación fundante de *EyR*, un problema acuciante de todo proyecto emancipatorio que se proponga una alternativa radical a los modos de sociabilidad propios del capitalismo. Asimismo, la pregunta acerca de la superación de la ley del valor, tal como ambicionó Lenin en el apartado final de su libro, no parece resultar menos urgente.

Visto retrospectivamente, es indudable que *EyR* adolece de numerosos problemas, tanto interpretativos como propositivos. Una primera limitación reside en que la urgencia leninista por explicitar la necesidad de destruir el Estado burgués tendió a opacar la no menos acuciante necesidad de reflexionar en torno de las diversas dimensiones que constituyen ese mismo andamiaje estatal. La ausencia de este debate, soslayado por innecesario en la coyuntura revolucionaria de entreguerras, derivó en una consideración del Estado en términos de un mero instrumento al servicio de la clase dominante.[29] Basta ver la escasa relevancia que Lenin otorga en sus textos a las formas concretas que asume el Estado en distintas geografías y momentos históricos, para entender por qué la sesgada definición del *Manifiesto Comunista* operó durante décadas como canon doctrinario del marxismo ortodoxo. En este sentido, los pensamientos solitarios del Gramsci carcelario fueron una de las pocas excepciones en toda una época signada por esta visión unívoca y simplista de la dominación burguesa. Adicionalmente, tal vez haya que reconsiderar sus planteos referidos al rol *dirigente* del proletariado en función, no sólo de la abultada experiencia histórica del siglo xx, sino también de los inéditos actores que cobran cada vez ma-

---

[29] En este sentido, si bien no coincidimos con que sea extensible al resto del marxismo, tal vez no resulte del todo errada en el caso de Lenin la apreciación de Norberto Bobbio (1978) de haberse centrado exclusivamente en el problema del "sujeto histórico" que gobierna el poder estatal (*quién* ejerce la violencia) pasando por alto los modos en que esta fuerza puede ser ejercida (*cómo* lo hace).

yor centralidad en las luchas libradas en lo que va de este nuevo milenio. Vinculado con este punto vale la pena mencionar el hueco teórico dejado por Lenin en torno de la compleja relación entre los partidos políticos y la dictadura proletaria. Sorprende en este sentido la escasa importancia que otorga a la tensión existente entre los soviets como espacios de autoorganización y el partido.[30]

Pero sin duda una de las concepciones más erradas de Lenin fue, como vimos en el apartado anterior, la de la "técnica", tanto en lo referente al aparato estatal como respecto del proceso de producción. La subestimación de la complejidad que supondría una gestión de masas del "semi-Estado" en extinción, expresada en su famosa afirmación de que una cocinera pueda administrar de manera idónea la totalidad de ese engranaje político contando con las reglas básicas de la aritmética, quedó en evidencia a escasas semanas de la insurrección de octubre de 1917, obligándolo a rectificarse. Asimismo, en lo atinente al proceso inmediato de producción, Lenin parece no haberse centrado tanto en la democratización interna del mismo como en la necesidad de expropiar los medios de producción de manos de la burguesía y gestionarlos desde la dictadura proletaria.

Por ello, más allá de caducidades y aciertos, quizá la apuesta radique en encontrar un sendero que trascienda tanto el leninismo dogmático y anquilosado que repite religiosamente las fórmulas del líder bolchevique, como cierta afluencia de textos académicos que rechazan todo problema formulado por el autor ruso tan sólo por haber sido planteado por él. El rescate de Lenin es, entonces, una búsqueda crítica por recuperar *el problema urgente de la revolución*. No ya como un acto que pueda deducirse de antemano de un manual, sino como un proceso consciente que involucra la transformación total del mundo presente. Apostamos a volver a escuchar hoy el grito vivo y disonante del líder bolchevique, aquél que le permite seguir siendo, a más de ochenta años de su muerte y noventa de la revolución de octubre, una figura ineludible a la hora de pensar en una superación del horizonte burgués de existencia y reflexión. Ese rugido no es el del vanguardismo, el burocratismo de izquierdas o el autoritarismo sectario, sino el de la convicción sincera y militante de que la sociedad humana es capaz de barrer un sistema que la niega como tal y que puede producir para sí circunstancias tan libres y novedosas que los hombres y mujeres de hoy no podemos siquiera imaginar.

[30] En función del balance histórico del siglo xx, la fórmula "algebraica" (soviets + partido) propuesta por Leon Trotsky no parece una respuesta satisfactoria a este interrogante.

Anexo
El Estado y la Revolución
Transición del capitalismo al comunismo

Dimensión	Capitalismo	Socialismo	Comunismo
Estado	Estado en sentido estricto. Producto del carácter irreconciliable del antagonismo de clase. Surgido para amortiguar la disputa y evitar la guerra civil. Aparece como una instancia separada y por encima de la sociedad civil	El Estado de transición no es Estado en el sentido verdadero de la palabra, sino un "semi Estado" o forma política de la transición al comunismo. Represión en pos de evitar la reconstitución de la clase burguesa. Dirección del resto de las clases subalternas	Extinción. Al desaparecer las clases sociales, no hay necesidad de Estado. Sus funciones de organización son transformadas por la autogestión de la propia sociedad
Ejército	Fuerza especial y organizada de represión del capital contra el trabajo	Pueblo en armas. Supone ya una transformación cualitativa y sustitución de la compleja maquinaria represiva, que deja lugar a la auto defensa armada y popular de la revolución	Ya no es necesaria represión organizada, dado que desaparecen los conflictos estructurales ligados a los antagonismos de clase
Burocracia	Casta privilegiada y separada de la sociedad, dominada por la corrupción y el reparto de cargos	Las tareas burocráticas son reducidas paulatinamente a ejercicios de contabilidad, registro y control que no contienen privilegios para sus ejecutores, todas retribuidas con "salario de obrero". Rotación y socialización creciente de estas tareas	La gestión de los asuntos públicos es ahora tarea de la propia sociedad. La extinción de la burocracia es inversamente proporcional al involucramiento de las masas en las funciones antes estatales
Democracia	Democracia amputada, para la minoría explotadora. Es la mayor forma de dominación, pero es aún una forma estatal de represión del capital contra el trabajo	Democracia ampliada, para las "9/10 partes" de la población. Represión para la minoría. Creciente participación de las masas en las decisiones acerca de los asuntos públicos	En tanto forma de Estado, la democracia desaparecerá. Ésta alcanza su plenitud y deviene costumbre, por lo que se extingue en cuanto instancia separada de la sociedad civil
Instituciones representativas	El Parlamento es un ámbito de charlatanería, donde se suceden periódicamente los opresores de turno	Instalación del poder en comunas activas legislativas y ejecutivas al mismo tiempo. Corporaciones de trabajo	La representación desaparece, dejando lugar a la "auto regulación de los productores asociados". Del gobierno de los hombres a la administración de las cosas

■Revolución violenta. Destrucción del Estado capitalista
□Proceso de extinción del "semi-Estado" proletario

Nota: El objetivo del cuadro es ordenar la lectura de la obra, identificando las dimensiones fundamentales de la misma. No debe interpretárselo de manera etapista o lineal. El desarrollo de las transformaciones en el proceso de transición del capitalismo al comunismo es dialéctico, complejo y multifacético, por lo que puede suponer diferentes grados de avance (e incluso retroceso) en cada una de las dimensiones.

Capítulo 4
El Estado "ampliado" en el pensamiento gramsciano[*]

Mabel Thwaites Rey

> "¿Cómo es posible pensar el presente, y un presente
> bien determinado, con un pensamiento trabajado
> por problemas de un pasado remoto y superado?"
> (A. Gramsci: *El materialismo histórico y la filosofía de
> Benedetto Croce.*)

Introducción

El interés por la obra de Antonio Gramsci tuvo un pico sin precedentes en la década de los setenta. Cantidades de trabajos se escribieron entonces en torno del pensamiento del comunista italiano, que destacaban diferentes aspectos de su compleja producción, pretendiendo darle un sentido integral a las notas dispersas de su período carcelario. Justamente la característica no articulada de sus *Cuadernos de la cárcel* y el hecho mismo de que su autor no los haya revisado para su publicación ha dado lugar a las más variadas interpretaciones teóricas y políticas de los mismos. Las preguntas acerca de qué hubiera dado a conocer Gramsci, qué hubiera sostenido en definitiva y qué hubiera desechado por provisional o errado son de imposible dilucidación, pero han servido para provocar fuertemente, como acicate intelectual y político, la búsqueda de respuestas a los constantes desafíos de la dominación capitalista.[1]

[*] Una versión preliminar de este artículo se publicó como "La noción gramsciana de hegemonía en el convulsionado fin de siglo", en L. Ferreyra, E. Logiúdice y M. Thwaites Rey: *Gramsci mirando al sur. Sobre la hegemonía en los 90*, Bs. As., Kohen y Asociados, 1994.

[1] Al respecto, es altamente ilustrativa una nota escrita por Gramsci en la que expresa las dificultades y reparos metodológicos para abordar la obra de Marx y que, sin duda, pueden aplicarse a su propia obra. Así, decía que "si se quiere estudiar el nacimiento de una con-

No es extraño que la preocupación de Gramsci por desentrañar los mecanismos consensuales de la dominación burguesa en las sociedades modernas desde principios de siglo, que expresaban formas de integración social de los sectores populares más complejas y obligaban a pensar nuevas estrategias de lucha revolucionaria, haya sido puesta de manifiesto en el cenit de las formas benefactoras del Estado capitalista, con su intrincado entramado de instituciones, desarrolladas tanto en el ámbito de la sociedad civil como en el de la sociedad política, sobre la base de las condiciones materiales más favorables para las masas, conocidas desde la aparición del capitalismo. Y también en América Latina se produjo un renovado interés por la obra de Gramsci, sobre todo a partir de la cruenta derrota del proyecto de Allende en Chile y de la emergencia de las dictaduras militares en el cono sur en su conjunto, que volvieron a poner en el tapete la cuestión de la construcción de contrahegemonía popular.[2]

---

cepción del mundo que desde su fundador jamás ha sido expuesta de manera sistemática (y cuya coherencia esencial debe hallarse, no en cada escrito o serie de escritos, sino en todo el desarrollo del trabajo intelectual en el que están implícitos los elementos de la concepción), es preciso hacer preliminarmente un trabajo filológigo minucioso, ejecutado con el máximo de escrupulosidad y de exactitud, de honestidad científica, de lealtad intelectual, de ausencia de todo preconcepto y apriorismo, de toma de partido". Y luego agregaba que "en las obras del pensador dado, es preciso distinguir entre otras, aquellas que ha llevado a término y publicado de las que quedaron inéditas porque no han sido terminadas y que fueron publicadas por algún amigo o discípulo, no sin revisiones, arreglos cortes, etc., o sea, con intervención activa del editor. Es evidente que el contenido de estas obras póstumas tiene que ser considerado con mucha cautela y discreción, pues no debe ser tenido por definitivo, sino como material en elaboración provisional (...) También el estudio del epistolario debe hacerse con cierta cautela: una afirmación suelta hecha en una carta no sería quizá repetida en un libro" (Gramsci 1986ª: 81-83).

[2] En febrero de 1980, por ejemplo, se realizó en la Universidad Nacional Autónoma de México un seminario sobre "Hegemonía y alternativas políticas en América Latina", cuyo propósito fue discutir la validez del concepto de hegemonía gramsciano para el análisis de las características distintivas de las luchas sociales en América Latina. Las ponencias a este seminario fueron publicadas en 1985, en un volumen colectivo titulado *Hegemonía y alternativas políticas en América Latina*, bajo la coordinación de Julio Labastida Martín del Campo. En 1987, el aniversario cincuenta de la desaparición de Gramsci motivó una serie de encuentros, trabajos y debates acerca de su obra. En Buenos Aires, por ejemplo, se celebraron las Jornadas *¿Por qué Gramsci hoy?,* con la participación de numerosos intelectuales que presentaron distintas ponencias, algunas de las cuales constituyen la base de los artículos incluidos en Ferreyra, Logiúdice y Thwaites Rey (1994). Y más recientemente, en el número 115 de la revista *Nueva Sociedad*, de setiembre-octubre de 1991, con motivo del centenario del nacimiento de Gramsci se incluyen, como tema central, una serie de artículos que efectúan un balance crítico sobre la recepción de la obra gramsciana en América Latina y la proyección de sus aportes fundamentales en los noventa.

Las lecturas que intentaron hacer de Gramsci un "teórico de las super-estructuras", un propulsor de la toma del poder "de a pedacitos", el ideólo-go del "compromiso histórico" con la burguesía y de la "vía democrática al socialismo", o que intentaron escindirlo completamente de la tradición le-ninista e incluso del propio Marx para justificar posturas políticas socialre-formistas, se entrecruzaron en una disputa política con quienes pretendían rescatar su esencia revolucionaria y el carácter de continuación-superación de la tradición marxista de sus escritos carcelarios en particular. Intensos debates se suscitaron alrededor de su obra, hasta que los nuevos tiempos neoconservadores, primero, y el derrumbe de los socialismos reales, des-pués, terminaron por eclipsar el interés por este teórico convencido de la conveniencia y de la posibilidad de la transformación socialista de la sociedad.

De ahí que volver una vez más sobre la obra de Gramsci implica un gran desafío. Por una parte, se trata de ser lo más fiel posible al propio autor, teniendo en cuenta tanto la letra como el contexto histórico de su producción y su pertenencia teórico-política a la tradición marxista, en un terreno en que muchos otros antes se han adentrado. Rescatar la di-mensión histórica nos permitirá, por cierto, no perder de vista el origen de las preocupaciones gramscianas, a la vez que evitar extensiones im-procedentes de sus conceptos y categorías de análisis. Por otra parte, el sentido de un trabajo como el que hoy nos proponemos radica en resca-tar la fecundidad explicativa de sus conceptos más sustantivos, aquellos cuya riqueza teórica otorga pistas interesantes para analizar la realidad presente de una sociedad como la nuestra, en un tiempo en que intentar pensar en cambios de la naturaleza opresiva de los capitalismos "real-mente existentes" suena más utópico que nunca. No obstante, creemos que vale la pena el desafío.

La ampliación del concepto de Estado y la consiguiente reformulación del concepto de hegemonía producida por Gramsci es uno de los aportes más significativos a la teoría del Estado contemporánea. Más allá de con-tradicciones y debilidades ya muy bien señaladas por diversos autores, es preciso destacar cómo, al indagar sobre el aspecto consensual de la domi-nación, Gramsci realiza un invalorable aporte para desentrañar la comple-jidad de la dominación burguesa en las sociedades de capitalismo desarro-llado, que a su vez provee interesantes herramientas para analizar las socie-dades periféricas como la nuestra. La relación entre coerción y consen-so, entre dirección intelectual y moral y dominio, entre hegemonía y dominación, indisolublemente ligadas a las bases materiales de pro-ducción y reproducción de la vida social, constituyen los términos nodales de la reflexión gramsciana de mayor relevancia para entender nuestras sociedades.

El proceso de retorno al sistema democrático en América latina a partir de los años 80, luego de años de regímenes dictatoriales, se vió signado por la implementación de severísimas políticas de ajuste económico contradictorias con las aspiraciones económicas y sociales de los pueblos que impulsaron esos cambios políticos democráticos. Así, la aparente "autonomización" de los aspectos económicos (miseria y exclusión) respecto de los políticos (voto universal periódico y libertades públicas) parecería marcar una fuente de innumerables interrogantes a la hora de pensar sobre el futuro de estas sociedades pauperizadas. Muchos análisis se han efectuado a propósito de esta contradicción, que remite a la ya clásica discusión en torno de la compatibilidad de (qué) capitalismo y (qué) democracia, cuya elucidación teórica y política sigue resultando fundamental. La crisis del esquema neoliberal abrió las puertas, en casi toda la región, a un nuevo ciclo de luchas populares y la consagración de gobiernos que, sea desde la retórica o desde acciones concretas, se plantean en oposición a la agenda de los noventa. En este contexto, la articulación de coerción y consenso, la tensión entre dirección y dominación, la problemática de la construcción de hegemonía burguesa y de contrahegemonía popular constituyen las cuestiones más importantes a propósito de las cuales la obra de Gramsci puede ayudarnos a arrojar luz.

Para dar cuenta de tales cuestiones el presente capítulo se propone, a partir del análisis del itinerario teórico de Gramsci sobre la cuestión del Estado desde la época de *L'Ordine Nuovo* hasta sus reflexiones carcelarias, indagar en la cuestión de la hegemonía y sus derivaciones en el actual contexto de los capitalismos periféricos como el argentino. Nuestro interés se centrará en un punto en especial: sobre qué bases materiales les es posible a las clases dominantes construir una supremacía hegemónica. En otras palabras, se trata de plantear si es posible la existencia de consenso entre las clases subalternas sobre la base de criterios puramente ideológicos, más allá de sus condiciones de vida reales consideradas en el mediano y largo plazo. De ahí el interés por insistir una vez más en las dimensiones que se abren a partir de la noción gramsciana de hegemonía.

Resta señalar que se ha adoptado el criterio de utilizar abundantes citas textuales, organizadas y expuestas según el orden temático propuesto en este trabajo, a efectos de mantener la mayor fidelidad posible con el pensamiento de Gramsci, justamente por las características no sistemáticas de su obra.

Las reflexiones sobre el Estado antes de la cárcel

La preocupación de Gramsci por desentrañar la naturaleza del Estado no nace en la cárcel, como producto de una experiencia histórica y personal determinada, sino que tiene sus orígenes en su etapa de militante revolucionario activo y dirigente partidario. De ahí la necesidad de comprender su pensamiento en una perspectiva global, que destaque los hitos fundamentales de la evolución de sus reflexiones y que, a la vez de tomar en cuenta el aspecto cronológico, y los quiebres y fracturas que constituyen saltos cualitativos importantes respecto de las formulaciones teóricas precedentes –tanto del propio Gramsci como de los clásicos marxistas–, tenga presente la unidad básica del aporte intelectual gramsciano a lo largo de toda su vida de dirigente político partidario.

El "antes y después" de la cárcel, que para muchos "intérpretes" de Gramsci constituye la clave para entender una ruptura sustantiva en su pensamiento, para nosotros significa, en cambio, tener en cuenta el contexto histórico de producción de determinados conceptos cuya vigencia trasciende la coyuntura en la que fueron pensados, para comprenderlos en su real dimensión de continuidad-superación en la tradición marxista.

El Estado como lugar de constitución de la clase dominante

Tempranamente Gramsci concibe al Estado no como mero "instrumento" de la clase dominante, que lo toma y usa como tal, sino como el lugar donde la clase dominante se unifica y constituye para materializar su dominación no solamente mediante la fuerza, sino por medio de una complejidad de mecanismos que garantizan el consentimiento de las clases subalternas. "Las leyes de la historia estaban dictadas por la clase propietaria organizada en el Estado. El Estado fue siempre el protagonista de la historia, porque en sus organismos se concentra la potencia de la clase propietaria; en el Estado la clase propietaria se disciplina y se unifica, por sobre las disidencias y los choques de la competencia, para mantener intacta la condición de privilegio en la faz suprema de la competencia misma: la lucha de clases por el poder, por la preeminencia en la dirección y ordenamiento de la sociedad".[3]

Gramsci advierte así que, dado que la clase burguesa se divide en una infinidad de capas con intereses eventualmente contradictorios, signadas por la competencia que impone el capitalismo, necesita de un Estado unificador que recomponga jurídica y políticamente su propia unidad. El Es-

---

[3] En "La conquista del Estado", artículo de *L'Ordine Nuovo* del 12/6/19 (Gramsci 1981: 93).

tado, lejos de poder ser manipulado a voluntad por la clase dominante como una maquinaria exterior a ella, juega un papel central en su unificación-constitución.[4] Los rasgos de una concepción más "estructural" del Estado están presentes en este escrito, en el que más adelante dice: "Las instituciones del Estado capitalista están organizadas para los fines de la libre competencia: no basta cambiar el personal para orientar en otro sentido su actividad". De ahí que la cuestión central no esté sólo en identificar la pertenencia de clase del personal del Estado, ni puedan cifrarse esperanzas en su remoción para cambiar el carácter capitalista del mismo. Para Gramsci se trata, entonces, de la destrucción del aparato de Estado y de las relaciones sociales que le dan sustento.

La construcción de un Estado de "nuevo tipo"

El triunfo de la Revolución de Octubre y el ascenso de las luchas revolucionarias y populares en Europa, con posterioridad a la Primera Guerra Mundial, hicieron pensar a los dirigentes de la III Internacional que el capitalismo se derrumbaría y que se sucederían revoluciones que afianzarían el poder de la clase obrera internacional. La estrategia de Lenin para el naciente Estado socialista se basaba en esta convicción. En este contexto, las reflexiones de Gramsci acerca del Estado aparecen ligadas a la necesidad de crear las premisas para la construcción de un Estado de nuevo tipo, con instituciones esencialmente distintas de las burguesas, que arraiguen en la clase obrera a la manera de los "soviets", pero con la particularidad italiana.

Gramsci está convencido de que sólo la destrucción del viejo Estado burgués puede hacer nacer el nuevo Estado proletario, cuyas características, por naturaleza incompatibles con las del precedente, se definen así: "el Estado proletario no es la seudodemocracia burguesa, forma hipócrita de la dominación oligárquica financiera, sino la democracia proletaria que emancipará a las masas trabajadoras; no el parlamentarismo sino el autogobierno de las masas a través de su propio sistema de representación (...) La forma concreta del Estado es el poder de los Consejos y de las organizaciones del mismo tipo".[5]

Por eso, en el citado "La conquista del Estado" Gramsci dirá que "el Estado socialista no puede encarnarse en las instituciones del Estado capitalista, sino que es una creación fundamentalmente nueva con respecto a

---

[4] Véase Buci-Glucksmann (1986: 171). Es interesante destacar cómo esta concepción anti-instrumental del Estado es posteriormente desarrollada por Poulantzas en varios de sus trabajos.

[5] *L' Ordine Nuovo* del 24/8/19, citado por Macciochi (1981: 158).

éstas y con respecto a la historia del proletariado". De ahí que "la fórmula 'conquista del Estado' debe ser entendida en este sentido, creación de un nuevo tipo de Estado originado en la experiencia asociativa de la clase proletaria, y sustitución por éste del Estado democrático-parlamentario" (Gramsci 1981: 95).

El germen del nuevo Estado se encuentra, en Italia, en la experiencia de los Consejos de fábrica apuntalados por la revista *L'Ordine Nuovo*, de la que Gramsci forma parte. Así, en "Sindicatos y Consejos" dirá que, a diferencia de los sindicatos, donde florecen las tendencias burocráticas funcionales al mantenimiento del sistema capitalista: "el Consejo de fábrica es el modelo del Estado proletario. Todos los problemas que son inherentes a la organización del Estado proletario, son inherentes a la organización del Consejo" (*idem*: 113).

El Estado socialista deberá resultar, entonces, de la articulación de los diversos Consejos de fábrica en un Consejo Ejecutivo Central, al cual deberán sumarse los Consejos de Campesinos. Y esta tarea debe ser efectuada desde el presente, desde la realidad concreta en la que se actúa. Porque: "el Estado socialista existe ya potencialmente en las instituciones de la vida social características de la clase obrera explotada. Relacionar esos institutos entre ellos, coordinarlos y subordinarlos en una jerarquía de competencias y de poderes, concentrarlos intensamente, aun respetando las necesarias autonomías y articulaciones, significa crear ya desde ahora una verdadera y propia democracia obrera en contraposición eficiente y activa con el Estado burgués, preparada ya desde ahora para sustituir al Estado burgués en todas sus funciones esenciales de gestión y de dominio del patrimonio nacional".[6]

Es importante destacar que esta idea de crear "ya desde ahora" una democracia obrera, de disputar en el seno mismo del orden burgués la dirección de la sociedad, construyendo instituciones más aptas para el desarrollo pleno de las fuerzas productivas, es retomada después, en la cárcel, en la idea de que la clase obrera debe conquistar la hegemonía aun antes de la toma del poder.

Por otra parte, la idea de encontrar y desarrollar en el propio seno de la sociedad burguesa las instituciones que reemplazarán el orden estatal dominante refuerza su visión antiinstrumental del Estado y pone de manifiesto la complejidad de relaciones que se expresan en todo fenómeno estatal y los límites materiales para la construcción de un nuevo orden. En tal sentido, y siguiendo los conceptos fundamentales de *La ideología alemana*,

---

[6] De "Democracia obrera", en *L'Ordine Nuovo* del 21/6/19 (Gramsci 1986c: 59; 1981: 89).

Gramsci sostiene: "La historia es un continuo hacerse, por consiguiente es esencialmente imprevisible. Pero esto no significa que 'todo' sea imprevisible en el hacerse de la historia, que la historia sea el campo del arbitrio y del capricho irresponsable. La historia es al mismo tiempo libertad y necesidad. Las instituciones, en cuyo desarrollo y actividad se encarna la historia, nacieron y perduran porque tienen un deber y una misión para realizar. Surgieron y se desarrollaron determinadas condiciones objetivas de producción de los bienes materiales y de conciencia espiritual de los hombres" (Gramsci 1981: 94).

La cuestión del partido

El fracaso de la experiencia de los Consejos reveló que la clase obrera no puede triunfar en su lucha por la destrucción del Estado burgués si la restringe al territorio de la fábrica, ya que el "territorio nacional" de la clase obrera es el territorio social y político de la nación. Ligado a ello aparece el imperativo de dar una organización nacional al proletariado.

Gramsci hace rápidamente el balance de la situación y comienza a plantearse la cuestión del partido, la necesidad de romper con el viejo Partido Socialista –así como había sido necesario diferenciarse de los antiguos sindicatos, construyendo los Consejos de fábrica– y de crear un partido nuevo, que sea el partido de la Internacional Comunista, capaz de dirigir al conjunto de la clase obrera y de sus aliados en el proceso de preparación para la toma del poder y de su posterior reconstrucción. El 21 de enero de 1921 se constituye, y realiza el Primer Congreso el Partido Comunista de Italia, siendo Gramsci elegido miembro del Comité Central. *L'Ordine Nuovo* se convierte en el órgano del PCI, bajo la dirección de Gramsci.

En esta etapa, entonces, Gramsci asimila dos principios básicos del leninismo. Por un lado, la cuestión de la creación de un Estado de nuevo tipo como resultado de la revolución socialista, indicando al mismo tiempo los modos concretos de aproximarse a la construcción de tal Estado a través de la ruptura con la espera pasiva y espontaneísta de la "gran catástrofe". Y por otro lado, la necesidad de construir un partido totalmente distinto del Socialista, capaz de dirigir el proceso revolucionario.

Ya en 1921, las derrotas del movimiento obrero y revolucionario en Europa occidental llevan a Lenin a plantear una política de alianzas con la socialdemocracia ante la "estabilización relativa" del capitalismo, lanzando la consigna del "Frente Unico" en el Tercer Congreso de la Internacional Comunista. Gramsci, en esta línea, comprende agudamente el peligro del avance fascista y polemiza acaloradamente con el ala "izquierdista" de Bórdiga dentro del PCI, que se opone al planteo leninista. Los cambios producidos en la situación internacional y en la propia Italia impulsarán a Gramsci a reflexionar sobre aspectos y cuestiones no abordados, o no profundizados, hasta entonces en la teoría marxista.

El análisis del Estado en los *Cuadernos de la cárcel*[7]

Una nueva realidad

Gramsci, como Marx, Engels y Lenin, aborda la cuestión del Estado partiendo de dos premisas fundamentales: su carácter de clase y la necesidad de su destrucción/extinción, pero desde una perspectiva histórica que ilumina otros aspectos que no habían sido destacados anteriormente por los clásicos.

En *El Estado y la revolución* Lenin dice que "en 1852 Marx no plantea todavía el problema concreto de CON QUÉ se sustituirá la máquina del Estado que ha de ser destruida. La experiencia no había suministrado todavía materiales para esta cuestión, que la historia puso al orden del día más tarde, en 1871" (Lenin 1973ª: 42). Del mismo modo, la experiencia histórica del fracaso de la revolución en Occidente y el ascenso al poder del fascismo, pusieron a Gramsci ante la evidencia de elementos que no habían sido aprehendidos con anterioridad y cuya comprensión le parecía imprescindible para encarar una transformación revolucionaria. Así, decía que "es necesario llamar violentamente la atención sobre el presente si lo queremos transformar. Pesimismo de la inteligencia, optimismo de la voluntad".[8]

Conocer la realidad presente para transformarla supone conocer, además, sus orígenes lejanos, su génesis. Con esta perspectiva abordó Gramsci el estudio del Estado italiano, desde su unificación hasta el régimen fascista. En esta indagación, mantiene una relación de conservación– superación respecto de los aportes teóricos de los clásicos. Como señala Coutinho, Gramsci produce una "concretización" con respecto a los conceptos generales sobre el Estado formulados por los clásicos marxistas. Se eleva de la idea de que todo Estado es un Estado de clase, a la determinación

---

[7] Gramsci es detenido por el régimen fascista a las 22.30 hs. del día 8 de noviembre de 1926 e ingresa en la cárcel romana de Regina Coelli en carácter de incomunicación. Permanece detenido hasta el 21 de abril de 1937 cuando, a causa del agravamiento de su estado de salud, es liberado. Muere seis días después, a las 16.00 hs. del día 27.

[8] En "Pasado y presente", citado por Buci-Glucksman (1986: 39).

de las formas que adquiere el carácter clasista en las sociedades capitalistas de Occidente del siglo xx. Este paso de una formulación abstracta a otra concreta no es tan sólo un movimiento gnoseológico que profundiza el conocimiento, sino que se trata de un movimiento histórico-ontológico, ya que es al explicar la propia realidad que se realiza tal paso (Coutinho 1986: 84).

Gramsci tiene ante sí una experiencia históricamente nueva y sobre ella reflexiona a partir de los elementos de la teoría marxista y del leninismo, produciendo nuevos aportes teóricos que permiten, además de comprender la realidad, su actuar sobre ella creativamente para transformarla. En este proceso, Buci-Glucksmann y Macciocchi coinciden en destacar que Gramsci retiene del leninismo tres componentes estratégicos: una teoría de la revolución como creación de un Estado nuevo partiendo de las masas, que ejerce la dictadura en vinculación con su poder hegemónico; una teoría del imperialismo, como etapa superior del capitalismo, que crea otras condiciones nacionales e internacionales; y una teoría del partido como fuerza dirigente (vanguardia) de la revolución (Buci-Glucksmann 1986: 157; Macciocchi 1980: 79).

La ampliación del concepto de Estado

El fracaso de la revolución en Occidente hace reflexionar a Gramsci sobre las causas profundas de la derrota y sobre la estrategia revolucionaria encaminada a la destrucción de un poder capitalista enormemente fuerte, resistente al colapso económico y a los períodos de crisis, que lograba recuperarse y alcanzaba una estabilización consensual.[9] La confianza y el optimismo de los fundadores del materialismo histórico y de sus sucesores en la inminencia del "derrumbe" capitalista, dieron paso a una reflexión más aguda e intensa sobre las nuevas condiciones en que se desarrollaría la lucha del proletariado para construir el socialismo.

La cuestión del Estado aparece, entonces, ligada a la necesidad de desentrañar la forma concreta que adquiere la supremacía burguesa, pero no con un afán teórico-cognoscitivo abstracto, sino como requisito para implementar una lucha exitosa, una praxis política verdadera y eficazmente revolucionaria, en un contexto en el cual el desarrollo capitalista de las fuerzas productivas está acompañado por un desarrollo complejo de las superestructuras, que deviene en la conformación de un sólido "bloque histórico" que torna más compleja la lucha revolucionaria.

---

[9] Véase Anderson (1982: 110/11).

Precisamente las transformaciones operadas en el capitalismo occidental y la consecuente reformulación de la relación entre sociedad y Estado llevan al Gramsci de la cárcel a realizar una serie de reflexiones que constituyen búsquedas incesantes por encontrar las raíces de esas transformaciones, su sentido último, y la definición de una estrategia revolucionaria acertada. En esa búsqueda aparecen cambios, oscilaciones y no pocas contradicciones,[10] que pueden atribuirse tanto a las condiciones en que fueron producidas las notas, bajo la censura del carcelero fascista, como al hecho mismo de que el proceso de reflexión de Gramsci fue dado a conocer "en bruto", sin que el autor haya podido seleccionar y ordenar su producción en el sentido en que hubiera deseado su publicación. No obstante, aun en la forma en que son conocidas, proveen un riquísimo material teórico para el análisis de la dominación en las sociedades contemporáneas.

En las *Notas sobre Maquiavelo* Gramsci, utilizando el lenguaje de la estrategia militar e introduciendo un cambio en la concepción marxista clásica sobre la sociedad civil, advierte que en los Estados más avanzados ésta "se ha convertido en una superestructura muy compleja y resistente a las "irrupciones catastróficas" del elemento económico inmediato (crisis, depresiones, etc.); las superestructuras de la sociedad civil son como el sistema de trincheras de la guerra moderna" (Gramsci 1978: 94).

En esta nota Gramsci modifica el concepto de sociedad civil concebido como el lugar de las relaciones económicas.[11] La ubicación de la sociedad civil en el plano de las superestructuras constituye una singularidad de su pensamiento, encaminada a elucidar otras cuestiones que el presente le plantea. Gramsci formula estas reflexiones frente a las concepciones economicistas que esperaban tranquilamente que las contradicciones de la estructura desembocaran en la revolución, ya que serían "entendidas" en forma inmediata por las masas, en un proceso unidireccional y directo.

Por otra parte, también se planteó Gramsci, como ya lo hiciera tempranamente, la necesidad de salir al cruce de la concepción del Estado como simple instrumento en manos de una clase dotada de voluntad preconstituida, concepción ligada a toda una tradición maximalista del movimiento obrero italiano "que hablaba siempre de la lucha de clases" –como él de-

---

[10] Perry Anderson, en su interesante trabajo *Las antinomias de Gramsci* de 1977, señala que en los *Cuadernos de la cárcel* aparecen tres posiciones oscilantes respecto del Estado: 1) está en una "relación equilibrada" con la sociedad civil; 2) es únicamente una "superficie exterior" de la sociedad civil; 3) es la "estructura masiva" que cancela la autonomía de la sociedad civil. De ahí que el Estado esté en contraste, la abarque o sea idéntico a la sociedad civil, derivando de estas oscilaciones diferentes respuestas políticas provocadas por la coyuntura.
[11] Sobre el concepto de sociedad civil en Gramsci puede verse el trabajo de N. Bobbio "Gramsci y la concepción de la sociedad civil".

cía– sin proceder a un análisis concreto de las relaciones de fuerzas que se dan en el Estado, que simplificaba la cuestión del Estado en enunciados generales, sin profundizar en su real dimensión y significado en la realidad italiana concreta, obnubilada por el rasgo represivo de los "aparatos de dominación" como elemento excluyente y simplificado de la complejidad conceptual y fáctica del Estado.

A la concepción "instrumentalista" del Estado Gramsci opone, retomando su perspectiva precarcelaria, una relación no mecanicista entre Estado y clase, dando lugar a su "concepción ampliada" del Estado. Profundizando su concepción del Estado como lugar de constitución de la clase dominante, Gramsci dirá que: "La unidad histórica de las clases dirigentes se da en el Estado y su historia es esencialmente la historia de los Estados y de los grupos de Estados. Pero no se debe creer que esa unidad sea puramente jurídica y política, aun cuando esa forma de unidad también tiene su importancia y no solamente formal: la unidad histórica fundamental, por su concreción, es el resultado de las relaciones orgánicas entre Estado y sociedad política y 'sociedad civil'".[12]

Así, sostiene que la supremacía de la burguesía en el capitalismo desarrollado no se debe únicamente a la existencia de un aparato de coerción (Estado en sentido restringido), sino que logra mantener su poder mediante una compleja red de instituciones y organismos en el seno de la sociedad civil que, además de organizar/expresar su propia unidad como clase, organizan el consenso de las clases subalternas para la reproducción del sistema de dominación. La existencia del sufragio universal, de partidos de masas, de sindicatos obreros, de variadas instituciones intermedias, además de la escuela y la Iglesia, formas todas en las que se expresa la complejidad de la sociedad civil capitalista de Occidente, hablan del denso entramado de relaciones sociales que el desarrollo de las fuerzas productivas ha permitido construir. La supremacía, entonces, es algo más que la mera disposición de los Aparato Represivos del Estado y se expresa en formas que exceden los límites del Estado en sentido restringido, para abarcar al conjunto de la sociedad civil.

En esta concepción está presente su convicción antiinstrumentalista, en la medida en que la noción de Estado, como lugar de constitución de la clase dominante y por tanto intrínseca a ella, excluye cualquier noción de "exterioridad" y preconstitución de la clase, así como de subordinación mecánica del aparato estatal. Para las visiones instrumentalistas, en cambio, el Estado aparece como un conjunto de aparatos que se encuentran

---

[12] En los "Apuntes sobre la historia de las clases subalternas" (Gramsci 1986b: 249).

por encima y al margen de la sociedad, que son utilizados por la clase dominante a su antojo para asegurar su predominio. La coerción vehiculizada por estos aparatos, en este caso, es concebida como lo único que garantiza tal supremacía, que de otro modo estaría cuestionada por la realidad estructural de las contradicciones clasistas.

Las diferencias entre Oriente y Occidente

Gramsci desarrolla, especialmente en la cárcel, su concepción ampliada del Estado a partir de la constatación que realiza –y otra vez coincide con Lenin y lo profundiza– de las diferencias que se advierten entre las sociedades de Oriente y de Occidente, con formaciones económico-sociales muy distintas, lo que necesariamente debía redundar en estrategias de lucha distintas.

Ya en 1924, en una carta que Gramsci envía desde Viena a sus compañeros del partido, sostiene que "en la Europa central y occidental el desarrollo del capitalismo no sólo ha determinado la formación de amplios estratos proletarios, sino también, y por lo mismo, la aristocracia obrera, con sus anexos de burocracia sindical y de grupos socialdemócratas. La determinación, que en Rusia era directa y lanzaba a las masas a la calle, al asalto revolucionario, en Europa central y occidental se complica con todas estas sobreestructuras políticas creadas por el superior desarrollo del capitalismo, hace más lenta y más prudente la acción de las masas y exige, por tanto, al partido revolucionario toda una estrategia y una táctica mucho más complicada y de más respiro que las que necesitaron los bolcheviques en el período comprendido entre marzo y noviembre de 1917".[13] Y en agosto de 1926, poco antes de caer preso, en su informe al CC del PCI, Gramsci decía: "La observación de que la clase dominante posee en los países de capitalismo avanzado reservas políticas y organizativas que no poseía en Rusia, por ejemplo. Ello significa que aun las crisis económicas gravísimas no tienen repercusiones inmediatas en el campo político. La política está siempre en retardo, y en gran retardo respecto de la economía. El aparato estatal es mucho más resistente de lo que a menudo suele creerse y logra organizar, en los momentos de crisis, fuerzas fieles al régimen, y más de lo que podría hacer suponer la profundidad de la crisis".[14]

Esta idea de la existencia de una diferencia estructural entre las formaciones económico-sociales de Oriente y de Occidente constituirá uno de

[13] Carta a Togliatti, Terracini y otros del 9/2/24 (en Gramsci 1986c: 146).
[14] Texto preliminar de un informe presentado en la reunión del CC del PCI del 2-3 de agosto de 1926 (Gramsci 1981: 286).

los ejes en torno de los cuales girarán las notas de la cárcel. Porque si, al terminar la Primera Guerra Mundial, Rusia e Italia parecían encontrarse ante similares perspectivas revolucionarias, la derrota italiana lleva a Gramsci a reflexionar sobre las causas que la determinaron. En esta indagación encuentra una perspectiva para el análisis en las diferencias que se evidencian entre ambos tipos de sociedades y en el rol del aparato estatal en cada una de ellas. "En Oriente, el Estado era todo, la sociedad civil era primitiva y gelatinosa; en Occidente, entre Estado y sociedad civil existía una justa relación y bajo el temblor del Estado se evidenciaba una robusta estructura de la sociedad civil. El Estado sólo era una trinchera avanzada, detrás de la cual existía una robusta cadena de fortalezas y casamatas" (Gramsci 1978: 95/96).

La sociedad civil en la estrategia de Occidente

Teniendo en cuenta las diferencias estructurales entre Oriente y Occidente, Gramsci advierte que, para derrumbar al Estado capitalista en Occidente, es preciso elaborar una estrategia distinta de la que se utilizara en la Rusia zarista: la guerra de posiciones. Para hacer este análisis compara los conceptos de guerra de maniobra y guerra de posiciones en el arte militar con los conceptos correspondientes al arte político.

En primer lugar, Gramsci advierte que "la verdad es que no se puede escoger la forma de guerra que se desea, a menos de tener súbitamente una superioridad abrumadora sobre el enemigo" (Gramsci 1978: 93). La elección de la estrategia depende, entonces, de las condiciones económicas, sociales y culturales de cada país. En Oriente, en tanto que las masas populares estaban "distanciadas" social e ideológicamente de las clases dominantes, con la "toma" del aparato de coerción se logró desarticular más o menos rápidamente el sistema de dominación, que se basaba principalemnte en la represión y no en el consenso. De ahí que la aplicación de la estrategia de la guerra de movimiento haya resultado exitosa frente a una sociedad civil en donde la clase dominante no "arraigaba" su poder y, por ende, la resistencia al cambio revolucionario era mucho menor. La distancia entre las masas de campesinos y obreros y las clases dominantes de la Rusia zarista se patentizaba en la ausencia o extrema debilidad de las instituciones que mediaran entre la sociedad civil y el Estado.

En Occidente, en cambio, las relaciones de poder no se expresan únicamente en el momento de la coerción, sino que comprenden un enorme tejido de pautas culturales, ideológicas y políticas que, al plasmar en diversos niveles organizativos, aseguran la permanencia del orden social burgués como un verdadero sistema de defensa. Ante esta situación, la estrategia de la guerra de posiciones supone un gran despliegue organizativo y de hombres, de largo aliento, con el fin de desarticular las "trincheras" enemigas (sociedad civil), que son las que protegen a sus escuadrones de vanguardia (sociedad política). Por ello, Gramsci resalta que "se trata, por consiguiente, de estudiar en 'profundidad' cuáles son los elementos de la sociedad civil que corresponden a los sistemas de defensa en la guerra de posición" (Gramsci 1978: 94). Es decir, se trata de desentrañar los elementos que, en el seno de la sociedad civil, operan como "cemento" de las relaciones sociales vigentes, a partir de las prácticas cotidianas de las clases fundamentales.

Dirección y coerción: una relación compleja

Porque si se pretende comprender el funcionamiento real del Estado y lograr sus transformación, el Estado como concepto teórico abstracto debe concretizarse en una formación económico-social determinada. Aquí aparece la cuestión de *lo nacional* en la elaboración de la estrategia revolucionaria. Por eso, Gramsci estudia al Estado italiano desde su conformación como unidad, destacando su naturaleza de clase. Pero no se queda en esta definición teórico-global, sino que avanza en la comprensión de su configuración histórica y sus características concretas.

Siguiendo a los clásicos, dice que el Estado es en esencia coerción, dictadura, dominación. Reafirma así los elementos aportados por el desarrollo de la teoría marxista hasta ese momento, pero da un paso más en la comprensión de la cuestión al introducir el elemento del consenso, de la dirección, de la hegemonía, que completa la forma de supremacía de las clases dominantes en los capitalismos desarrollados. "La supremacía de un grupo social se manifiesta de dos modos, como 'dominio' y como 'dirección intelectual y moral'"[15], dirá Gramsci en su análisis carcelario sobre el Risorgimiento italiano, estableciendo un "criterio metodológico" para el estudio de la hegemonía de la clase dominante.

La supremacía de una clase aparece como un momento sintético que unifica la hegemonía y la dominación, el consenso y la coerción, la dirección y la dictadura en el Estado. Ahora bien, estos dos momentos, estas dos funciones, existen en cualquier forma de Estado, pero el hecho de que prime uno u otro depende tanto de las características estructurales de cada

---

[15] En "El problema de la dirección política en la formación y el desarrollo de la nación y del Estado moderno en Italia" (Gramsci 1986c: 486).

sociedad como de la correlación de fuerzas entre las clases sociales fundamentales, que se expresa en los niveles económico, político, ideológico y militar.

Ya dijimos antes que la percepción del aspecto represivo del Estado como el principal de la dominación de clase corresponde, en gran medida, a la naturaleza real de los Estados a los que se enfrentaron Marx, Engels y Lenin.[16] Gramsci, en cambio, reflexiona en una época y en un ámbito geográfico en los cuales se generalizó una mayor complejidad del fenómeno estatal, entendido como concepto global de dominación. Él observa la intensificación de los procesos de socialización de la participación política voluntaria, a través de sindicatos, partidos políticos, parlamentos, que se convierten en "aparatos privados de hegemonía", relativamente autónomos tanto del mundo económico como de los Aparato Represivos (véase Coutinho 1986: 111-2). Y es precisamente mediante la sociedad civil que las clases dominantes logran consolidar su poder, como lugar donde se difunde su "visión del mundo". Esto no quiere decir que Gramsci diluya la especificidad e importancia del aparato represivo del Estado, como se le ha criticado por la ambigüedad de algunos de sus pasajes. Lo que sucede es que se detiene a analizar la forma en que la fuerza se combina con el consenso ideológico para integrar a las masas en el Estado. El Estado –en sentido restringido– se constituye en la "trinchera avanzada" de un sistema único, mientras que la hegemonía, en las sociedades desarrolladas, tiende a asegurase fundamentalmente en la sociedad civil (véase Coutinho 1986:52; Portantiero 1985: 283).

Ahora bien, esas funciones de "coerción" y "consenso" diferenciadas teóricamente como características de los ámbitos de la sociedad política y de la sociedad civil, aunque no pierden su especificidad, en la práctica se interrelacionan, advirtiéndose, por ejemplo, que elementos de la sociedad política, como el derecho, operan como factores de consenso que se reproducen en la sociedad civil. Porque si bien las leyes tienen como función

---

[16] Esto plantea la discusión en torno de la "historicidad" de la producción teórica. Al respecto, Chantal Mouffe hace la advertencia correcta de que "hay que distinguir entre lo que cambió en la teoría marxista del Estado y lo que cambió en la realidad misma del Estado. En este sentido es necesario atribuirle una cierta autonomía a la teoría, ya que al querer presentar su evolución como simple expresión de un cambio a nivel histórico fácilmente acabaríamos justificando el economicismo como expresión teórica adecuada de un período en el cual existía una separación real entre economía y política debido a que nos privamos de la manera de criticar los errores a nivel de la teoría". No obstante, es preciso conjurar el peligro contrario de sostener la validez de una lógica autónoma de las teorías, más allá de todo contexto histórico-material de producción. Porque justamente las críticas respecto de la validez explicativa de una teoría suelen fundarse en su confrontación con la realidad de la que pretendieron dar cuenta (1985: 140).

coaccionar al cumplimiento de lo que no se obtiene por el consentimiento, también imponen ciertos modos de comportamiento como "valores" de la sociedad. De este modo, el derecho cumple una función integrativo-educadora, además de la eminentemente represiva. "El derecho no expresa toda la sociedad (para la cual los violadores del derecho serían seres antisociales por naturaleza o disminuidos psíquicos), sino la clase dirigente, que 'impone' a toda la sociedad las normas de conducta que están más ligadas a su razón de ser y a su desarrollo. La función máxima del derecho es la de presuponer que todos los ciudadanos deben aceptar libremente el conformismo por él señalado, en cuanto todos pueden transformarse en elementos de la clase dirigente. (...) Este carácter educativo, creador, formativo del derecho, no fue suficientemente puesto de relieve por ciertas corrientes intelectuales" (Gramsci 1978: 169). En esta nota Gramsci advierte la función de conformidad que tiene el derecho burgués en la medida en que instituye ciudadanos formalmente libres e iguales, institución que oculta, por su efecto "fetichizador", las diferencias profundas que obstaculizan que las clases subordinadas se conviertan, bajo el capitalismo, en clase dirigente.

Por otra parte, en la sociedad civil también se desarrollan funciones subalternas de dominación. Esto se verifica, por ejemplo, en el nivel del control de los medios de producción ideológica. Como señalaba Marx en *La ideología alemana*, al dominar el aparato productivo, la clase dominante ejerce, por ese mismo hecho, un cuasi-monopolio sobre los organismos privados de difusión. La libertad informativa se reduce a la libertad de empresa informativa, con lo que se ejerce coacción respecto del tipo de mensajes ideológicos que se difunden y los que son expulsados del sistema de circulación de ideas o directamente no llegan a conformarse. Sobre este punto de la dominación ideológica volveremos más adelante.

Pero cabría todavía agregar otro elemento. En la perspectiva teórica de Gramsci es posible la presencia del elemento eminentemente coercitivo, aún en el seno de la sociedad civil. La existencia de grupos paramilitares o parapoliciales, que tuvieron expresión en la Italia fascista pero que también pueden ser identificados en sociedades latinoamericanas como Colombia o Brasil, por mencionar sólo dos ejemplos, aun bajo gobiernos formalmente democráticos, nos habla de la complejidad del fenómeno descrito por Gramsci. Si bien es cierto que no debe dejar de destacarse, como señala correctamente Anderson (1987: 91) invocando a Weber, que el Estado es el que tiene el monopolio legal de la represión como rasgo que define su especificidad, es fácil advertir que el momento represivo puede extenderse más allá de los límites del Estado propiamente dicho. Quizás en la crítica de Anderson esté presente su propia percepción de una realidad histórica (la vigencia del Estado benefactor en el Occidente desarrollado) en la que la coerción aparece ciertamente circunscripta a los órganos estatales y como recurso último del sistema.

Hegemonía y contrahegemonía

"Visión del mundo" y hegemonía de la clase dominante[17]

Lo que con mayor énfasis quiere destacar Gramsci es que la clase dominante ejerce su poder, no sólo por medio de la coacción, sino además porque logra imponer una visión del mundo, una filosofía, una moral, unas costumbres, un "sentido común" que favorecen el reconocimiento de su dominación por las clases dominadas.

Pero a su vez, y he aquí una cuestión fundamental, la posibilidad de difusión de ciertos valores está determinada por las relaciones de compromiso que la clase dominante efectúa con otras fuerzas sociales, expresadas en el Estado, que aparece como el lugar privilegiado donde se establecen las pujas y se materializan las correlaciones de fuerzas cambiantes en "equilibrios", por definición "inestables", entre los grupos fundamentales antagónicos. Y en esta instancia también se hace presente la política de alianzas como elemento necesario para la conformación hegemónica de una clase social que, por otra parte, no se resume en aquélla. "El Estado es concebido como un organismo propio de un grupo, destinado a crear las condiciones favorables para la máxima expansión del mismo grupo; pero este desarrollo y esta expansión son concebidos y presentados como la fuerza motriz de una expansión universal, de un desarrollo de todas las energías 'nacionales'. El grupo dominante es coordinado concretamente con los intereses

---

[17] Como señalan Anderson (1987) y Loyola Díaz y Martínez Assad (1985), el concepto de hegemonía ya era conocido y utilizado en el movimiento comunista internacional desde fines del siglo XIX, pero referido a la estrategia del movimiento obrero y a la necesidad de ganar a las masas campesinas y a otros estratos sociales para la lucha revolucionaria. Lenin empleó este concepto, pero referido a la cuestión política de la "alianza de clases". El aporte sustantivo de Gramsci radica, además de haber desarrollado la dimensión ideológica del concepto de hegemonía, en haberlo extendido al análisis de la dominación burguesa. Producida tal extensión, en la producción carcelaria de Gramsci aparecen numerosos pasajes en los que las definiciones de clase dominante y de hegemonía se utilizan en términos genéricos, que engloban tanto a la burguesía actualmente dominante como al proletariado en su afán de conquista del poder y una vez alcanzado éste. La referencia, entonces, es a toda clase dominante. En otros pasajes, la mención es más concreta y se refiere a una de ellas.

generales de los grupos subordinados y la vida estatal es concebida como una formación y superación continua de equilibrios inestables (en el ámbito de la ley) entre los intereses del grupo fundamental y los de los grupos subordinados, equilibrios en donde los intereses del grupo dominante prevalecen hasta cierto punto, o sea, hasta el punto en que chocan con el mezquino interés económico-corporativo" (Gramsci 1978: 72).

En otro pasaje Gramsci destaca cómo uno de los logros históricos de la burguesía ha sido imponer, a través del Estado, una "voluntad de conformismo" en las masas basada en la aceptación de la función que le cabe a ella como clase respecto del conjunto de la sociedad y de la percepción que ella tiene de sí misma. "La clase burguesa se considera a sí misma como un organismo en continuo movimiento, capaz de absorber toda la sociedad, asimilándola a su nivel cultural y económico: toda la función del Estado es transformada: el Estado se convierte en 'educador', etc.". Pero, se pregunta Gramsci, "¿Cómo se produce una detención y se retorna al concepto de Estado como fuerza pura?. La clase burguesa está 'saturada': no sólo no se expande, sino que se disgrega; no sólo no asimila nuevos elementos sino que se desprende de una parte de ella misma" (Gramsci 1978: 163).

Vemos en este pasaje cómo la coerción, la fuerza, aparecen como consecuencia de la debilidad de la burguesía para presentarse ante la sociedad como "la sociedad misma" y, por ende, para efectuar compromisos con otras clases. Porque para que la clase dominante pueda presentar al Estado como organismo del pueblo en su totalidad, es preciso que esta representación no sea enteramente falsa. Es preciso que el Estado tome a su cargo algunos de los intereses de los grupos dominados. La clase dominante necesita, para hacer valer sus intereses, como decía Marx, presentar al Estado ante la sociedad como representante del conjunto del pueblo. Es en este sentido que Gramsci afirma que el Estado encuentra su "fundamento ético" en la sociedad civil. "...cada Estado es ético en cuanto una de sus funciones más importantes es la de elevar a la gran masa de la población a un determinado nivel cultural y moral, nivel (o tipo) que corresponde a las necesidades de desarrollo de las fuerzas productivas y por consiguiente, a los intereses de las clases dominantes" (Gramsci 1978: 161).

Como expresa Piotte, "por la función hegemónica que ejerce la clase dirigente en la sociedad civil es por lo que el Estado encuentra el fundamento de su representación como universal y por encima de las clases sociales" (1973: 132). Y es así que el Estado ampliado articula el consenso necesario a través de organizaciones culturales, sociales, políticas y sindicales que, en el seno de la sociedad civil, se dejan libradas a la iniciativa privada de la clase dominante y en las que se integran las clases subalternas.

Las bases materiales de la hegemonía

Pero para que la clase dominante "convenza" a las demás clases de que es la más idónea para asegurar el desarrollo de la sociedad, es decir que sus intereses particulares se confunden con el interés general, es necesario que favorezca, al interior de la estructura económica, el desarrollo de las fuerzas productivas y la elevación relativa del nivel de vida de las masas populares. Porque "el hecho de la hegemonía presupone indudablemente que se tienen en cuenta los intereses y las tendencias de los grupos sobre los cuales se ejerce la hegemonía, que se forma un cierto equilibrio de compromiso, es decir que el grupo dirigente haga sacrificios de orden económico-corporativo, pero es también indudable que tales sacrificios y tal compromiso no pueden concernir a lo esencial, ya que si la hegemonía es ético-política no puede dejar de ser también económica, no puede menos que estar basada en la función decisiva que el grupo dirigente ejerce en el núcleo rector de la actividad económica" (Gramsci 1978: 55).

La posibilidad misma de ejercer una "supremacía hegemónica" y no un mero dominio depende, en última instancia, de las posibilidades de hacer avanzar a la sociedad en su conjunto hacia adelante, de asegurar la "incorporación" de los estratos populares al desarrollo económico-social. Y es en este punto donde no puede obviarse que la fórmula gramsciana remite necesariamente al momento estructural en su sentido más profundo. Porque la superación del economicismo vulgar –lo que implica destacar la importancia y complejidad de la dimensión "intelectual y moral" de la supremacía burguesa– no significa caer en una versión idealista que suponga la posibilidad de construcción de consenso, de producción hegemónica, de dirección no coercitiva más allá de toda referencia a las condiciones materiales en que se expresan las relaciones de poder social. Podrá ser verdaderamente hegemónica, entonces, la clase que logre presentarse a sí misma como desarrollando las fuerzas productivas "en el sentido de la historia", consiguiendo así hacer aparecer sus intereses particulares de clase como el interés general, en la medida en que no exista entre ambos un divorcio absoluto y evidente. De lo contrario, puede abrirse un profundo hiato por donde puede colarse una crisis orgánica.

Y algo más, que constituye un núcleo clave para entender la proposición gramsciana de la "ampliación" del concepto de Estado. La primacía del momento de la coerción o del consenso, en el sentido en que venimos hablando, estará vinculada tanto con las condiciones de desarrollo de las fuerzas productivas y con los regímenes de acumulación vigentes en cada sociedad y en cada momento histórico, como con la posibilidad y voluntad de las clases dominantes de "hacer concesiones" en el plano económico y político, por una parte, y a la capacidad de las clases subalternas para modificar la correlación de fuerzas a su favor, por la otra. Y este último aspecto es de vital importancia, en la medida en que la materialización de condiciones favorables a las clases subalternas está unida a su capacidad para imponerlas a las clases dominantes y es el resultado histórico de la lucha de clases.

Anderson, en cambio, enfatiza en que el "alfiler de seguridad ideológico" del capitalismo occidental está dado por la forma general del Estado representativo (la democracia burguesa), cuya existencia priva a la clase obrera de la idea del socialismo como *un tipo diferente de Estado*. Este autor plantea que "el Estado burgués 'representa' por definición a la totalidad de la población, *abstrayéndola* de su distribución en clases sociales, como ciudadanos individuales e iguales". Por su parte, "el Parlamento, elegido cada cuatro o cinco años como la expresión soberana de la voluntad popular, refleja la unidad ficticia de la nación a las masas como si fuera su propio autogobierno. Las divisiones económicas entre los 'ciudadanos' se ocultan tras la paridad jurídica entre explotadores y explotados y junto con ellas, se oculta también la completa *separación y no participación* de las masas en las labores parlamentarias. Esta separación es pues constantemente presentada y representada a las masas como la encarnación definitiva de la libertad: la 'democracia' como el punto terminal de la historia". He aquí donde reside, para Anderson, la fortaleza del Estado en el Occidente desarrollado, que permite asentar el dominio en el consenso. El aspecto material, relativo a mejoras económicas, en cambio, aparece como circunstancial para este autor. Y la siguiente reflexión de Gramsci pareciera abonar su interpretación: "En cuanto idea-límite, el programa liberal crea el Estado ético, o sea, un Estado que idealmente está por encima de la competición entre las clases, por encima del vario entrelazarse y chocar de las agrupaciones que son su realidad económica y tradicional. Ese Estado es una aspiración política más que una realidad política: sólo existe como modelo utópico, pero precisamente ésa su naturaleza de espejismo es lo que le da vigor y hace de él una fuerza conservadora. La esperanza de que acabe por realizarse en su cumplida perfección es lo que da a muchos la fuerza necesaria para no renegar de él y no intentar, por tanto, sustituirlo".[18]

No obstante, creemos que la dimensión última de la materialidad está presente en la concepción de la hegemonía de Gramsci. Así, en "America-

[18] En "Tres principios, tres órdenes" (en Gramsci 1986c: 19).

nismo y fordismo", al analizar las técnicas productivas implementadas por Ford en la industria automotriz, que supusieron un profundo cambio cualitativo tanto en la organización de la producción industrial como en la relación entre la clase capitalista y el proletariado, y que posibilitaron la "incorporación" de vastas masas al consumo y su correlativa producción a escala, Gramsci dirá: "A partir de la existencia de estas condiciones preliminares, ya racionalizadas por el desarrollo histórico, fue relativamente fácil racionalizar la producción y el trabajo, combinando hábilmente la fuerza (destrucción del sindicalismo obrero de base territorial) con la persuasión (altos salarios, diversos beneficios sociales, propagada ideológica y política muy hábil) logrando así hacer girar toda la vida del país alrededor de la producción. La hegemonía nace de la fábrica y para ejercerse sólo tiene necesidad de una mínima cantidad de intermediarios profesionales de la política y de la ideología" (1978: 287).

Queda en evidencia que la burguesía logra asentarse como clase "dirigente", y no sólo dominante, en la medida en que sus intereses logran expresarse materialmente como los intereses de la sociedad concebida como un todo. Porque si la sociedad capitalista se basa en el efecto "fetichizador" de la mercancía, que oculta el lugar del productor bajo la fachada del ciudadano-consumidor, la plenitud de sus efectos consensuales podrá desplegarse en la medida en que la dimensión del consumo pueda traducirse en una experiencia constatable para las clases subalternas, en los términos que coloca la sociedad en cada contexto histórico. Porque la simple aspiración a "integrarse" en un modelo de sociedad construido a partir del imaginario creado para reproducir el orden vigente choca, en algún punto que varía de sociedad en sociedad y de época en época, con la posibilidad misma de su realización, y es allí donde el efecto "fetichizador" puede perder su vigor integrativo.

La relación entre estructura y superestructura: el concepto de bloque histórico

En las categorías de *crisis orgánica* y *bloque histórico* se encuentran dos de las claves para comprender el sentido de la hegemonía. Pero avancemos un poco más en la relación que Gramsci establece entre la base material y los fenómenos "intelectuales y morales". Aparece otra vez aquí la cuestión de la ideología, que nos lleva a plantearnos la relación entre estructura y superestructura, el carácter de la conquista de la hegemonía y el papel de la lucha de clases. Gramsci dice que "la estructura y la superestructura forman un 'bloque histórico', o sea que el conjunto complejo, contradictorio y discorde de las superestructuras es el reflejo del conjunto de las relaciones sociales de producción. De ello surge: sólo un sistema totalitario de ideologías refleja racionalmente la contradicción de la estructura y representa la existencia de las condiciones objetivas para la subversión de la praxis" (Gramsci 1986a: 48).

En este pasaje la infraestructura material se define como un "conjunto de relaciones sociales" que ejerce la determinación "en última instancia". La superestructura se constituye sobre los datos de la estructura, en tanto que lo que determina la historia es la producción y reproducción de la vida real, que opera como "marco", como "límite" que condiciona el ámbito de las alternativas que se plantean a la acción política y de la ideología, pero no mediante la imposición mecánica de resultados unívocos. Los hombres piensan, sienten, crean, actúan, filosofan en una situación material concreta. Recordemos aquí lo planteado por Marx en *La ideología alemana*, cuando dice que "los hombres son los productores de sus representaciones, de sus ideas, etc., pero los hombres son reales y actuantes, tal y como se hallan condicionados por un determinado desarrollo de sus fuerzas productivas y por el intercambio que a él corresponde, hasta llegar a sus formaciones más amplias. La conciencia no puede ser nunca otra cosa que el ser consciente y el ser de los hombres es su proceso de vida real" (Marx y Engels 1986: 26). A ciertas formas de organización de la producción le corresponden ciertos tipos de relaciones que se sustentan, a su vez, en instituciones e ideas. Es en este sentido que Marx dice que "las ideas de la clase dominante son las ideas dominantes en cada época; o dicho en otros términos, la clase que ejerce el poder *material* dominante en la sociedad es, al mismo tiempo, su poder *espiritual* dominante. La clase que tiene a su disposición los medios para la producción material dispone con ello, al mismo tiempo, de los medios para la producción espiritual, lo que hace que se le sometan, al propio tiempo, por término medio, las ideas de quienes carecen de los medios necesarios para producir espiritualmente" (*idem*: 50).

Siguiendo estas proposiciones básicas de Marx, Gramsci dice que "no se puede proponer, antes de la conquista del Estado, la completa modificación de la conciencia de toda la clase obrera; eso sería utópico, pues la conciencia de clase como tal no se modifica completamente más que cuando ha sido modificado el modo de vida de la misma clase, lo que implica que el proletariado ha llegado a ser la clase dominante y tiene a su disposición el aparato económico y el poder estatal".[19] Es así que la vida material,

---

[19] "Necessità di una preparazione ideologica di masas", citado por Piotte (1973: 117).

151

en toda su agitación y transformación, no se "refleja" de manera mecánica y automática en el entramado ideológico-cultural, sino que entre ambos hay una relación orgánica en la cual la dimensión de lo económico opera como el "material" del que se nutre la dimensión superestructural, que a su vez revierte sobre la primera. La adecuación completa del "momento" superestructural con el estructural requiere tiempos que son variables y azarosos, pero en última instancia es susceptible de producirse. De ahí que para que el proletariado llegue a modificar sustancialmente su conciencia es preciso que se modifiquen en un sentido radical las condiciones sociales que le dan sustento.[20] E, inversamente, para que las condiciones materiales se modifiquen es preciso que las clases subalternas desarrollen una batalla "intelectual y moral" encaminada a construir su propia hegemonía. En este último sentido, por otra parte, queda eliminada toda posibilidad de interpretar los planteos gramscianos acerca de la necesidad de que el proletariado conquiste la hegemonía *aún antes* de la toma del poder como necesidad de una transformación *completa* de la superestructura como *condición* para la transformación estructural, invirtiendo de esta forma las proposiciones de Marx (véase Gramsci 1986a: 58). Así, Gramsci dirá: "¿Puede haber una reforma cultural, es decir, una elevación civil de los estratos deprimidos de la sociedad, sin una precedente reforma económica y un cambio en la posición social y en el mundo económico?. Una reforma intelectual y moral no puede dejar de estar ligada a un programa de reforma económica, o mejor, el programa de reforma económica es precisamente la manera concreta de presentarse la reforma intelectual y moral" (Gramsci 1978: 31).

Con la noción de "bloque histórico" Gramsci pone de relieve la relación que existe entre la estructura y la superestructura en una formación económico-social, donde a las condiciones materiales de existencia le corresponden formas organizativas e ideológicas determinadas y donde se realiza la hegemonía de la clase dominante a nivel estructural sobre el conjunto de la sociedad. En la superestructura del bloque histórico se expresa la coerción que ejerce y el consenso que obtiene la clase dominante –sociedad política y sociedad civil– y es allí donde los intelectuales orgánicos cumplen un rol fundamental, como articuladores, como amalgama del bloque. Pero también es en el plano de la superestructura donde se expresan las contradicciones de la estructura y éstas también forman parte del bloque histórico.

---

[20] Aclarando aún más este punto, Gramsci dirá que la concepción de "bloque histórico" implica que "las fuerzas materiales son el contenido y las ideologías la forma, siendo esta distinción de contenido y de forma puramente didascálica, puesto que las fuerzas materiales no serían concebibles históricamente sin forma y las ideologías serían caprichos individuales sin la fuerza de lo material".

152

Por eso Gramsci dice que el bloque histórico no sólo se integra con la ideología dominante, sino que es un "sistema totalitario de ideologías" que refleja racionalmente las contradicciones de la estructura. De otro modo, no sería posible pensar la posibilidad de transformación radical de la sociedad.

La crisis orgánica

Las contradicciones que se producen en el seno del bloque histórico devienen esas crisis que Gramsci llama *orgánicas* y sobre las cuales deben actuar las clases subalternas en forma organizada y consciente para producir transformaciones estructurales favorables a sus intereses.

Cuando las clases dominantes no logran hacer avanzar a la sociedad hacia adelante, desarrollar las fuerzas productivas, se produce una crisis orgánica, una crisis de hegemonía. La crisis orgánica es una ruptura entre la estructura y las superestructuras en el seno del bloque histórico: es el resultado de contradicciones que se han agravado como consecuencia de la evolución de las estructuras y la ausencia de una evolución simultánea de las superestructuras (Portelli 1985: 121). "Si la clase dominante ha perdido el consentimiento, o sea, ya no es 'dirigente', sino sólo 'dominante', detentadora de la mera fuerza coactiva, ello significa que las grandes masas se han desprendido de las ideologías tradicionales, no creen ya en aquello en lo cual antes creían, etc. La crisis consiste precisamente en que muere lo viejo sin que pueda nacer lo nuevo, y en ese interregno ocurren los más diversos fenómenos morbosos".[21]

En la medida en que la clase dirigente deja de cumplir con su función de dirección económica y cultural, el bloque ideológico que le da cohesión y hegemonía tiende a disgregarse. Ahora bien, Gramsci destaca que las crisis orgánicas no son provocadas única e inmediatamente por las crisis económicas, resaltando una vez más el carácter no-mecánico de la relación entre base y superestructura. "Se puede excluir que las crisis económicas produzcan por sí mismas acontecimientos fundamentales; sólo pueden crear un terreno más favorable a la difusión de ciertas maneras de pensar, de plantear y resolver las cuestiones que hacen a todo el desarrollo ulterior de la vida estatal" (Gramsci 1978: 74).

La desaparición del antiguo bloque histórico, entonces, sólo se produce si la crisis de la estructura acarrea una crisis orgánica o crisis de hegemonía. Ahora bien, en tanto que la crisis orgánica refleja la crisis de la estructura, sigue su evolución. De ahí que una situación así pueda prolongarse

[21] De "Oleada de materialismo y crisis de autoridad" (Gramsci 1998: 313).

por un largo período. "Esta duración excepcional significa que en la estructura se han revelado (maduraron) contradicciones incurables y que las fuerzas políticas, que obran positivamente en la conservación y defensa de la estructura misma, se esfuerzan sin embargo por sanear y superar dentro de ciertos límites" (*idem*: 77).

En las *Notas sobre Maquiavelo* Gramsci cita dos casos de crisis orgánica, uno producto de las debilidades propias de la clase dirigente y otro producido por la acción de las clases subalternas. Una crisis de hegemonía se produce, entonces, cuando la clase dirigente "fracasó en alguna gran empresa política para la cual demandó o impuso por la fuerza el consenso de las grandes masas (la guerra, por ejemplo), o bien porque vastas masas (especialmente de campesinos y de pequeños burgueses intelectuales) pasaron de golpe de la pasividad política a una cierta actividad y plantearon reivindicaciones que en su caótico conjunto constituyen una revolución. Se habla de 'crisis de autoridad' y ésto es justamente la crisis de hegemonía o crisis del Estado en su conjunto" (*idem*: 76-77).

Pero no toda crisis es una crisis orgánica, ni toda crisis orgánica desemboca en una revolución: diferenciarlas es la esencia del arte político. Justamente, el error de identificar estos distintos tipos de crisis es lo que acarrea, para Gramsci, graves consecuencias en la estrategia revolucionaria. En su conocida nota "Análisis de situaciones. Relaciones de fuerza", haciendo referencia a los movimientos orgánicos, relativamente permanentes, y a su diferencia con los movimientos coyunturales, que se presentan como ocasionales e inmediatos, Gramsci dice: "El error en que se cae frecuentemente en el análisis histórico-político consiste en no saber encontrar la relación justa entre lo orgánico y lo ocasional" (*idem*: 68).

Para que se produzca una crisis orgánica es necesario que la ruptura englobe a las clases "fundamentales", es decir, a la clase dominante, por una parte, y a la clase que aspira a la dirección del nuevo sistema hegemónico, por la otra. Porque también las crisis pueden desarrollarse dentro del mismo sistema hegemónico, poniendo frente a frente a la clase fundamental y a sus grupos auxiliares o incluso a fracciones de la clase fundamental entre sí. En crisis de este tipo, las clases subalternas permanecen excluidas o son sólo las fuerzas de apoyo de las fracciones en conflicto (véase Portelli 1985: 120), lo que demuestra, a su vez, la debilidad y la ausencia de autonomía de las clases subalternas, excluyéndose así la posibilidad de manifestación de una crisis orgánica. En caso de existir una crisis orgánica puede darse el caso en que "la vieja sociedad resiste y se asegura un período de 'respiro', exterminando físicamente a la *elite* adversaria y aterrorizando a las masas de reserva; o bien ocurre la destrucción recíproca de las fuerzas en conflicto..." (Gramsci 1978: 75). Éste es un ejemplo de solución de la crisis por la vía de la utilización de la coerción. Pero siempre existe, por otra parte, alguna salida "reformista" que se desarrolla dentro de la misma estructura para superar la crisis y restablecer la hegemonía. Y en ella pueden aparecer los "compromisos" que vuelvan a restablecer un cierto equilibrio inestable.

Para que se genere una situación revolucionaria, para que una crisis orgánica desemboque en una revolución, es preciso que esté desarrollada una fuerza que exprese el cambio subjetivo de la clase revolucionaria. "El elemento decisivo de toda situación es la fuerza permanentemente organizada y predispuesta desde largo tiempo, que se puede hacer avanzar cuando se juzga que una situación es favorable (y es favorable sólo en la medida en que una fuerza tal existe y está impregnada de ardor combativo). Es por ello una tarea esencial la de velar sistemática y pacientemente por formar, desarrollar y tornar cada vez más homogénea, compacta y consciente de sí misma esa fuerza" (*ibidem*). Por eso, como decía Lenin, en ese cambio subjetivo es decisiva la actitud de la vanguardia, destinada a "revelar a las masas la existencia de una situación revolucionaria y la determinación revolucionaria del proletariado".[22]

Para Gramsci, tanto como para Lenin, el "espíritu de escisión" de las clases subalternas, que las lleva a expresarse contra la opresión, debe ir acompañado por la construcción de un sistema hegemónico, para lo cual deberá cumplir un rol central la vanguardia, destinada a canalizar la espontaneidad dándole una dirección consciente a la rebelión. Porque, en caso contrario, las consecuencias de la crisis orgánica serán la victoria de la clase dominante, el aplastamiento de la dirección de las clases subalternas y la vuelta de éstas a la pasividad política. La crisis orgánica, en suma, es más que un dato objetivo al que necesariamente se le deberá sumar el elemento subjetivo, expresado por una vanguardia real, para lograr el triunfo revolucionario, es la expresión de un todo complejo en descomposición en el que intervienen, en un mismo movimiento, la objetividad y la subjetividad.

La lucha contrahegemónica

Ahora bien, frente al papel hegemónico que cumple el Estado se encuentra, en una relación dialéctica, la posibilidad para las clases subalternas de gestar una lucha contrahegemónica, de impulsar la construcción de una nueva hegemonía que transforme la relación existente entre estructura

---

[22] De V. I. Lenin: *La bancarrota...* (citado por Harnecker 1986: 65).

y superestructura en el bloque histórico dominante y conforme un nuevo bloque. La existencia misma de las contradicciones que se plantean en el seno de las superestructuras supone la posibilidad de generar una síntesis superadora que las resuelva.

Al llamar la atención sobre el aspecto hegemónico de la dominación estatal, la capacidad de producir consenso, adaptación, Gramsci pone el acento en la necesidad, para la clase obrera, de librar una batalla política e ideológica en el seno de la sociedad/Estado para lograr la superación del sistema capitalista dominante. Gramsci advierte que para "tomar" el aparato represivo y poder destruirlo es necesario desarticular el bastión ideológico que le da soporte y firmeza y que constituye la verdadera amalgama del sistema de dominación. La cuestión central de la ampliación del concepto de Estado radica así en sus consecuencias. Porque si la lucha contra el Estado no se resume en la lucha por la toma y destrucción del aparato de coerción, a la manera jacobina, es preciso librar una batalla "intelectual y moral", que es a la vez profundamente política e ideológica.

A. El rol de los intelectuales

Es preciso destacar el rol fundamental que Gramsci asigna a la lucha intelectual, a través del análisis que realiza de la importante función que cumplen los intelectuales como *nexos* entre la estructura y la superestructura del bloque histórico, en cuyo seno se realiza la hegemonía de la clase dominante. "Los intelectuales son los 'empleados' del grupo dominante para el ejercicio de las funciones subalternas de la hegemonía social y del gobierno político, a saber: 1) del 'consenso' espontáneo que las grandes masas de la población dan a la dirección impuesta a la vida social por el grupo social dominante, consenso que históricamente nace del prestigio (y por lo tanto de la confianza) detentada por el grupo dominante, de su posición y de su función en el mundo de la producción; 2) del aparato de coerción estatal que asegura 'legalmente' la disciplina de aquellos grupos que no 'consienten' ni activa ni pasivamente, pero que está preparado por toda la sociedad en previsión de los momentos de crisis en el comando y en la dirección, casos en que el consenso espontáneo viene a menos" (Gramsci 1975: 17/18).

Pero "no existe una clase independiente de intelectuales, sino que cada grupo social tiene su propia clase de intelectuales o tiende a formársela".[23]

---

[23] De A. Gramsci: *Los intelectuales y la organización de la cultura*, citado por Portelli (1972: 95).

Porque "cada grupo social, naciendo en el terreno originario de una función esencial del mundo de la producción económica, se crea conjunta y orgánicamente uno o más rangos de intelectuales que le dan homogeneidad y conciencia de la propia función, no sólo en el campo económico sino también en el social y en el político" (Gramsci 1975: 11).

Se trata, entonces, de que las clases subalternas libren una batalla ideológica que logre disgregar la "amalgama" que constituyen los intelectuales en el bloque histórico. Por eso, "una de las características más relevantes de cada grupo que se desarrolla en dirección al dominio es su lucha por la asimilación y la 'conquista ideológica' de los intelectuales tradicionales, asimilación y conquista que es tanto más rápida y eficaz cuanto más rápidamente elabora el grupo simultáneamente sus propios intelectuales orgánicos" (*idem*: 5). Y de ahí la función fundamental del partido de la clase obrera: formar sus propios componentes hasta convertirlos en intelectuales políticos calificados, ya que la lucha que tiene que librar el proletariado, antes y después de la toma del poder, supone la conquista de la hegemonía política, moral y cultural.

B. La hegemonía de la clase obrera

La hegemonía que tiene que conquistar la clase obrera es concebida como "dirección" de los grupos aliados, a la vez que constituye una opción para hacer avanzar al conjunto de la sociedad. Para ello, y una vez tomado el poder, se convertirá en dominante respecto de las clases antagónicas. Gramsci decía que "la supremacía de un grupo social se manifiesta de dos modos, como 'dominio' y como 'dirección intelectual y moral'. Un grupo social es dominante de los grupos adversarios que tiende a 'liquidar' o a someter incluso por la fuerza armada, y es dirigente de los grupos afines y aliados. Un grupo social puede e incluso debe ser dirigente ya antes de conquistar el poder gobernante (ésta es una de las condiciones principales para la conquista misma del poder); después, cuando ejerce el poder y aun cuando lo tenga fuertemente en sus manos, se vuelve dominante pero debe continuar siendo también 'dirigente'" (Gramsci 1986b: 99).

Pero, si bien Gramsci enfatiza el contenido ideológico de la hegemonía, no subestima –como ya dijéramos anteriormente– el aspecto político de la "alianza de clases", que ya fuera destacado por Lenin: "la tarea inmediata de la vanguardia consciente del movimiento obrero internacional, es decir, de los partidos, grupos y tendencias comunistas consiste en saber *llevar* las amplias masas (hoy todavía, en su mayor parte, adormecidas, apáticas, rutinarias, inertes, sin despertar) a esta nueva posición suya o, mejor dicho, en saber dirigir *no sólo* a su propio partido, sino también a estas masas en el transcurso de su aproximación, de su desplazamiento a esa nueva posición" (*Lenin* 1964: 78). Y en forma coincidente, ya en "La cuestión meridional" Gramsci dice que "los comunistas turineses se plantearon concretamente la cuestión de la 'hegemonía del proletariado', o sea de la base social de la dictadura proletaria y del Estado obrero. El proletariado puede convertirse en clase dirigente y dominante en la medida en que consigue crear un sistema de alianzas de clase que le permita movilizar contra el capitalismo y el Estado burgués a la mayoría de la población trabajadora" (en Gramsci 1981: 307).

Lenin ya destacaba el rol de dirección de las clases aliadas cuando decía, refiriéndose al partido de vanguardia, que éste debía tener capacidad "de ligarse, de acercarse y, hasta cierto punto, si se quiere de fundirse con las más amplias masas trabajadoras, en primer término con las masas proletarias, *pero también* con las masas trabajadoras *no proletarias*" (Lenin 1964: 9). Y Lenin habla de la necesidad de que el proletariado conquiste la hegemonía aun antes de la toma del poder: "la comuna, es decir, los soviets, no 'implantan', no se proponen 'implantar', y no deben implantar *ninguna* reforma que no haya alcanzado plena madurez, tanto en la realidad económica como en la conciencia de la aplastante mayoría del pueblo". Y agrega que "el partido del proletariado no puede, en ninguna circunstancia, ponerse el objetivo de 'implantar' el socialismo en un país de pequeños campesinos en tanto la inmensa mayoría de la población no haya adquirido conciencia de la necesidad de una revolución socialista" (Lenin 1973b: 58).

En estos pasajes vemos cómo aparecen *in nuce* los elementos del concepto de hegemonía desarrollados posteriormente por Gramsci,[24] en un sentido innovador y específico en el que la dimensión ideológica adquiere su mayor expresión. Así, en la línea del pensamiento de Lenin, Gramsci dirá que "ninguna acción de masa es posible si la propia masa no está convencida de los fines que quiera alcanzar y de los métodos que debe aplicar. Para ser capaz de gobernar como clase el proletariado tiene que despojarse de todo residuo corporativo, de todo prejuicio o de incrustación sindicalista (...). Si no se obtiene eso el proletariado no llega a ser clase dirigente y esos estratos, que en Italia representan la mayoría de la población se quedan bajo dirección burguesa y dan al Estado la posibilidad de resistir el ímpetu proletario y de debilitarlo" (Gramsci 1981: 312).

Precisamente el despojarse de los residuos corporativos implica que el proletariado abandone la estrechez de los intereses inmediatos para abar-

---

[24] Al respecto véase el prólogo de José Aricó a Labastida (1985).

car, en una nueva fusión, los de las demás clases subalternas, con su especificidad y diversidad. Porque para romper con la influencia de la ideología burguesa sobre la mayoría de la población, es preciso ser capaz de articular los núcleos de "buen sentido" que aparecen en las aspiraciones históricas de los demás grupos sociales y darles un sentido superador en la "visión del mundo" proletaria. La aspiración de una vida mejor se construye también en un imaginario común en el que cada parte tiene su lugar propio de confluencia, mientras que el proletariado no se propone subordinar a las clases con las cuales construye una alianza, sino que las integra en una visión que de tal manera se torna hegemónica. De este modo, ya en la cárcel, Gramsci distingue tres fases en la toma de conciencia de las masas: la fase económico-corporativa, la fase trade-unionista y la fase propiamente política, donde el proletariado debe desplegar su hegemonía. Este tercer momento es "aquel donde se logra la conciencia de que los propios intereses corporativos, en su desarrollo actual y futuro, superan los límites de la corporación, de un grupo puramente económico y pueden y deben convertirse en los intereses de los otros grupos subordinados" (Gramsci 1978: 71/72).

Gramsci enfatiza la necesidad de plantearse una profunda lucha ideológica para lograr la hegemonía, que implica una profunda "reforma intelectual y moral" de la sociedad y la construcción de una "voluntad nacional-popular", en un sentido que, reiteramos, va más allá de la mera alianza política de clases preconstituidas. Por eso es tan fundamental que el proletariado logre la dirección del conjunto de las clases subalternas para, a partir de amalgamar en una visión integral y común los elementos que definen a cada segmento de las clases subalternas, proyectar su hegemonía al conjunto de la sociedad. Y la cuestión no pasa por sumar sectores autónomos y, en su caso, subordinarlos a la visión del proletariado como clase fundamental, sino de producir una síntesis superadora de los intereses del conjunto de las víctimas del capitalismo, sin que se anulen cada uno de estos sectores sustantivos. Éste es sin duda uno de los aportes más significativos de Gramsci, que se conecta precisamente con la complejidad que advierte en las formas ideológicas de la dominación burguesa, que a su vez se convierte en una mayor complejidad de la lucha contrahegemónica.

Pero contrariamente a lo que dicen Portelli (1985) y Piotte (1973), Gramsci no subordina la lucha política a la lucha ideológica, contraponiéndose así a Lenin, sino que destaca la articulación de ambas. El concepto gramsciano de hegemonía no se resume en lo cultural, sino que presupone el aspecto político: "La hegemonía *política* puede y debe existir antes de llegar al gobierno..." dice Gramsci en la cárcel (1986b: 100). Y no podía ser de otra manera, pues todas sus reflexiones tenían como objetivo aportar elementos que enriquecieran la praxis política del proletariado para llevarlo a la victoria revolucionaria.

Para lograr el poder del Estado y destruirlo, el proletariado debe tomar conciencia de sí mismo, de su lugar y función en el seno de la estructura, y extender su hegemonía primero al resto de las clases subalternas y de ahí al conjunto de la sociedad. Ahora bien, es en el plano de la ideología que la clase obrera toma conciencia y ejerce su hegemonía. Pero este proceso no se hace en abstracto, o por efectos de una pura acción intelectual, sino que es producto de la experiencia política. La relación entre la praxis y la ideología debe sintetizarse en la capacidad de dirección de la clase obrera, en el momento de la hegemonía. En tanto que la ideología es, para Gramsci, una "concepción del Estado que se manifiesta implícitamente en el arte, en el derecho, en la actividad económica, en todas las manifestaciones de la vida individual y colectiva" (1986a: 16), la posibilidad de trasformarla nos remite a la praxis política del proletariado. Pero hay algo más: la superestructura del bloque histórico, como sistema totalitario de ideologías, "representa la existencia de las condiciones objetivas para la subversión de la praxis". Ello significa que es allí donde aparecen los elementos objetivos que permiten a las clases subalternas tomar conciencia de su situación y luchar para transformar el orden vigente, constituyendo un nuevo bloque histórico.

La importancia asignada a la praxis política ligada a las condiciones estructurales deriva de que es en ese terreno donde surgen nuevas expresiones superestructurales susceptibles de entrar en contradicción con la ideología dominante. Al poner de relieve el aspecto intelectual y moral de la hegemonía, Gramsci está destacando que la dirección que debe ejercer el proletariado debe ser política e ideológica, para lograr articular en torno suyo una alianza de las clases subalternas capaz de proponer al conjunto de la sociedad una opción que signifique un avance respecto del sistema imperante. Para ello necesita difundir una "visión del mundo" opuesta al sentido común dominante en la sociedad burguesa. Y esta batalla es política, porque requiere la praxis social, y es ideológica, porque es precisamente en el plano de las ideas donde los hombres toman conciencia de su situación social y pueden luchar para transformarla. Aparece, entonces, el elemento de la voluntad, de la política, que está limitado históricamente por condiciones objetivas pero que no está determinado fatalmente, ya que si fuera así carecería de sentido el llamamiento que hace el marxismo a la lucha de clases y a la revolución social.

Capítulo 5
Legitimidad y hegemonía.
Distintas dimensiones del dominio consensual

Mabel Thwaites Rey[*]

Introducción

Los conceptos de *legitimidad* y *hegemonía*, centrales en el análisis político contemporáneo, remiten a la cuestión clásica de los modos en que se fundamenta el poder político, es decir, cómo se justifica la dominación para obtener cierto consenso en los dominados y, simultáneamente, cómo se puede pensar la transformación social.

Bobbio (1985) señala que es un principio general de la filosofía moral que lo que tiene necesidad de ser justificado es la mala conducta, no la buena. Por eso el poder requiere justificación y sólo la justificación, cualquiera que ésta sea, puede hacer del poder de mandar un derecho y de la obediencia un deber, lo que equivale a transformar una relación de mera fuerza en una relación jurídica. Surge así una pregunta clave: ¿cuál es la razón última por la que en las sociedades hay gobernantes y gobernados, estableciéndose el vínculo entre ambos no como mera relación de hecho, sino como relación entre el *derecho* de los primeros a mandar y el *deber* de los segundos a obedecer? La respuesta a esta pregunta nos conecta con la problemática del *consenso*, que expresa las formas en que ciertas reglas de convivencia social son aceptadas de un modo estable.

[*] Agradezco a Clara Bressano, que colaboró en la revisión de este artículo.

Teoría y praxis

Las nociones de legitimidad y hegemonía se entroncan, a su vez, con dos dimensiones cruciales en materia *política*: una es la que anima las prácticas concretas relativas a la toma y ejercicio del *poder*, es decir, la *acción política* capaz de definir los rumbos de gobierno y, en consecuencia, afectar la vida de una comunidad política (el "hacer" política). La otra es el *análisis de la política*, la interpretación que los científicos sociales dan a los hechos que acontecen en la *polis* (el "pensar" la política). Esto, más allá de toda pretensión de neutralidad valorativa u objetividad, suele tener mayor o menor incidencia sobre las prácticas políticas concretas en la medida en que, como "insumos" teóricos, como información fáctica o como fundamentos normativos, ingresan en la acción política de diversas formas y a través de múltiples mediaciones.

Así, las dimensiones de la política como objeto de estudio o como campo de acción aparecen permanentemente tensionadas en las realidades históricas concretas y es sólo a la luz de esta tensión que puede comprenderse más afinadamente la magnitud de un determinado pensamiento y de las ideas de un autor que se propuso reflexionar y dar cuenta de los fenómenos políticos de la historia o de su propia época. Y aquí es preciso destacar la importancia de conocer la génesis histórica de un concepto dado, el contexto de su producción y la trayectoria intelectual de su autor, para poner a prueba su riqueza explicativa en la realidad que pretendió comprender y en el presente, en la medida en que tenga un carácter universalizable y no estrechamente acotado en términos temporales.

Siguiendo este criterio, para analizar estos conceptos y sopesar las implicancias teóricas y prácticas que puedan tener en la actualidad, nos centraremos en las formulaciones de dos autores clásicos: Max Weber[*] y Antonio Gramsci,[**] indisolublemente ligados al alcance y difusión contemporánea de estas categorías analíticas. Ambos pensadores son "clásicos" en el sentido que plantea Bobbio (1985), es decir que: a. son intérpretes auténticos y únicos de su tiempo, para cuya comprensión se utilizan sus obras; b. siempre son actuales y cada generación los relee; c. han construido teorías-modelo o conceptos clave que se emplean en la actualidad para comprender la realidad. Pero hay un interés adicional que nos lleva a referirnos a ellos. Los dos son claros ejemplos de las diferentes opciones relativas a la acción y a la reflexión política, y por eso resulta pertinente dar cuenta de cómo se ubicaron en sus respectivos momentos históricos respecto de las cuestiones políticas fundamentales de su época. Y son, además, ejemplos cabales de la tensión entre analizar y actuar en política.

Tanto el alemán como el italiano estuvieron profundamente comprometidos con la vida política de su tiempo y participaron en ella, aunque de manera muy distinta. Mientras Weber estaba convencido de las bondades del sistema capitalista e intentaba pensar las formas de desarrollarlo en su Alemania natal, lo cual incluía no sólo la articulación de los estratos superiores sino la incorporación ordenada de los obreros en la vida material y política, Gramsci quería cambiarlo radicalmente y todo su afán intelectual y su práctica política se encaminaron hacia esa finalidad. En tanto Gramsci consagró su vida entera a la militancia política activa, fue fundador y dirigente del Partido Comunista Italiano y padeció la cárcel hasta su muerte por no abjurar de sus convicciones, Weber tuvo una relación más mediada y compleja con los movimientos políticos de su época y fue transformando sus posiciones desde un cierto liberalismo nacionalista conservador en su juventud, hasta posturas democrático-parlamentarias mas pragmáticas y reformistas al final de su vida.

Weber, como sostiene su esposa y biógrafa, "creía que el reconocimiento de la realidad y su dominio por el intelecto sólo podían ser el primer paso hacia la formación directa de la realidad por la acción. Parecía ser un luchador y gobernante nato, aún más que pensador innato. La cuestión era saber si podría encontrar la forma apropiada, si su época le ofrecía un material apropiado para la cristalización de estas fuerzas. Él mismo, en un período posterior, pensó en dedicarse a la política práctica" (Marianne Weber 1995:192). Pero nunca llegó a plasmar su voluntad de acción en una práctica política concreta, en el sentido más clásico de la participación partidaria y militante. Su afán se concentró en el análisis riguroso de la realidad y su origen histórico, algo que consideraba indispensable para incidir activamente, políticamente, sobre ella.

Gramsci, fiel a la tradición marxista en la que se inscribe, también pensaba que era imprescindible conocer en profundidad la realidad que se pretende cambiar. Estaba convencido de que sólo con una comprensión rigurosa de los datos que ofrece esa realidad resulta posible armar una estrategia acertada para la transformación revolucionaria. Es en ese contexto que se entiende su famosa frase "pesimismo de la inteligencia, optimismo de la voluntad". Esto es, hace falta conocer y aceptar las condiciones dadas tal como son y no como se desearía que fueran, para entregarse con total energía y entusiasmo a la azarosa empresa de cambiarlas en favor de las clases subalternas.[1]

---

[1] Como afirma Gruppi: "Es necesario profundizar más en la diferencia esencial entre la posición gramsciana –nosotros la llamamos marxista– y la idealista; la marxista consiste en afirmar que el proceso histórico es un proceso de acción, en que teoría y práctica se unen a

Así, en Gramsci el pensamiento es una relación en la que comprender significa "saber" pero también "sentir", lo que lo lleva a la preocupación por saldar la separación entre unos intelectuales que "saben" pero no "comprenden" ni "sienten" y una esfera popular que "siente" pero no "comprende" (Campione 2000). Es a partir de esta relación dialéctica entre práctica y teoría que el intelectual debe alcanzar a "sentir las pasiones elementales del pueblo (...) No se hace política-historia sin estas pasiones, esto es, sin esta conexión sentimental entre intelectuales y pueblo–nación".[2] Aquí aparece un rasgo esencial del pensamiento gramsciano: la pasión, como elemento fundante de toda práctica política ligada a la razón. En las *Notas sobre Maquiavelo* dice: "Es cierto que prever significa solamente ver bien el presente y el pasado en cuanto movimiento (...) Pero es absurdo pensar en una previsión puramente 'objetiva'. Quienes prevén tienen en realidad un 'programa' para hacer triunfar y la previsión es justamente un elemento de ese triunfo. Esto no significa que la previsión deba siempre ser arbitraria y gratuita o puramente tendenciosa. Se puede decir mejor que sólo en la medida en que el aspecto objetivo de la previsión está vinculado con un programa, adquiere objetividad: 1) porque sólo la pasión aguza el intelecto y contribuye a tornar más clara la intuición; 2) porque siendo la realidad el resultado de una aplicación de la voluntad humana a la sociedad de las cosas, prescindir de todo elemento voluntario o calcular solamente la intervención de las voluntades ajenas como elemento objetivo del juego general mutila la realidad misma. Sólo quien desea fuertemente identifica los elementos necesarios para la realización de su voluntad" (1978: 63).

El tema de la razón y la pasión también es un clásico weberiano. El cierre de su célebre conferencia "La política como vocación" es un ejemplo de esta combinación, que lo acerca mucho más a la concepción de Gramsci de la política de lo que cabría suponer por sus diferentes posiciones. "La política consiste en una dura y prolongada penetración a través de tenaces resistencias, para la que se requiere, al mismo tiempo, pasión y mesura. Es completamente cierto, y así lo prueba la Historia, que en este mundo no se consigue nunca lo posible si no se intenta lo imposible una y otra vez. Pero para ser capaz de hacer esto no sólo hay que ser un caudillo, sino también un héroe en el sentido más sencillo de la palabra. Incluso aquellos que no son ni lo uno ni lo otro han de armarse desde ahora de esa fortaleza de ánimo que permite soportar la destrucción de todas las esperanzas, si no

---

fin de superar las contradicciones de la sociedad (...)"; véase "Las relaciones entre pensamiento y ser en la concepción de Gramsci" (1965: 191).

[2] Citado en Mondolfo (1969: 234).

quieren resultar incapaces de realizar lo que hoy es posible. Sólo quien está seguro de no quebrarse cuando, desde su punto de vista, el mundo se muestra demasiado estúpido o demasiado abyecto para lo que él le ofrece; sólo quien frente a todo esto es capaz de responder con un 'sin embargo'; sólo un hombre de esta forma construido tiene 'vocación' para la política" (1997: 178-9).

Si bien la racionalidad, para Weber, es el pilar indiscutido de las formas de desarrollo modernas –capitalistas–, las emociones y los valores tienen un papel central a la hora de provocar los cambios necesarios para evitar que la maquinaria inanimada de la burocracia –paradigma de la racionalidad–, devore la individualidad. Es más, lograr el equilibrio entre pasión, responsabilidad y mesura es, para él, la clave de toda acción política efectiva.[3] Para Gramsci, la solución para la tensión entre pasión y razón está en la constitución de una intelectualidad "orgánica" de las clases subalternas, que se organice mediante el partido revolucionario,[4] al que denomina, remitiendo a Maquiavelo, el "Príncipe Moderno". La función del partido, en tanto "intelectual colectivo" es alcanzar la "organicidad" entre teoría y práctica, que es condición indispensable para la transformación revolucionaria, conquistando y organizando una nueva hegemonía que dé lugar a una "voluntad colectiva nacional-popular".

Weber, en tanto, se preocupa por encontrar una salida política al dilema de hierro que en las sociedades moderna plantea la existencia inexorable de un aparato burocrático que sigue la lógica de la racionalidad formal, pero que entraña el peligro de autonomizarse y aniquilar la voluntad individual. De esta forma la sociedad moderna, tecnológica y racionalizada, le parece una "jaula de acero donde el hombre es aniquilado por la petrificación mecánica del conjunto de las relaciones humanas" (Traverso 2001: 51). Y de ahí su incesante búsqueda, en la política, de una acción capaz de intervenir en un proceso "inevitable": la transformación del mundo en una máquina sin vida, la "coagulación" de su espíritu. De esta forma, la pregunta de cómo conjugar razón y sentimientos –el campo de lo "irracional"– se constituye en el dilema clave de la concepción weberiana de la dominación.

---

[3] En *El político y el científico*, Weber (1997) se pregunta cómo hacer para que la pasión ardiente y la mesurada frialdad vayan juntas. "La política se hace con la cabeza y no con otras partes del cuerpo o del alma. Y, sin embargo, la entrega a una causa sólo puede nacer y alimentarse de la pasión, si ha de ser una actitud auténticamente humana y no un frívolo juego intelectual".

[4] En cuanto "intelectual colectivo" el moderno Príncipe ("...) no puede ser una persona real, un individuo concreto, pude ser sólo un organismo, un elemento social complejo, en el cual tenga ya comienzo el concretarse de una voluntad colectiva reconocida y afirmada parcialmente en la acción" (*Notas sobre Maquiavelo*).

Durante la Primera Guerra Mundial, Weber sostuvo la política expansionista y militarista alemana, pero luego reconoció autocríticamente el fracaso de esa orientación. Gramsci, por el contrario, adscribió activamente a la posición internacionalista de los socialistas de su tiempo y adhirió a las posturas a favor de la neutralidad, pero no simplemente abstencionistas, sino de una neutralidad *activa* y *operante*, ya que creía que los pueblos debían resistirse a ser arrastrados a las guerras interimperialistas por las clases dominantes de cada país. En 1918, ya hacia el final de su vida, Weber defendió la idea de una república democrática y federal, renunciando al punto de vista imperialista. De este modo, el alemán asumió la inevitable democratización del Estado y la necesaria quiebra de la hegemonía prusiana. Tuvo incluso una aproximación relativa a la social-democracia y aceptó participar en la redacción de la constitución de Weimar. Para Weber, el problema político fundamental era el de la debilidad e inconsecuencia de la burguesía alemana, incapaz de asumir su protagonismo histórico. Como solución planteó la conveniencia de reforzar el papel dirigente del Parlamento frente a la pesada maquinaria de la burocracia prusiana y una versión específica de democracia representativa como instrumento frente al despotismo burocrático y la demagogia. Defendió un régimen de democracia acotada, con rasgos plebiscitarios, donde los elementos irracionales del carisma pudieran ser refuncionalizados con el objetivo de facilitar que las masas se identificaran con el Estado y lo defendieran frente a la subversión extremista, revolucionaria y reaccionaria.[5]

No obstante, Weber nunca pudo decidirse a tener una militancia activa y un compromiso más explícito con un partido concreto. En ello influía profundamente tanto su actitud crítica y escéptica como su postura teórica, atada a su vocación de académico riguroso que le exigía intentar producir conocimientos lo más objetivos posibles, capaces de esclarecer y orientar una práctica política entendida en el sentido de intervenciones políticas mesuradas y no meramente partidaria. En palabras de Aron: "Max Weber fue hombre de ciencia y no hombre político ni hombre de Estado, aunque sí, ocasionalmente, periodista político. Estuvo, sin embargo, apasionadamente preocupado por la cosa pública durante toda su vida y no dejó nunca de experimentar una especie de nostalgia de la política, como si la fina-

---

[5] Para comprender en qué dirección analizaba la complejidad político-social de Alemania, es necesario recordar sus palabras en la conferencia pronunciada en la "Oficina de defensa contra la propaganda enemiga del Ejército de Austria–Hungría", en el verano de 1918: "En mi opinión, no existe ningún medio capaz de desarraigar las convicciones y esperanzas socialistas. La cuestión es únicamente si este socialismo es de tal naturaleza que resulta tolerable desde el ángulo de los intereses del Estado y, sobre todo en el momento presente, desde el ángulo de los intereses militares" (Weber 1999: 349).

lidad última de su pensamiento hubiera debido ser la participación en la acción" (1997: 9).

La potencia intelectual de Gramsci, su interés por el estudio exhaustivo de la realidad italiana estaba animado por la indudable voluntad de transformarla de manera revolucionaria. Su afán de estudio, de saber, se subordinaba a la necesidad de entender los mecanismos de la dominación capitalista, para establecer, en consecuencia, las estrategias posibles para enfrentarlo con éxito. Ello no quiere decir que Gramsci no procurara generar un conocimiento "objetivo". Por el contrario, su producción –y principalmente la carcelaria– no estaba destinada a la disputa partidaria o a la propaganda político-ideológica, sino a desentrañar la realidad en sus significados últimos, único camino viable para transformarla, como él mismo subrayaba. De ahí su profundo estudio de la "cuestión nacional" en Italia y su constitución como Estado unificado, problema clave planteado por la escisión entre un norte próspero y un sur económica, cultural y socialmente atrasado. A Weber, por su parte, le importaba la estabilidad de un orden capitalista al que valoraba como el único racionalmente viable y deseable. Y si, por un lado, su producción más académica intentaba dar cuenta de su desarrollo en Occidente, ligado a la noción de racionalidad como concepto que permitía describirlo con cierta "objetividad", por el otro, en sus escritos políticos, procuraba dar respuestas más concretas, salidas políticas específicas para la Alemania de su tiempo.[6]

La legitimidad weberiana

Por eso resulta interesante analizar cómo conceptos teóricos como el de *legitimidad* desarrollado por Weber y el de *hegemonía* acuñado por Gramsci se pueden leer en el entramado de problemas de la coyuntura histórica específica que determinaban los intereses de sus autores.

La preocupación de Weber se orientaba a analizar la capacidad de los gobernantes y sus aparatos para obtener obediencia y el problema de la aceptación de la autoridad y de sus órdenes. Esto, ciertamente, tenía mucha relevancia en un momento como el fin de siglo XIX y el comienzo del XX, en el que frente a la ausencia de un liderazgo burgués fuerte que condu-

---

[6] Es interesante subrayar que Gramsci, a diferencia de Weber (quien indaga las condiciones de posibilidad y fundamentos de toda dominación a través de construcciones conceptuales puras –tipos ideales– sin que puedan corroborarse en la realidad histórica), excluye la posibilidad de considerar una objetividad científica en el sentido de una descripción pasiva del mundo. La construcción teórica para Gramsci no es "objetiva" si existe por fuera del hombre, por fuera de la historia: "la validez del pensamiento se demuestra en la actividad práctica" (véase Gruppi 1965: 190, y Papi 1965: 165).

jera el desarrollo capitalista en Alemania emergía una intensa activación de los obreros en partidos de clase y sindicatos masivos. La percepción de los cambios en la naturaleza de la dominación política clásica y los peligros que ello entrañaba preocupaban a Weber. Como señala su biógrafa, los problemas prácticos del industrialismo moderno estaban en la conciencia de la "gente pensante" y, desde los años setenta del siglo xix, "volvió a ser claro para pequeños grupos de la burguesía que si se querían evitar unos infortunios inminentes, habrían de preocuparse por las cuestiones sociales" (Marianne Weber 1995:159). Weber tenía muy claro que sólo una clase dirigente que pensara la totalidad, pasando por sobre sus intereses particulares e inmediatos, podía conducir los destinos de una nación hacia el desarrollo sostenido. De ahí su crítica a los *junkers* alemanes y a su utilización del Estado en beneficio propio. Es aquí donde se origina la preocupación weberiana por analizar el problema de la aceptación del poder y de la continuidad de la obediencia en la sociedades modernas, es decir, por indagar en los fundamentos de la dominación legítima.

El tema de la *legitimidad* de una dominación se enlaza íntimamente con la concepción del Estado de Weber, quien establece una diferencia entre *poder*, entendido como "probabilidad de imponer la propia voluntad, dentro de una relación social, aun contra toda resistencia y cualquiera que sea el fundamento de esa probabilidad" (1984: 43), y *dominación*, que es la "probabilidad de encontrar obediencia dentro de un grupo determinado para mandatos específicos (o para toda clase de mandatos)" (*idem*: 170). Es decir que el elemento de la obediencia, aspecto interno de los dominados, convierte a la mera fuerza para imponerse –poder–, en algo distinto –dominación–, que supone aceptación. Más adelante, Weber señala que "obediencia significa que la acción del que obedece transcurre como si el contenido del mandato se hubiera convertido, por sí mismo, en máxima de su conducta; y eso únicamente en méritos de la relación formal de obediencia, sin tener en cuenta la propia opinión sobre el valor o desvalor del mandato como tal" (*idem*:172).

La cuestión de la dominación nos remite de manera directa a la del Estado. Para Weber, el Estado expresa la dominación a partir de su medio específico, sociológicamente hablando, sin el cual no puede existir como tal: la coacción. Así, dirá que "el Estado es aquella comunidad humana que en el interior de un determinado territorio –el concepto de 'territorio' es esencial a la definición– reclama para sí (con éxito) el monopolio de la coacción física *legítima*. Porque lo específico de la actualidad es que a las demás asociaciones o personas individuales sólo se les concede el derecho de la coacción física en la medida en que el Estado lo permite. Éste se considera, pues, como fuente única del 'derecho' de coacción" (*idem*:1056). El Estado se define, en última instancia, a partir de su medio específico: la fuerza física (*idem*: 1056).[7] La monopolización de la fuerza es la condición necesaria para que exista el Estado en el sentido moderno de la palabra, si bien no es su condición suficiente, ya que ningún poder se sostiene exclusivamente por la fuerza. Weber dirá que un Estado puede renunciar al monopolio del poder ideológico y del económico, pero no al coactivo, sin dejar de ser Estado, porque significaría la vuelta al Estado de naturaleza hobbesiano. Si bien Weber no cita a Hobbes, recoge su idea del Estado como producto de la renuncia al uso de la fuerza individual, de ahí que lo considere el poseedor exclusivo del poder coactivo.

La fuerza debe pretender ser *legítima*, es decir, aceptada como tal por los dominados. Y es allí, en la pregunta por la continuidad del dominio político, donde Weber analiza los fundamentos de validez que dan sustento a una dominación y la tornan estable: "El Estado, lo mismo que las demás asociaciones políticas que lo han precedido, es una relación de *dominio* de hombres sobre hombres basada en el medio de la coacción *legítima* (es decir, considerada legítima). Así, pues, para que subsista es menester que los hombres dominados se sometan a la autoridades de los que dominan en cada caso. Cuándo y por qué lo hagan, sólo puede comprenderse cuando se conocen los *motivos internos de justificación* y los medios externos en los que la dominación se apoya" (1984: 1057).

Aunque se esté apelando, de manera constante, a la existencia de una motivación subjetiva que anima la acción social, no es ésta la que parece preocuparlo verdaderamente a Weber. Las razones por las cuales los hombres "creen" es un problema de la psicología, nos dirá, expresión que nos permite orientar el análisis hacia otro punto de su preocupación: la supervivencia de un orden social determinado. Desde esta perspectiva el concepto mismo de (presunción de) legitimidad interpela a la dominación en el sentido de su estabilidad y previsibilidad, condiciones necesarias para el desarrollo de la vida social. La legitimidad se refiere, entonces, a los mecanismos más generales que internalizan una suerte de aceptación a una determinada organización de la dominación, es decir, es el "modo según el cual las estructuras políticas son aceptadas por los agentes del sistema" (Buci-Glucksmann 1978: 77). El problema que surge de inmediato, muy atinadamente subrayado por Bobbio, es que sólo un poder legítimo está

---

[7] "La comunidad política, aún más que otras comunidades con carácter de 'instituto', está constituida de tal modo y plantea tales exigencias a sus participantes, que gran parte de éstos solamente han de cumplirlas porque saben que detrás de ellas esta la posibilidad de que se ejerza una coacción física" (Weber 1984: 662)

llamado a perdurar y sólo un poder duradero y constante puede constituir un Estado. Weber destaca que un contenido mínimo del Estado puede ser el de garantizar el dominio de hecho sobre el territorio de manera "continuada". La comunidad política se diferencia de otras formas de comunidad, precisamente, "sólo por el hecho de su existencia particularmente duradera y evidente". La cuestión se complejiza cuando se trata de establecer si la obediencia habitual y la eficacia de un ordenamiento han de considerarse como el único fundamento de la legitimidad de ese ordenamiento, o si son meramente la "condición" de su validez (como sostiene Kelsen, que distingue legitimidad de efectividad); o si son sólo prueba empírica o histórica de la legitimidad (cuando los mandatos son obedecidos es señal de que los destinatarios están convencidos de su legitimidad). Coincidimos con Bobbio cuando entiende que a Weber no se lo puede encuadrar entre los que creen que la legitimidad es consecuencia de la efectividad, sino al revés. Ello equivale a decir que ningún ordenamiento llega a hacerse legítimo por el mero hecho de ser efectivo o de perdurar, sino que es efectivo sólo si puede contar con la legitimidad del poder que lo ha constituido.

Como explica Bobbio (1985), el principio de *efectividad* se basa exclusivamente en la constatación de la observancia habitual de las reglas, considerada como un *hecho externo*; el principio de *legitimidad*, por contraste, requiere que la observancia externa se referencie en un *acto interno* del que obedece ("asume el contenido del mandato como máxima de su propia actitud"). Según Weber, para saber por qué algunos individuos obedecen a otros hace falta conocer tanto los medios exteriores del poder (*fuerza monopolizada*), como los motivos internos de los súbditos (*principios de legitimidad*). Los *fundamentos* de la *legitimidad* son la *justificación interna* de la *obediencia*. Sólo el momento interno transforma el poder de hecho en poder de derecho. Y, puesto que el poder del Estado es un poder de derecho, el aspecto interno se convierte en un elemento esencial de la teoría weberiana del Estado. Weber lo explica así: "ninguna dominación se contenta voluntariamente con tener como probabilidades de su persistencia motivos puramente materiales, afectivos o racionales con arreglo a valores. Antes bien, todas procuran despertar y fomentar la creencia en su 'legitimidad'. Según sea la clase de legitimidad pretendida es fundamentalmente diferente tanto el tipo de la obediencia como el del cuadro administrativo destinado a garantizarla, como el carácter que toma el ejercicio de la dominación" (1984:170).

Y luego dice que "la 'legitimidad' de una dominación debe considerarse sólo como una *probabilidad*, la de ser tratada prácticamente como tal y mantenida en una proporción importante. Ni con mucho ocurre que la obediencia a una dominación esté orientada primariamente por la creencia en su legitimidad. La adhesión puede fingirse por individuos y grupos enteros por razones de oportunidad, practicarse efectivamente por causa de intereses materiales propios, o *aceptarse como algo irremediable en virtud de debilidades individuales y de desvalimiento*. Lo cual no es decisivo para la clasificación de una dominación. Más bien, *su propia pretensión de legitimidad, por su índole la hace 'válida'*, en grado relevante, consolida su existencia y codetermina la naturaleza del medio de dominación. Es más, *una dominación puede ser tan absoluta por razón de una comunidad ocasional de intereses entre el soberano y su cuadro frente a los dominados y encontrarse de tal modo asegurada por la impotencia militar de éstos, que desdeñe toda pretensión de 'legitimidad'*. Sin embargo, aun en este caso, la clase de relación de la legitimidad entre el soberano y su cuadro administrativo es muy distinta según sea la clase de fundamento de la autoridad que entre ellos exista, siendo decisiva en gran medida para la estructura de la dominación" (*idem*: 171-2).

Es interesante detenerse en este pasaje. En primer lugar, cabe subrayar que lo importante, para Weber, no es la legitimidad en un sentido esencialista y abstracto, establecida de manera "objetiva", sino la *pretensión* (la aspiración subjetiva de quien domina) sobre la que se asienta la dominación para obtener obediencia. Por eso destaca que la obediencia a una dominación no necesariamente debe estar orientada por la creencia cierta en su legitimidad. En segundo lugar, aquí podría plantearse una suerte de equivalencia entre dominación (sin pretensión de legitimidad) y poder, tal como lo define Weber. Sin embargo, él sigue estableciendo una referencia a algún tipo de legitimidad (justificación) y no remite a su definición de poder cuando lo que prima, por ejemplo, es la superioridad militar. Pero, curiosamente, remite la legitimidad, en el caso de supremacía del aparato de coerción, al cuadro administrativo, es decir, a la estructura sobre la que se afirma la dominación en su sentido más esencial: el ejercicio del monopolio de la violencia.

Bobbio sostiene que el punto de vista de Weber es *subjetivo*, ya que parte de la actitud del sujeto legitimante respecto del poder a legitimar. Se basa en la afirmación weberiana de que lo importante es la "creencia" en la validez de lo que es racional según el valor o el fin, en la fuerza de la tradición o en la virtud del carisma. Y esta tripartición se corresponde con los tipos de *acción social* por él definidos: racional con arreglo a fines, racional con arreglo a valores, tradicional y afectiva. Sin embargo, esta subjetividad es relativa si se la compara con el pasaje anterior, en el que lo realmente significativo es la relación entre el dominante y su soporte (cuadro administrativo) antes que la relación entre quien domina y el conjunto de los dominados. Puede decirse que aquí también hay una mirada desde la subjetividad, que en este caso es la del propio dominante y su cuadro administrativo y no del conjunto de los dominados. Pero la cuestión, así planteada, denota la preocupación central que anima la formulación teórica de Weber. Fundamentalmente le interesa la *capacidad de los gobernantes y sus aparatos para obtener obediencia*, que requiere una justificación. Le importa el problema básico de la *aceptación de la autoridad y de sus órdenes*, lo que le confiere la perdurabilidad y la previsibilidad necesarias para el desarrollo del sistema capitalista. Esa aceptación, esa obediencia, tiene que encontrar un justificativo, y éste sólo formalmente debe basarse en una "creencia" de legitimidad por parte de los dominados. Lo que verdaderamente cuenta es que no sea una imposición cruda de poder físico, porque este tipo de dominación puede ser imprevisible y poco duradera (no logra justificación). Y aquí se introduce la visión que Weber tiene de la dimensión consensual: no se fundamenta en una creencia activa, realmente internalizada por una mayoría que sostiene la autoridad como legítima porque satisface sus aspiraciones vitales, materiales o simbólicas, sino en los signos externos que permiten confirmar su pretensión –formal– de legitimación-justificación.

En el esquema teórico de Weber, la dominación se vuelve no legítima y el cambio se torna factible "cuando desaparece en los súbditos la creencia en la legitimidad del poder al que deben obedecer: el carisma se debilita, la tradición se extingue, la ley se vacía de contenido". Pero Weber no abunda en explicaciones con respecto a este tipo de dominación "no legítima", lógica y empíricamente factible. No hay ningún apartado en su obra dedicado a definir la "dominación no legítima" como tipo ideal. El consenso se contenta aquí con la perdurabilidad de las órdenes emanadas del dominante y con la no manifestación explícita de desobediencia. De allí que cabría preguntar, cuando una dominación deja de ser legítima: ¿se convierte en mero poder, en imposición de la voluntad de quien domina por sobre cualquier oposición de los dominados? ¿O se abre el camino a la transformación revolucionaria, en el sentido de un cambio radical de la forma de dominación? ¿Toda dominación, entonces, es legítima por definición y, cuando no lo es, es sólo poder? Si bien Weber no define explícitamente el fundamento de un orden de dominación no legítimo, implícitamente nos ofrece respuestas: "el fundamento de toda dominación, por consiguiente de toda obediencia, es una creencia: creencia en el 'prestigio' del que manda o de los que mandan. Ésta raramente es unívoca en absoluto. (...) La dominación 'legal' nunca es puramente legal, sino que la creencia de la legalidad se ha hecho ya un 'hábito' y está, por tanto, tradicionalmente condicionada, la ruptura de la tradición puede aniquilarla. Y es también carismática en el sentido negativo: de que los fracasos notoriamente insistentes de todo gobierno en proceso de descomposición quiebran su prestigio y dejan maduros los tiempos para revoluciones carismáticas" (1984: 211). Estos posibles "desgastes" provocarían cambios, situaciones "disfuncionales" dentro del orden establecido, evidenciando, por otra parte, el papel relevante que adquiere la relación entre los gobernantes y sus aparatos administrativos en la continuidad del orden capitalista.

Aunque Weber no hace una periodización histórica de los tipos de dominación y, al definirlos como "tipos ideales", habilita a que en cada forma de dominación concreta se identifiquen los rasgos del tipo predominante, es obvio que la época del capitalismo avanzado se caracteriza por el predominio de una pretensión de legitimidad basada en las leyes. La dominación legal se distingue por su impersonalidad y se sustenta en el *principio de legalidad*, en virtud del cual sólo se considera *legítimo* y se obedece *el poder que se ejerce conforme a leyes establecidas*. El tipo más puro de dominación legal, a su vez el más racional, es el que se vale de un *aparato burocrático*. Históricamente, el proceso de racionalización del que nace la moderna empresa capitalista, observa Weber, va a la par del de legalización del poder, que es una de las manifestaciones a través de las cuales se puede captar el proceso de racionalización característico del Estado moderno. La legalización es el medio a través del cual el poder se racionaliza y con ello garantiza la *calculabilidad* de las acciones propias y ajenas, imprescindible para el desarrollo de empresas duraderas, sean políticas o económicas.

Como apunta Bobbio (1985), en Weber las categorías de legitimidad y legalidad, que tradicionalmente habían estado separadas, se superponen y confunden, lo que genera problemas. Mientras la legitimidad se refiere a la titularidad del poder (quién manda), la legalidad se relaciona con su ejercicio (cómo lo hace).[8] Pero en Weber, el poder legal adquiriría su legitimidad por el mero hecho de actuar dentro de las leyes establecidas, es decir, remitiéndose al principio del cual se deriva la pretensión de lograr la creencia en la legitimidad. La concepción básica es que cualquier norma jurídica puede crearse o modificarse siguiendo las reglas formalmente establecidas para hacerlo. Es decir, las leyes son legítimas si han sido sancionadas con-

---

[8] Bobbio (1985b) distingue entre legitimidad y legalidad. La primera se refiere al título del poder, o sea, que quien lo detenta tenga derecho a ello y no sea un usurpador. La segunda se refiere al ejercicio del poder, y supone que quien lo ejerza lo haga de conformidad con las reglas establecidas, que no sea un tirano.

forme a los procedimientos establecidos. Surgen entonces las siguientes preguntas: ¿basta la mera conformidad de la acción de los que detentan el poder a las leyes vigentes para consagrar su legitimidad, independientemente de cualquier fundamento u origen de las leyes? ¿El principio de legalidad es un criterio autosuficiente o reenvía a un principio ulterior material? ¿Cualquier ley, por haber sido sancionada de acuerdo con el procedimiento establecido, es legítima para todos, siempre y en todo tiempo y lugar? ¿Y con qué criterio se establece la legitimidad del procedimiento mismo? ¿Adónde hay que remontarse para establecer esa validez procedimental?

Weber distingue la legitimidad en virtud de una creencia racional con arreglo al valor ("lo que se tiene por valioso") de la legitimidad que se funda en la creencia en la legalidad de una regulación positiva (es válido si se respetó el procedimiento formal). Luego precisa que la legalidad puede ser legítima en virtud de un pacto entre los interesados o bien por el otorgamiento de unos hombres que tienen poder legítimo sobre otros que, a su vez, tienen disposición a obedecer. Esto quiere decir que no basta con que la norma haya seguido un procedimiento, sino que es preciso saber cómo se estableció la legitimidad misma de ese procedimiento. Entonces ¿cuál es el criterio último para definir la legitimidad de la legalidad? Weber no aclara si el poder es legítimo porque actúa conforme a las leyes establecidas, o más bien a leyes que tienen un determinado contenido, con lo que el principio de legitimidad debería buscarse fuera del principio formal de legalidad. Y aquí coincidimos una vez más con Bobbio en que no puede ser meramente formal, aunque Weber no analice este punto en forma exhaustiva.

Una cuestión central es que Weber no teoriza sobre el momento de la pérdida de legitimidad, sobre las razones del agotamiento de la "creencia" en la validez de un orden. ¿Por qué los ciudadanos, de pronto, dejan de creer en un ordenamiento legal o, en otras palabras, restan consenso? ¿Esto tiene que ver meramente con el respeto al tipo de reglas formales que se establecen para su sanción o hay otras cuestiones sustantivas que determinan la falta de respeto a las normas? El tema de la sustantividad, de la materialidad de las leyes, que tanto quería evitar Weber en sus análisis, parece difícil de eludir. Porque ¿en base a qué criterios puede decirse que se deja de respetar una ley? Tanto si la acción está orientada por una racionalidad ligada a los medios o a los fines, habrá un componente material subyacente, más o menos explícito, que permita identificar con alguna probabilidad explicativa el porqué del fin de esa creencia, la pérdida de consenso. Ello, por cierto, suele exceder lo meramente formal o procedimental.

Y es aquí donde las acciones de *gobierno* efectivas que consideraban Ferrero (1943) y Lipset (1963) impactan sobre la validación del régimen político y, a la postre, sobre la constitución básica del Estado mismo. Alrededor de 1940, el italiano Guillermo Ferrero también se planteaba el problema de la legitimidad, al afirmar que no es nunca un estado natural, espontáneo, sencillo e inmediato. "Por el contrario, es a la vez artificial y accidental, el resultado de un prolongado esfuerzo que puede frustrarse", ya que ningún gobierno nace legítimo y necesita del factor tiempo para que el pueblo se acostumbre a sus principios de legitimidad. Por eso observa que la legitimidad está precedida por un estado preparatorio, que llama de "prelegitimidad", y que un gobierno se convertirá en legítimo el día en que haya conseguido desarmar todas las oposiciones provocadas por su advenimiento, por lo que el poder conferido y ejercido estará de acuerdo con los principios y las reglas aceptados sin discusión por aquellos que deben obedecer. La legitimidad, entonces, es separada de la eficacia concreta de la gestión y se la remite a criterios de aceptación formal. Nada se dice del orden en sí mismo sino que sólo se remite a la cuestión política de la justificación y conservación del poder.

Los principios de legitimidad son, para Ferrero, justificaciones del poder, capaces de inmunizarlo contra el mal más terrible: el miedo de los súbditos. Un poder es legítimo cuando los procedimientos empleados para conferirlo, primero, y ejercerlo, después, están de acuerdo con esos principios y son reglas que se han extraído de ellos. Es esa conformidad y no el juicio sobre la eficacia la que establece el derecho de mandar, porque es una "constante" que puede ser verificada sin muchas dificultades. Un gobierno es legítimo cuando el poder es atribuido y ejercido según un principio de legitimidad aceptado por quienes obedecen, o al menos por su mayoría, y respetado por quienes mandan. Hay usurpación cuando el poder se funda en un principio de legitimidad que no es aceptado por quienes obedecen o que no es respetado por quienes mandan. Es necesario aclarar que la preocupación de Ferrero se centraba en cuestionar la legitimidad de regímenes como el fascista italiano y el nacionalsocialismo alemán, por lo que toda su teorización apuntaba a separar la supuesta eficacia de la gestión respecto de los fundamentos de la legitimación, que debían estar anclados en sistemas de reglas claras aceptadas por toda la sociedad.

La hegemonía gramsciana

El punto de partida de Gramsci en su análisis del Estado y la hegemonía es muy distinto del de Weber. Sin embargo, se refieren al mismo problema de la construcción del poder y a la inclusión de las formas que otorgan consenso a la dominación. Porque a Gramsci también le preocupa dilucidar la naturaleza de la relación de dominación que escinde a gobernantes y gobernados. Pero el italiano, a diferencia de Weber, no se contenta con encontrar los mecanismos formales que hacen de una relación de poder, de un ejercicio de fuerza, una dominación aceptada y por consiguiente legítima. Lo que le preocupa es saber cómo, a través de qué mecanismos, la dominación se convierte en hegemonía, es decir, incluye la aceptación del dominado, el consenso. Partiendo de desentrañar este mecanismo de construcción de poder, su objetivo final era enfrentarlo y superarlo para eliminar toda escisión entre gobernantes y gobernados.

La noción de consenso está inscripta tanto en el concepto de legitimidad weberiano, como vimos, como en el gramsciano de hegemonía. En ambos se enfatiza que, aun siendo la fuerza el "núcleo duro" que garantiza, en última instancia, la existencia de la dominación política duradera, siempre hay "algo más". Ese "algo más" remite a las formas en que es procesada la existencia de una instancia de dominación en una sociedad determinada. Es en esa búsqueda que Gramsci amplía la concepción del Estado y produce la consiguiente reformulación del concepto de hegemonía, ya presente en la tradición marxista, que es uno de sus aportes más significativos a la teoría del Estado contemporáneo.[9] La relación entre *coerción* y *consenso*, entre *dirección intelectual y moral* y *dominio*, entre *hegemonía* y *dominación*, indisolublemente ligadas a las bases materiales de la producción y la reproducción de la vida social, constituyen los términos nodales de la reflexión gramsciana de mayor relevancia para entender nuestras sociedades.

En las *Notas sobre Maquiavelo*, Gramsci dice: "Estado = sociedad política + sociedad civil, es decir, hegemonía acorazada de coerción". ¿Por qué amplía la noción de Estado incluyendo a la sociedad civil? Más allá de las contradicciones que aparecen en su producción carcelaria –como muy bien advierte Anderson (1978) respecto de los conceptos de Estado, sociedad civil y hegemonía–, es importante destacar que Gramsci, ahondando en

---

[9] Si bien el concepto de hegemonía no fue creado por Gramsci (ya lo empleaba Lenin y fue frecuentemente utilizado en los debates de la III Internacional), es necesario destacar que el concepto sufre mutaciones a lo largo de su pensamiento. Si en 1926 el término de hegemonía designaba la estrategia alternativa del proletariado y su dirección frente a las clases subalternas, ya en 1929, cuando comienza la redacción de sus *Cuadernos* en la cárcel de Regina Coeli de Roma, el concepto permite indagar en las distintas estructuras del poder de la burguesía en Occidente. Es a partir de esta reformulación que puede replantearse la constitución de la clase y su relación con la problemática estatal. Para este desarrollo véanse los capítulos "Estado, clase y aparatos de hegemonía" en Buci-Glucksmann (1978) y "Hegemonía y dictadura del proletariado en Lenin y Gramsci", en Anderson (1978).

esta problemática, pretende advertir que el fenómeno de la dominación en las sociedades capitalistas modernas es un proceso complejo en el que, además de los aparatos de coerción, que representan una especie de "límite último" que garantiza la permanencia del orden burgués, interviene toda una serie de mecanismos de transmisión ideológica tendientes a lograr un consenso que le otorga bases más sólidas a la dominación. Así, hace un análisis profundo de las formas mediante las cuales las clases dominantes conservan su supremacía en las sociedades del capitalismo desarrollado, que resultan resistentes a la "irrupción inmediata del elemento económico", a las contradicciones estructurales, a las crisis, sin que necesariamente deban apelar al recurso de la fuerza física para sostenerse en el poder.

Es decir que, lejos de producirse acomodamientos político-ideológicos simples y directos ante crisis o transformaciones económicas, como creían las interpretaciones economicistas y mecanicistas, las posibilidades de transformación radical de la sociedad que estos movimientos económicos parecían brindar se encontraban limitadas por la existencia de un denso entramado de instituciones reproductoras de los valores ideológicos y culturales de la sociedad capitalista. La no correspondencia inmediata de los fenómenos ideológico-culturales con los vaivenes de la economía, que ya había sido analizada por Marx,[10] es abordada por Gramsci en profundidad para entender cuáles son los mecanismos que determinan que las crisis económicas no resulten por sí mismas evidentes para las masas y no provoquen acciones políticas inmediatas. En esta indagación, justamente, adquiere relevancia el análisis no sólo del papel genérico de la ideología en las sociedades modernas, sino de las formas específicas que adopta en cuanto las

---

[10] En *La ideología alemana*, Marx plantea que las ideas dominantes en cada época histórica son las de la clase materialmente dominante. "La clase que tiene a su disposición los medios para la producción material dispone con ello, al mismo tiempo, de los medios para la producción espiritual, lo que hace que se le sometan, al propio tiempo, por término medio, las ideas de quienes carecen de los medios necesarios para producir espiritualmente". Ello nos permite entender que los hombres conciben el mundo de acuerdo con las condiciones en las que lo producen, de donde se sigue que aquellos que disponen de los medios materiales de producción, tienen también el dominio de la reproducción ideológica. Es decir, pueden difundir una visión del mundo acorde con la defensa y reproducción de sus intereses, y explicar su propio lugar de privilegio en el reparto social de modo de convertirla, en términos muy generales y abstractos, en la justificación "oficial" del estado de cosas que las coloca como ganadoras en el reparto de bienes materiales y simbólicos. "En efecto –dice Marx– cada nueva clase que pasa a ocupar el puesto de la que dominó antes de ella se ve obligada, para poder sacar adelante los fines que persigue, a presentar su propio interés como el interés común de todos los miembros de la sociedad, es decir, expresando esto mismo en términos ideales, a imprimir a sus ideas la forma de la universalidad, a presentar estas ideas como las únicas racionales y dotadas de vigencia absoluta" (Marx y Engels 1985: 50 y 52, respectivamente).

ideologías "organizan las masas, forman el terreno en el cual los hombres se mueven, adquieren conciencia de su posición, luchan, etcétera".[11]

El fracaso de la revolución en Occidente en la segunda década del siglo xx lleva a Gramsci a reflexionar sobre las causas profundas de la derrota y sobre la estrategia revolucionaria encaminada a la destrucción de un poder capitalista enormemente fuerte, resistente al colapso económico y a los períodos de crisis, que lograba recuperarse y alcanzaba una estabilización consensual. La confianza y el optimismo de los fundadores del materialismo histórico y de sus sucesores[12] en la factibilidad de un "derrumbe" inminente del capitalismo, dieron paso a una reflexión más aguda e intensa sobre las nuevas condiciones en que se desarrollaría la lucha del proletariado para construir el socialismo. La cuestión del Estado aparece, entonces, ligada a la necesidad de desentrañar la forma concreta que adquiere la supremacía burguesa, no con un afán teórico-cognoscitivo abstracto sino como requisito para implementar una lucha exitosa, una praxis política verdadera y eficazmente revolucionaria.

Del mismo modo que a Weber lo obsesionaba desentrañar las causas que habían frenado un desarrollo capitalista vigoroso en Alemania, a Gramsci le preocupaba conocer la génesis histórica de una realidad presente signada por la derrota del movimiento revolucionario y el ascenso del fascismo. Con esta perspectiva abordó el estudio del Estado italiano, desde su unificación hasta el régimen fascista. Porque su adscripción al internacionalismo no lo llevó nunca a descuidar el estudio de la cuestión nacional, aunque no con un afán "nacionalista", como Weber, sino como forma de descubrir las "vías italianas" de la revolución.

Vimos que, para Weber, aunque el recurso de la coacción es el rasgo esencial que define la existencia misma del Estado, sin el cual la comunidad política no puede llamarse tal, hace falta un plus: la legitimidad, que se logra mediante la creencia de los dominados en uno de los tres principios que la sustentan. Desde un campo teórico-político opuesto, Gramsci sostiene que la supremacía de la burguesía en el capitalismo desarrollado no se debe únicamente a la existencia de un aparato de coerción (Estado en sentido restringido), sino también a que logra mantener su poder median-

---

[11] Continuando con el legado de Marx para Gramsci es fundamental comprender las ideologías como producto histórico, como las "ideologías históricamente necesarias para una cierta estructura" (Gramsci 1998: 364).

[12] El propio Gramsci, en *L'Ordine Nuovo*, señalaba que "el comunismo es el porvenir próximo de la historia de los hombres y, con éste, el mundo encontrará su unificación no autoritaria, monopólica, pero no obstante, espontánea, por adhesión orgánica de las naciones" (citado por Santucci 1998).

te una compleja red de instituciones y organismos que se desarrollan en el seno de la sociedad civil.[13] Además de organizar y expresar su propia unidad como clase, esta red articula el consenso de las clases subalternas para la reproducción del sistema de dominación. La existencia del sufragio universal, de partidos de masas, de sindicatos obreros, de variadas instituciones intermedias, además de la escuela y la Iglesia, formas todas en que se expresa la complejidad de la sociedad civil capitalista de Occidente, hablan del denso entramado de relaciones sociales que co-constituyen a las fuerzas productivas. La supremacía, entonces, es algo más que la mera disposición de los Aparato Represivos del Estado, y se expresa en formas que exceden los límites del Estado en sentido restringido, para abarcar al conjunto de la sociedad civil.

"La supremacía de un grupo social se manifiesta de dos modos, como 'dominio' y como 'dirección intelectual y moral'", dirá Gramsci en su análisis carcelario sobre el *Risorgimento* italiano, estableciendo un "criterio metodológico" para el estudio de la hegemonía de la clase dominante.[14] Lo que con mayor énfasis quiere destacar es que la clase dominante ejerce su poder no únicamente de manera coactiva, sino porque además logra imponer una visión del mundo, una filosofía, una moral, unas costumbres, un "sentido común" que favorecen el reconocimiento de su dominación por las clases dominadas. Pero a su vez, y hay aquí una cuestión fundamental, la posibilidad de difusión de ciertos valores está determinada por las relaciones de compromiso que la clase dominante efectúa con otras fuerzas sociales, expresadas en el Estado, que aparece como el lugar privilegiado donde se establecen las pujas y se materializan las correlaciones de fuerzas cambiantes en "equilibrios", por definición "inestables", entre los grupos fundamentales antagónicos. Y en esta instancia también se hace presente la política de alianzas como elemento necesario para la conformación hegemónica de una clase social que, por otra parte, no se resume en aquella. Así, Gramsci dirá: "El Estado es concebido como un organismo propio de un grupo, destinado a crear las condiciones favorables para la máxima expansión del mismo grupo; pero este desarrollo y esta expansión son concebidos y presentados como la fuerza motriz de una expansión universal, de

---

[13] Es necesario señalar que el fascismo y el fracaso de las revoluciones de Occidente supusieron, desde la perspectiva gramsciana, un proceso de transformación política de la burguesía frente a la crisis del capitalismo liberal, en el cual aquélla recupera una parte de las demandas *de abajo,* quitándole toda iniciativa política autónoma a la organización obrera a través de la ampliación de las funciones estatales (véase "Estado y crisis en el debate de entreguerras", en Portantiero 1987).

[14] Véase "El problema de la dirección política en la formación y el desarrollo de la nación y del Estado moderno en Italia", en Gramsci (1998).

un desarrollo de todas las energías 'nacionales'. El grupo dominante es coordinado concretamente con los intereses generales de los grupos subordinados y la vida estatal es concebida como una formación y superación continua de equilibrios inestables (en el ámbito de la ley) entre los intereses del grupo fundamental y los de los grupos subordinados, equilibrios en donde los intereses del grupo dominante prevalecen hasta cierto punto, o sea, hasta el punto en que chocan con el mezquino interés económico-corporativo" (1978: 72).

En otro pasaje Gramsci destaca que uno de los logros históricos de la burguesía ha sido imponer, a través del Estado, una "voluntad de conformismo" en las masas basada en la aceptación de la función de esa burguesía como clase con respecto al conjunto de la sociedad y a la percepción que ella tiene de sí misma. "La clase burguesa se considera a sí misma como un organismo en continuo movimiento, capaz de absorber toda la sociedad, asimilándola a su nivel cultural y económico: toda la función del Estado es transformada: el Estado se convierte en 'educador', etc." (1978: 163). Pero, se pregunta Gramsci, "¿cómo se produce una detención y se retorna al concepto de Estado como fuerza pura? La clase burguesa está 'saturada': no sólo no se expande, sino que se disgrega; no sólo no asimila nuevos elementos sino que se desprende de una parte de ella misma..." (*ibidem*).

Vemos en este pasaje cómo la coerción, la fuerza, aparecen como consecuencia de la debilidad de la burguesía para presentarse ante la sociedad como "la sociedad misma" y, por ende, para efectuar compromisos con otras clases. Porque para que la clase dominante pueda presentar al Estado como organismo del pueblo en su totalidad es preciso que esta representación no sea enteramente falsa; es preciso que el Estado tome a su cargo algunos de los intereses de los grupos dominados. La clase dominante necesita, para hacer valer sus intereses, como decía Marx, presentar al Estado ante la sociedad como representante del conjunto del pueblo. Es en este sentido que Gramsci afirma que el Estado encuentra su "fundamento ético" en la sociedad civil: "cada Estado es ético en cuanto una de sus funciones más importantes es la de elevar a la gran masa de la población a un determinado nivel cultural y moral, nivel (o tipo) que corresponde a las necesidades de desarrollo de las fuerzas productivas y por consiguiente, a los intereses de las clases dominantes" (1978:161). Como lo expresa Piotte, "por la función hegemónica que ejerce la clase dirigente en la sociedad civil es por lo que el Estado encuentra el fundamento de su representación como universal y por encima de las clases sociales" (1973: 132). Y es así que el Estado ampliado articula el consenso necesario a través de organizaciones culturales, sociales, políticas y sindicales que, en el seno de la sociedad civil, se dejan libradas a la iniciativa privada de la clase dominante y en las que se integran las clases subalternas.

Aquí es interesante comparar el pensamiento de Garmsci con el de Weber, quien era consciente del papel que la burguesía debía cumplir desde el Estado en relación con el conjunto de la sociedad. Weber se declaró "nacionalista económico" y describió su política económica como servidora de la nación-Estado. Midió la importancia de las diversas clases de la jefatura política por los intereses de este Estado y llegó a la conclusión de que sólo una clase capaz de anteponer los intereses políticos y económicos de la nación a los suyos propios está capacitada para gobernar. Y éste dejó de ser el caso de los *junkers* prusianos cuando se transformaron en una clase empresarial: pidieron apoyo del Estado a expensas de los demás. Para Weber, "había que hacer una enorme labor de educación política entre todos los grupos si Alemania deseaba conservarse como un Estado de poder nacional y si se quería asegurar el futuro de una nacionalidad alemana de alta categoría" (1997: 235).

Un punto fundamental que diferencia las perspectivas de ambos autores es cómo piensan la posibilidad de que se rompa la supremacía de la clase dominante. Mientras Weber sólo plantea la hipótesis lógica de la pérdida de legitimidad de una dominación y no profundiza en la manera en que esta situación tendría lugar ni en qué consistiría una dominación no legítima en términos concretos, para Gramsci la cuestión es muy distinta. Precisamente, todo su afán intelectual está en desentrañar los mecanismos que determinan la crisis de hegemonía, ya que es a partir de ésta que puede pensarse en su ruptura y superación. Para Gramsci, cuando las clases dominantes no logran hacer avanzar a la sociedad, cuando no son capaces de absorber a toda la sociedad y desarrollar las fuerzas productivas, se produce una crisis orgánica, una crisis de hegemonía. La crisis orgánica es una ruptura entre la estructura y las superestructuras en el seno del bloque histórico: es el resultado de contradicciones que se han agravado como consecuencia de la evolución de las estructuras y la ausencia de una evolución simultánea de las superestructuras (Portelli 1985). "Si la clase dominante ha perdido el consentimiento, o sea, ya no es 'dirigente', sino sólo 'dominante', detentadora de la mera fuerza coactiva, ello significa que las grandes masas se han desprendido de las ideologías tradicionales, no creen ya en aquello en lo cual antes creían, etc. La crisis consiste precisamente en que muere lo viejo sin que pueda nacer lo nuevo, y en ese interregno ocurren los más diversos fenómenos morbosos" (Gramsci 1998: 313).

Para que se produzca una crisis orgánica[15] es necesario que la ruptura englobe a las clases "fundamentales", es decir, a la clase dominante, por una parte, y a la clase que aspira a la dirección del nuevo sistema hegemónico, por la otra. Porque también las crisis pueden desarrollarse dentro del mismo sistema hegemónico, poniendo frente a frente a la clase fundamental y a sus grupos auxiliares, o incluso fracciones de la clase fundamental entre sí. En crisis de este tipo, las clases subalternas permanecen excluidas o son sólo las fuerzas de apoyo de las fracciones en conflicto. Lo que demuestra, a su vez, la debilidad y la ausencia de autonomía de las clases subalternas, excluyéndose así la posibilidad de manifestación de una crisis orgánica. En caso de existir una crisis orgánica puede darse el caso en que "la vieja sociedad resiste y se asegura un período de 'respiro', exterminando físicamente a la elite adversaria y aterrorizando a las masas de reserva; o bien ocurre la destrucción recíproca de las fuerzas en conflicto..." (1978: 75).

Éste es un ejemplo de solución a la crisis por la vía de la utilización de la coerción. Pero siempre existe, por otra parte, alguna salida "reformista" que se desarrolla dentro de la misma estructura, para superar la crisis y restablecer la hegemonía. Y en ella pueden aparecer los "compromisos" que vuelvan a restablecer un cierto equilibrio inestable. Pero para que una situación revolucionaria, una crisis orgánica desemboque en una revolución es preciso que se encuentre desarrollada una fuerza que exprese el cambio subjetivo de la clase revolucionaria. "El elemento decisivo de toda situación es la fuerza permanentemente organizada y predispuesta desde largo tiempo, que se puede hacer avanzar cuando se juzga que una situación es favorable (y es favorable sólo en la medida en que una fuerza tal existe y está impregnada de ardor combativo). Es por ello una tarea esencial la de velar sistemática y pacientemente por formar, desarrollar y tornar cada vez más homogénea, compacta y consciente de sí misma esa fuerza" (1978: 75). Es decir, que exista una agrupación política, un partido capaz de dirigir el rumbo del descontento a la construcción concreta de una alternativa anticapitalista.

---

[15] Es interesante destacar que lo orgánico remite en Gramsci a un análisis que permita establecer "acertadamente" las fuerzas político-sociales "que operan en al historia en un cierto período". Los fenómenos orgánicos "producen una crítica histórico-social que afecta a las grandes agrupaciones, más allá de las personas inmediatamente responsables y más allá del personal dirigente (...) Los esfuerzos incesantes y perseverantes (puesto que ninguna formación social confesará nunca que está superada) constituyen el terreno, en el cual se organizan las fuerzas antagónicas que tienden a demostrar (...) que existen ya las condiciones necesarias y suficientes para que puedan, y por lo tanto deban, resolver históricamente determinados problemas" (1998: 411).

Para Gramsci, tanto como para Lenin, el "espíritu de escisión" de las clases subalternas, que las lleva a expresarse contra la opresión, debe ir acompañado por la construcción de un sistema hegemónico, para lo cual deberá cumplir un rol central la vanguardia, destinada a canalizar la espontaneidad dándole una dirección consciente a la rebelión. Porque, en caso contrario, las consecuencias de la crisis orgánica serán la victoria de la clase dominante, el aplastamiento de la dirección de las clases subalternas y la vuelta de éstas a la pasividad política. La crisis orgánica, en suma, es más que un dato objetivo al que necesariamente se le deberá sumar el elemento subjetivo, expresado por una vanguardia real, para lograr el triunfo revolucionario: es la expresión de una totalidad compleja en descomposición en la que intervienen, en un mismo movimiento, la objetividad y la subjetividad.

Ahora bien, frente al papel hegemónico que cumple el Estado se encuentra, en una relación dialéctica, la posibilidad para las clases subalternas de gestar una lucha contrahegemónica, de impulsar la construcción de una nueva hegemonía que transforme la relación existente entre estructura y superestructura en el bloque histórico dominante y conforme un nuevo bloque. La existencia misma de las contradicciones que se plantean en el seno de las superestructuras (sociedad civil + sociedad política), supone la posibilidad de generar una síntesis superadora que las resuelva. Al llamar la atención sobre el aspecto hegemónico de la dominación estatal, sobre la capacidad de producir consenso, adaptación, Gramsci pone el acento en la necesidad, para la clase obrera, de librar una batalla política e ideológica en el seno de la sociedad / Estado para lograr la superación del sistema capitalista dominante. Gramsci advierte que para "tomar" el aparato represivo y poder destruirlo es necesario desarticular el bastión ideológico que le da soporte y firmeza, que constituye la verdadera amalgama del sistema de dominación. Esta compleja dimensión de lo consensual es vista, a diferencia de Weber con su concepto de legitimidad, como sujeta a contestación permanente. De ahí la diferencia sustantiva para pensar la estabilidad y el cambio de los sistemas sociales que presentan ambos autores.

A modo de conclusión

Podemos afirmar, recapitulando, que tanto Weber como Gramsci entienden que la particularidad de la dimensión política de las sociedades modernas es la concentración de la violencia. Es decir, el ejercicio del poder en las sociedades capitalistas supone, como condición básica, poseer el control de los medios de coerción, de los Aparato Represivos. Ninguno de los autores aquí analizados desconoce (aunque, como hemos visto, los presupuestos teóricos y políticos desde los que parten son diametralmente opuestos) que hablar de política en la sociedad moderna supone comprender la lucha por el poder: los mecanismos y condiciones para garantizar la continuidad de la dominación de una clase, o bien la transformación radical del domino y su definitiva supresión. Repensar entonces las complejidades en torno de la dominación política, supone centrar el análisis en los procesos y mecanismos que limitan, contienen, esta lucha. De esta forma, Weber tiende a analizar los mecanismos que garantizan la obediencia al orden constituido, mientras Gramsci intenta desmembrar el porqué y también bajo qué condiciones es posible contener, asimilar u organizar las luchas inherentes a la relación entre las clases antagónicas.

Ambos autores abordan la complejidad de la dominación en una época en que la expansión capitalista iba generando, en las sociedades desarrolladas, la "socialización" política de amplios sectores populares. En este sentido, el desarrollo acelerado del capitalismo avanzado fuerza un proceso creciente de integración y asimilación de los sectores populares, a través de la ampliación de los espacios de participación. En este proceso, el italiano advertía que el Estado, lejos de presentarse como un mero "comité de gestión" compacto de la clase burguesa, ocupaba un lugar primordial tanto en la constitución y preeminencia de la clase dominante en cuanto tal, como en la preservación de las clases subalternas, indispensable para el mantenimiento del sistema. El Estado como "capitalista colectivo ideal" asumía, entonces, tareas integradoras para reproducir a la sociedad en su conjunto. Weber, en tanto, propiciaba que la clase burguesa entendiera y, educación política mediante, asumiera ese papel totalizador a través del disciplinamiento político y participación dentro del Parlamento.

En este contexto, los aspectos represivos de toda dominación se constituyen en su límite último. La dominación política en las sociedades modernas encuentra en la fuerza un respaldo crucial, pero ésta no garantiza, ni puede explicar, su continuidad. De ahí que Gramsci advirtiera que los medios de coerción se constituyen en la "fuerza de reserva" frente a los momentos excepcionales de crisis, mientras que el soporte fundamental del orden establecido lo conforman toda una serie de instituciones propias de la sociedad civil, a través de las cuales el modo de pensar y de actuar de los gobernantes se transmite, articula, y expande por medio de una red de una suerte de "trincheras" (en alegoría de lenguaje militar) que "protegen" su dominio. Los partidos políticos y los sindicatos de masas, al integrarse al sistema representativo, constituyen una base firme de "contención" de los desbordes populares y contribuyen a garantizar la pervivencia del sistema capitalista, en la medida en que logran, al decir de Anderson (1978), operar sobre la ilusión del "autogobierno" popular. De ahí la preocupación de Gramsci por "deconstruir" los soportes ideológico-culturales que estas instituciones representan para las clases dominantes, de desarticular los núcleos donde se asienta la preeminencia de la visión burguesa del mundo.

La extensión que hace Gramsci del concepto de hegemonía –que en la tradición marxista estuviera originalmente ligado a la clase obrera y su relación con las clases subalternas aliadas– al campo de la burguesía, apuntaba en la dirección de comprender mejor cómo se ejercía tal dominación burguesa. La combinación de coerción y consenso, que diferencia los polos de "dirección intelectual y moral" y mero dominio, especifica esta compleja noción de hegemonía. A través de esta categoría pasan a ocupar el primer plano "las formas en las cuales es creada y recreada la organización de las relaciones de clase" (Tamburrano 1965: 109). Así "las cuestiones políticas ya no conciernen a la sociedad capitalista como tipo abstracto de sociedad, sino a la sociedad capitalista nacional, y además no atañen a las relaciones típicas entre capitalismo y proletariado sino a las relaciones concretas entre la clase dirigente nacional y el proletariado" (*ibidem*). Configurar la correlación de fuerzas, los elementos activos de la realidad nacional supuso para Gramsci contextuar históricamente la voluntad política, delineando el horizonte único en el que el objetivo –deseable y posible– era la transformación radical de la sociedad capitalista.

Hegemonía y contrahegemonía, entonces, conformaban una antítesis indisoluble que implicaba la existencia de un bloque histórico y la posibilidad de construcción de uno alternativo. Así, el horizonte de transcendencia de la sociedad burguesa conllevaba colocar a ambos términos en un plano muy alto de abstracción, a partir de la constatación de una realidad histórica en la cual la existencia concreta de Estados socialistas entrañaba la posibilidad material efectiva de construir sociedades antitéticas a las capitalistas, más allá de los cuestionamientos –de variado tenor– que pudieran hacérsele a los "socialismos reales". De ahí que la contrahegemonía se planteara la confrontación total con el orden existente y su clase dominante y la sustitución por otro radicalmente distinto. Cuestionar la hegemonía burguesa significaba cuestionar el capitalismo mismo como sistema, a la par que librar la batalla por el socialismo.

Otro de los aspectos centrales de la hegemonía, a nuestro entender, es su aspecto material. En tanto expresión de una verdadera dirección de la sociedad en manos de la clase dominante, se crea una instancia en la que "cuanto más auténticamente hegemónica es una clase, tanto más permite a las clases adversarias la posibilidad de organizarse y constituirse en fuerza política autónoma" (Buci-Glucksmann 1978: 77), situación que trae aparejado un proceso continuo de luchas en las diversas instituciones garantes de la dominación. Las conquistas parciales, la estabilización del "equilibrio inestable", nos remite a un consenso ligado a la idea del consentimiento activo de las masas y no a su mera pasividad. Y este consentimiento no se expresa puramente como fenómeno ideológico abstracto, más allá de toda realidad concreta de las masas, sino que arraiga en la percepción profunda de sus condiciones de vida, aun tras la "lente distorsionada" que coloca el andamiaje ideológico de la clase dominante, y sobre la cual el propio Gramsci llamó tanto la atención. Aunque a Weber parecía preocuparle más el aspecto "formal" de la legitimidad en la dominación, no se descarta, como vimos arriba, pensar en la remisión a aspectos más sustantivos que la mera aceptación de la validez de principios legitimatorios, independientes de las consecuencias materiales que su aceptación conlleve a los dominados. La pérdida, por cuestiones materiales, de la creencia en la validez del principio en el que se asienta la pretensión de legitimidad de una dominación, aunque no teorizada como tal por Weber, está latente en su análisis y constituye un problema político crucial.

Hegemonía y legitimidad, entonces, son categorías de actualidad indiscutible para pensar los contextos actuales en los que se desarrolla la dominación política. La lectura del pensamiento potente de clásicos como Gramsci y Weber es, en tal sentido, de una productividad incuestionable.

---

* **Biografía:** Max Weber nació el 21 de abril de 1864 en Erfurt, Alemania. Fue el primogénito de ocho hermanos de una familia burguesa de buen pasar. Su padre era un abogado de fortuna –descendiente de industriales textiles– y fue parlamentario liberal nacional en tiempos de Bismark. Su madre era una mujer culta y piadosa, con marcados intereses humanitarios y religiosos que su marido no compartía, lo que generó fuertes conflictos en la pareja. De niño padeció una meningitis que lo dejó al borde de la muerte, hizo crecer notoriamente su cabeza y le provocó angustias nerviosas en los años siguientes. Weber estudió derecho, historia y economía en las universidades de Heidelberg y Berlín y se doctoró en 1889, con una tesis titulada *Contribución a la historia de las organizaciones de comercio en la Edad Media*. Por esa época ingresa en la Asociación de Política Social, una organización de eruditos, empresarios y funcionarios preocupados por la situación de la clase obrera y la cuestión agraria, a la que veían como un "tema nacional" a resolver. En 1893 se casa con su prima Marianne Schnitger, con la que no tuvo hijos. Al año siguiente es designado profesor ordinario de Economía en la Universidad de Friburgo. En 1896 acepta un cargo de profesor en ciencia política en la Universidad de Heidelberg. En julio de 1897 tiene un enfrentamiento fuerte con su padre, que fallece un mes más tarde. Un año después, comienza a padecer problemas nerviosos severos, que le impiden trabajar o hablar en público y le provocan reiteradas internaciones durante los años siguientes. Esto lo obliga a suspender su actividad académica regular: en 1899 renuncia a su cátedra. En el período de su convalecencia, desde 1901 en adelante, alterna viajes a Italia, Bélgica y Holanda con quehaceres eruditos, aunque

con frecuentes recaídas físico-mentales. En 1904 visita los EE.UU. para participar en un congreso científico internacional y queda muy impresionado por el papel de las sectas protestantes en la sociedad norteamericana, por el creciente proceso de burocratización estadounidense, y por la "maquinaria" de organización política. A su vuelta publica *La ética protestante y el espíritu del capitalismo*. En 1905, la Universidad de Heidelberg lo contrata para que investigue, liberándolo de las obligaciones regulares de la cátedra, que le pesaban mucho. Pero en 1907, al recibir una herencia, abandona toda otra actividad académica y se aboca exclusivamente a la labor científica. Con su esposa, activa dirigente feminista, tienen una intensa vida social y recibe en su casa a intelectuales como Georg Lukàcs y Ernst Bloch. A comienzos de 1909 funda en Berlín la Sociedad Alemana de Sociología, integrada por Ferdinand Tönnies, Georg Simmel y Werner Sombart. Entre 1909 y 1914, toma parte activa en los debates de la Asociación de Política Social sobre los juicios de valores, en los que defiende su idea de fundamentar con argumentaciones científicas.

Durante la Primera Guerra Mundial se desempeña como director de hospitales militares en Heidelberg. En 1915 fracasa en su intento de obtener un puesto político en Berlín y ser consultado sobre la cuestión polaca. En los años siguientes publica parte de sus investigaciones sobre sociología de la religión y escribe una serie de artículos para el periódico *Frankfurter Zeitung* sobre la situación política interna y externa de Alemania y su futuro tras la guerra. En 1918 acepta, con carácter de prueba, una cátedra de Economía Política en la Universidad de Viena. En el otoño de ese mismo año se produce en Alemania una profunda transformación política. Los acontecimientos revolucionarios de noviembre y el final de la guerra crean una situación política nueva que fuerza a los antiguos partidos a una reorganización. El sistema de partidos existente queda conmocionado, con excepción de los dos partidos socialistas. Frente al descrédito de los viejos partidos, Weber pensaba que había que sacar de su letargo a las capas burguesas y propone un programa de liberalismo progresista que estuviera dispuesto a colaborar con la socialdemocracia mayoritaria para sentar las bases de un nuevo orden democrático. En noviembre de 1918 ingresa en el recién creado Partido Democrático Liberal y en los meses siguientes despliega una intensa actividad proselitista en vistas a las elecciones de enero (donde su partido saca sólo el 18,6%). Critica al régimen anterior, especialmente por sus omisiones en la política exterior, pero también se distancia claramente de la revolución, cuyas realizaciones consideraba negativas. Si en un primer momento había hecho concesiones a la idea de la socialización de algunos sectores industriales, desde 1919 se opone a todos los experimentos socialistas. Creía que, con industrias nacionalizadas en Alemania, les sería más fácil a los aliados servirse de ellas para cobrarse las indemnizaciones de guerra, y que la socialización de las empresas bajaría el prestigio y la credibilidad del país. Para la reconstrucción sostenía que era indispensable la creación de una república democrática con una dirección fuerte y estaba a favor de una estructura federal, en la que los estados tuvieran una importante participación en la toma de decisiones y en la administración. En 1919 actúa como asesor en una comisión encargada de redactar el proyecto para la Constitución de Weimar, enseña en la Universidad de Viena y acepta un ofrecimiento de la de Munich, donde dicta la famosa conferencia "La política como vocación". Viaja a Versalles como parte de la Comisión Alemana del Armisticio. Muere de neumonía el 14 de junio de 1920, a los 56 años, cuando la primera parte de *Economía y sociedad* había entrado en prensa. La mayor parte de su obra se publica luego de su muerte. [Los principales datos biográficos son tomados de *Biografía de Max Weber*, de su esposa Marianne Weber (1995).]

** **Biografía**: Antonio Gramsci nació el 22 de enero de 1891 en Ales, Cagliari, en la isla italiana de Cerdeña. Es el cuarto de los 7 hijos de un matrimonio de la pequeña burguesía originaria del "mezzogiorno". Crece mal: una joroba diagnosticada demasiado tarde como tuberculosis vertebral lo aflige desde la primera infancia. Cuando Antonio –"Nino"– tenía 7

años, su padre va a la cárcel acusado de malversación de fondos de la oficina del Registro Civil donde trabajaba. Sobrevienen casi 6 años muy duros para la familia. No obstante, Gramsci culmina sus estudios primarios con las máximas calificaciones, pero las condiciones de la familia no le permiten inscribirse inmediatamente en la secundaria. En cambio, da su pequeña contribución a la economía doméstica trabajando en la Oficina del Catastro 10 horas diarias por el equivalente a un kilo de pan al día. El 31 de enero de 1904 su padre cumple su condena, es rehabilitado y obtiene un empleo de escribano en la Oficina del Catastro. Antonio puede inscribirse en una secundaria municipal cercana a su pueblo, donde culmina sus estudios.
En 1911 Gramsci obtiene una beca para jóvenes de bajos recursos y se traslada a Turín para estudiar en la facultad de Letras. Estudia filosofía y lingüística (glotología), pero a causa de su frágil salud –padece una suerte de anemia que le dificulta la concentración– y de graves problemas económicos –que lo llevan a enfrentarse con su padre–, no logra terminar sus estudios. En su adolescencia lee a Salvemini y a Croce, e influido por su hermano Genaro adhiere al socialismo sardo. En 1913 se incorpora al Partido Socialista Italiano y frecuenta a sus jóvenes compañeros Tasca, Togliatti y Terracini. Desde 1916 hace sus primeras armas en el periodismo en los semanarios socialistas *Il Grido del Popolo y Avanti!* Se libera del aislamiento de su vida de estudiante pobre y huraño visitando obreros, da algunas conferencias en los círculos socialistas y escribe íntegramente el número único del periódico de los jóvenes socialistas *La Città futura*, publicado el 11 de febrero de 1917. Ese año pasa a ser miembro del Comité provisional del PSI y se destaca publicando artículos sobre la revolución rusa que constituyen alegatos contra la ortodoxia de la II Internacional, junto a otros que emiten juicios críticos sobre el marxismo, como el célebre "La Revolución contra el capital", de noviembre de 1917. En 1919, la dirección del PSI decide adherir a la III Internacional, casi al mismo tiempo en que se funda el Movimiento Fascista. Ese año es también el del inicio del movimiento de los *consejos de fábrica*, que Gramsci acompaña desde el semanario *L'Ordine Nuovo* con escritos como "Democracia Obrera" y "El Consejo de Fábrica". A partir de febrero de 1920 se da un creciente movimiento de ocupaciones de fábricas y huelgas en Turín, y se desarrolla la *fracción comunista* dentro del PSI. El 1º de enero de 1921, *L'Ordine Nuovo* se convierte en diario, bajo el lema *"Decir la verdad es revolucionario"*. Y el 21 del mismo mes, el Congreso de Livorno deja fundado el Partido Comunista Italiano. En el siguiente mes de abril, tras el repliegue definitivo del movimiento de los Consejos, se produce un auge de la violencia fascista. Los socialistas firman poco después un "pacto de pacificación" con los partidarios del fascismo, dirigido expresamente a aislar a los comunistas. Buena parte de los años 1922 y 1923, mientras que el PCdI está bajo la dirección de Amadeo Bordiga (que mantiene una tendencia sectaria, reacia a aceptar la política de *frente único* que la Internacional Comunista preconiza a partir de su III Congreso) Gramsci los pasa en el extranjero. Primero en la URSS –donde conoce a Giulia Schultz, con quien se casa y tiene dos hijos: Delio y Giulio– y después en Viena. En abril de 1924 es elegido diputado al Parlamento italiano y en agosto del mismo año es nombrado secretario general del PCI. En el Congreso que se celebra en enero de 1926 en Lyon redacta las *Tesis* que fundamentarán la nueva política del PCI, en franca ruptura con la anterior línea de Amadeo Bordiga, sectaria y contraria al frente único. En el otoño de 1926 escribe *el Ensayo sobre la Cuestión Meridional*, que queda inconcluso pero es de todos modos un documento fundamental para la comprensión del problema nacional y social en Italia. Es detenido por el régimen de Mussolini el 8 de noviembre de 1926 e ingresa en la cárcel romana de Regina Coeli a los 35 años, iniciando una década entera de permanencia en prisión. Es famosa la consigna lanzada por el fiscal a cargo de la acusación: "debemos detener ese cerebro por al menos veinte años", que Gramsci hará fracasar palmariamente al escribir en la cárcel de modo incansable, pese a las malas condiciones del ambiente y de su propia salud. En 1929 comienza la

redacción de los *Cuadernos*, donde se plantea un plan de estudios de largo alcance, en el que ocupa un gran lugar la reflexión sobre el desarrollo político e intelectual italiano como forma de comprender la derrota frente al fascismo y de trazar una nueva estrategia revolucionaria. En 1934, el PCI revisa la política de *clase contra clase* y reabre la política de alianzas para enfrentar al fascismo, en la línea planteada desde antes por Gramsci, aunque sin la complejidad y riqueza de sus planteos. Durante el año 1935, en un momento no confirmado, Gramsci ya muy enfermo, es internado en una clínica sin dejar de estar prisionero. Interrumpe entonces los *Cuadernos*, de los que había escrito varios miles de páginas desde 1929. A fines de abril de 1937 es liberado, pero poco después, el 27 de mayo, sufre una hemorragia cerebral y muere a los 46 años. [Los datos biográficos se toman de Campione (1995) y Santucci (1997).]

Segunda parte
Capítulo 1
El itinerario de Althusser: la ruptura como creación

Clara Bressano y Nicolás Freibrun

"Hablo del único, del uno, del que siempre está solo"
(Jorge Luis Borges)
"¿Por qué callar lo que quema los labios?"
(Louis Althusser)

Introducción

En este capítulo nos proponemos rastrear y ahondar sobre la concepción del Estado que subyace al pensamiento de Louis Althusser en su contribución al debate sobre la teoría del Estado en el seno del marxismo y, más precisamente, sobre aquellos aportes que han sido definidos como tradición del marxismo occidental (Anderson 1998). Como casi todo pensamiento, el de Louis Althusser no se agota en las problemáticas referidas al Estado, combinándose en su cuerpo teórico una cantidad de temas y argumentos filosóficos que lo complementan y a su vez lo exceden. En ese sentido, nuestro propósito estará encaminado a profundizar sobre aquellas reflexiones y conceptos en que el autor se detiene más detalladamente a reflexionar sobre el Estado capitalista. No obstante esto último, creemos necesario contextualizar histórica y filosóficamente el "espíritu de época" en el que Althusser vio comprometida su participación política y teórica, desde la cual contribuyó en la elaboración y discusión de sus principales aportes. Asimismo, somos conscientes de que una presentación general que pueda acercarnos a las principales categorías desarrolladas por el autor es indispensable para comprender su noción y caracterización del Estado, puesto que las condiciones de conocimiento de sus categorías y de su cuerpo teórico se explican al interior de una totalidad teórica que les da sentido.

Inmerso en los grandes debates políticos y filosóficos que se inscriben en la segunda posguerra, Althusser entabló un diálogo permanente con las principales corrientes de pensamiento que florecían a la luz de los acontecimientos mundiales, urgidas por definir un nuevo entendimiento de la política y la sociedad. Si las consecuencias de la guerra alumbraban innumerables interrogantes, también comenzaba a dudarse de muchas de las certezas que habían dominado el recorrido del pensamiento occidental hasta el momento. Así, en la inmediata posguerra francesa, corrientes de pensamiento como la fenomenología y el existencialismo despuntaban de la mano de Jean-Paul Sartre[1] bajo las auspiciosas certidumbres de que la libertad, el ser y la conciencia eran finalmente las nociones que una Francia recién liberada incorporaba a sus lenguajes interpretativos sobre la sociedad. También, de la mano del Humanismo –que tenía también en Sartre a uno de sus referentes– (re)ingresaban a las discusión filosófica aquellos temas que tenían como centralidad explicativa el concepto de Hombre, inscribiendo así novedosas lecturas que el pensamiento de Marx (sobre todo del joven Marx) introducía en la época, contribuyendo finalmente a explorar los fundamentos del propio Karl Marx y de la tradición marxista hasta ese momento.[2] Si, como decíamos, la noción de Hombre recuperaba sus fuerzas teóricas, no menos potentes iban a ser las críticas recibidas por parte de lo que se dio en llamar la corriente "estructuralista" que se extendía alrededor de diversas disciplinas y protagonistas: desde el psicoanálisis de Jacques Lacan hasta la antropología de Claude Lévi-Strauss y la lingüística de Saussure pasando por el marxismo de Louis Althusser. Asimismo, es necesario subrayar que, si bien Althusser se sintió constantemente preocupado por la filosofía, el psicoanálisis y la teoría de la ideología, creemos de todos modos que sus preguntas teóricas tienen siempre como referencia y punto de partida las relaciones y discusiones políticas al interior del marxismo. Es preciso, por lo tanto, detenerse brevemente en aquello que dio en llamarse el "marxismo estructuralista" de Althusser para comprender algunos de sus principales postulados y, posteriormente, adentrarnos de lleno en sus contribuciones sobre el Estado. De este modo, presentaremos sucinta-

---

[1] Destacamos a Jean Paul Sartre por ser el filósofo francés más representativo de la posguerra. Resumidamente, en sus escritos pueden encontrarse el existencialismo de Heidegger, la fenomenología de Husserl y la dialéctica de Marx. No obstante esto último, Sartre ha sido situado en el interior de la filosofía existencialista más importante del siglo xx.

[2] Las discusiones sobre el legado teórico de Marx han sido constantes en las diversas corrientes de pensamiento y de los partidos políticos que se identificaron con su pensamiento.

mente el contexto en el cual Althusser comenzó a elaborar sus pensamientos en su intento de articular política y teoría a la luz de los principales acontecimientos de su tiempo.

Hombre y sujeto: los avatares del estructuralismo

En una entrevista que concedió en 1984 y en la que aparecen resumidas las principales inquietudes de su labor filosófica, Althusser señalaba que "es preciso tener claro que el antihumanismo teórico que sustenta el materialismo histórico implica la eliminación del concepto de 'Hombre' como concepto *central*, para la teoría marxista" (en Navarro 1998, subrayado en el original). Esta frase, que demuestra la preocupación de Althusser por problemas centrales de la filosofía también hacia el final de su vida, produjo hacia mediados de los años sesenta un escándalo entre los más importantes pensadores de la época, dividiendo las aguas filosóficas y políticas. Por entonces, también Michel Foucault –si bien con pretensiones políticas distintas a las de Althusser– podía decir que "antes del fin del siglo XVIII, el *hombre* no existía (...), pues (...) es una criatura muy reciente que la demiurgia del saber ha fabricado con sus manos hace menos de doscientos años (...)" (Foucault 1999, subrayado en el original). Si en el centro de ambas críticas aparecía el Hombre, para Althusser esa discusión, en principio filosófica, se encolumnaba parejamente detrás de la política, su principal estímulo y motor. Así –y más allá de sus explícitos rechazos– ambos autores fueron identificados con una corriente estructuralista en la cual no se reconocían. Para sus críticos, los estructuralistas participaban de una corriente que se destacaba por su "anti-humanismo" y su formalismo, disolviendo al hombre y al sujeto en una *combinatoria de estructuras* bajo las cuales participaban simplemente como efecto, recurso o materia prima del discurso, la lengua o la ideología, contraponiéndose a la conciencia, la libertad y la responsabilidad de las acciones humanas. No obstante esto, el denominado estructuralismo fue ganando terreno y extendiéndose a mayores disciplinas e interpretaciones de lo real. Como expresa críticamente Perry Anderson, "incluso en la cumbre de su productividad, el althusserianismo estuvo siempre en una íntima y fatal dependencia con el estructuralismo que le precedió y lo sobreviviría", pues para él, Althusser fusionó marxismo y estructuralismo conduciendo a "una versión del marxismo en

El marxismo cobijó diversas interpretaciones sobre Marx que derivaron en profundas discusiones estratégicas y políticas. En ese sentido podrían comprenderse las intervenciones de Louis Althusser a lo largo de su vida.

la que los sujetos fueron abolidos totalmente, a no ser como efectos ilusorios de unas estructuras ideológicas" (Anderson 1988).[3]

Si la vuelta al humanismo marxista representaba para Althusser una recaída en la ideología –noción sobre la cual nos explayaremos posteriormente–, esto se debía, más que a un capricho teórico o a un simple afán polemista, a que para él había sido el propio Marx quien, a partir de la "ruptura epistemológica"[4] expresada en sus textos de madurez, había establecido nuevas (otras) *problemáticas* teóricas y políticas y a que, por lo tanto, fundar una teoría centrada en la categoría de hombre o en el de esencia humana implicaba una lectura inocente[5] del mismo Marx y, por consiguiente, el desconocimiento de la revolución teórica que su pensamiento había producido. La radicalidad de Althusser en su lectura de Marx implicaba que "al rechazar la *esencia humana* como fundamento teórico de la filosofía, Marx rechazó todo un conjunto orgánico de postulados en la historia, la economía política, la ética y la filosofía misma" (Blackburn y Stedman Jones 1974, subrayado nuestro). Para Althusser, un cuerpo teórico puede ser ideológico o científico, siendo el primero identificado con el desconocimiento y la reproducción de lo inmediato, y el segundo con las posibilidades de conocer y producir otros conceptos explicativos de lo real. En su lenguaje, aquellas filosofías que invocaban al Hombre, a la naturaleza humana, a la esencia del sujeto, etcétera, no hacían más que quedar ancladas en el terreno de los conceptos ideológicos que ya el propio Marx había rechazado (Althusser 1999b). Puesto que Althusser reivindicaba una lectura de Marx donde las categorías y problemáticas humanistas y antropológicas habían sido liquidadas por otros conceptos y donde el sujeto era un "sujeto portador de estructuras" políticas, ideológicas y económicas, la crítica lo ubicó como el representante marxista al interior de una heterogénea corriente de pensamiento francés: el estructuralismo.

Sintéticamente, el debate en torno de esta nueva corriente de pensamiento se centró (no obstante sus grandes repercusiones y discusiones por

---

[3] Si bien no acordamos con todas las conclusiones que Anderson propone en su análisis de Althusser, creemos valiosos sus aportes por intentar desentrañar la relación entre sujeto y estructura en el seno del marxismo.

[4] A partir del concepto de *ruptura epistemológica* –concepto tomado de Gaston Bachelard– Althusser intenta pensar las transformaciones en la producción de todo conocimiento. La noción de ruptura se caracteriza por instalar otra *problemática* radicalmente diferente, modificando las categorías y conceptos que una teoría crea para dar cuenta de una realidad y un objeto determinado. En este contexto es preciso situar también la antinomia entre ciencia e ideología, que ocupará gran parte del pensamiento de Althusser.

[5] La lectura inocente es el reverso de la lectura sintomática ("*lecture symptomale*") que Althusser propone al comienzo de *Para leer El capital* y que supone una relación de "visibilidad" diferente entre texto y sujeto.

fuera de Francia) en la intelectualidad francesa de mediados de la década del sesenta y adquirió estatus de nuevo método científico en las ciencias sociales –como lo declarará Lévi-Strauss en una entrevista del año 1971– luego del mayo francés de 1968. Si bien será una corriente de pensamiento profundamente heterogénea, en la cual ni los supuestos padres o seguidores se reconocerán, se presentará como el método que agitará violentamente las concepciones vigentes en torno del hombre, la historia, el tiempo, el sujeto libre, etc, categorías principales del existencialismo sartreano, principal detractor del pensamiento estructuralista. Sin extendernos en un desarrollo de las distintas disciplinas que lo componen, estableceremos sucintamente los ejes sobre los cuales se reconoce la innovación del estructuralismo como cuerpo teórico, para así poder rastrear los elementos y configuraciones teóricas que identifican el pensamiento althusseriano con esta corriente.

Si bien el concepto de estructura no fue acuñado por Lévi Strauss ni por Saussure (considerados ambos autores como los precursores del estructuralismo), el mismo permitirá implementar un nuevo método en el análisis de las ciencias humanas, permitiendo la comprensión de las distribuciones y orden del todo social. Así, "el estructuralismo busca, por debajo de la polvareda de los hechos, el código secreto al cual obedecen. Trata de superar lo empírico para descubrir el orden que éste oculta" (Francovich 1973). Como método, establece que las estructuras, en tanto son relaciones y configuraciones creadas por la convivencia social, se imponen al hombre, no siendo éste un sujeto libre y aislado, sino que vive y actúa por encontrarse dentro de esa estructura. A través de su análisis pueden hallarse las relaciones que dan coherencia a la totalidad social y establecer las causas de lo que se manifiesta exteriormente. Por medio de dicho método, nos dirá Lévi-Strauss "se intenta captar las cualidades intrínsecas de determinados tipos de orden (...) y estas propiedades no expresan nada que sea externo a ellas". Cada estructura social tendrá una autonomía, lo que permitirá abstraerla de su condicionante histórica o coyuntural. Un ejemplo de ello puede rastrearse en lo que supuso para la lingüística la distinción entre *langue* y *parole* creada por Saussure. Para esta disciplina, la lengua, en tanto estructura global, se separa de los múltiples usos a los que pueden aplicarse los actos del habla particulares: "los contenidos acústicos reales del lenguaje son, en cierto modo, irrelevantes para el análisis de la *langue*, pues se trata de estudiar las relaciones formales entre sonidos, o signos escritos, no su propia sustancia" (Giddens 1997). Asimismo, la presencia del sujeto será absorbida por las configuraciones de la estructura, y de esta forma Lévi-Strauss establecerá que es el mito quien "actúa en la mente de los hombres, sin que éstos sean concientes de ello". Desde el psicoanálisis, Lacan encabezará el proceso de descentramiento del sujeto bajo la crítica del concepto cartesiano del "yo pienso"; establecerá que "el discurso del Otro es el origen tanto de la facultad del sujeto para emplear el *yo* como de la afirmación de existencia del *yo existo*". Por otro lado, se pondrá en cuestión desde la crítica literaria el problema del origen o, específicamente, del autor del texto. Así, para Derrida el lenguaje es necesariamente un producto anónimo que por lo tanto, en un sentido importante, carece de sujeto. El texto se "organiza en función del juego interno de significantes" (Giddens 1990) y, siendo una estructura cerrada y autónoma, el autor se torna irrelevante para su análisis. De esta manera, se desplaza la vieja concepción que entendía que la obra es producto y extensión del autor, producto de las situaciones que permitieron su creación.

Dentro de la multiplicidad de aristas y temáticas que permitió abordar el estructuralismo, la particularidad y nexo común –a pesar de su heterogeneidad– de este pensamiento pueden sintetizarse en la comprensión de toda realidad social como una totalidad estructurada y configurada por relaciones "ocultas" que determinan y explican lo manifiesto, lo visible y, por otro lado, la crítica al concepto de historia entendida como sucesión y desarrollo lineal de acontecimientos y cambios sociales. Así, las estructuras analizadas por las distintas disciplinan serán a-históricas, operando en cualquier tiempo y cualquier sociedad, no afectando las coyunturas y las acciones de los sujetos: el hablar, la realización de los rituales, los síntomas, sólo permitirán visualizar y manifestar las relaciones que articulan y permiten dichas acciones, es decir sus estructuras. Las distintas formas de sociedad, de habla, etcétera, estarán signadas no por una sucesión lineal de hechos o por un ordenamiento cronológico de acontecimientos, sino por las distintas temporalidades que configuran dichas culturas, relaciones, etcétera. De ahí que no existe propiamente progreso, pues "cada estructura social representa una adaptación a la realidad y todas son igualmente válidas desde el momento en que permiten a los hombres vivir en armonía con su medio y controlarlo" (Francovich 1973). Será el propio Sartre quien manifestará las implicancias filosóficas y políticas del menosprecio de la historia como proceso y desarrollo de acontecimientos y transformaciones sociales. En su crítica a Foucault, a propósito de la publicación del libro *Las palabras y las cosas,* dirá "Foucault sustituye el cine por la linterna mágica, el movimiento por una sucesión de inmovilidades. Además, reduce la historia a una serie de capas sucesivas, cada una de las cuales tiene un cierto tipo de pensamiento, sin explicar cómo se produce el paso de una a la otra. Para ello, tendría que hacer intervenir al hombre y eso es precisamente lo que no quiere".[6]

La polémica "Sartre *vs.* estructuralismo" abrió una serie de interrogantes que persisten en el momento de abordar el pensamiento político de Althusser. De esta manera, preguntas como ¿no se incurre en un fuerte formalismo si el análisis de lo social se explica a través de sus estructuras?, ¿el sujeto no queda confinado a mero elemento pasivo?, ¿la historia es la sucesión de estructuras o las capacidades de transformación y de creación del hombre?, encontrarán respuesta en Althusser a través de su impugnación del estructuralismo como pensamiento científico y, por otro lado, aceptando las críticas sobre su excesivo formalismo a la hora de establecer las condiciones de producción de la filosofía marxista. Althusser reconocerá su profundo teoricismo y su "coqueteo" con la corriente estructuralista, pero no se reconocerá estructuralista: "si no fuimos estructuralistas, sí podemos decir ya por qué; por qué parecimos serlo, pero sin serlo, y por qué este singular malentendido: fuimos culpables de una pasión fuerte y comprometedora: *fuimos spinozistas*" (Althusser 1975, subrayado en el original). A pesar de estas declaraciones, veremos en sus escritos la impronta de las categorías que predominaban en la corriente psicoanalítica lacaniana, así como también de crítica literaria.

En este sentido, alcanzar a esclarecer la intencionalidad política y la profunda discusión que introduce, es también el camino por el cual podremos aprehender la relación entre los conceptos de política y filosofía, preocupación central que recorre la vida intelectual de nuestro autor.

La filosofía como arma de la revolución

Tal como comentamos anteriormente, abordar su pensamiento supone sumergirnos en el contexto histórico en que tuvo lugar y que tiene como punto de partida el proceso de "desestalinización" de los partidos comunistas, proceso que comenzó con las críticas a la época estalinista llevadas adelante en el en el XX Congreso de 1956 por el mismo Partido Comunista Ruso, una vez muerto Stalin, y que transformó radicalmente las perspectivas políticas en el campo del comunismo y de las izquierdas en general. Así, bajo Nikita Kruschev, estos acontecimientos se presentarán como el conjunto de autocríticas y medidas en las cuales se hacía imperioso "reescribir" la historia de la URSS, "en ocasiones recalcando los errores, lacras y delitos del desaparecido dictador y en otras paliando, e incluso justifican-

---

[6] Entrevista publicada en *L'Arc* de 1966 (citado en Francovich 1973: 64).

do los aspectos más oscuros del estalinismo" (Deutscher 1972: 16), proceso que quedó signado por el rechazo declarado hacia la política centrada en el "culto a la personalidad".[7]

Este acontecimiento político será crucial en la historia del marxismo, viendo renacer nuevos análisis así como construcciones antidogmáticas y renovadoras que intentarán comprender este proceso, en el cual la revisión teórica de Marx será uno de sus puntos neurálgicos, ya que la autocrítica liberaba las posibilidades de reencuentro con la teoría de Marx en forma viva y no esquemática y anquilosada. Esta revisión permitió, asimismo, la búsqueda de respuestas a problemas de ese tiempo que el propio Marx era incapaz de visualizar y por lo tanto de analizar. En este renacer, la teoría marxista se embarcará en la búsqueda de nuevos autores, líneas de continuidad y definiciones de Marx. Frente a este nuevo contexto, también Althusser se verá envuelto en una búsqueda de precursores de Marx en la historia, en donde "otra" modernidad filosófica ya comenzaba a anunciarse.[8] Para Althusser, un corte radical entre Hegel y Marx (y no una simple inversión) debía realizarse a través de un rodeo: romper con la lectura hegeliana de Marx suponía encontrar en Spinoza los elementos que permitieran visualizar el *rodeo de Marx a través de Hegel*. En este sentido, en el "programa althusseriano", los referentes filosóficos centrales serán ahora ocupados por Maquiavelo y Spinoza, autores que le permitirán renovar la lectura sobre el pensamiento y creación filosófica de Marx.[9]

Si para Althusser el propio Marx se había liberado de su pasado hegeliano y feuerbachiano, su escritura estaba resuelta a profundizar esa distancia que a sus ojos era irreconciliable.[10] Repensar a Marx en este contexto era buscar y redefinir la actualidad práctica y teórica del marxismo frente a

[7] Sobre la crítica de Althusser al concepto de "culto de la personalidad", véase *La revolución teórica de Marx* (principalmente el apartado titulado "Marxismo y humanismo", Althusser 1999b: 182/206).

[8] En este sentido se orientan también algunos de los importantes trabajos de Antonio Negri (véase Negri 1994) donde el autor establece una continuidad entre Maquiavelo, Spinoza y Marx por un lado, en contraposición a Hobbes, Rousseau y Hegel por otro.

[9] Al respecto, véase Althusser (2004). Si bien sobre el pensamiento de Spinoza no hay ningún escrito acabado, su presencia atraviesa toda la obra de Althusser (en particular, puede consultarse Althusser 1975). También sus últimos escritos alrededor del problema de la contingencia y el atomismo epicúreo (véase Althusser 2002).

[10] La insistencia de Althusser sobre la ruptura y distancia entre Marx y Hegel es mucho más profunda que lo expuesto aquí y supone un permanente esfuerzo teórico por establecer una oposición entre ambos autores, sobre todo alrededor de conceptos como los de dialéctica y totalidad. En este sentido, la problemática en torno del humanismo está mas ligada con la figura de Feuerbach que con la de Hegel, por quien los jóvenes hegelianos se sintieron fuertemente influidos y tomaron como referencia intelectual de la época una vez criticado el sistema hegeliano.

una izquierda que conocía, ya sin engaños, los "crímenes" perpetrados en nombre del comunismo. Asimismo, aparecía la necesidad de entablar una *lucha ideológica desde la práctica teórica* en contra de la "nueva" filosofía, la cual se proponía exhumar la filosofía hallada en los escritos de juventud de Marx contra las interpretaciones del cientificismo soviético, en fin, poner nuevamente en el centro al Hombre, el cual se interpretaba, el comunismo soviético había expulsado. Frente a esta nueva realidad en el campo de la filosofía, la posición de Althusser será la de intentar comprender cuáles eran las respuestas posibles a las preguntas abiertas por la crisis del comunismo. No sólo intentará recuperar un proyecto político que había devenido en la "desviación"[11] estalinista, sino también de cara a nuevas experiencias y proyectos, tales como el maoísmo. De esta manera, el análisis desde el marxismo sobre las experiencias pasadas debía ser recuperado y comprendido, ya no desde el concepto del "culto a la personalidad" –que precisamente situaba como problemática central las responsabilidades de un hombre en la persona de Stalin– sino desde las condiciones propias e históricas de la lucha de clases en la URSS.[12]

En este sentido, las búsquedas teóricas presas del historicismo[13] y del humanismo no hacían más que comprender al "comunismo realmente existente" como aberración y culpa de un hombre, sin poder encontrar una respuesta (y aquí se encuentra una de la primeras exigencias de Althusser) propiamente marxista a este proceso. Al mismo tiempo, la teoría marxista debía tender a absorber nuevas experiencias, pudiendo responder y reflexionar como teoría revolucionaria sobre las nuevas y emergentes experiencias de lucha. De esta manera, su lucha de clases en la teoría partirá de entender que "la crítica de los errores (...) entrañó inevitablemente lo que

[11] "Hablar de una desviación '*estaliniana*' no es explicarla por un individuo que sería su *causa*. El adjetivo designa por cierto un nombre histórico, pero ante todo un determinado *período* del movimiento obrero internacional" (citado en Althusser 1974: 88/89). Para rastrear la discusión sobre el proceso de lucha política durante el estalinismo, véase "Marxismo y humanismo" (en *La revolución teórica de Marx* 1999: 182/206).

[12] "¿Por qué los hombres soviéticos tienen tanta necesidad de *una idea del hombre*, es decir, de una idea de ellos mismos que les ayude a vivir su historia?", pregunta Althusser al analizar en la URSS la emergencia de explicaciones desde un humanismo socialista. Véase: "Humanismo y marxismo" (en Althusser 1999b:197; subrayado nuestro). Es importante aclarar que en este contexto Althusser está criticando y debatiendo contra aquellos que intentan una explicación de la URSS en términos humanistas (el culto a la personalidad). Para él, toda elucidación que tenga como centro explicativo al hombre y no a las relaciones sociales en las que el hombre se encuentra es un camino inútil que no puede producir ninguna forma de conocimiento.

[13] Como el humanismo, también el historicismo será permanentemente criticado por Althusser a la largo de sus reflexiones. Para un desarrollo mas completo de esa problemática, véase Althusser (1998a).

es necesario llamar con claridad: un desencadenamiento de temas ideológicos y filosóficos burgueses en los propios partidos comunistas" (Althusser 1974: 68), que no hacían más que desplazar aquello que para Althusser
seguía siendo vital políticamente en este presente: la transformación revolucionaria de la sociedad. Sobre este telón de fondo puede comenzar a
comprenderse aquella fórmula tan criticada y provocativa: "Hacer filosofía
es hacer política en la teoría (...) porque todo lo que sucede en la filosofía
tiene, en última instancia, no sólo consecuencias políticas en la teoría, sino
también *consecuencias políticas en la política*: en la lucha de clase política"
(Althusser 1974: 17; subrayado nuestro).

La lucha política en la filosofía girará en torno de aquellos conceptos
que manifiestan la debilidad del movimiento obrero internacional, el revés
político-ideológico de una izquierda –los Partidos Comunistas occidentales– que encuentra atenuada su capacidad de intervención, aún sujeta a la
lógica de su pasado reciente e impasible frente a las nuevas luchas. Así,
éstas se presentan como un desafío teórico que estimula a la teoría a despojarse de todas aquellas categorías que la inmovilizaron y que la transformaron en mero análisis de autojustificación. Y de allí su exigencia: dar una
lucha en el marco de la filosofía y adoptar una posición de clase para el
análisis, hallando aquellos elementos conceptuales que hacen del marxismo una teoría revolucionaria. Si las conceptualizaciones "burguesas" tendían a revisar la teoría marxista, esto implicaba revisar el sentido de aquellos hallazgos de un pensamiento revolucionario (véase Althusser 1974),
neutralizando lo que es "peligroso" de la teoría marxista para el pensamiento burgués. Así, la ruptura tomará su dimensión política en la teoría
permitiéndole indagar e interpelar al propio marxismo, debido a que aquello que caracteriza a la producción teórica de Marx no es la continuidad
sino la ruptura, inaugurando una nueva forma de existencia y temporali-
dad históricas (véase Althusser 1998a). Si las pretensiones de Althusser se
sitúan en el interior de su teoría de la ideología, esto se comprende en el
marco de una crítica que se dirige a aquellas conceptualizaciones "marxistas" que piensan la sociedad capitalista desde presupuestos, precisamente,
ideológicos: "Las nociones económicas burguesas de 'sociedad industrial',
de 'neocapitalismo', de 'nueva clase obrera', de 'sociedad de consumo', de
'alienación' y tantas otras, son anticientíficas y antimarxistas" (Althusser
1999: 19).[14] Fue tarea de Marx el haber quebrado con las concepciones de

[14] Creemos que estas críticas se dirigen a los pensadores de la llamada "Escuela de Frankfurt",
que también por ese entonces discutían la permanencia o no de la categoría de ideología
para analizar las condiciones sociales de lo que ellos denominaban sociedad posindustrial a
partir de esos conceptos.

200

tipo ideológico (con las propias concepciones desde donde él y Engels pensaban la sociedad; véase Marx y Engels 1979) y haber fundado su teoría científica sobre un aparato conceptual totalmente nuevo a partir de categorías que permitían aprehender adecuadamente las relaciones sociales capitalistas. El desplazamiento que Althusser realiza a partir de la crítica conceptual en forma y contenido a gran parte de la tradición marxista (principalmente a Lukács y Gramsci)[15] es índice de la importancia que tiene el concepto de ruptura al interior del aparato teórico althusseriano, que le permite trazar las distinciones que hemos venido señalando. Rediscutir nuevamente los fundamentos neurálgicos del marxismo es ya el síntoma de un pensamiento que *inspira la creación desde el campo de la ruptura*, donde las nociones de sujeto, ideología, historia, dialéctica, práctica, contradicción, sobredeterminación y totalidad ya no significarán lo mismo, abriendo nuevos caminos para pensar la política.

Para muchos, su producción teórica quedaba abstraída en la pura conceptualización, apartándose de las necesidades y de la compresión de aquellos "hombres que hacen la historia" y contradiciendo el legado de una teoría que anclaba en la praxis de los hombres a partir de sus experiencias políticas en la historia. Unos y otros contestarán y criticarán, sin dejar de expresar su preocupación ante la teoría, que si lo político quedaba a merced de la especulación teórica, ¿qué quedaba de la transformación social sin hombres que la lleven a cabo?, ¿qué se entendía por política si no había un sujeto (y colectivos políticos) que la realizaran y disputaran? Los partidarios de estas críticas entendieron que su producción expresa "el empobrecimiento de la teoría que, al hacer resaltar el momento objetivo de la estructura de producción como su único enemigo, deja de lado el problema de los sujetos por ella determinados" (Rozitchner 1988: 13). Sus escritos fueron estigmatizados como cientificistas. Su teoría, concluían, hacía peligrar la existencia del sujeto y del hombre. Se desplazaba y reemplazaba al hombre concreto de la experiencia y la praxis política por el concepto de sujeto portador de estructuras, de agente inscripto en una trama de relaciones sociales sin voluntad ni acción autónoma que lo defina, quedando contemplada su acción al interior de los procesos de reproducción social. En estas discusiones aparecía en el centro de la escena el concepto de práctica y de producción de lo social. Para Althusser, "hay cuatro clases de producción: material, política, cultural y teórica, cada una de las cuales es

---

[15] No obstante esto, Gramsci ocupa un lugar muy especial en la filosofía de Althusser, puesto que le permite, ante todo, repensar el concepto de Estado sobre la base de la noción de *hegemonía* elaborado por el pensador italiano en sus *Cuadernos de la cárcel* (véase en este sentido el capítulo de Mabel Thwaites Rey incluido en este volumen).

también una práctica" y, por lo tanto, "este esquema rechaza la unidad original de la *praxis* postulada por Sartre, Lukács, Gramsci, etc." (Blackburn y Stedman Jones 1974, subrayado nuestro). De esta manera se estableció un debate ante el cual nadie fue indiferente, planteando así la paradoja: la política como lo propiamente "humano" despojado de un sujeto de la praxis y la acción; la política sin un "hombre-sujeto" que la practique, ¿queda confinada a la mera acción de "pensar", del simple "hacer teoría" propia de un filósofo?

Las múltiples críticas realizadas son producto de aquella necesidad de revitalizar la intervención política como la única acción capaz de transformar la sociedad. En un momento histórico en el que emergían nuevas formas de lucha política, y frente al "compromiso de clases" que el gigante Estado benefactor[16] había sellado, la producción teórica existente parecía impedir el poder pensar un cambio en esa dirección. Bajo estas nuevas condiciones, la producción althusseriana repensará y atacará aquellos conceptos que estancaban o debilitaban la comprensión de la revolución inconclusa y de los nuevos acontecimientos revolucionarios en el mundo.[17] Como bien dicen Blackburn y Stedman Jones, "Althusser ofrece una convincente crítica de aquellos teóricos que creen poder provocar una revolución con los encantamientos de la dialéctica o mediante la comunión mística con *algún sujeto revolucionario privilegiado*, sea éste el campesinado del Tercer Mundo o el proletariado de los países capitalistas progresistas" (Blackburn y Stedman Jones 1974, subrayado nuestro).

De esta forma, la práctica teórica del propio Althusser es, si bien no en términos específicos una práctica política (donde en última instancia todo se resuelve), una forma de la lucha de clases. Así pensada, la teoría no

---

[16] En torno del Estado keynesiano de bienestar, puede consultarse Negri (2003), así como Holloway (1994).

[17] Con nuevos acontecimientos señalamos los procesos revolucionarios del Tercer Mundo (desde Cuba y Vietnam hasta China y Chile). En ese contexto —al cual Althusser prestó mucha atención— quedan en claro sus posiciones en torno del problema del sujeto, ya que estas experiencias cuestionaban y ponían en tensión las afirmaciones de que el centro único de la transformación política era el proletariado industrial urbano, revelando las especificidades que las luchas de clases asumían en esas geografías. En este sentido, no es arbitrario que Althusser haya hecho hincapié en la problemática de la identidad a partir de su concepto de ideología, ya que la discusión en torno de los mecanismos de interpelación *sujeto-ideología* intentan derribar toda mistificación que establezca a priori una identidad fija, transparente y determinada. Es necesario subrayar que la teorización sobre la identidad también está atravesada por el concepto de sobredeterminación. Si la lucha de clases está sobredeterminada, hablar de *un sujeto* como causa y origen de los procesos históricos es cuanto menos un error, pues se trata más bien de pensar y practicar la política como articulación. Es la ideología dominante la que constituye a toda identidad como identidad consigo misma.

pretende ser autorreferencial, sino una forma de la lucha ideológica por los sentidos dominantes e inmediatos, por aquello que Antonio Gramsci denominaba "sentido común", que pone en escena la *representación que los sujetos se hacen* de sus condiciones de existencia, puesto que la teoría *no es una realidad externa* a las masas o a la lucha de clases.

La insistencia de Althusser en la relación entre conceptos y realidades dentro de las relaciones de fuerza políticas —ya que la política es, siguiendo a Lenin y a Gramsci, relaciones de fuerzas y no la voluntad impuesta arbitrariamente por una clase— es pensada desde la estrategia en el campo de la lucha de clases política. Con esto queremos subrayar que, si bien una discusión teórica en torno de conceptos no tiene una consecuencia inmediata en lo real, desde la perspectiva de Althusser es una tarea fundamental, ya que de estas definiciones teóricas depende la estrategia a darse en la lucha política. La importancia de esta lucha en la filosofía reside en la diferencia que existe entre las clases dominantes y las capas subalternas. Las clases dominantes, por poseer los medios de producción (en el sentido más amplio posible del concepto) no tienen trabajada teóricamente su forma de dominación; en última instancia, no la necesitan para garantizar su dominio. Por el contrario, las clases subalternas necesitan en su construcción política poder sistematizar las formas en que la dominación política de clase se desenvuelve, que al interior del capitalismo están dominadas por las concepciones y sentidos de la ideología dominante. De allí la unión del marxismo con el movimiento obrero; de allí aquel título que resume lo dicho: "formación teórica y lucha ideológica" (Althusser 1999a: 23-24).

El Estado: ideología, contradicción y sobredeterminación

"La famosa pureza del derecho y de las normas *no es otra cosa sino la forma transformada de la violencia de las leyes*, lo cual desvela la violencia que reina en las leyes, y esa violencia particular que acompaña al sagrado mundo de las normas, es decir, de los valores disfrazados de ideas: la ideología" (Althusser 1978: 35; subrayado nuestro). Esta frase, que remite a una de las instancias de la superestructura, mas específicamente a la de su nivel jurídico-político, reenvía también a otro nivel de las prácticas y del análisis político, el de la ideología. El análisis del Estado y de la ideología se articulan, en el pensamiento althusseriano, alrededor de la "metáfora del edificio": la clásica y discutida distinción entre infraestructura y superestructura. Si bien el propio Althusser reconoce que dicha distinción es sólo esquemática, no obstante creemos que se sirve de este modelo para poder plantearse el problema de la *práctica política* y su objeto. A través de esta tópica,[18] las instancias diferenciales de toda formación social –la economía, la ideología, la política, la teoría– pueden delimitarse como objetos de análisis teóricos. Cada una de estas prácticas se estructuran y relacionan unas con otras, constituyendo en esa relación la unidad compleja de toda formación social histórica, es decir, cada instancia se articula bajo una relación de autonomía relativa que se sobredetermina, en el sentido de que "cada caso de la práctica social refleja todos los otros casos" (Blackburn y Stedman Jones 1974). De esta forma, el dispositivo tópico permite pensar toda formación social como una articulación y sobredeterminación de realidades específicas, espacios definidos de la realidad social: lo político, lo ideológico, lo teórico, con una eficacia de cada una de ellos sobre la totalidad social. Así, toda formación social debe analizarse como el conjunto de instancias y niveles articulados con relativa autonomía entre sí, siendo cada uno de éstos los "lugares" donde se desarrollan determinadas prácticas sociales, irreductibles las unas a las otras.

Si bien la metáfora del edificio remite a las interpretaciones más clásicas y mecanicistas dentro de la teoría marxista, debemos destacar que en el pensamiento y construcción conceptual de Althusser dicha metáfora se incorpora como herramienta que permite, junto al concepto de sobredeterminación, desplazar las lecturas mecánicas y deterministas que reducen las explicaciones de lo político a un mero reflejo de lo económico. La totalidad articulada y sobredeterminada implica una diferencia radical con el pensamiento economicista, en donde la economía es pensada como la "esencia" de la sociedad y sus derivaciones sólo "fenómenos" de esa instancia fundamental. Como instancia y lugar de lo político,[19] el Estado no queda reducido a forma fenoménica derivada de la economía o de la sociedad civil,[20] sino como práctica específica que, a partir de su relativa autonomía, ejerce un poder real con efectos sobre las otras instancias constitutivas y fundantes de la totalidad social.[21] Si el recurso a la tópica permite aprehender la sociedad como una totalidad compleja y articulada, estableciendo y

[18] Con la idea de un tópico Althusser se refiere a la metáfora del "edificio" que describe los "dos pisos" que componen la superestructura. "Un tópico representa, en un espacio definido, los *lugares* respectivos ocupados por tal o cual realidad", en "Ideología y Aparatos Ideológicos de Estado" (Althusser 1999ª: 108; subrayado en el original).

[19] Para una más profunda conceptualización del Estado como *objeto teórico* –lo político– desde la noción de autonomía relativa en el modo de producción capitalista. Véase el capítulo sobre Poulantzas de este volumen.

[20] El concepto de "sociedad civil" siempre fue criticado por Althusser por sus reminiscencias hegelianas, ya que supone una determinada concepción de sujeto como "sujeto *responsable* de sus necesidades económicas" (véase Althusser 1998a).

[21] Véase "Ideología y Aparatos Ideológicos del Estado" (en Althusser 1999a); en este sentido, el capítulo XXIV de *El capital* de Marx justifica esto (véase Marx 1995).

definiendo la relación entre las diferentes instancias, las relaciones que se establecen entre éstas son relaciones activas y relativamente autónomas, que ejercen efectos sobre las restantes de forma contradictoria y no lineal. En este sentido, cada instancia de la sociedad –lo económico, lo político, lo ideológico, lo teórico– se encuentra sobredeterminada, reconociendo a su vez que existe una determinación en última instancia por parte de la estructura en la formación social capitalista. La relación entre las fuerzas productivas y las relaciones sociales de producción determina en "última instancia" el edificio jurídico, político e ideológico de la superestructura, pero esta determinación en última instancia se encuentra permanentemente sobredeterminada. Las relaciones de la estructura se aceleran, retrasan, revolucionan a través de los impulsos y efectos de las instancias políticas e ideológicas de tal forma que, si bien la causa primera es la contradicción de la estructura, ésta es "última". Althusser nos dirá en este sentido que "la hora de la última instancia", la contradicción principal de la relación capitalista fundamental, nunca llega. De esta manera las relaciones y efectos de las distintas instancias de una formación social histórica sobreimprimen la contradicción fundamental.

Desde esta perspectiva de análisis, Althusser entiende que "la superestructura no es un mero fenómeno de la estructura, es al mismo tiempo su condición de existencia" (Althusser 1999: 170). Las lecturas e interpretaciones realizadas sobre la metáfora de Marx de un modo lineal –o al menos no del modo en que Althusser lo hace– han promovido la idea de que el Estado es "reflejo" de lo económico, concepción que establece que la base de la sociedad es codificada por la superestructura como un mandato sin contradicciones ni tensiones, pues las necesidades de la base son "comprendidas" por la instancia política como necesarias y determinadas con anterioridad.[22] Esta interpretación coloca lo político como apéndice de una necesidad absoluta de lo económico, impidiendo establecer la compleja

---

[22] Ésta es una rica discusión filosófica y política. Ellen Meiksins Wood (2000) ha planteado una interesante mirada a partir de su texto "Repensar la estructura y la superestructura". La autora objeta a Althusser moverse en un terreno, en el fondo, simplista: determinismo en la teoría y contingencia absoluta en la historia. Si bien la crítica es interesante, no toma en cuenta el concepto de *sobredeterminación*, clave para entender todo esto. En este marco, creemos que Ernesto Laclau ha escrito un texto aclaratorio, "Teorías marxistas del Estado: debates y perspectivas" (en Laclau y otros 1997), que plantea claramente aquello que señalamos sobre la comprensión de la totalidad marxista a partir de su relación con las instancias o niveles y el peligro de pensar bajo el esquema de "esencias y fenómenos". Laclau –siguiendo en este punto claramente a Althusser– critica justificadamente la concepción de la totalidad desde una contradicción simple y única, donde la contradicción entre trabajo y capital aparece, precisamente, como la única contradicción social. De allí la importancia del concepto de sobredeterminación en los procesos histórico-políticos.

relación entre necesidad, contingencia e historia por un lado, y autonomía relativa del Estado por otro.[23]

Lo político, en este sentido, no es pensar *desde* la economía, sino más bien desde una totalidad que contiene y contempla el nivel de lo económico como determinante, pero "en última instancia". Al no quedar reducidas las instancias políticas e ideológicas a puros fenómenos de lo económico, éstas se constituyen en contradicciones secundarias[24] frente a la contradicción principal de la sociedad capitalista: contradicción entre las fuerzas productivas y las relaciones sociales de producción –de explotación. En el todo social, como hemos visto, la instancia político-ideológica se encuentra determinada, pero ante todo, es *necesaria* para la existencia misma de lo económico, o mejor dicho, de la relación de capital: constituyen su real condición de existencia, así como también lo económico es condición de existencia de las primeras (Althusser 1999b: 170). De esta manera "el Estado permanece 'arriba', pero no como 'la verdad de' la economía: al contrario de una relación de 'verdad', ejerce una relación de *mistificación* fundada en la explotación garantizada por la fuerza y la ideología" (Althusser 1975: 54).

A través del análisis de los Aparatos de Estado y principalmente de los Aparatos Ideológicos de Estado (AIE), se desprende esta compleja articulación entre estructura y superestructura. Si bien Althusser había definido la doble función[25] social de la ideología y la imposibilidad de pensar la historia de cualquier formación social sin ésta (inclusive una sociedad comunista sin clases sociales), en su relación con el Estado, el nivel de lo ideológico permite comprender y establecer la complejidad de las prácticas políticas de clase. La ideología, en su autonomía relativa, no es externa a la lucha de

[23] Véase Althusser (1999b y también 2002). En este último escrito, Althusser intenta destacar las relaciones entre política y contingencia a la luz de las grandes tradiciones filosófico-políticas.

[24] Si bien Althusser no utiliza en su vocabulario las nociones de "contradicción primera y segunda", creemos que tal simplificación no afecta al contenido del concepto. La idea de Althusser es que la contradicción siempre está sobredeterminada y que, por lo tanto, nunca es simple. Esa diferencia es la distancia –nada menor– que para Althusser separa a Marx de Hegel y al marxismo de todo economicismo.

[25] Un minucioso desarrollo del concepto de ideología puede encontrarse en "Práctica teórica y lucha ideológica" e "Ideología y Aparatos Ideológicos del Estado" (en Althusser 1999a) y en "Tres notas sobre la teoría de los discursos" (en Althusser 1996). Una clara discusión del concepto de ideología, estableciendo sus diferencias con los de fetichismo y alienación, en Balibar (2000). Para acercarse a la teoría del fetichismo de Marx como una teoría de la ideología –es decir, lo contrario de Althusser– véase Zizek (1992), sobre todo el primer capítulo). La discusión sobre la ideología es una constante en las otras obras de Althusser y parte fundamental de su obra teórica; aquí solamente citamos los capítulos donde el concepto es trabajado en forma más sistemática.

clases, muy por el contrario, está atravesada y constituida por ella, puesto que es parte consustancial y expresión de la lucha política. Así, a las más acotadas conceptualizaciones que los clásicos del marxismo (Marx, Engels, Lenin) refirieron al Estado, Althusser –reconociendo en la noción de hegemonía gramsciana los antecedentes de aquello que él retoma– agregará a la tradición teórica la posibilidad de pensar el poder del Estado y sus aparatos ya no como una simple unidad de dominio, sino como la articulación entre el Aparato Represivo del Estado (ARE) y los Aparatos Ideológicos del Estado (AIE): como estructura compleja. Así, la autonomía relativa de lo político está constituida también por lo ideológico: "La ideología dominante no es nunca un *hecho consumado de la lucha de clases* que escape a la lucha de clases (...) la reproducción de la ideología dominante no es la simple repetición (...) es el combate por la *unificación* y la renovación *de elementos ideológicos anteriores* (...) contra las formas anteriores y las tendencias antagónicas nuevas (...)" (Althusser 1978: 85; subrayado nuestro). En la indagación del Estado como una estructura compleja se encuentran las claves que permiten pensar la relación articulada entre las clases, la política y la ideología.

Si la unificación de los elementos ideológicos se realiza en los AIE como producto de la lucha de clases, como cristalización histórica de correlaciones de fuerzas,[26] es en la relación entre Estado e ideología donde se ponen de manifiesto las determinaciones y efectos que en la materialidad del todo social ejercen las ideologías como prácticas concretas de clase. Y no simplemente como un problema referido al discurso o a las ideas en sí mismas sino que, más bien, las ideas o discursos deben comprenderse a partir de *las condiciones de producción discursivas*,[27] puesto que "la ideología dominante se realiza en los aparatos ideológicos del Estado" porque "ninguna clase puede detentar durablemente el poder del Estado sin ejercer al mismo tiempo su *hegemonía* sobre y en los aparatos ideológicos de Estado" (Althusser 1999:118; subrayado nuestro). Así, el Estado no es nunca un campo de lucha neutral, pues su existencia como aparato de dominio y hegemonía se articula en función de las relaciones sociales dominantes en una formación social determinada, que a través de la "intervención" de (su) la ideología dominante contribuye a reproducir. Como él mismo seña-

---

[26] "La ideología que una clase que controla el poder hace dominante en sus Aparatos Ideológicos del Estado 'se realiza' por cierto en sus Aparatos Ideológicos del Estado, pero los desborda: viene de otra parte" (Althusser 1999a). En este sentido, véase Poulantzas (1991) y Therborn (1998).

[27] Interesantes desarrollos que retoman las categorías althusserianas para pensar la relación entre discurso, sujeto e ideología, pueden encontrarse en De Ipola (1987) y Laclau (1980).

la, "cada ideología existe siempre en un aparato y en sus prácticas. Esta existencia es material" (Althusser 1999: 135).

Si la problemática de la ideología es crucial en el recorrido de su escritura, hay que señalar que la relación entre ideología y Estado tiene como función y finalidad *fijar a los sujetos a las necesidades de la estructura social* a través de los mecanismos sociales de la *interpelación,* reproduciendo al Estado como la instancia política que recrea las condiciones de la hegemonía política a largo plazo en las sociedades capitalistas: "las relaciones de producción de una formación social capitalista, es decir las relaciones entre explotador y explotado, se reproducen en gran parte precisamente mediante el aprendizaje de *saberes prácticos* durante la inculcación masiva de la ideología dominante" (Althusser 1999: 126-27; subrayado nuestro). Sólo a través del análisis de la ideología como estructura puede aprehenderse el proceso de *reproducción* del todo social. La ideología, en tanto estructura, sólo se conoce en sus efectos: en las prácticas de los sujetos. De ahí que nuestro autor afirme que tiene existencia material en tanto *es* el resultado de prácticas que los individuos-sujetos realizan "libremente" garantizando la reproducción del todo social.[28]

Si bien anteriormente mencionamos que la ideología y los Aparatos Ideológicos de Estado que garantizan su eficacia no son un campo sin fisuras ni contradicciones, en su forma general –pero también tendenciosa y de clase, es decir dominante– la ideología *constituye a los individuos en sujetos* determinando la identidad que los sujetos deben asumir y en la cual se reconocen a partir de las prácticas dominantes realizadas en los Aparatos Ideológicos de Estado.[29] De aquí que Althusser dirá que la función última de la ideología en su relación al Estado sea la de *garantía* (Althusser 1996), la garantía que requiere la "estructura" para una efectiva subordinación política de los sujetos a la dominación del Estado. "La representación ideológica de la ideología está obligada a reconocer que todo 'sujeto' (…) debe *actuar* conforme a sus *ideas* e inscribir en los actos de su propia práctica material sus propias ideas de sujeto libre" (Althusser 1999: 136; subrayado en el original). Así como la ideología dominante aparece como una estructura cerrada e invariante, es necesario indicar de todos modos que la concepción althusseriana de la ideología nunca es completa o "totalitaria"

---

[28] Una discusión interesante que Althusser realiza a partir de una carta de Engels a Bloch sobre la relación de efectos, acciones y reacciones entre las instancias económicas y políticas, puede verse como Anexo al texto "Contradicción y sobredeterminación" (Althusser 1999b: 95-106).

[29] Sobre el problema del reconocimiento y del reflejo en la ideología, remitimos nuevamente a "Tres notas sobre la teoría de los discursos" (en Althusser 1996) y a *La filosofía como arma de la revolución* (Althusser 1999a).

–existen tendencias y luchas entre la ideología dominante e ideologías dominadas en el marco de los AIE–, debido a que su existencia y eficacia depende de las formas históricas en que el Estado se articula a partir de las luchas políticas. De aquí que, en el capitalismo, el aparato ideológico escolar –seguido por la familia– sea el Aparato Ideológico de Estado dominante que "les inculca (a los niños) durante muchos años 'saberes prácticos' tomados de la ideología dominante" (Althusser 1999: 125-26). En un lenguaje que no es ajeno a Gramsci, podemos hablar de la ideología como el *cemento social* que materializa un "sentido común" hegemónico, fijando roles y funciones aceptados dentro de la estructura social.[30]

Asimismo, si la constitución del Estado es la articulación entre los Aparatos Represivos de Estado y los Aparatos Ideológicos de Estado,[31] Althusser no deja de insistir en la preponderancia del devenir de la lucha política de clases en los AIE como dispositivos que no sólo pueden "ser la *piedra de toque*, sino también el *lugar* de la lucha de clases y, a menudo, de formas encarnizadas de la lucha de clases", ya que "la resistencia de las clases explotadas puede encontrar allí medios y ocasiones de expresarse, sea utilizando las contradicciones que allí existen, sea conquistando por la lucha de *posiciones* de combate en los Aparatos Ideológicos del Estado" (Althusser 1999: 119).

De este modo, la problemática que Althusser abrió a partir de la noción de contradicción sobredeterminada está vinculada con lo que hemos manifestado: la posibilidad de romper con todo economicismo y determinismo mecanicista,[32] con toda ortodoxia. Es aquello que da lugar a poder pensar otro "lugar" de la política. Si bien en su escrito sobre ideología y Aparatos Ideológicos del Estado no plantea explícitamente esto que deci-

---

[30] Véase Gramsci (1997). Si bien las instituciones "privadas" de la sociedad civil en Gramsci tendrían su correlato en los AIE althusserianos en la producción social de un sentido común (hegemonía), señalemos nuevamente que Althusser es reticente a considerar la noción de sociedad civil tal como la emplea Gramsci en su relación con el Estado, así como tampoco puede derivarse del dispositivo gramsciano el carácter de reproducción de la hegemonía. A pesar de la cercanía en los sentidos, es importante aclarar que las diferencias entre ambos autores remiten también a los aparatos conceptuales y epistemológicos que los subyacen.

[31] Para una revisión y un intento de ampliación conceptual, véase Poulantzas (1991: 27-34). También la propia descarga que Althusser realizó en 1976 a propósito de su texto originario de 1969 ("Nota sobre los Aparatos Ideológicos de Estado (AIE)", en Althusser 1978).

[32] "El creciente interés en la ideología corre paralelo a la ampliación de la efectividad histórica atribuida a lo que tradicionalmente fue considerado como dominio de las 'superestructuras', *y esta ampliación es una respuesta a la crisis de una concepción economicista y reduccionista del marxismo*" (Laclau 2000, el subrayado es nuestro). También Gramsci había comprendido que debía superarse ese obstáculo (véase Gramsci 1975).

mos acerca de la noción de contradicción sobredeterminada, sí debe quedar en claro que *"en los modos y bajo los modos de sometimiento ideológico se asegura la reproducción de la calificación de la fuerza de trabajo"* (Althusser 1999: 107; subrayado en el original). Esta cita demuestra que la superestructura, lo ideológico en este caso, no es puro efecto y reflejo de la base económica, sino que supone que el campo de las relaciones de fuerza está *sobredeterminado* a partir de una contradicción que se constituye de un modo *plural*.[33] Redefiniendo el papel y los atributos del Estado –en contraposición con la filosofía política clásica– señalará que éste "de ahora en adelante no se sitúa más por encima de los grupos humanos, sino al servicio de la clase dominante; que no tiene ya como misión realizarse en el arte, la religión y la filosofía, sino ponerlos al servicio de la clase dominante, más aún, obligarlas a constituirse a partir de las ideas y de los temas que él constituye en *dominantes*; que deja, por lo tanto, de ser la 'verdad' de la sociedad civil, para llegar a ser, no la 'verdad' de cualquier otra cosa, ni aun de la economía, sino el instrumento de acción y de dominación de una clase social, etc." (Althusser 1999: 90-91; subrayado en el original).

Si para Althusser repensar el Estado en las sociedades capitalistas aprehendiendo su complejidad es una urgencia teórica constante –y de cara a las crisis políticas nacionales y mundiales de los movimientos comunistas y del campo de las masas populares–, ello se debe a que es en las preguntas sobre las *condiciones de producción de lo estatal* donde anclan las problematizaciones sobre lo político, estableciendo la eficacia y los mecanismos por los cuales las clases dominantes conforman un domino estable y, en el mismo movimiento, reflexionando sobre las necesarias articulaciones de la lucha política de masas. En este sentido, el problema del Estado y de las superestructuras también será un eje de discusión por parte de los partidos comunistas occidentales, producto, como ya hemos mencionado, de la profunda crisis estratégica y política de las mismas organizaciones como consecuencia del proceso de desestalinización y de su inmovilidad política frente a luchas que desbordaban las "concepciones clásicas"; de aquí que el eje en el Estado no sea solamente una problemática de índole teórica, sino también una reflexión inscripta en las redefiniciones políticas por parte del

[33] Tomando como ejemplo el triunfo de la Revolución Rusa de 1917, Althusser manifestaba que "(…) cuando en esta situación entran en juego, *en el mismo juego*, una prodigiosa acumulación de 'contradicciones', de la que algunas son radicalmente heterogéneas, que no todas tienen el mismo origen, ni el mismo sentido, ni el mismo *nivel* y *lugar* y aplicación, y que, sin embargo, 'se funden' en una unidad de ruptura, ya no se puede hablar más de la única virtud simple de la 'contradicción' general (…)" (en "Contradicción y sobredeterminación", en Althusser 1999b: 80/81; subrayado en el original).

PCF.[34] Es en el marco de las discusiones llevadas adelante por los partidos comunistas europeos –y principalmente por el francés en el XXII Congreso de 1972– que la discusión sobre lo político adquiere fuerza, sobre todo en torno de la noción de "dictadura del proletariado", a la que Althusser y los althusserianos aún adscriben (Balibar 1977). Si realmente hay una importancia alrededor del concepto de dictadura del proletariado, se debe a que lo político, *en su autonomía relativa*, permite ser pensado como una instancia al interior del modo de producción a partir de su determinación, o lo que Althusser denomina "índice de eficacia", consistiendo en " (…) obligar a plantear el problema teórico del tipo de eficacia 'derivada' propia de la superestructura, es decir, en obligar a pensar lo que la tradición marxista designa con los términos de *autonomía relativa de la superestructura y de acción de retorno de ésta sobre la base*" (Althusser 1999: 109; subrayado nuestro). De este modo llegamos a comprender la importancia que el concepto de ideología tiene para Althusser en sus aportes a una teoría marxista del Estado, puesto que la noción de autonomía relativa le permite desarrollar –al interior de su teoría de la ideología– las formas concretas de la dominación en los Aparatos Ideológicos de Estado "más allá" del campo específicamente económico, en la medida que "los Aparatos Ideológicos del Estado, cualquiera que sean, concurren al mismo resultado: la reproducción de las relaciones de producción, es decir, de las relaciones capitalistas de producción" (Althusser 1999: 125).

Si en el transcurso de su producción política e intelectual Althusser tomó posiciones políticas partiendo de muchos de los postulados leninistas –así como también de Mao Tse Tung[35]– ello se debe a que siempre tuvo presente que "el problema principal de toda revolución es, indudablemente, el problema del poder estatal. ¿Qué clase es la que tiene el poder en sus manos? Ello decide todo" (Lenin 1958: 357).

Conclusiones

En este capítulo hemos intentado aproximarnos al pensamiento de Louis Althusser desde aquellas problemáticas que suponemos más importantes y que, obstruidas muchas veces por el prejuicio y cierta inconsistencia en la crítica, han opacado una labor que reconocemos importante y necesaria en el contexto histórico en que ha surgido. Además de contextualizar las formas de un pensamiento que se reconoce deudor y partícipe de las grandes

---

[34] Véase Althusser (1980) así como también "Crisis del marxismo" (en Althusser 1978).
[35] Al respecto, véase Althusser (1972). Respecto de Mao Tse Tung, que le sirvió a Althusser para pensar las formas de la contradicción y de la práctica, véase Mao Tse Tung (1973).

discusiones del siglo xx en el campo del marxismo y de las luchas populares, hemos querido también poner en discusión la complejidad de un pensamiento que, si bien muchas veces extremó la función de la teoría, nunca dejó de pensar desde y para la política (véase Althusser 1975).

El propósito que recorrió estas líneas fue recoger el legado de Althusser en tono a la problemática del Estado y arribar aquí suponía ingresar en su cuerpo teórico en busca de aquellos elementos que permitiesen dar cuenta de una totalidad teórica que iluminase los caminos de la política. Acaso paradójicamente, en el derrotero althusseriano el campo de lo político no se estructura en torno de un "sujeto libre y constituyente", sino que más bien se presenta como el efecto de relaciones sociales específicas: como el espacio de relaciones de fuerzas antagónicas, fundamento de toda política. Si la noción de "hombre-sujeto" como categoría explicativa pierde los atributos que históricamente la filosofía le había reservado, Althusser entiende que son las *masas* y no los hombres quienes hacen la historia, ya que la misma no es sino la historia de la lucha de clases.[36]

Ubicando como eje de análisis a las masas y no ya a los hombres –ya que los hombres no *hacen* la historia en tanto ésta no es *objeto* de producción y transformación de un hombre *conciente y responsable*– la historia no puede ser realizada y transformada por una identidad (entendiendo a la identidad como la esencia alienada del hombre que se realiza en la historia y que finalmente se reencuentra consigo misma) histórica llamada Hombre, sino por el motor histórico de la lucha de clases. Así, para nuestro autor, la historia no tiene un Sujeto, Esencia, Origen o Causa fundante como punto de partida, sino un motor: la lucha de clases que se manifiesta en las instancias económica, política, teórica e ideológica de toda formación social.[37] Comenzar el análisis de las condiciones en las cuales se desarrolla la dominación capitalista a partir del concepto de Hombre en tanto Sujeto (puesto que la noción de sujeto no puede expresarse como persona = hombre) supone un sujeto plenamente consciente de lo que hace y por ello factible de ser responsable de todos sus actos. En este sentido, "la conciencia aparece así como función delegada al individuo por la naturaleza humana, de unificación de la diversidad de sus prácticas, ya sean éstas de conocimiento, morales o políticas" (Althusser 1978: 123). Hacedor de la historia, su misión política es concebida como el proceso en que *la trans-*

---

[36] Véase Althusser (1974). Si bien Althusser también discute la relación entre masas e historia, creemos innecesario seguir avanzando en esta discusión y dejaremos planteado el problema tal como lo expusimos.

[37] De allí la polémica frase de Althusser: "La historia es un proceso, y un *proceso sin sujeto*" (1974: 35-36; subrayado en el original).

formación histórica –es decir, la historia misma– *es producto de su acción consciente y voluntaria.*

En este sentido, si la batalla conceptual que Althusser se propuso llevar adelante dentro del campo teórico era librada contra el orden dominante –y el marxismo, subrayó, ha caído presa de una terminología burguesa que no hace sino reforzar la ideología dominante–, hacer girar la teoría marxista alrededor de categorías como hombre, alienación, fetichismo, esencia, etcétera, era reproducir el "sentido común" impuesto por las clases dominantes para justificar su propio dominio.[38] Resignificar aquellos elementos y conceptos con el fin de plantearles sus propias funciones ideológico-históricas fue una de las tareas principales que se propuso, interpelando al marxismo en busca de respuestas a preguntas que seguían siendo eludidas: ¿a quién responsabilizar por el estalinismo?, ¿al movimiento comunista?, ¿o debemos contentarnos con la explicación de que fue "responsabilidad" de un hombre, Stalin, o sólo de un "sujeto", el proletariado? En este sentido, el stanilismo fue la "excusa" que le brindó la posibilidad de inscribir esa discusión en el marco general que la teoría marxista requería. Asimismo, nos atrevemos a arriesgar que detrás de su denodada producción en pos de desarticular al *sujeto* como concepto central de la teoría marxista, subyace el reclamo hacia el interior del campo marxista de su inconsistencia para dar cuenta de "su" propia historia.

Por último, la recuperación de la discusión teórica sobre el Estado encuentra sentido en el marco de su intento político-teórico por comprender y vislumbrar la reconfiguración y nuevas relaciones entre las clases, estructuradas en ese contexto alrededor de los Estados benefactores de los países europeos de posguerra. De este modo, la relación clase–Estado, en esa nueva forma histórica estatal, no podía ser abordada desde la clásica perspectiva que comprendía al Estado como meramente represivo. Y por eso creemos que las categorías de *ideología* y de *sobredeteminación* quizá sean las que mejor permiten comprender la complejidad del proceso de reproducción de las relaciones de dominio y explotación en las sociedades "satisfechas" del capitalismo democrático.

---

[38] "Si Marx no parte del HOMBRE –que es una idea vacía, una abstracción sobrecargada de ideología burguesa– es para llegar a los hombres concretos (lo concreto entendido como la síntesis de múltiples determinaciones de las relaciones en las que los hombres *están aprisionados y participan*). Para el materialismo histórico, los hombres son algo completamente distinto de los ejemplares multiplicados a voluntad, de la imagen originaria del HOMBRE, *sujeto libre por naturaleza*" (en Althusser 1998b, el primer subrayado es nuestro y el segundo del original).

En los comienzo de su libro *Para leer El capital*, Althusser planteaba un ejercicio imprescindible, señalaba: "como no existe lectura inocente, digamos de cuál lectura somos culpables". Podría haberlo dicho desde la responsabilidad (como el intelectual sartreano), pero nos agrega una palabra más dura, más insoportable, acaso más política: culpable, en política, es aquel que no sólo es responsable de sus acciones, sino que mantiene con su práctica (también) una complicidad mayor.

Capítulo 2
Complejidades de una paradójica polémica: estructuralismo versus instrumentalismo

por Mabel Thwaites Rey

Introducción

El propósito de este capítulo es analizar el aporte realizado por dos autores centrales en el desarrollo de la problemática del Estado en el marxismo: Ralph Miliband y Nicos Poulantzas, así como el rico debate que ambos entablaron en los años setenta del siglo xx y que se conoció como "instrumentalismo" versus "estructuralismo".

"Como nunca antes, los hombres viven hoy a la sombra del Estado". Con estas palabras inicia Ralph Miliband[*] la introducción a su libro *El Estado en la sociedad capitalista*, publicado en Londres a comienzos de 1969 y con prólogo fechado en julio de 1968, poco después de los sucesos del mayo francés. El libro de Miliband da cuenta de las características que había asumido el modelo de Estado benefactor en el Occidente capitalista desarrollado, así como de los límites y desafíos que su implantación supuso para la transformación revolucionaria. Pocos meses antes, Nicos Poulantzas[**] edita en París su obra *Poder político y clases sociales*,[1] en la que también se delimitan los contornos de la dominación estatal.

Aparecidos estos trabajos, entre 1969 y 1976 se da entre ambos autores una interesante polémica en las páginas de la revista inglesa *New Left Review*, y se abre todo un campo de nuevos estudios, críticas y revisiones teóricas sobre el Estado capitalista. Como señala Tarcus, la obra de cada uno y el intercambio entre estos autores *"cierra un ciclo de largo silencio en la*

---

[1] La versión original en francés lleva como subtítulo *Del estado capitalista*. En castellano se tradujo como *"Poder político y clases sociales en el Estado capitalista"*.

producción teórica marxista sobre el Estado desde los tiempos de Lenin, Trotsky y Max Adler, sólo interrumpido por la solitaria labor de Gramsci" (1991: 7).[2]

Este debate entre Miliband y Poulantzas, convertido en un punto de referencia obligado para la teorización subsiguiente sobre el Estado capitalista (Hall, 1980; Barrow, 2007) trascendió en el mundo académico con la simplificada etiqueta de "instrumentalismo versus estructuralismo". Ubicar su contexto es útil no sólo para entender el significado específico que tuvo en el momento en que se produjo, sino para precisar los alcances de los aportes que cada uno de sus protagonistas hizo a la comprensión de la naturaleza del Estado capitalista contemporáneo. Y para juzgar su validez en un tiempo histórico que, a diferencia de aquel de los años setenta en el que la crítica al Estado capitalista se ligaba a un horizonte socialista superador, está signado por la degradación que el neoliberalismo impuso a escala planetaria. Pero también es un tiempo marcado por una nueva etapa en América latina, en la que la discusión sobre el Estado recobra significación política.

Cada relectura que se hace de un autor o de una problemática teórica determinados carga, ineludiblemente, con el peso de la mirada epocal desde donde se efectúa esa "visita". El significado, entonces, puede ser diverso si se cambia la perspectiva de análisis. Desde los albores del nuevo milenio, la recuperación de los aportes de Miliband y Poulantzas tiene un sentido específico: vislumbrar la tensión entre dos tradiciones que coexisten en el marxismo contemporáneo y rescatar lo más genuinamente iluminador de cada una de ellas. Si Miliband representa una línea que persigue dar una batalla intelectual y política que traspase los límites del marxismo y convenza con argumentos sólidos a los no convencidos, Poulantzas expresa la prioridad de saldar la discusión hacia el interior de las fronteras del marxismo y trazar una línea de acción coherente con los objetivos revolucionarios. Mientras Miliband pone todos sus recursos intelectuales al servicio de demostrar, con la contundencia de los hechos, los males de la dominación en el capitalismo, Poulantzas intenta construir una explicación teórica rigurosa y autosustentable sobre la naturaleza del Estado capitalista, más allá de los hechos puntuales en los que se encarna. Si el primer Poulantzas aspira a traducir los debates estratégicos del comunismo europeo en sofisticados términos teóricos, Miliband pretende hacer del socialismo el "sentido común" de su época, capaz de llegar a amplios sectores de la sociedad. Ambos, sin embargo, persiguieron hasta el fin de sus respectivas vidas el objetivo de construir un socialismo democrático.

[2] *Debates sobre el Estado capitalista, Miliband, Poulantzas y Laclau,* Estudio preliminar de Horacio Tarcus, Ediciones Imago Mundi, Buenos Aires, 1991.

216

Los tiempos del debate

El Estado benefactor

Durante los años sesenta y setenta, Miliband y Poulantzas reflexionaron sobre las características que había adoptado la dominación capitalista modelada por la intervención estatal de tipo keynesiano–benefactor. Sus primeros libros se gestaron al tiempo que maduraba un período de gran activación política y social, que tuvo en el mayo francés de 1968 su expresión más emblemática. Movilizaciones estudiantiles, huelgas y protestas obreras sacudieron a la mayoría de las ciudades importantes de Europa, incluida la Praga del "oriente socialista", y también de Asia y de América latina. El mundo se agitaba y en el horizonte parecía posible, una vez más en el convulsionado siglo xx, trascender el capitalismo para construir alternativas socialistas.

Así describe Miliband ese tiempo: "Un profundo malestar, un universal sentimiento de posibilidades individuales y colectivas que no se han realizado, penetra y corroe toda sociedad capitalista avanzada. No obstante todo lo que se ha dicho acerca de la integración, del aburguesamiento y de todo lo demás, ese sentimiento nunca ha sido mayor que ahora, y nunca antes, en la historia del capitalismo avanzado, hubo un tiempo en que más personas se dieran más perfecta cuenta de la necesidad del cambio y de la reforma. Tampoco ha habido un tiempo en que más hombres y más mujeres, aunque no las muevan intenciones revolucionarias, se hayan mostrado más decididos a obrar en pro y en defensa de sus intereses y expectativas. El blanco inmediato de sus demandas tal vez sean patronos o autoridades universitarias o partidos políticos. Pero (...) el Estado es aquello con lo que los hombres tropiezan constantemente en sus relaciones con otros hombres, hacia el Estado se ven llevados cada vez más a dirigir su presión; y del Estado esperan obtener el cumplimiento de sus esperanzas" (Miliband 1988: 259).

El corolario de esta reflexión –que sintetiza el "clima de época"– es que la cuestión del Estado "realmente existente" en el capitalismo, devenía crucial para la teoría y la práctica revolucionarias. Desentrañar su naturaleza y características, entonces, era un imperativo político de primer orden para quienes apostaban a una transformación social profunda, que trascendía en mucho el propósito académico de aportar a su comprensión en términos teóricos. Las dos obras que volverían a poner en el centro del debate la cuestión clave del poder y el Estado en el marxismo, sin embargo, no fueron escritas por dirigentes políticos, sino por sendos profesores universitarios, que siguieron las reglas de la producción académica antes que las urgencias de las prácticas organizadas e inmediatas de los sectores populares. En esta circunstancia, podría señalarse una cierta continuidad con la tradición del marxismo occidental posterior a los años veinte, caracterizada por Anderson (1979) por su distancia con las prácticas políticas concretas y significativas. Sin embargo, el hecho mismo de que Miliband y Poulantzas reflexionaran específicamente sobre el Estado es un dato en sí mismo relevante e ilustrativo de los cambios en el ciclo histórico que se habían producido en la segunda mitad del siglo xx. En tanto la transformación revolucionaria reaparecía en la lucha política de las sociedades de Occidente, el poder político, los aparatos estatales, en suma, el Estado, volvían a estar en el orden del día.

Para Anderson, el divorcio entre teoría y práctica que signó al marxismo desde la muerte de Lenin, en 1924, estuvo determinado por toda una época histórica. El reflujo de los levantamientos revolucionarios después de 1920, sumado a la estalinización de los partidos comunistas, volvió imposible una genuina labor teórica dentro de la política, circunstancia que, a su vez, contribuyó a impedir los procesos revolucionarios. La falta de un desarrollo teórico marxista en este campo no sólo era consecuencia, para el autor británico, de los efectos del fascismo o de las restricciones del comunismo de posguerra: era tributaria de una etapa de consolidación sin precedentes del capital en todo el mundo industrial avanzado. Durante las décadas que siguieron a la Segunda Guerra mundial se produjo un crecimiento económico extraordinario, basado en el consumo masivo y el pleno empleo, entrelazado con la consolidación del sistema democrático representativo. Esto posibilitó, por primera vez en la historia del capitalismo, la emergencia de un "compromiso" estable entre capital y trabajo. Como señalan Pszeworski y Wallerstain (1987), se configura una suerte de pacto por el cual, mientras quienes poseían los medios de producción otorgaban beneficios materiales –vía el sistema democrático– a quienes no los poseían, éstos aceptaban no impugnar el orden social. Sobre el trasfondo de este desarrollo económico y de la Guerra Fría, se va armando en Occidente una especie de consenso político que proclama el "fin de las ideologías" y se concentra en gestionar y perfeccionar las instituciones de la democracia burguesa existentes. El Estado, como expresión máxima de las relaciones de poder, desde el punto de vista de los teóricos de la burguesía perderá significación y, tras los liminares aportes de Max Weber en las primeras dos décadas del siglo xx, había dejado de ser objeto de reflexión sistemática. En el campo marxista, sólo el trabajo

218

de Gramsci quiebra la marcada ausencia de profundización teórica sobre la cuestión estatal.

La Nueva Izquierda

La polémica entablada entre Miliband y Poulantzas se recorta sobre el telón de fondo de los intensos debates que tuvieron lugar en el seno de la izquierda en los años sesenta y setenta. La llamada *Nueva Izquierda* (NI), con presencia en gran parte de Europa y Estados Unidos, en Gran Bretaña había adquirido las características de un ambicioso agrupamiento de ex comunistas, socialistas académicos y activistas, contrarios tanto al autoritarismo soviético como a la cautela de los partidos socialdemócratas. La recepción de Althusser y Poulantzas en Gran Bretaña viene de la mano de los editores de la *New Left Review* (NLR), dirigida por Perry Anderson, y puede ser vista, en cierto sentido, como una forma de saldar cuentas entre las distintas corrientes que encarnaban trayectorias y perspectivas diversas dentro de ese amplio conglomerado de izquierda. Cuando en 1967 se publica por primera vez en la NLR un trabajo del "joven filósofo griego residente en París" –Poulantzas–, los editores incluyen una nota introductoria en la que refieren a la necesidad de superar el "provincianismo" en el que consideraban que había caído el debate marxista desde los años 20. Trasponer los límites nacionales y recuperar la tradición internacionalista del movimiento socialista resultaba, para la NLR, una precondición absoluta del trabajo teórico del marxismo.[3] Esta misma noción de trascender los bordes de cada país era compartida por Poulantzas: "es conocido el provincianismo de la vida intelectual francesa, una de cuyas consecuencias, y no la menor, consiste en derribar frecuentemente puertas abiertas, es decir, creer serenamente en la originalidad de una producción teórica cuando se encuentra ya mucho más elaborada en autores extranjeros" (Poulantzas 1971: 11).

En una interesante cronología sobre la Nueva Izquierda occidental, Meiskins Wood (1995) señala tres años clave que la marcan como corriente: 1956, con la invasión soviética a Hungría y la ocupación del Canal de Suez por las tropas británicas y francesas; 1968, signado por los sucesos del mayo francés; y 1989, el año de la caída del muro de Berlín y el colapso del comunismo. Desde la búsqueda de un tercer camino entre el estalinismo y la socialdemocracia, hasta las políticas de identidad y la problemática del discurso, pasando por los movimientos antiguerra y estudiantiles, el

---

[3] *New Left Review* I/43, mayo-junio de 1967.

maoísmo occidental, el eurocomunismo y los nuevos movimientos sociales; desde el marxismo socialista-humanista a la posmodernidad, pasando por el althusserianismo, el postestructuralismo y el postmodernismo, la noción de *Nueva Izquierda* se dibuja en un entramado de luchas políticas y apasionados debates teóricos.

Esta Nueva Izquierda se expresa en Gran Bretaña en dos generaciones diferenciadas, la más joven de las cuales se muestra más distante que su antecesora de las formas tradicionales de activismo clasista, y está más claramente comprometida con una práctica eminentemente intelectual y cultural. No obstante, la era de la segunda Nueva Izquierda fue también un período en el cual la larga declinación de la militancia socialista y aun de la lucha de clases empezaba a experimentar un cambio. La década que va de mediados de los sesenta a mediados de los setenta aparecía como un tiempo de renovación, con estallidos de rebelión estudiantil, el resurgimiento de la militancia de la clase trabajadora y aun la esperanza de la revolución socialista, asociada con el renacer del pensamiento radical, incluido el marxismo revolucionario (Meiskins Wood 1995: 22-23).

En rigor, con el término *Nueva Izquierda* se englobó a un amplio espectro de formaciones políticas surgidas en varios países. Pero aunque todas estas formaciones tuvieron varios aspectos en común, Meiskins Wood (1995) señala que lo que hizo de la Nueva Izquierda algo "nuevo" fue, sobre todo, su disociación de las formas tradicionales de hacer política de las viejas izquierdas, tanto del estalinismo comunista como de la socialdemocracia. Más particularmente, todos los grupos incluidos en esta denominación compartieron un compromiso con las luchas emancipatorias más amplias y diferenciadas de la lucha de clases tradicional, tales como las encarnadas por el movimiento estudiantil, el de oposición a la guerra de Vietnam o los de liberación de los negros (Meiskins Wood 1995: 24).

En Francia, desde el fin de la guerra, el debate anticapitalista estuvo monopolizado por los comunistas y gran parte de la izquierda quedó signada por la relación con el prosoviético Partido Comunista francés. Había, por consiguiente, poco espacio para los revolucionarios independientes. El aislamiento produjo dos consecuencias contradictorias: por una parte, la falta de acciones prácticas exitosas condujo a un mayor énfasis en las cuestiones teóricas y programáticas. Por la otra, la hostilidad del "mundo externo" llevó a los pequeños grupos de la izquierda radical a construir lazos de cooperación, más allá de sus diferencias políticas. Fue una clase de relación "dialéctica" entre división y reunión.

En torno de la revista *Socialismo y Barbarie*, creada en 1949 por Cornelius Castoriadis y Claude Lefort,[4] se aglutinaron grupos trotskystas que debatían sobre el tipo de relación que debían establecer con la clase obrera: el tema de la vanguardia fue objeto de profunda discusión en las páginas de la publicación. A partir de 1956, figuras como Jean Paul Sartre y Simone de Beauvoir, enroladas en el existencialismo, atrajeron fuertemente la atención de los descontentos con el estalinismo. La revista *Les Temps Modernes*, que la pareja fundó en 1946 junto a Maurice Merleau-Ponty, fue un referente clave de esa corriente. Hacia mediados de los sesenta, en el seno del PCF fermentaban interesantes debates que fueron, sin embargo, reprimidos por la dirección (Ross y Jenson 1988). Por otro lado, surgían nuevas críticas y perspectivas de la mano de referentes de la filosofía y el psicoanálisis, como Louis Althusser, Jacques Lacan, Michael Foucault y Jacques Derrida, que introdujeron otros debates en el seno del marxismo y, aunque de manera más compleja, sus simpatías por la revolución cultural china impulsada por Mao Tse Tung. La postura de Althusser, quien aún perteneciendo al PCF deploraba la gran miseria teórica del movimiento obrero francés y proponía como tarea para los intelectuales comunistas devolverle a la teoría marxista su rigor científico, cosechó cada vez más adeptos entre los estudiantes. Publicaciones como los *Cuadernos Marxistas Leninistas*, que a fines de 1964 editaba un grupo de alumnos de la Escuela Normal Superior[5] seguidores de Althusser,[6] son ejemplos de la ebullición intelectual francesa de ese tiempo.

En Gran Bretaña, el desarrollo de la Nueva Izquierda estuvo marcado por hitos institucionales que tomaron la forma de revistas influyentes, cu-

[4] Enrolados en el movimiento trostskysta, sus seudónimos fueron Pierre Chaulieu y Claude Montal, repectivamente. Castoriadis, que había sido miembro del PC, creía en la necesidad de organizar un partido de la clase obrera. Lefort, en cambio, siempre renegó de la afiliación partidaria y propuso un camino de organización independiente. Por esos años, *Socialismo y Barbarie* impulsó el trabajo de base en las fábricas, y logró cierto arraigo en la automotriz Renault. En 1958 el grupo de Lefort dejó la revista y armó la publicación *Informations et Correspondance Ouvrières* (ICO), que salió hasta 1973. Una nueva fracción se produjo en 1963, y se creó *Pouvoir Ouvrier*, que se sostuvo hasta 1969. *Socialismo y Barbarie* dejó de salir en 1967 (Marcel van der Linden, 1997).

[5] Esta publicación, de inspiración althusseriana en el plano teórico, al principio no era prochina como lo fue luego, ni tampoco se situaba en "la línea del Partido". Tomaba posiciones políticas globalmente izquierdistas y favorables a las posturas de Cuba, mientras defendía la teoría marxista contra cualquier contaminación de la ideología humanista.

[6] Se trata del llamado círculo de la calle Ulm –donde tenía su despacho Althusser– de la Unión de Estudiantes Comunistas (UEC) de la École Normale Supérieure (ENS), un pequeño cenáculo de intelectuales que preparaban sus armas teóricas, que no participaba en las luchas de tendencias dentro de la UEC ni se preocupaba tampoco por movilizar a los estudiantes para la lucha política (véase Joaquín Salas Vara de Rey, 2006).

yos cambios de contenido y estilo registran la trayectoria de ese movimiento a través de sus varias transformaciones. Aunque no se puede extrapolar ni generalizar la experiencia británica, ésta ofrece un particularmente bien documentado registro de la transición de la vieja a la nueva izquierda y, en los debates públicos entre una generación con la siguiente, dan un elocuente testimonio de los cambios en la izquierda occidental desde 1956 (Mesikins Wood). En 1957 aparece la revista *The New Reasoner*, fundada por los comunistas disidentes John Saville y E. P. Thompson, a los que se suma Ralph Miliband. En forma paralela, ese mismo año un grupo de jóvenes estudiantes y graduados de Oxford crean *The Universities and Left Review* (ULR). Bajo el liderazgo de Raphael Samuel, Stuart Hall, Charles Taylor y otros escritores y académicos no vinculados con el PC, la ULR proveyó un foro vital para la izquierda independiente y activista (Kozak 1995).

En 1960, ambas revistas se fusionan y se crea *The New Left Review*, con Stuart Hall como editor. La amalgama se debió a que ambas publicaciones parecían apuntar al mismo público, estaban comprometidas en la búsqueda de una clase de lucha cultural que sentían que era especialmente urgente en las condiciones del capitalismo consumista y, además, las dos tenían problemas económicos y administrativos que complicaban su gestión. El foco político común para unir estas corrientes lo proveyó la Campaña por el Desarme Nuclear, el primer movimiento por la paz antinuclear (Kozak 1995). Pero como destaca Meiskins Wood, los dos grupos llegaban a un proyecto en común no sólo perteneciendo a distintas generaciones, sino desde direcciones sustancialmente diferentes, con la esperanza de convertir sus diferencias en complementariedad. Los jóvenes de la ULE estaban menos interesados en la historia y en las tradiciones de la izquierda internacional que en el rápido cambio de la sociedad inglesa, y más en las cambiantes experiencias culturales que en el activismo político.

Al grupo de *New Reasoner*, por su parte, le preocupaban menos los cambios culturales inmediatos en Gran Bretaña y estaba más arraigado en las líneas clásicas del marxismo internacional y del movimiento obrero, incluyendo la tradición radical británica. Miliband no había estado de acuerdo con la fusión de las revistas y pronto se notaron las tensiones entre las dos generaciones de miembros. Stuart Hall, que tuvo un duro trabajo para conciliar las perspectivas de tantos gurúes de izquierda, dejó la conducción en 1962. Gradualmente, la revista cambió. Se hizo de más difícil lectura, con menos artículos y más largos, más abstractos y con formato libro. Se eliminaron los artículos más ligeros, cortos y vinculados con la coyuntura británica, y ya no hubo lugar para la participación de la izquierda no académica en sus páginas, como sí lo había en *The New Reasoner*. Las diferencias en estilo y filosofía llevaron, finalmente, a la ruptura, concretada con el número de abril de 1964. Mientras Miliband y Saville fundan *Socialist Register*, un anuario que aún continúa bajo la dirección de Leo Panitch, la *NLR* consolida su fisonomía bajo el liderazgo de Perry Anderson, Robin Blackburn, Tom Nairn y otros (Kozak 1995).

Pensar el Estado desde el marxismo

En los años sesenta, la opinión prevaleciente era que Marx había dejado una teoría económica coherente y elaborada del modo capitalista de producción, expuesta en *El capital*, pero que no había desarrollado una teoría política semejante sobre las estructuras del Estado burgués, ni tampoco había diseñado una estrategia o táctica acabada de la lucha socialista revolucionaria para derrocarlas (Anderson 1979). Después de Lenin, sólo la obra gigantesca de Gramsci, elaborada sobre todo en sus años de cárcel y como una suerte de reflexión "en estado puro", puede contarse como un activo teórico central sobre la cuestión del Estado. Sin embargo, los avatares de la producción gramsciana determinaron que su influencia efectiva no se hiciera sentir sino, precisamente, en los años sesenta, tres décadas después de su gestación. "Aunque la enorme inflación de los poderes y las actividades del Estado en las sociedades capitalistas avanzadas (...) se ha convertido en uno de los lugares comunes del análisis político, la paradoja notable es que el mismo Estado, como sujeto del estudio político, hace mucho tiempo que ha dejado de estar en boga" (Miliband 1988: 3).

Avanzar en el análisis de la "dimensión política" fue asumido como un imperativo de época por Miliband y también por Poulantzas. Pero ambos tenían propósitos inmediatos distintos, y partían de tradiciones intelectuales y estilos expositivos muy diferentes. Miliband buscaba, centralmente, desenmascarar a la visión del pluralismo democrático que dominaba los desarrollos de la ciencia política anglosajona y expandir el pensamiento socialista más allá de las fronteras de los ya convencidos.[7] Por eso en su trabajo refuta las proposiciones de numerosos autores pluralistas y los confronta con abundantes datos empíricos provenientes de los países capitalistas avanzados. Pero además, con su trabajo apuntaba a desmentir cierta ilusión socialdemócrata de que al llegar al gobierno se alcanzaba el poder real del Estado para producir cambios revolucionarios. Finalmente, puede

[7] "Uno de los objetivos primordiales de esta obra es el de mostrar, pormenorizadamente, que la concepción democrático-pluralista de la sociedad, de la política y del Estado, en lo que respecta a los países del capitalismo avanzado, está, en todos sus aspectos esenciales, equivocada" (Miliband 1988: 6).

leerse en Miliband un objetivo implícito y sutil: afirmar la centralidad y vigencia del conflicto básico entre burguesía y clase trabajadora, frente a ciertas visiones de la Nueva Izquierda que privilegiaban los cambios culturales como explicativos de las transformaciones en el capitalismo avanzado.

Poulantzas, en cambio, confrontando con la concepción comunista ortodoxa del Capitalismo Monopolista de Estado (CME), se proponía construir teóricamente el concepto de Estado capitalista como parte de la teoría más general del modo de producción capitalista[8]. La teoría del CME, en su forma más común, afirmaba que el Estado es un instrumento del capital monopólico en la era del imperialismo, es decir, el medio a través del cual se mantiene la dominación del capital sobre la sociedad civil. Este papel estatal es en sí mismo una expresión de la contradicción entre las fuerzas productivas y las relaciones de producción, lo que representa la socialización de las últimas en respuesta a la socialización de las primeras, pero bajo el control del capital monopólico. La tarea revolucionaria del proletariado era, por ende, conducir una coalición de fuerzas democráticas que liberarían al Estado de este control y lo usarían como instrumento en la transición hacia el socialismo (Clarke 1977).

Frente a esta concepción sostenida por el PC francés, Poulantzas consideraba –en la senda del camino abierto por Althusser–, que la disputa en el plano de la teoría –que incluía la construcción de un andamiaje conceptual sólido, autónomo y lógicamente inexpugnable– era central para la lucha por el socialismo. Evitar la contaminación teórica con las perspectivas burguesas constituía, para los estructuralistas, una condición innegociable para hacer avanzar la lucha por el socialismo.[9] La materia prima del trabajo de Poulantzas la constituían: 1- las obras de los clásicos del marxismo; 2- los textos políticos del movimiento obrero; y 3- las obras contemporáneas de ciencia política. Con ella pretendía darle estatuto teórico a la realidad de la dominación capitalista de su tiempo.

Miliband y el Estado en la sociedad capitalista

La importancia que Miliband atribuyó al desarrollo adecuado de la comprensión marxista sobre el Estado capitalista, se inicia con su ensayo "Marx

[8] "Este ensayo tiene por objeto la política, más particularmente la superestructura política del Estado en el modo de producción capitalista, es decir, la producción del concepto de esa región en dicho modo, y la producción de conceptos más concretos relativos a lo político en las formaciones sociales capitalistas" (Poulantzas 1971:7).

[9] Tal pureza, sin embargo, es impugnada por varios autores. Por ejemplo, en una extensa crítica Clarke (1977) señala que la postura de Poulantzas, siguiendo a Althusser, arraiga en la sociología estructural-funcionalista desarrollada por Talcott Parsons.

y el Estado".[10] Esto también se inscribe en su percepción sobre las tareas políticas que tenía ante sí la izquierda, incluida la que se mantenía dentro del Partido Laborista. En 1966, Miliband advertía que "no es razonable ni realista para los socialistas que están dentro del Partido Laborista creer que ellos tienen alguna perspectiva seria de volcar hacia la izquierda a los líderes del partido en ningún sentido sustancial. Lo que está ahora en la agenda para los socialistas es construir una alternativa política de masas al Laborismo"[11] (Panitch 1995).

Miliband siempre argumentó que el Partido Comunista estaba demasiado condicionado por su pasado, era demasiado burocrático e ideológicamente muy poco creativo como para encarar esa tarea. Y los varios grupos trotskystas y pequeños partidos, por su sectarismo y aislamiento, tampoco podían hacerlo, pues seguían aferrados a su modelo insurreccional derivado de la revolución bolchevique. Por eso los consideraba enteramente incapaces de generar el apoyo masivo de las clases trabajadoras de los regímenes democrático-liberales de los países capitalistas avanzados. Pero la cuestión tampoco pasaba, para él, simplemente por crear algún partido de la Nueva Izquierda, cuando las bases para tal esquema aún no existían en el sentido de una genuina demanda popular de semejante agrupación política. Esto llevó a Miliband a la conclusión de que el camino era ampliar la comunidad de los socialistas. Para él, la cuestión no pasaba "por hacer combinaciones de políticas y partidos, sino por un amplio y sostenido esfuerzo en la educación socialista, cruzando los límites existentes, libre de formulismos y llevada a cabo con paciencia e inteligencia por los socialistas, sean de dentro o de afuera del movimiento laborista. Tal esfuerzo no es una alternativa al involucramiento inmediato en las luchas, sino un elemento esencial de ellas" (Panitch 1995). La lucha ideológica y política, la batalla "intelectual y moral" de la que hablaba Gramsci, era una prioridad absoluta en la perspectiva de Miliband.

Las fallas de las izquierda en todas sus expresiones –incluso la del nuevo proyecto que él impulsaba– para sortear el enorme obstáculo de nada menos que el inmenso poder, material e ideológico, de las clases dominantes y de la tenacidad con que lo utilizaban en defensa de sus propias ventajas estratégicas, eran agudamente observadas por Miliband. La contribu-

[10] Publicado en el segundo volumen de *Socialist Register* (1965). Versión en castellano en Tarcus (1991).

[11] No es éste el lugar para tratar la cuestión, pero vale la pena indicar el dilema que se le presentaba a los marxistas en Gran Bretaña ante la existencia de un partido como el Laborista, firmemente arraigado en la clase obrera: estar dentro o fuera del laborismo como estrategia revolucionaria era un debate que resuena a los de la izquierda argentina –de 1955 a 1976– frente al peronismo.

ción principal de sus textos más importantes, *El Estado en la sociedad capitalista* (1968) y *Marxismo y política* (1977) residió en la deslegitimación del sistema de poder capitalista y, sobre todo, en desafiar a quienes se proclaman a favor de un cambio del sistema, a establecer los puntos estratégicos fundamentales para lograrlo. La accesibilidad de su escritura, la claridad de su prosa y el juicioso estilo de argumentación, la abundancia de evidencia empírica y el uso ecléctico de las fuentes y conceptos son rasgos destacados del trabajo de Miliband (Panitch 1995).

El proyecto del libro lo empieza a esbozar en 1962, cuando define las líneas de una amplísima investigación que creía que le iba a tomar cinco años de trabajo concluir. Quería que fuera teórica, analítica y prescriptiva y que analizara temas tales como el poder, la dictadura, el comunismo, la democracia, la representación, la burocracia, y que comparara el Estado en los países capitalistas, socialistas y los recientemente independizados. Aspiraba a combinar aportes de la historia, la sociología y la ciencia política. Pero distintos compromisos lo fueron haciendo cambiar el proyecto y tuvo que acotar el plan inicial, llevándolo a concentrarse en una de sus prioridades: confrontar con el pluralismo democrático dominante en la academia anglosajona (Newman 2002).

Panich subraya la importancia de la disputa ideológica en el enfoque de Miliband, a la que consideraba una tarea central de los marxistas. Afirma que fue a partir de *El Estado en la sociedad capitalista* que los estudiantes de ciencia política británicos y estadounidenses tuvieron finalmente la sensación de que se podría ir más allá de la crítica al paradigma dominante y moverse hacia una teorización alternativa. "Miliband nos dejó la certeza de que esa teorización debía ser marxista, y también demostró que debía ser de una clase de marxismo independiente que no se apartaba totalmente del mundo intelectual no-marxista, sino que podría resultar mucho más agudo si incorporaba los mejores aportes a la teorización marxista" (Panitch 1995). Precisamente, este punto de "eclecticismo" es el que va a ser atacado por Poulantzas, él mismo afincado en una perspectiva que hacía de la coherencia, la pureza y el rigor lógico de la teoría un punto central de la disputa ideológica y política del marxismo.

Un "instrumento" complejo

Miliband identifica la principal deficiencia de la teoría marxista contemporánea del Estado con el hecho de que casi todos los marxistas se habían limitado a afirmar, como algo más o menos autoevidente, la tesis instrumentalista contenida en el *Manifiesto Comunista*: "el ejecutivo del Estado moderno no es sino un comité para arreglar los asuntos comunes de toda la burguesía". Asumiendo la centralidad de esta tesis, al iniciar su libro Miliband observa que "de una u otra forma, el concepto que esto encarna aparece una y otra vez en las obras tanto de Marx como de Engels y, no obstante los matices y las apreciaciones delicadas que ocasionalmente exhibieron en su examen del Estado –sobre todo para explicar un determinado grado de independencia que el Estado podía disfrutar en 'circunstancias excepcionales'–, nunca se deshicieron de la opinión de que en la sociedad capitalista el Estado era, sobre todo, el instrumento de coerción de la clase dominante, definida ésta en función de la propiedad y el control de los medios de producción" (Miliband 1988: 7).

Es especialmente a partir de este pasaje que se asocia a Miliband con una concepción "instrumentalista". Sin embargo, la cita de los clásicos no implica que la noción de "instrumento" sea interpretada –por éstos o por Miliband mismo– en el sentido de una maquinaria externa y autónoma utilizada por la clase dominante a su voluntad. Su análisis es más complejo y fundado que semejante caricatura. Lo que en el párrafo citado subraya Miliband es la necesidad de avanzar en la comprensión de los Estados capitalistas concretos, partiendo de la concepción ya expuesta por Marx y Engels, y a la luz de la realidad socioeconómica, política y cultural de las sociedades capitalistas "realmente existentes". Para el profesor británico, en tanto Marx había provisto los fundamentos conceptuales para el análisis socioeconómico histórica y geográficamente situado, Lenin lo había hecho para el análisis político y Gramsci había aportado el andamiaje conceptual apropiado para el abordaje ideológico y cultural. Por ende, Miliband estaba convencido de que la tesis central y la estructura conceptual de la teoría política marxista estaba efectivamente establecida y que lo que los marxistas necesitaban era hacer más trabajo empírico y análisis histórico de los Estados en las sociedades capitalistas, para darles contenido concreto a las tesis y conceptos teóricos ya delimitados. Por eso el propósito de *El Estado en la sociedad capitalista* era hacer una contribución para remediar esa deficiencia.

En la medida en que Miliband produce en un contexto signado por el optimismo de la ciencia política anglosajona[12] y el auge del llamado "fin de las ideologías", se explica que su interés se concentrara en responder, des-

---

[12] Como señala Borrow, "por más bizarro que pueda aparecer en retrospectiva, era teóricamente importante dentro del contexto intelectual angloamericano restablecer el simple hecho empírico de que la clase capitalista existe y de los numerosos mecanismos que pueden ser identificados y que facilitan la cohesión económica de los capitalistas como clase" (2006:7).

de una investigación empírica a partir de las tesis marxistas, a los teóricos de la democracia liberal y a las corrientes pluralistas.[13] Durante los años de oro del intervencionismo estatal benefactor, el pluralismo planteaba que: 1) en las sociedades capitalistas avanzadas se había llegado a una igualación social de tal magnitud que tornaba obsoletos los planteos del antagonismo de clases; 2) la complejidad de funcionamiento de la empresa capitalista había hecho aparecer una capa de funcionariado técnico (gerentes), muy diferente de los propietarios clásicos, lo que cambiaba la naturaleza de la relación; 3) ningún grupo o clase tenía poder exclusivo y excluyente como para imponer sus intereses e ideas a los demás, sino que todos retenían su cuota de poder para influir en el sistema democrático (de donde se seguía que sólo bastaba con fijar reglas de juego básicas y transparentes para evitar cualquier concentración de poder en el Estado); 4) la noción misma de Estado era infructuosa para el mucho más trascendente análisis de los intercambios y circulación del poder entre la pluralidad de actores políticos, económicos y sociales existente. Miliband les opone a estos teóricos los hechos referentes al trasfondo social, los lazos personales y los valores compartidos de las elites económicas y políticas y los hechos relativos al impacto de la política gubernamental sobre asuntos como la distribución del ingreso y la riqueza (Gold, Lo y Wright 1975).

Lo primero que expone en *El Estado en la sociedad capitalista* es la existencia efectiva de la división de la sociedad en clases y, pese a los avances en el acceso al consumo y los cambios en la forma de gestión de la empresa capitalista, la firme preeminencia de la clase económicamente dominante y su unidad interna. Luego, para develar las distorsiones y mistificaciones del pluralismo liberal, bucea en la forma en que le llegan al Estado las demandas múltiples de los intereses dominantes y cómo son procesadas para preservar el orden social. En su estudio de la elite gobernante y su afinidad social básica con la clase dominante encuentra el autor inglés uno de los ejes para demostrar cómo se produce, en concreto, la defensa de los intereses capitalistas por parte del Estado. De este modo desmiente, apelando a múltiples ejemplos fundados, la pretendida igualación social que, según los pluralistas, hacía imposible identificar un núcleo social, económica y políticamente dominante en la sociedad capitalista, y se concentra en demostrar la conexión profunda –negada por los pluralistas–, de la clase dominante con la elite estatal.

[13] Miliband confronta con autores pluralistas como David Easton, Robert Dahl, John Galbraith, Sygmour Lipset, que desarrollaron sus obras durante los años cincuenta y sesenta. Discute específicamente la teoría del capitalismo de los gerentes, basada en la separación entre propiedad y control de los medios de producción.

Refiriéndose a los países desarrollados, Miliband sostiene que en ellos "a pesar de todo lo que se ha dicho acerca de la nivelación, sigue existiendo una clase de personas, relativamente pequeña, que posee grandes cantidades de propiedad en una o en otra forma, y recibe también grandes ingresos, por lo general, provenientes en todo o en parte de su propiedad o de su control de esa propiedad" (1988: 27). Y destaca que, por más que haya crecido la disponibilidad de bienes de consumo para las diversas clases sociales, ello "no afecta fundamentalmente el lugar que ocupa la clase obrera en la sociedad" (*idem:* 28). Sostiene que lo malo de la teoría democrático-pluralista no es su insistencia en el hecho de la competencia, sino su afirmación "de que los principales intereses organizados de estas sociedades, y sobre todo el capital y los trabajadores, compiten en términos más o menos iguales" (*idem:* 141), y por ende ninguno es capaz de alcanzar una ventaja decisiva y permanente en la competencia. Miliband pone en evidencia las debilidades del pluralismo, mostrando cómo la cosmovisión compartida por las elites económicas recorta el horizonte de posibilidades a la hora de plantearse alternativas políticas. "Las diferencias específicas entre las clases dominantes, por auténticas que puedan ser (…), están (…) contenidas dentro de un particular espectro ideológico, y no estorban un consenso político fundamental, en lo que respecta a las cuestiones capitales de la vida económica y política" (*idem*: 47).

Esta cuestión de la conexión personal e ideológica entre la clase económicamente dominante y quienes ocupan los puestos de conducción del Estado será, como veremos más adelante, uno de los puntos más criticados por Poulantzas y por varios de los que prosiguieron el debate, como Gold, Lo y Wright, Jessop, Clarke, Holloway y Piccioto. Sin embargo, esta cuestión de la conexión interpersonal que destaca efectivamente Miliband en varios capítulos, no puede entenderse sin considerar el resto de sus afirmaciones, que dan cuenta de los fundamentos estructurales de dicha conexión y, en última instancia, de la función misma del Estado capitalista. Por ejemplo, señala que "el mundo de los negocios disfruta de una formidable superioridad fuera del sistema estatal, también, en términos de las presiones intensamente más fuertes que, en comparación con los trabajadores o con otros intereses, puede ejercer en la consecución de sus fines" (*idem*: 141).

El sistema estatal

Pero el condicionante estructural de las conductas personales y los límites del sistema de poder son considerados muy especialmente cuando su análisis se dirige a confrontar con las creencias de la socialdemocracia europea. Aquí es difícil asociar a Miliband con un enfoque instrumentalista que suponga pensar al Estado como una instancia totalmente externa y autónoma, utilizable según la conveniencia de quien maneje sus resortes inanimados. Lejos de esta visión simplista, desarrolla la noción de la autonomía relativa del Estado, a partir de diferenciar los distintos componentes de lo que denomina el "sistema estatal" y el "poder del Estado" del "poder de la clase". Precisamente, en la distinción entre estos últimos funda la "autonomía relativa" del Estado y es un aspecto central para identificar la naturaleza de la dominación política.

Así, dice que "el término 'Estado' designa a cierto número de instituciones particulares que, en su conjunto, constituyen su realidad y ejercen influencia unas en otras en calidad de partes de aquello a lo que podemos llamar sistema del Estado. Y no se trata de una cuestión puramente académica. Pues el tratar a una parte del Estado –comúnmente, el gobierno– como si fuese el Estado mismo introduce un importante factor de confusión en el examen de la naturaleza y la incidencia del poder estatal que puede tener grandes consecuencias políticas. Así, por ejemplo, si se cree que el gobierno es, en efecto, el Estado, también se puede creer que el asumir el poder gubernamental equivale a adquirir el poder estatal. Tal creencia... nos expone a grandes riesgos y desencantos" (1988: 50). Y afirma: "...que el gobierno hable en nombre del Estado y esté formalmente investido del poder estatal no significa que controle efectivamente este poder. Una de las cuestiones que es preciso ventilar es ver hasta qué punto los gobiernos ejercen efectivamente el control" (*idem*: 51). Aquí se encuentra la crítica a la ilusión socialdemócrata de que ganando el gobierno mediante elecciones se puede manejar la totalidad del poder del Estado, sin alterar las bases estructurales en las que tal poder se funda.

El sistema estatal está integrado por: 1) los aparatos de gobierno: autoridades legislativas y ejecutivas electas en el nivel nacional, que definen la política estatal; 2) los aparatos administrativos: burocracia, corporaciones públicas, bancos centrales, comisiones regulatorias, que regulan las actividades económicas, sociales y culturales; 3) los aparatos coercitivos: agencias militar, paramilitar, policial y de inteligencia, que manejan la violencia estatal; 4) el aparato judicial: tribunales, profesión legal, cárceles y prisiones y otros componentes del sistema de justicia; 5) los gobiernos subcentrales, tales como provincias, municipios y distritos.

Miliband enfatiza la especificidad de las tareas estatales para preservar el orden capitalista, como en una suerte de división del trabajo: la necesidad de ejecutar tareas comunes que benefician al conjunto de la burguesía impone la existencia de un segmento especializado –el Estado– que dispone de poder propio para imponerse a los intereses capitalistas particulares en competencia. Pero esto no significa que el Estado sea una máquina exterior y neutral. Aquí aparece la explicación de por qué, por una parte, el Estado en cuanto conjunto de aparatos tiene una relación compleja e intrincada con la clase dominante y, por otra parte, la existencia de mecanismos de validación política en la democracia representativa, basada en el sufragio universal, permite que lleguen al gobierno coaliciones políticas animadas por ideas e intereses no directamente capitalistas. Pero es precisamente la determinación estructural del conjunto del sistema estatal, que garantiza la reproducción capitalista, lo que impide que los gobiernos, incluso de "izquierda", puedan apartarse de las tareas que demanda la reproducción de los intereses dominantes, en la medida en que se atengan a acatar las reglas que el sistema delimita para su reproducción. Es así como, constreñidos por el imperativo sistémico de preservar el orden social, que es capitalista, la mayoría de los gobiernos, incluso de izquierda, sólo se atrevan a impulsar medidas favorables a la reproducción de los intereses dominantes. Asumen que el desarrollo de la empresa capitalista es un elemento necesario y deseable para la sociedad, al que hay que dar por supuesto. "Y lo hacen porque aceptan que la racionalidad económica del sistema capitalista es sinónimo de la racionalidad en sí, y proporciona el mejor conjunto posible de arreglos y disposiciones humanos en un mundo necesariamente imperfecto" (1988: 75).

Mediante ejemplos de las gestiones gubernamentales "de izquierda" en Europa, afirma que "los dirigentes socialdemócratas, en su momento de victoria, y más aún después, por lo general se han preocupado muchísimo en tranquilizar a las fuerzas dominantes y a las elites del mundo de los negocios en sus intenciones... y en insistir que su llegada al poder no constituía una amenaza para los negocios (...) Los dirigentes, una vez que llegan al poder (y a menudo desde antes) son siempre más 'moderados' que sus partidarios. (...) Sea como fuere, los nuevos gobiernos de la izquierda se han esforzado siempre, hasta el límite de sus fuerzas, en *atenuar* las expectativas populares..." (*idem*: 97).

Miliband insiste contra la ilusión de que el acceso al gobierno lleve de por sí al manejo completo del Estado para aplicar medidas radicales a favor del pueblo, que supongan alterar las bases materiales de la dominación capitalista. "En abstracto, los gobiernos tienen a su disposición recursos y poderes vastos para 'esgrimir el garrote' contra el mundo de los negocios. En la práctica, los gobiernos que se han propuesto utilizar estos poderes y recursos –y la mayoría de los mismos no lo quieren– no tardan en descubrir, dado el contexto en el que operan, que la tarea tropieza con innumerables dificultades y peligros. Estas dificultades y peligros se resumen idealmente en la temible frase de 'pérdida de confianza'. Es un testimonio implícito del poder del mundo de los negocios el que todos los gobiernos, sin exceptuar a los reformistas, hayan estado siempre profundamente interesados en obtener y conservar su 'confianza'. Y por cierto no hay ningún otro interés cuya 'confianza' se considere más valiosa, o cuya 'pérdida de confianza' se tema más" (*idem*: 144/145).

En un pasaje de notable vigencia, Miliband señala que "dado el poder económico que descansa en los círculos de los hombres de negocios y la importancia decisiva de sus acciones, o de sus inacciones, en aspectos fundamentales de la política económica, todo gobierno que pretenda verdaderamente realizar reformas radicales, tendrá que procurar: o bien, apropiarse de ese poder, o aceptar la limitación rígida de su margen de acción radical por obra de la exigencia de la confianza de los hombres de negocios. Hasta ahora, ningún gobierno, ningún sistema político de tipo occidental, cualquiera que haya sido su retórica antes de tomar el poder, ha optado por la primera de estas dos posibilidades. En vez de ello, los gobiernos de intenciones reformistas, unas veces de mal grado y otras veces de buen grado, han puesto un freno a sus propensiones reformistas, aunque nunca lo suficientemente fuerte para el gusto de los hombres a los que deberá procurar apaciguar. O han adaptado sus reformas a los objetivos de los hombres de empresa (…) En este contexto, la política es, por cierto, el arte de lo posible. Pero lo posible está determinado, sobre todo, por aquello que parece aceptable a la comunidad de los negocios" (*idem*: 147).

Miliband también hace un señalamiento preciso de las condiciones internacionales que ya a fines de los sesenta determinaban lo que se llamó años después "globalización", y sus efectos sobre los Estados nacionales, que vale la pena reproducir *in extenso*. "En la actualidad, sin embargo, los gobiernos de intención reformista o 'izquierdista', no tienen que contar tan sólo con el poder de su propia clase de industriales y comerciantes, ni es únicamente su 'confianza' lo que deben buscar y tratar de conseguir. Tales gobiernos tienen que tomar en consideración también, más ahora que nunca antes, el poder y las presiones de intereses y fuerzas capitalistas extranjeras: grandes empresas extranjeras, gobiernos extranjeros poderosos y conservadores, bancos centrales, finanzas internacionales privadas, organizaciones oficiales de crédito internacional, como el Fondo Monetario Internacional y el Banco Mundial, o una formidable combinación de todos ellos. La ortodoxia económica y financiera, y la debida consideración de las prerrogativas y necesidades del sistema de empresa libre no es sólo lo que los intereses nacionales de los negocios esperan y exigen de sus gobernantes;

estos intereses nacionales están ahora poderosamente secundados por intereses extranjeros que bien pueden tener una importancia mayor. Como ya señalamos, el capitalismo es hoy, como nunca antes, un sistema internacional, cuyas economías constitutivas están estrechamente relacionadas y entretejidas. A consecuencia de esto, hasta los países capitalistas más poderosos dependen, en mayor o menor medida, de la buena voluntad y cooperación de los demás y de lo que ha llegado a ser, no obstante profundas y perdurables rivalidades capitalistas nacionales, una 'comunidad' capitalista internacional interdependiente. La desaprobación que manifieste esta 'comunidad' por las políticas de uno de sus miembros, y la supresión de la buena voluntad y de la cooperación que pueden ser su consecuencia, evidentemente constituyen ingentes problemas para el país de que se trate. Y mientras un país decida seguir siendo parte de la 'comunidad', el deseo de no incurrir en su desaprobación tendrá que pesar grandemente en sus decisiones políticas y reducir, todavía más, los impulsos que sientan los gobiernos de intención reformista de apartarse del camino ortodoxo" (*idem*: 148). Se advierte en este pasaje la plena conciencia del autor inglés sobre la intensidad creciente de los condicionantes nacionales e internacionales para la acción política.

Si queda claro que Miliband asume el constreñimiento estructural para la acción de los gobiernos y la funcionalidad básica del Estado en la reproducción capitalista, el subrayar la autonomía relativa le permite marcar, no obstante, las sustanciales diferencias existentes en torno del tipo de régimen político. En su polémica con Poulantzas, Miliband insiste en la necesidad de diferenciar, por ejemplo, fascismo de democracia. Precisamente en su último intercambio con el greco-francés, lo acusará de que su esquema teórico, al negar la diferencia entre poder de clase y poder de Estado, conduce a igualar toda dominación capitalista, con las nefastas consecuencias para la práctica política de los sectores populares que tuvo esta posición en la historia.

Poulantzas: poder político y clases sociales

Poulantzas, como señalamos, parte de un objetivo distinto al de Miliband: forjar el concepto de Estado en una teoría regional del modo de producción capitalista.[14] En *Poder político y clases sociales* establece así siste-

[14] La producción de teoría es fundamental en el proyecto de Poulantzas, que lo distingue de Miliband. Para él, "cualquiera que sea el grado de abstracción (el trabajo teórico) es siempre un trabajo que se sustenta en los procesos reales. Sin embargo, ese trabajo que produce conocimientos se sitúa enteramente en el proceso de pensamiento: no hay conceptos más

máticamente la forma en que la política del Estado está determinada por las contradicciones y límites del sistema capitalista.

En la senda de Althusser

Este libro de Poulantzas se sitúa firmemente en el esquema conceptual de Althusser. A partir del aporte del autor de *Para leer 'El capital'*, distingue las categorías "modo de producción" y "formación social". La primera es definida como una combinación específica de diversas estructuras y prácticas, que se presentan como instancias o niveles "regionales": económica, política, ideológica y teórica. Estas instancias permanecen unidas en cada modo de producción, en el cual predomina siempre el nivel económico, entendido como *determinación*. Pero la determinación en última instancia de la estructura por lo económico no significa que lo económico retenga siempre el papel *dominante*. Es decir, no significa que hay una relación mecánica entre lo económico y lo político, donde lo que ocurre en el primer campo se refleja de modo directo y automático en el segundo. La relación es más compleja. "Lo económico sólo es determinante en la medida en que asigna a tal o cual instancia el papel dominante" (1971: 5). De modo que lo que diferencia a un modo de producción de otro es la forma particular en que se articulan los distintos niveles y cuál es el que juega el papel dominante. A esto se le llama *matriz* de un modo de producción.

El modo de producción, sin embargo, constituye un objeto abstracto-formal (un "tipo ideal", en el sentido weberiano) que no existe como tal en la realidad. Lo que existe es una *formación social*, históricamente determinada, que es un objeto real-concreto singular, particular, único y distinto. Cada Estado-nación (por ejemplo, la Argentina, Francia, Turquía o Etiopía) constituye una formación social específica, con su peculiar constitución histórica. Y, a su vez, en cada formación social se da una combinatoria de formas productivas, donde hay un modo de producción que *predomina* sobre los otros y le imprime su carácter a los niveles económico, político, ideológico y teórico. En la matriz del modo de producción capitalista se observa que: "1) La articulación de lo económico y de lo político (...) está caracterizada por una *autonomía* –relativa– específica de esas dos instancias. 2) Lo económico detenta en ese modo no sólo la determinación en última instancia, sino también el *papel predominante*" (*idem*: 25). La consecuencia teórica de la autonomía es que "hace posible una teoría regional de

---

reales que otros. El trabajo teórico parte de una *materia prima* compuesta no de lo real-concreto, sino ya de informaciones, ya de nociones, etc., sobre ese real, y la trata *por medio de ciertos útiles* conceptuales, trabajo cuyo resultado es el *conocimiento* de un objeto" (1971: 3).

una instancia de ese modo, por ejemplo el Estado capitalista; permite constituir lo político en objeto de ciencia autónoma y específica" (*idem*: 25). Es
decir, funda la posibilidad de analizar la especificidad de la dimensión política. En la medida en que "las estructuras políticas de un modo de producción y de una formación social constituyen el *poder institucionalizado
del Estado*" (*idem*: 41), concluye que la condición de la especificidad de la
práctica política está dada por el objetivo de alcanzar el poder del Estado.

Poulantzas se pregunta entonces, siguiendo a Lenin, ¿por qué el problema fundamental de toda revolución es el poder del Estado? Para responder, interpreta que cuando Marx y Engels conciben al Estado como
factor de orden, como principio de organización, están diciendo que "...en
el interior de la estructura de varios niveles separados por un desarrollo
desigual, *el Estado posee la función particular de constituir el factor de cohesión
de los niveles de una formación social*" (*idem*: 43; subrayado del autor). Con
lenguaje althusseriano, afirma que el Estado "...es también la estructura en
la que se *condensan* las contradicciones de los diversos niveles de una formación. Es, pues, el lugar en que se refleja el índice de predominio y de
superdeterminación que caracteriza a una formación, en una de sus etapas
o fases. El Estado se manifesta también como el lugar que permite *descifrar*
la unidad y la articulación de las estructuras de una formación" (*idem*: 44).
Sostiene que las instituciones en las que se materializa el poder del Estado
(lo que equivale a que tiene existencia real y efectiva) son las instancias en
las que encarna el poder de las clases sociales (poder que emana de su
lugar en la estructura). "La autonomía relativa de las diversas instituciones
–centros de poder– en relación con las clases sociales, no se debe a que
posean un poder *propio* diferente del poder de clase, sino a su relación con
las estructuras" (*idem*: 141). Esto es, los aparatos del Estado no tienen un
poder propio, sino que su capacidad para ejecutar acciones deviene del
papel que cumplen en relación con las clases, que son las portadoras del
poder.

Pero ¿cuál es la función del Estado? Poulantzas plantea que es la de
unificar a las clases dominantes, que están compuestas por individuos y
grupos con intereses contrapuestos y competitivos, y dividir a las dominadas.[15] En relación con las clases dominadas, la función del Estado capitalista es impedir que se organicen políticamente, lo que podría llevarlas a su-

---

[15] Dice: "El Estado está organizado como unidad política de una sociedad de intereses económicos divergentes, no intereses de clase, sino intereses de 'individuos privados', sujetos
económicos, lo cual se refiere a la relación del Estado con el aislamiento de las relaciones
sociales económicas que es, en parte, su propio efecto. Partiendo de ese aislamiento, la
función política del Estado presenta una ambivalencia característica, según se trate de las
clases dominantes o de las clases dominadas" (*idem:* 238).

perar su aislamiento económico y, a partir de su articulación, trascender el sistema que las coloca en posición subordinada. El Estado mantiene la desorganización política de las clases dominadas presentándose como la unidad del pueblo-nación, compuesto por personas políticas, por individuos privados. Porque al aparecer como el depositario de un interés común, el Estado opera como obstáculo para que se advierta el carácter de la dominación clasista. En cambio, con respecto a las clases dominantes, el Estado capitalista trabaja permanentemente en su organización en el nivel político, para anular su aislamiento económico.

La sombra de Gramsci

En línea con su visión de la autonomía relativa del Estado, Poulantzas afirma que "el Estado capitalista, con dirección hegemónica de clase, no representa *directamente* los intereses económicos de las clases dominantes, sino sus *intereses políticos*; es el centro del poder político de las clases dominantes al ser el factor de organización de su lucha política" (*idem:* 241; subrayado del autor). Esto implica que, como ya lo planteara Gramsci, el Estado garantiza ciertos intereses económicos de las clases dominadas (hace concesiones) para preservar su dominación política (función de hegemonía). La noción de interés general del "pueblo" es, para Poulantzas, una noción ideologica, pero que "denota un *hecho real*: ese Estado permite, por su misma estructura, la garantía de intereses económicos de ciertas clases dominadas, contrarios eventualmente a los intereses económicos a corto plazo de las clases dominantes, pero compatibles con sus intereses políticos, con su dominación hegemónica" (*idem:* 242). La conclusión es que tal garantía estatal, sin embargo, "no puede concebirse sin más como limitación del *poder político* de las clases dominantes. Es cierto que se la impone al *Estado la lucha política y económica de las clases dominadas*: esto, sin embargo, significa simplemente que el Estado no es instrumento de clase, que es el Estado de una sociedad dividida en clases. La lucha de clases en las formaciones capitalistas implica que la garantía por el Estado de intereses económicos de ciertas clases dominadas está inscrita, como posibilidad, en los límites mismos que él impone a la lucha con dirección hegemónica de clase" (*idem:* 242; subrayado del autor). Para Poulantzas, para que el Estado pueda desempeñar su papel de garante de los intereses económicos dominantes, está obligado a hacer concesiones a las clases dominadas. Esto es parte de la lógica de funcionamiento del Estado capitalista. Que dichas concesiones sean arrancadas por los sectores populares mediante su lucha, no significa que el poder político tenga un juego propio separado del poder de clase. Son, en cambio, la forma material en que se manifiesta, en el nivel político, la existencia de la contradicción clasista básica que da origen al Estado.

En cuanto al papel de la lucha de clases, en estos pasajes Poulantzas recupera la perspectiva de Gramsci, cuando muestra que el Estado puede incorporar ciertos intereses de las clases dominadas sin por eso dejar de ser un Estado capitalista.[16] "En el caso del Estado capitalista, la autonomía de lo político puede permitir la satisfacción de intereses económicos de ciertas clases dominadas, limitando aún eventualmente el poder económico de las clases dominantes, frenando en caso necesario su capacidad de realizar sus intereses económicos a corto plazo, pero con la única condición –*posible* en el caso del Estado capitalista– de que su poder político y el aparato de Estado queden intactos. Así, en toda coyuntura concreta, el poder político autonomizado de las clases dominantes presenta, en sus relaciones con el Estado capitalista, *un límite más acá del cual una restricción del poder económico de esas clases no tiene efectos sobre él*" (*idem*: 243; subrayado del autor).

Siguiendo este razonamiento, plantea que el Estado capitalista tiene una doble característica: por una parte, por su autonomía respecto de lo económico puede, según sea la relación de fuerzas (producto de la lucha de clases), aplicar políticas sociales que impliquen sacrificios económicos para las clases dominantes a favor de las dominadas. Por la otra, es "esa misma autonomía del poder político institucionalizado lo que permite a veces atacar el poder económico de las clases dominantes, sin llegar nunca a amenazar su poder político" (*idem*: 245). Como ejemplo da el Estado benefactor, que no es otra cosa que la "política social" de un Estado capitalista en la etapa del capitalismo monopolista de Estado. También en línea con Gramsci dirá que "la estrategia política de la clase obrera depende de que se descifre adecuadamente, en la coyuntura concreta, el límite que fija el equilibrio de los compromisos, y que es la línea de demarcación entre el poder económico y el poder político" (*ibidem*).

Otro concepto central de Poulantzas es el de "bloque en el poder", vinculado con la concepción gramsciana de hegemonía. "El bloque en el po-

---

[16] En *Notas sobre Maquiavelo*, Gramsci dice: "el hecho de la hegemonía presupone indudablemente que se tienen en cuenta los intereses y las tendencias de los grupos sobre los cuales se ejerce la hegemonía, que se forma un cierto equilibrio de compromiso, es decir que el grupo dirigente haga sacrificios de orden económico-corporativo, pero es también indudable que tales sacrificios y tal compromiso no pueden concernir a lo esencial, ya que si la hegemonía es ético-política no puede dejar de ser también económica, no puede menos que estar basada en la función decisiva que el grupo dirigente ejerce en el núcleo rector de la actividad económica" (Gramsci 1975: 55).

der constituye una unidad contradictoria de clases y fracciones políticamente dominantes bajo la égida de la fracción hegemónica" (idem: 308).
En otros términos, significa que como "capitalista colectivo en idea", el
Estado tiene la función de organizar a la burguesía en su conjunto y lo hace
bajo la dirección (égida) de la fracción hegemónica (el capital monopolista), más allá de la diversidad de intereses y rivalidades que fragmentan a
aquella clase dominante. "La hegemonía, en el interior de ese bloque, de
una clase o fracción, no se debe al azar: la hace posible la unidad propia del
poder institucionalizado del Estado capitalista. (...) La clase o fracción hegemónica polariza los intereses contradictorios específicos de las diversas
clases o fracciones del bloque en el poder, constituyendo sus intereses económicos en intereses políticos, que representan el interés general común
de las clases o fracciones del bloque en el poder: interés general que consiste en la explotación económica y en el dominio político" (*idem:* 308/
309). Para Poulantzas, la cuestión central es comprender que la clase dominante no es un conjunto monolítico que posee y maneja el aparato estatal de modo racional, planificado y sin conflictos. En cambio, la existencia
de diversas facciones de clase, con intereses divergentes y en competencia,
se resuelve en el Estado mismo, que es la expresión materializada en instituciones y políticas de la compleja unificación de esa diversidad. Lo que
une a las distintas facciones capitalistas, competitivas entre sí, es su interés
político común en conservar la dominación capitalista, que las coloca en
posición de explotar al resto de las clases sociales. Y es hegemónica la fac-
ción que consigue imponer su interés sobre el conjunto (léase el capital
monopolista), disciplinando al resto de las facciones aliadas y subalternas
para preservar el sistema de dominación.

La polémica en la *New Left Review*

Tanto estas obras iniciales que comentamos, como el intercambio entre
Miliband y Poulantzas en las páginas de la *New Left Review*[17] y los trabajos
que cada uno de ellos produjo con posterioridad, pueden ser hoy recuperados en su condición de aportes particulares valiosos para el estudio de la
realidad estatal, antes que como exponentes de un mero torneo intelectual,
tendiente a establecer criterios clasificatorios conforme el valor heurístico
(más que su utilidad política, dicho sea de paso), adjudicado por los comentaristas de sus obras. Como señala Panitch (1995), el significado teóri-

[17] Los artículos se encuentran en castellano en "Debates sobre el Estado capitalista/1" (Tarcus 1991). Esta edición incluye un excelente estudio introductorio del debate de Horacio
Tarcus.

co y político del famoso debate Miliband-Poulantzas no debe ser malentendido como el reflejo de posiciones incompatibles. En particular, la caracterización de los teóricos como representantes del "instrumentalismo" y el "estructuralismo" ha servido más para establecer tipologías que para expandir genuinamente el análisis acerca del Estado. "Ambos tenían en común un proyecto: proveer un contrapunto a la noción de que el Estado moderno occidental había sido liberado de la determinación del poder del capital. Por el contrario, se había vuelto un elemento mucho más integral en el desarrollo y reproducción del capitalismo moderno" (Panitch, 1995). Para Barrow (2002, 2007), el debate Miliband-Poulantzas nunca implicó un desacuerdo conceptual o empírico profundo acerca de la naturaleza del Estado capitalista. Desde un comienzo se trató, más bien, de una disputa epistemológica acerca de si existía una metodología marxista específica que brindara un soporte adecuado a las investigaciones y las prácticas relativas al poder político.

Buena parte de los autores que sumaron sus opiniones contribuyeron a construir la dicotomía "estructuralismo" versus "instrumentalismo", que ni Poulantzas ni Miliband asumieron (Gold, Lo y Wright 1975; Jessop 1977, Carnoy 1993). El estadounidense Barrow (2007) señala que el concepto de instrumentalismo asociado con Miliband, no es solo una simplificación o una caricatura de la teoría política que desarrolló, sino una construcción polémica y artificial sobreimpuesta sobre sus análisis históricos y empíricos. Considera que la mayoría de las críticas dirigidas a Miliband durante los años setenta se hicieron sobre la base de una construcción analítica llamada "instrumentalismo" que no correspondía plenamente al planteo del autor británico. Para Domhoff (1987: 295; 1990: 40/4) el planteo de Miliband fue totalmente distorsionado y malinterpretado con el mero propósito político de exagerar la originalidad teórica de las "nuevas" teorías del Estado que se pretendían "más marxistas" y "mas revolucionarias" que la teoría de aquél, un autor arraigado en la tradición expositiva de la ciencia política anglosajona más clásica. En realidad, el fantasma que según Barrow recorre la polémica es el de C. Wright Mills, el politólogo socialista independiente que en los años cincuenta describió, en su célebre *La elite del poder*, el funcionamiento de la clase dominante estadounidense y con el que Miliband mantenía una estrecha relación. El furor de Poulantzas contra el instrumentalismo y el historicismo tendría más a Mills que a Miliband como genuino antagonista. Del mismo modo, entiende Barrow (2007) que el "abstraccionismo estructuralista" de Poulantzas también es una construcción derivada del debate, ya que advierte diferencias centrales –e iniciales– en la postura del griego en relación con la de otros estructuralistas como Althusser, Balibar, Therborn, Amin, Hindess, Hirst, o E. O. Wright. En cuanto a Poulantzas, su influencia llegó a ser más amplia que la de su contrincante en la polémica: la mayoría de los autores (Jessop, Barrow, Fox Piven, Thomas) acuerdan que los estructuralistas poulantzianos tendieron a prevalecer en el debate, hasta que la teoría misma del Estado dejó de ocupar un lugar central, hacia los años ochenta.

Pero lo más interesante de resaltar es que, ya desde mediados de los setenta, sus miradas políticas habrían de tener más coincidencias que lo que sus desacuerdos parecían indicar. Ambos se mantuvieron firmes en su rechazo al estalinismo tanto como a la socialdemocracia y pusieron en el centro de su preocupación la "vía democrática al socialismo", esto es, una vía que aunara la voluntad revolucionaria con la imprescindible expansión de la libertad y la democracia populares. En *Marxismo y política*, aparecida en 1977, y en *Poder, Estado y socialismo*, de 1978, asoman más coincidencias que disparidades en cuanto a la percepción del problema político central que se le presentaba a los marxistas.

El primer intercambio

Antes que el debate público comenzara, sus protagonistas intercambiaron en 1968 una breve correspondencia. Poulantzas le envió a Miliband una copia de su libro con una nota en la que le decía que *Socialismo parlamentario* le había sido muy útil para su trabajo y que, además, esperaba sus comentarios y consejos. Miliband recibió el libro justo cuando acababa de terminar el suyo y estaba por enviarlo a la imprenta. Su primera impresión fue que tenía mucha significación teórica y refinamiento intelectual, aunque lo sorprendió la escasez de referencias empíricas. Le agradeció a Poulantzas y le comentó que la lectura de su trabajo lo había hecho más consciente de las deficiencias teóricas y limitaciones de método del suyo propio, aunque consideraba a ambos textos complementarios. Poulantzas le respondió, en un tono muy cordial, que creía que el libro de Miliband era indispensable y "sin falsa modestia, será mucho más importante que el mío, ya que soy consciente de ubicarme en un nivel demasiado teórico" (Newman 2002: 203).[18]

El primer intercambio crítico entre ambos autores tuvo lugar en 1969, en ocasión de la reseña que Poulantzas hace del libro del británico en la

---

[18] Aunque poco después Miliband le comentaría a la teórica italiana Rossana Rossanda que había encontrado que el libro de Poulantzas era una acrobacia hiperteórica que mostraba la debilidad del método althusseriano, él mismo dudaba de que el suyo pecara de exceso empírico. Al punto de dudar antes de mandarlo a imprimir (Newman 2002).

240

NLR N° 58. Poulantzas comienza su comentario en un tono elogioso, destacando el aporte de Miliband a la teoría marxista del Estado y el efecto "catártico" que producía el haber demolido metódicamente las concepciones burguesas del pluralismo democrático, en base a una cantidad formidable de material empírico. Pero es precisamente esta profusión de datos lo que lo conduce a Poulantzas a plantear su primera objeción epistemológica: el empirismo. Sostiene que Miliband cae en el campo ideológico del enemigo al usar sus categorías y responder contraponiéndolas con hechos, en lugar de romper el campo epistemológico a partir del desarrollo de una teorización marxista autónoma, tarea en la que estaban empeñados los althusserianos. La segunda imputación es de subjetivismo (Tarcus 1991). Basándose en su propio análisis de las clases sociales como estructuras, afirma que entre la clase burguesa y el Estado hay una relación *objetiva*, mientras el manejo y el personal específicos de las instituciones son secundarios. Sostiene que las funciones del Estado están ampliamente determinadas por las estructuras de la sociedad y no por las personas que ocupan posiciones en el aparato estatal. Considera que si en una determinada formación social coinciden la función del Estado y los intereses de la clase dominante, ello se debe al sistema mismo: la participación directa de los miembros de la clase dominante en el aparato del Estado no es *causa sino efecto* de esa coincidencia objetiva.

La réplica de Miliband

La réplica de Miliband apareció en el número siguiente de la NLR, en 1970. El británico, manteniéndose en un registro amable, reconoce el carácter inacabado de su abordaje teórico del Estado, aunque recuerda la existencia de su trabajo previo sobre "Marx y el Estado" como antecedente. Refuta, sin embargo, la imputación de empirismo como descalificación, sosteniendo la absoluta necesidad de investigación empírica para desmitificar las visiones burguesas. Se queja de la subestimación que hace Poulantzas de la forma en que son consideradas las "relaciones objetivas" en varios capítulos de su libro y califica a su crítica de caer en un "superdeterminismo estructural". Para Miliband, al reemplazar la noción de "clase dirigente" por la de "estructuras y relaciones objetivas", el Estado no resulta "manipulado" por la clase dirigente para que cumpla sus órdenes, sino que las lleva a cabo autónomamente y de forma total. Con este enfoque, dice el autor británico, se hace imposible diferenciar de modo realista la relación dialéctica entre el Estado y "el sistema" y se corre el peligro de no diferenciar fascismo, por ejemplo, de democracia burguesa en el manejo estatal. Esta desviación ultraizquierdista es la contracara de la de derecha, que supone que cambiando algunos miembros del sistema del Estado cuando los socialdemócratas ganan el gobierno, es suficiente para transformar la naturaleza de la dominación. Miliband sostiene que "el meollo de la crítica socialista a las 'libertades burguesas' no es (o no debería ser) que carecen de importancia, sino el que son profundamente inadecuadas y tienen que ser ampliadas por la transformación radical del contexto, económico, social y político, que las condena a la erosión y a la insuficiencia" (Tarcus 1991: 101).

Con el correr del tiempo, la opinión de Miliband se fue haciendo cada vez más crítica con respecto a la obra de Poulantzas. Con motivo de la traducción *de Poder político y clases sociales* al inglés, Perry Anderson le encargó a Miliband una reseña para la NLR, que salió en 1973. El contenido crítico podría haber sido aún más intemperante, de no haber mediado el pedido de Anderson para que morigerara la beligerancia del tono elegido (Newman 2002).[19] Miliband comienza su comentario explicitando la incomodidad que le producía el estilo de Poulantzas: "es una pena que el texto resulte tan oscuro para el lector que no se haya familiarizado a través de una dolorosa iniciación con el peculiar código lingüístico y con el método de exposición de la escuela althusseriana, con la que Poulantzas está relacionado" (Tarcus 1991: 107). Su segunda impugnación se dirige al abordaje althusseriano, que asume que los textos del marxismo clásico deben ser completados y sujetos a un particular tratamiento crítico. Miliband reconoce que este enfoque es legítimo, pero la cuestión pasa por si está bien hecho el trabajo de "desciframiento" althusseriano, algo que no cree. El punto de partida de Poulantzas de la noción de "autonomía relativa" del Estado es, para el profesor británico, correcto, pero el problema consiste en discernir cuán relativa es la autonomía y en qué circunstancias lo es más o menos. Dando un paso más adelante en su crítica anterior, Miliband califica al enfoque de su colega griego de *abstraccionismo estructuralista*. Con ello quiere decir que "el mundo de las 'estructuras' y de los 'niveles' que él habita tiene tan pocos puntos de contacto con la realidad histórica o contemporánea" (Tarcus 1991: 110) que difícilmente sirva para hacer un

---

[19] En la biografía de Miliband se incluyen dos cartas suyas en las que hace referencia a Poulantzas. Una está dirigida a los editores de *Monthly Review*, interesados en publicar en inglés *Fascismo y dictadura*. Comenta que considera a Poulantzas un escritor muy difícil, con un estilo poco atractivo, demasiado abstracto, a menudo muy formalista y tomado por el temor hiperalthusseriano de ser contaminado por alguna clase de información factual (Newman 2002: 204). En otra misiva, dirigida a Perry Anderson, dice que tras leer dos veces la versión en inglés de *Poder político y clases sociales*, más o menos palabra por palabra, muchos párrafos y razonamientos le resultaban incomprensibles (*idem*: 205).

análisis político de una coyuntura concreta. Le reprocha que en su análisis no se comprende la forma en que se da la dinámica de la lucha de clases, confinada a un "balet de sombras evanescentes excesivamente formalizado" (*idem*: 110).

La tercera y más importante crítica que efectúa Miliband se refiere a la necesaria distinción entre poder del Estado y poder de clase. Poulantzas considera que el poder del Estado no es más que la expresión institucionalizada del poder de la clase. Para él, no es el Estado el que tiene un poder propio, sino la clase. Para Miliband, en cambio, negar la distinción entre ambos es clausurar toda posibilidad de autonomía del Estado y convertirlo en un simple instrumento de una clase determinada o, más aún, eliminarlo conceptualmente. La ausencia de la distinción entre ambos tipos de poder lleva a la imposibilidad de establecer la distinción entre grados de autonomía política relativa, con lo cual la política, tal como en el economicismo, se convierte en un mero epifenómeno. Esto lleva a que no se distingan las diversas formas de ejercicio de la democracia burguesa y su sistema de partidos y que se ignoren diferencias que pueden ser cruciales para los movimientos de la clase obrera.

Para Miliband, como señala Newman, era crucial distinguir las formas en que se expresa la dominación política. Para su generación, la experiencia del nazismo y el fascismo habían marcado a fuego la valoración de las condiciones de expresión más básica de los derechos humanos fundamentales, incluidos los políticos. Por eso rechazaba todo aquello que pudiera ser leído como una desconsideración de las diferencias sustantivas entre regímenes dictatoriales y democráticos. Sin embargo, en el caso de Poulantzas parece una injusta apreciación, ya que aunque en su *Poder político...* no aborda el tema del fascismo, su libro siguiente lo dedica íntegramente a analizarlo.

La respuesta de Poulantzas

La respuesta de Poulantzas tardó un tiempo en llegar. La hizo en el número 95 de la NLR, de febrero-marzo de 1976, cuando ya habían aparecido otros trabajos suyos: *Fascismo y dictadura* (1970), *Las clases sociales en el capitalismo actual* (1973) y preparaba el volumen colectivo *La crisis del Estado* (1976). Para entonces, otros autores se habían sumado a la polémica, entre los cuales Poulantzas decidió replicar a Laclau, en el mismo texto en el que confrontó nuevamente con Miliband, esta vez en términos mucho más duros.

El teórico greco-francés inicia su réplica rechazando los cargos de "abs-traccionismo" que le formularan, en el sentido de ausencia de análisis concretos o referencias a hechos históricos. Para él, esta crítica de su colega británico se funda en una concepción empirista, por lo demás arraigada en la "cultura anglosajona" que ya había tenido oportunidad de cuestionar años atrás. Para Poulantzas, los hechos "sólo pueden ser comprendidos rigurosamente –esto es, de forma demostrable– si son analizados explícitamente con la ayuda de un aparato teórico empleado constantemente a lo largo del texto (...) A falta de esto, ya pueden apilarse tantos hechos concretos como se desee, que no probarán cosa alguna" (Tarcus 1991: 157). El trabajo de Miliband, según el greco-francés, estaba marcado por la ausencia de "toda problemática teórica" (*idem*: 156). Poulantzas reconoce, no obstante, cierto "teoricismo" de su propio libro: "en cierta medida esto es atribuible a una posición epistemológica hiperrígida, posición que compartí en su tiempo con Althusser" (*idem*: 158). Sin embargo, al momento en que publica esta réplica en la NLR, sus diferencias con el althusserianismo se habían acentuado, al punto de que afirma su abandono del término "práctica teórica", que con su empleo "conjuraba el problema de la relación 'teoría-práctica', situándola enteramente *dentro de la misma teoría*" (*idem*: 158; subrayado del autor).

Poulantzas acepta, también, la crítica de Laclau de "cierto formalismo" en su investigación y de "cierto descuido" de los análisis concretos. Y aunque lo justifica como reacción contra las corrientes mecanicistas, neopositivistas y economicistas que marcaron el marxismo europeo anterior a 1968, asume que fue "demasiado lejos en la otra dirección" (Tarcus 1991:161). Explícitamente señala que "en ausencia de un desarrollo masivo del movimiento (obrero), los análisis en boga eran los de Gorz y Mallet sobre las 'reformas estructurales', con todo su potencial reformista" (*idem*: 161). Contra esa perspectiva reformista se dirigió su trabajo. Pero fueron los sucesos de 1968 los que marcaron sus reflexiones posteriores. "El desarrollo de los conflictos de clases en Europa desde 1968 no ha dejado de tener influencia en mis cambios de posición y en las rectificaciones (que hice)" (*ibidem*).

En relación con la crítica sobre el "lenguaje difícil", acepta que el teoricismo lo llevó a utilizar innecesariamente un léxico inaccesible, que corrigió en trabajos posteriores. Sin embargo, insiste en que el manejo teórico de su objeto reclamaba que "rompiera con el discurso descriptivo habitual" y que es consciente de que su texto requiere, "por parte del lector, una cierta sensibilidad para los problemas políticos de la lucha de clases". Para rematar lo ácido de su respuesta a Miliband, sostiene que "es sobre todo a una falta de esta sensibilidad política, en otras palabras a academicismo, a lo que estoy obligado a atribuir el fracaso de Miliband para comprender algunos de los análisis de mi libro" (*idem*: 162). Poulantzas afirma que tenía dos objetivos políticos precisos en *Poder político...* El primero, "atacar directamente aquellas concepciones según las cuales la clase obrera ha llegado a integrarse o a disolverse en el capitalismo contemporáneo (...) Mi propósito era mostrar que incluso cuando la clase obrera carece de ideología y organización política revolucionaria todavía continúa existiendo como clase diferenciada y autónoma, ya que incluso en ese caso su 'existencia' tiene efectos pertinentes en el plano político-ideológico" (*ibidem*). El segundo objetivo era demostrar la ineficacia política del reformismo como vía al socialismo. La paradoja es que ambos objetivos también eran perseguidos por el profesor británico.

A continuación, Poulantzas rechaza cualquier cargo de "estructuralismo" ("superdeterminismo estructural" o "abstaccionismo estructural") dado que, como observa Tarcus (1991: 19), ya entonces estaba empeñado "en resituar teóricamente la centralidad de la lucha de clases" (*ibidem*). Así, acepta que es un estructuralista marxista si se entiende por ello oponerse al idealismo subjetivista burgués, que asigna importancia a los individuos concretos, a la libertad humana y a la acción. Sin embargo, rechaza esta denominación si se la expresa como sinónimo de descuido de la importancia de la lucha de clases en la historia. Aborda, para explicarlo, su visión sobre la autonomía relativa del Estado, el poder de clase y el poder del Estado.

Para Poulantzas, la autonomía relativa del Estado capitalista se funda en dos cuestiones. Una es el tipo preciso de separación entre lo económico (relaciones de producción-consumo-circulación) y lo político (Estado) en el modo de producción capitalista. La segunda es la especificidad de la constitución de las clases y de la lucha de clases, en el modo de producción y en las formaciones económico-sociales capitalistas. Así, dirá que la separación de lo económico y lo político suministra el marco general, pero la forma concreta que adopte dependerá de la coyuntura precisa en que se encuentre la lucha de clases. No entender esto implica mirar la cuestión desde una óptica estructuralista, como sinónimo de generalidad invariable. Rechaza así la pregunta de Miliband acerca de en qué medida es relativa la autonomía, porque la misma no puede ser respondida en términos generales, sino que depende de la coyuntura histórica concreta de un Estado concreto. Por otra parte, dice, no puede hablarse de un poder del Estado por fuera del poder de clase, y por eso rechaza la idea de autonomía relativa del Estado en relación con el poder específico del grupo conformado por los agentes del Estado.

El Estado como relación

Inmediatamente, Poulantzas introduce una definición que habrá de desarrollar luego en *Estado, poder y socialismo*, y que será su aporte más importante a la teoría del Estado. "Aun tomando la separación de lo político y lo económico bajo el capitalismo, incluso en su fase presente, como punto de partida, el Estado debería ser contemplado como una relación o, más precisamente, como la condensación de una relación de poder entre las clases en conflicto" (Tarcus 1991: 170). Aquí se diferencia teórica y políticamente de las concepciones del Estado predominantes en el campo socialista. Por una parte, la idea del Estado como cosa, que puede ser utilizado como instrumento al servicio de los intereses de clase (como en la concepción comunista ortodoxa del capitalismo monopolista de Estado, que concibe al aparato estatal como herramienta al servicio directo del capital monopólico) y, por la otra, la del Estado como sujeto, con capacidad tal de actuar por su cuenta y por encima de los intereses en pugna, grata a la visión socialdemócrata.

"La autonomía relativa del Estado –afirma–, fundada en la separación entre lo económico y lo político, es inherente a su estructura misma (el Estado es una relación), en tanto y en cuanto es el resultado de las contradicciones y de la lucha de clases expresadas, siempre en su propia forma específica, en el interior del Estado mismo: ese Estado simultáneamente atravesado y constituido por dichas contradicciones de clase" (Tarcus 1991: 171). No puede hablarse, entonces, de un aparato estatal externo a la sociedad en la cual encarna. Las contradicciones sociales se expresan y materializan en las formas que adopta y las políticas que implementa el Estado mismo. Y agrega: "De hecho, concebir al Estado capitalista como una relación, como algo estructuralmente atravesado y constituido por las contradicciones de clase, significa aferrar firmemente el hecho de que una institución (el Estado) destinada a reproducir las divisiones de clases no puede ser realmente un bloque monolítico y sin fisuras, sino que está dividida en virtud de su misma estructura (el Estado es una relación)" (*ibidem*). De este modo, da un paso fundamental para explicar la aparente anarquía, incongruencia y contradictoriedad que exhiben las políticas del Estado y los órganos encargados de ejecutarlas. Porque en la medida en que el Estado expresa la conflictividad básica de la relación social de dominación, no pude sino hacerlo de manera contradictoria y queda así muy lejos de ser un cuerpo monolítico y omnisciente.

Los diversos órganos y ramas del Estado (ejecutivo, parlamento, ejército, poder judicial) "revelan contradicciones sustanciales entre ellos; con

frecuencia cada uno constituye el asiento y la representación –la cristalización– de esta o aquella fracción del bloque en el poder, este o aquel interés
específico y competitivo" (*idem*: 172). Lo que haga el Estado puede aparecer como caótico y contradictorio, porque resulta de las contradicciones
entre órganos y ramas. "Lo que está involucrado es un proceso de *selectividad estructural*",[20] un proceso de decisión (y de no-decisión) contradictorio, de "reacciones institucionales compensadoras inmediatas y mutuamente
conflictivas", de filtrado por cada órgano de las medidas tomadas por los
otros, etcétera. Este concepto de "selectividad estructural" es central en la
evolución del pensamiento de Poulantzas. Partiendo de un enfoque con
fuerte anclaje "estructuralista", la idea de selectividad implica una suerte
de límite último, de frontera, pero no de determinación, dejando un mayor
espacio teórico para la dinámica de la lucha de clases. "En resumen, la
autonomía relativa del Estado con respecto a esta o aquella fracción del
bloque en el poder, esencial para su papel de unificador político de este
bloque bajo la hegemonía de una clase o fracción, aparece (...) como una
resultante de contradicciones entre órganos y entre ramas. Más aún, tales
contradicciones son inherentes a la estructura misma del Estado capitalista
cuando se considera a éste como la condensación de una relación de clases
fundada en la separación de lo económico y lo político" (Tarcus 1991:
172).

Marxismo y política

En 1977, Miliband publica *Marxismo y política*, obra en la cual parece
recoger el guante de la impugnación de empirismo y falta de teoría en su
libro anterior, para repasar exhaustivamente los temas centrales de la teoría
marxista clásica, a la luz de los sucesos posteriores al 68. Temas como las
clases sociales y el conflicto de clases, la ideología, la hegemonía, el Estado,
el partido, la dictadura del proletariado, el dilema reforma-revolución, son
sometidos a exhaustiva revisión. Miliband hace un recorrido minucioso de
la obra de Marx y Engels, para rescatar a los clásicos de la lectura estalinista

---

[20] Es interesante cómo esta definición poulantziana es "traducida" por Guillermo O'Donnell
(1984), quien afirma que "el Estado garantiza y organiza la reproducción de la sociedad *qua*
capitalista porque se halla respecto de ella en una relación de '*complicidad estructural*'". Para
el politólogo argentino, el Estado es parte, como aspecto, de la sociedad y ya es capitalista
por esto, sin que sean necesarias decisiones y voliciones de sus agentes para que llegue a
serlo. La arquitectura institucional del Estado, dice O'Donnell, y sus decisiones (y no decisiones), son por una parte expresión de su complicidad estructural y, por la otra, el resultado contradictorio y sustantivamente irracional de la modalidad, también contradictoria y
sustantivamente irracional, de existencia y reproducción de su sociedad.

compilada en los manuales de la Academia de Ciencias de la Unión Soviética y divulgada por la mayoría de los partidos comunistas del mundo. Allí también salda cuentas con el legado de Lenin y aboga por una lectura democrática de la estrategia revolucionaria. Su propósito no es meramente académico: procura incidir en el debate político.

Miliband vuelve sobre el Estado y su polémica con Poulantzas, sin nombrarlo, para señalar que la definición clave del *Manifiesto Comunista* de que el Estado es un instrumento de la clase dominante, es una formulación compleja y no debe ser leída en forma lineal. Subraya, a continuación, que la relación entre la "clase dirigente" y el Estado es un problema que no puede darse por resuelto de modo simple. A la pregunta de por qué, según el marxismo, se debe pensar que el Estado es el "instrumento" de una "clase dirigente", señala que "los marxistas han dado tres respuestas distintas a esta pregunta, ninguna de las cuales ha recibido una adecuada teorización" (Miliband 1978: 89). Una se refiere al carácter de su personal dirigente, otra a las presiones ejercidas por la clase económicamente dominante y la tercera, a los límites estructurales impuestos por el modo de producción. La primera atañe a los vínculos sociales, ideológicos y políticos entre la elite del Estado y la clase económicamente dominante. En una suerte de revisión o aclaración sobre lo expuesto en *El Estado....*, dirá que aunque útil para el estudio de la naturaleza del personal del Estado, esta postura es "susceptible también de numerosas y muy serias objeciones" (*idem*: 90) y que la correlación que puede hacerse en términos de clase "entre la elite del Estado y la clase económicamente dominante no es adecuada para zanjar la cuestión" (idem: 91). Por eso afirma que "la orientación clasista del Estado no está determinada, o al menos no lo está de forma decisiva y concluyente, por los orígenes sociales de su personal dirigente" (*idem*: 93).

La segunda respuesta está relacionada con el poder económico que la clase dominante puede ejercer gracias a la propiedad y el control de los recursos económicos y de los otros, y a su fuerza e influencia como grupo de presión. "También hay algo de verdad en esta explicación", afirma Miliband (1978: 93), pero la considera insuficiente. La tercera respuesta es la "estructural": "el Estado es el "instrumento" de una "clase dirigente" porque, *dada su inserción en el modo de producción capitalista*, no puede ser otra cosa. En esta perspectiva, la cuestión no depende del personal del Estado ni de la presión que la clase capitalista sea capaz de ejercer sobre él; la naturaleza del Estado está determinada aquí por la naturaleza y las exigencias del modo de producción. "Hay 'límites estructurales' que ningún gobierno, cualesquiera que sean su carácter, sus deseos y sus promesas, puede ignorar o evadir" (*idem*: 94). A renglón seguido, Miliband afirma, evocando a Poulantzas,[21] que la perspectiva "estructural" tiene muchas cosas válidas e integra la visión marxista del Estado, "aunque tampoco haya recibido nunca una adecuada teorización. Pero tiene también algunas deficiencias que puedan convertirse fácilmente en mostruosas debilidades" (*ibidem*).

Entre lo rescatable de la explicación estructural, Miliband destaca un aspecto que él mismo incluyó en *El Estado en la sociedad...*: "ayuda a comprender por qué los gobiernos actúan como lo hacen; por ejemplo, por qué los gobiernos que prometen grandes reformas antes de alcanzar el poder –y son elegidos precisamente por hacer tales promesas– en la mayor parte de los casos no consiguen realizar, como mucho, más que una parte muy pequeña de su programa reformista" (Miliband 1978: 95). La debilidad, en cambio, consiste en que le pone demasiado fácilmente límites arbitrarios a lo posible y priva a los agentes de toda libertad y opción de maniobra. Al convertirlos en meros "portadores" de fuerzas objetivas, se cae en una trampa determinista –"hiperestructuralista"– ajena al marxismo.

Para Miliband, la forma superadora de comprender la naturaleza del Estado es a través del concepto de autonomía relativa, que explica por qué el Estado actúa *en nombre* de la clase dirigente, pero no *bajo sus órdenes*, de modo que no es un mero instrumento. Y agrega que una cosa es entender la naturaleza de clase de todas las formas de Estado capitalista, sean dictaduras o democracias, y otra es subestimar las diferencias que, en el terreno de la lucha política, suponen tales diferencias de regímenes. Pone de ejemplo trágico la línea de la Komitern hasta 1935, que no distinguía entre socialdemocracia y fascismo como enemigos de la clase obrera, por considerarlos a ambos en el campo burgués. Sólo después de la conquista de Alemania por los nazis la III Internacional impulsó la política de Frente Unico, impulsando alianzas antifascistas.

El dilema: reforma o revolución

El último capítulo de *Marxismo y política* lo dedica Miliband a un dilema nodal: reforma o revolución. Es en estas páginas, precisamente, donde aborda una preocupación política que lo acerca a Poulantzas mucho más de lo que ambos y sus respectivos comentaristas admitirían. Parte de la pregunta ¿qué estrategia exige la realización de la revolución socialista? Señala que, en las filas del marxismo, se ha dado una permanente tensión

---

[21] Aunque sólo hace referencia a las obras de la célebre polémica entre ambos en una nota al pie en la página siguiente.

entre los seguidores de las vías "constitucional" e "insurreccional", lo que no necesariamente se debe asociar con los términos reforma y revolución. Para Miliband, la vía insurreccional no asegura la culminación en una transformación verdaderamente revolucionaria, ni el acceso al poder a través de un proceso eleccionario signa el camino reformista. Más bien, lo que distingue al reformismo es su renuncia a abolir las relaciones de producción burguesas. Refiriéndose a los partidos de origen obrero –socialdemócratas– de Alemania, Gran Bretaña y Suecia, dice que "son partidos de la reforma social, cuyos líderes y personal dirigente se encuentran, en su inmensa mayoría, sólida y cómodamente establecidos en el orden social existente y no tienen en absoluto la intención de embarcarse en algo que se parezca a su completa transformación, por muy lenta y pacífica que fuese esa perspectiva (…) El socialismo que estos dirigentes proclaman, cuando efectivamente lo proclaman, es un arma retórica y un sinónimo de las diversas mejoras que exige una sociedad necesariamente imperfecta" (*idem*: 199). El reformismo, entonces, es esa estrategia de reformas dentro del capitalismo como fin en sí mismo, y no como parte de un plan coherente y comprensivo hacia el socialismo. Es cierto que "la lucha por las reformas en un régimen democrático-burgués nunca se tomó en el marxismo clásico como algo incompatible con el avance de las metas y los objetivos revolucionarios. Al contrario, esa lucha es una parte esencial de la tradición marxista" (*idem*: 202). Sin embargo, los defensores de la estrategia "revolucionaria" han tendido a darle menos importancia a la lucha por las reformas y se dedicaron más a impulsar objetivos inalcanzables como parte de una política para "desenmascarar" al capitalismo. El límite de este camino siempre ha sido el aislamiento sectario e ineficaz.

Para Miliband, el "reformismo" marxista, en cambio, "tiene una visión a largo plazo del avance hacia el socialismo", que incluye "una creencia en la necesidad de erosionar las estructuras del capitalismo" (*idem*: 204), en un proceso en muchos frentes y niveles diferentes, que implica una política de conflicto. Pero lo verdaderamente importante es que tal política se encauza dentro de los límites constitucionales de la democracia burguesa, con una fuerte insistencia en los éxitos electorales a nivel municipal, regional y nacional, aunque no descuide las luchas industriales (huelgas, paros, ocupaciones) y las movilizaciones, marchas y campañas por reivindicaciones diversas. "El problema básico es que la democracia y el constitucionalismo burgués generan unas presiones considerables sobre los movimientos revolucionarios y los conducen hacia lo que podría denominarse un constitucionalismo recíproco" (*idem*: 206). En sí mismas, dice Miliband, "la legalidad y la constitucionalidad no significan, al menos en circunstancias no revolucionarias, el abandono de los objetivos revolucionarios o no tienen por qué significarlo necesariamente" (*ibidem*). Pero lo más significativo que destaca es que "los partidos con serias ambiciones electorales, por muy auténtica que sea su intención última de superar las estructuras capitalistas, se sentirán inevitablemente tentados de aumentar su atractivo insistiendo en la relativa moderación de sus metas inmediatas (y no tan inmediatas)" (*ibidem*).

Al "reformismo" marxista, entendido como defensa diaria de los intereses obreros e intervención plena en la política de la democracia burguesa, se le opuso la política "insurreccional" que se asoció con una particular interpretación del leninismo, en una etapa precisa: la de la ola revolucionaria que, en el Occidente desarrollado, culminaría en derrota hacia 1920. Contra la expectativa de Lenin de un pronto alzamiento anticapitalista en los países europeos más avanzados, las nuevas circunstancias hicieron variar las posiciones y la adaptación al nuevo contexto implicó que se levantara la consigna de el "socialismo en un solo país", que "muy pronto se convirtió en parte de la dogmática estalinista" (Miliband 1978: 218). A partir de entonces, el comunismo oficial abandonó la política insurreccional y la opción de los PC de todo el mundo fue el constitucionalismo y el electoralismo como vía posible y deseable al socialismo. Es decir, reformismo. Un ejemplo claro: "en mayo de 1968 se le ofreció repentinamente al PC francés la oportunidad de moverse en dirección a la política insurreccional, que rechazó con pocas dudas, si es que tuvo alguna" (*idem*: 220).

La estrategia revolucionaria

A continuación, Miliband desarrolla una cuestión central y de permanente actualidad. Suponiendo una correlación de fuerzas favorable que le permita acceder al poder, sea por la vía insurreccional o por la vía electoral: ¿cómo debería enfrentar una fuerza de izquierda las tareas de transformación revolucionaria? ¿Cuál sería el significado institucional de la "dictadura del proletariado"? Aquí reaparece el problema crucial del Estado y su "destrucción", lo que plantea un dilema teórico. "Un acceso constitucional al poder podría ir seguido de una remodelación total de las instituciones estatales, y una toma de poder no implica *necesariamente* tal remodelación. Es más, como lo que se intenta es extender el poder popular, una transición pacífica podría ser más favorable a ese proyecto que una violenta" (*idem*: 225). Para Miliband, "la diferencia teórica esencial es la que existe entre un proyecto que considera la realización de una transformación socialista por medio de las principales instituciones políticas –especialmente el Parlamento– heredadas de la democracia burguesa, aunque puedan ser reformadas en mayor o menor medida en direcciones más democráticas y un proyecto que considera la transformación total de las instituciones políticas existentes como parte integrante y sustancial de una revolución socialista" (*idem*: 226).

La experiencia soviética había mostrado que la estrategia leninista de "destrucción" del Estado burgués no había dado paso a una sociedad plenamente democrática (la verdadera "dictadura del proletariado" imaginada por Marx y por Lenin mismo en *El Estado y la revolución*). Porque la tensión entre la exigencia de *dirección* para enfrentar la oposición burguesa y la de *democracia*, en un contexto insurreccional como el de Rusia de 1918, se resolvió a favor de la férrea centralización en manos del partido y no del poder popular de los soviets. "Donde se ha tomado el poder, los revolucionarios tienen que crear un Estado fuerte en el lugar del viejo Estado si quieren que su revolución sobreviva y comience a cumplir sus promesas y sus fines" (*idem*: 229). Pese a la derrota de la experiencia del Chile de Salvador Allende, Miliband reivindica la vía electoral de acceso al poder, como fuente de mayores posibilidades para el desarrollo democrático de la revolución, aunque apunta varios requisitos para garantizar su supervivencia exitosa.

Asume que habrá resistencia de la burguesía y de los miembros de la burocracia estatal, por lo que será necesario conjurar el caos de la administración. "Esto quiere decir que *también* dentro del sistema de Estado y en todos sus niveles se librará una batalla que es, en realidad, la lucha de clases y que, dicho sea de paso, también habrá que librar, aunque el Estado haya sido previamente 'destruido'. Pero la marcha de esa batalla dependerá en buena medida tanto de lo que ocurra *fuera* del sistema estatal como de lo que suceda *dentro*" (*idem*: 233). Fuera del Estado, la lucha se librará en fábricas, comercios, oficinas, cuarteles, escuelas, universidades, en los medios de comunicación y en la calle: todas las formas de la vida social se "politizarán" en los momentos de grandes tensiones y crisis sociales. Desde el gobierno habrá que enfrentar la resistencia de las fuerzas conservadoras y aquí importarán las propias actitudes y acciones gubernamentales y se pondrá en tensión la senda constitucional. "Marx tenía razón cuando decía que el sufragio universal da el derecho de gobernar, pero no da el poder de gobernar. Hay, sin embargo, una gran diferencia entre saber eso y saber *cómo* actuar y estar *dispuesto* a actuar, de acuerdo con lo que se sabe" (*idem*: 237).

Para avanzar con su programa, un gobierno popular sólo cuenta con un recurso importante: el apoyo de masas. Pero este apoyo en las urnas tiene que ser mantenido en los momentos difíciles y además tiene que ser movilizado, para lo cual contará con la organización de los partidos que sostienen al gobierno. Sin embargo, apunta Miliband, lo que se necesita "es algo mucho más amplio que todo lo que puedan ofrecer esas organizaciones, esto es, una red flexible y compleja de órganos de participación popular que operen en toda la sociedad civil y cuyo objetivo no sea *reemplazar* al Estado, sino *complementarlo*". El concepto de "doble poder" es traducido en una combinación entre órganos de participación popular que, en lugar de desafiar al gobierno, actúan como factor defensivo-ofensivo para desplegar el poder del gobierno popular.

Miliband entiende que una estrategia "reformista", emprendida seriamente y llevada hasta sus últimas consecuencias, "puede producir una enorme extensión de la participación democrática en todas las áreas de la vida civil" (*idem*: 238) y trascender las formas de la democracia burguesa. Lo que sigue a la "destrucción" del Estado burgués es la aparición de otro "Estado propiamente dicho", porque éste es "una necesidad absolutamente imperiosa en la organización del proceso de transición de la sociedad capitalista a la socialista" (*idem*: 239). Pero tal proceso de transición "*incluye* y *exige* cambios radicales en las estructuras, los modos de actuación y el personal del Estado existente, así como la creación de una red de órganos de participación popular equivalentes al 'doble poder'" (*ibidem*).

Igual que Poulantzas en su último libro, como veremos enseguida, Miliband percibe la necesidad de que el socialismo reúna la potencialidad revolucionaria de la participación y la movilización más amplias y extensas posibles, con los mecanismos de las libertades civiles consagrados en la democracia burguesa y conquistadas tras varios siglos de luchas populares. La ironía, como señala el biógrafo de Miliband, es que pese al mutuo rencor que quedó como amargo desenlace del intercambio entre ambos autores, en 1976 los dos tenían posiciones bastante más cercanas que cuando escribieron sus primeros trabajos (Newman 2002: 211).

Estado, poder y socialismo

Un año después de aparecido *Marxismo y política,* Poulantzas publica la que sería su última obra importante: *Estado, poder y socialismo*, donde avanza en su trascendente aporte sobre el Estado como relación social. Aunque de una forma menos articulada que en su primer libro, en éste Poulantzas vuelve sobre la problemática estatal y deja planteadas una serie de cuestiones muy relevantes para la teoría y para la praxis.

A resultas del debate con Miliband y otros autores, sus posiciones más teóricamente abstractas y encuadradas en el marco althusseriano fueron dejando paso a un interés más inmediatamente político. Poulantzas empezó a trabajar sobre el nexo entre teoría y práctica de un modo más directo y pertinente. Como afirma Hall (1980: 63), ello indica, en parte, una respuesta a los desarrollos que le planteaba la coyuntura, signada por el quiebre de las antiguas dictaduras de España, Grecia y Portugal, la experiencia chilena, la emergencia de las corrientes eurocomunistas, la apertura y los dilemas del "programa común" (de socialistas y comunistas) en Francia y la contradictoria evolución del "compromiso histórico" del Partido Comunista italiano. La crisis del Estado capitalista se hacía más evidente y la apertura hacia la izquierda aparecía como una alternativa histórica genuina. Sin embargo, la sombra del estalinismo y el Gulag se cernía sobre el horizonte. Mientras el socialismo retornaba a la agenda, también lo hacía la cuestión de la crisis del "socialismo real" y del marxismo ortodoxo.

Estas circunstancias influyeron mucho en la cada vez mayor diferenciación de Poulantzas respecto de Althusser y su "núcleo duro" (Balibar, Rancière, Debray) y la apertura crítica hacia otras problemáticas y autores. En *Estado, poder y socialismo*, toma e integra un serie de posiciones y argumentos –aunque los confronta– que implican una reformulación de sus posiciones anteriores. Su experiencia personal e intelectual, profundamente inquietante, llevan al último Poulantzas a revisar varias de las posiciones que años atrás daba por cerradas. Esto lo conduce a abrirse a un abanico muy rico de conceptos e ideas que su antigua ortodoxia le cerraba, pero también a ciertas fluctuaciones de tono y énfasis, en un movimiento discursivo de constantes avances y retrocesos, que da la sensación de que su último libro es, trágicamente, un trabajo inconcluso (Hall 1980: 64).

El libro se divide en una introducción, cuatro partes y una propuesta final. Temas como la materialidad institucional del Estado (complejo de aparatos), el papel de las luchas políticas ("condensación de las relaciones de fuerza de clases") y las funciones económicas del Estado (interviene en la constitución de las relaciones de producción), ya eran tratados en sus obras anteriores, pero en este último libro aparecen con un cambio de énfasis o de tendencia (Hall 1980).

Saldando cuentas

En la primera página de *Estado, poder y socialismo*, como advertencia, Poulantzas señala: "la urgencia que se encuentra en el origen de este texto concierne, ante todo, a la situación política en Europa: si la cuestión de un socialismo democrático está lejos de hallarse a la orden del día en todas partes, se plantea, no obstante, en varios países europeos. Dicha urgencia concierne, igualmente, a la emergencia de un nuevo fenómeno –el estatismo autoritario–, que marca, poco o mucho, al conjunto de los países llamados desarrollados. Remite, en fin, a la discusión que se desarrolla en la actualidad, tanto en Francia como en otros lugares, sobre el Estado y el poder". Y agrega que los estudios sobre el Estado generalmente se presentaron o en forma teórica o en forma de intervención política en una coyuntura precisa. Para él, los problemas del momento eran lo suficientemente importantes y nuevos como para ser tratados a fondo, pero al mismo tiempo, mostrando un signo claro de su búsqueda política, dirá que "la teoría no puede complacerse en su torre de marfil" (1979: 5).

Saldando cuentas con el instrumentalismo y el "tecnocratismo de izquierda", afirma que el Estado "presenta (...) una armazón material propia, que no puede reducirse, en absoluto, a la sola dominación política. El aparato del Estado es algo especial, y por tanto temible, que no se agota en el poder del Estado. Pero la dominación está, a su vez, inscrita en la materialidad institucional del Estado. Si el Estado no es producido de arriba abajo por las clases dominantes, tampoco es simplemente acaparado por ellas: el poder del Estado está trazado en esa materialidad. No todas las acciones del Estado se reducen a la dominación política, pero todas están constitutivamente marcadas por esa dominación. Esto es lo que hace falta demostrar" (*idem*: 8/9). Y, distanciándose del estructuralismo de Balibar, dice que "es más necesario que nunca seguir desmarcándose de una concepción economicista-formalista que considera la economía como compuesta de *elementos invariantes* a través de los diversos modos de producción, de naturaleza y esencia cuasi aristotélica, autorreproducible y autorregulada por una especie de combinación interna (...) Esta concepción oculta el papel de las luchas alojadas en el corazón mismo de las relaciones de producción y explotación" (*idem*: 10). Esta perspectiva, señala Poulantzas, puede dar lugar a una concepción economicista-mecanicista de la superestructura como simple reflejo de la estructura. Pero también a una idea que concibe al conjunto social "bajo la forma de instancias o niveles autónomos por naturaleza o esencia" (*ibidem*). Y agrega que "ambas conciben las relaciones entre el Estado y lo económico como relaciones de exterioridad por principio, cualesquiera que sean las figuras empleadas para designarlas" (*idem*: 11). Para Poulantzas, en cambio, "lo político-estatal estuvo siempre, aunque bajo formas diversas, constitutivamente presente en las relaciones de producción y, por consiguiente, en su reproducción"[22] (*idem*: 12). Aquí se

[22] En un artículo de 1977, Holloway y Piccioto (1994) le criticaron a Poulantzas que, al hacer una lectura de la autonomía de lo político como instancia separada de lo económico, ignoraba que economía y política forman parte inescindible de una misma relación social.

advierte cómo Poulantzas diluye la línea demarcatoria entre economía y política presente en su primer trabajo, para reunirlas en un plano inescindible de constitución de las relaciones capitalistas de dominación.

Avanzando sobre el encuadre teórico del "problema Estado", afirma que "...no puede existir una teoría general de la economía con un objeto teórico invariante a través de los diversos modos de producción, de la misma manera que no puede existir una 'teoría general' de lo político-estatal con un objeto teórico invariante a través de esos modos" (*idem*: 15). No hay teoría general del Estado porque no puede haberla, ya que no existe como tal en la realidad sino en la especificidad de su materialización histórica. Por el contrario, dice, "resulta perfectamente legítima una teoría del Estado capitalista, que construya un objeto y un concepto específicos: ello se hace posible por la separación entre el espacio del Estado y la economía bajo el capitalismo" (*idem*: 16). Y esta teoría del Estado capitalista "no puede ser aislada de una historia de su constitución y de su reproducción" (*idem*: 23).[23]

En una vuelta de tuerca sobre la definición althusseriana, excesivamente abstracta y formalista, de los modos de producción y las formaciones sociales que había propuesto en *Poder político...*, Poulantzas señala que no hay que considerar a las formaciones sociales "como simples apilamientos-concretizaciones espacializados del modos de producción reproducidos en abstracto, ni considerar, por tanto, un Estado concreto como simple realización del Estado del modo de reproducción capitalista. Las formaciones sociales son terrenos efectivos de existencia y reproducción de los modos de producción y, por consiguiente del Estado en sus diversas formas" (*idem*: 23), que no pueden ser deducidas del tipo capitalista de Estado entendido como objeto abstracto-formal. No obstante su intento de despegarse de la dureza del planteo althusseriano, Poulantzas no avanza en una explicación que eluda la formulación críptica.

Otorgando un papel más destacado a la lucha de clases y su entrelazamiento constitutivo con las relaciones de poder, Poulantzas da una vuelta de tuerca sobre sus posiciones iniciales. Si antes eran las estructuras las que determinaban la posibilidad de que la lucha tuviera impacto sobre la materialidad estatal, ahora son las luchas mismas las que ocupan el lugar central

---

Sin embargo, el correcto señalamiento de Holloway-Piccioto es más pertinente para las primeras obras de Poulantzas, pero no para la última, donde claramente aparece esbozada la idea de relación social compleja y contradictoria.

[23] "Hay que convencerse de una vez por todas: como ahora sabemos, no se puede pedir a una teoría, por científca que sea, incluido el marxismo, que sigue siendo una real teoría de la acción, dar mas de lo que puede. Hay siempre una distancia estructural entre la teoría y la práctica, entre la teoría y la realidad" (1979: 20).

y fundante. "Si los poderes de clase no se reducen al Estado y desbordan siempre a sus aparatos, se debe a que esos poderes, enraizados en la división social del trabajo y la explotación, conservan siempre la primacía sobre los aparatos que los encarnan, en particular el Estado. Lo cual equivale a expresar, bajo una forma diferente, la proposición de que, en la compleja relación lucha de clases/aparatos, *son las luchas las que tienen el papel primero y fundamental*, luchas (económicas, políticas, ideológicas) cuyo campo, ya a nivel de la explotación y de las relaciones de producción, no es otro que el de las relaciones de poder" (*idem:* 38). El problema sigue siendo cómo ejemplificar tal formulación.

El fantasma de Foucault

Otros antagonistas de este último Poulantzas son los llamados "nuevos filósofos", que emergieron tras las huellas de Foucault y Guattari, con una activa presencia en la escena intelectual francesa. Poulantzas impugna la concepción de estos autores, que achacaban al marxismo una incorrecta concepción del poder como algo reducido al Estado. Para él, "las relaciones de poder, como sucede con la división social del trabajo y la lucha de clases, *desbordan con mucho al Estado*" (*idem*: 37). También critica especialmente a la corriente seguidora de Claude Lefort y Castoriadis, con su insistencia en la primacía de lo social (la "sociedad" como principio "instituyente" del Estado). El error de los fundadores de *Socialismo o Barbarie*, según él, está en deducir una política antiestatista de una visión en la que el Estado casi desaparece de su papel propio y es un simple apéndice de las luchas y del poder. Para Poulantzas, en cambio, "es el papel terriblemente real del Estado lo que exige una transición al socialismo ampliamente apoyada en la democracia directa, lo cual implica el conocimiento exacto del Estado y de su papel actual" (*idem*: 39/40).

Poulantzas, si bien admite que "las relaciones de poder no recubren exhaustivamente las relaciones de clase y pueden desbordarlas", advierte a continuación que "ello no significa, sin duda, que en este caso carezcan de referencia de clase, que no se sitúen también en el terreno de la dominación política.(...) Consecuencia conocida: en una transición al socialismo no basta con transformar radicalmente los aparatos del Estado para abolir o transformar el conjunto de las relaciones de poder" (*idem*: 45). Aquí cuestiona en forma directa las posiciones de Foucault y Deleuze, entonces muy en boga, acerca de las innumerables microsituaciones de poder. Dirá pues que "todo poder (y no sólo un poder de clase) existe únicamente materializado en aparatos (y no sólo en aparatos estatales). Estos aparatos no son simples apéndices del poder, tienen un papel constitutivo: el mismo Estado está orgánicamente presente en el engendramiento de los poderes de clase. Pero en la relación poder/aparatos y, más particularmente, lucha de clases/aparatos, la lucha (de clases) es la que tiene el papel fundamental. Lucha cuyo campo no es otro que el de las relaciones de poder, de explotación económica y de dominación/subordinación político-ideológica. Las luchas tienen siempre la primacía sobre los aparatos-institucionales y los desbordan constantemente" (*idem*: 47/48). Es precisamente en esta confrontación con Foucault donde Poulantzas recupera el papel activo de las luchas y su lugar central en la determinación de la materialidad estatal.

La intención evidente de Poulantzas es confrontar con los diagramas abstractos de poder de Foucault y su consecuente tendencia a diluir y dispersar el poder entre un pluralismo de micropoderes. Le cuestiona su incapacidad de reconocer la cristalización del saber y el poder en el marco organizacional del Estado. El autor greco-francés creía que esta perspectiva llevaba tanto a un "libertarianismo de izquierda", al estilo del que se puso de moda en el 68, como al "libertarianismo de derecha" anti-Gulag, que afloró a fines de los 70 (Hall, 1980) y del cual él mismo se sentía víctima en las aulas universitarias. En las páginas de *Estado, poder y socialismo*, sin embargo, se esfuerza por rescatar los aportes sustantivos de Foucault –a quien respeta– sobre la naturaleza del poder y reconducirlos desde la perspectiva marxista. Ésta será la tensión que late en el texto y que, según autores como Hall, no termina de ser resuelta en un todo convenientemente articulado.[24]

[24] En una crítica a *Estado, poder y socialismo*, Hall sostiene que si bien el libro contiene muchas proposiciones muy sugestivas, el modo en que son manejadas y desarrolladas no llega a ser satisfactorio. Reprocha que los términos, conceptos y formulaciones clave tomados a préstamo de Foucault, que le agregan nuevas dimensiones al pensamiento poulantziano, no fueron tratados con el rigor que merecían. Para Hall, el punto es que el planteo de Foucault de que las microestructuras del poder están implícitamente en todas las relaciones sociales, se contrapone al concepto de poder emanado de un centro complejo. Desde esa perspectiva, el Estado no aparece como una instancia especialmente decisiva. Por eso resulta teóricamente inconsistente tomar algunos conceptos de Foucault y reinterpretarlos, corregidos, para que engarcen con la concepción convencional sobre el Estado, el poder del Estado y las relaciones de clase, como hace Poulantzas. Hall reconoce que el propósito de Poulantzas había sido rescatar los aportes de Foucault de las interpretaciones de los nuevos filósofos, pero cree que para que ello pueda concretarse hace falta efectuar un análisis previo y riguroso de la propuesta teórica global. Foucault, por ejemplo, ve a la dupla saber-poder implicada en cada hecho de institucionalización. Cada regulación es una exclusión y cada exclusión es una operación de poder. El poder, para el filósofo, es una máquina abstracta cuya acción está en todos lados y es asumida como previa a su concreción en cualquier campo particular. Desde que el poder está en todos lados, la resistencia es un concepto sin hogar. El anarco-libertarianismo implícito en Foucault exigía un tratamiento más riguroso por parte de Poulantzas (Hall 1980: 66/67).

Lucha y dominación políticas

Poulantzas dedica la segunda parte de *Estado, poder y socialismo* a analizar al Estado en términos de dominación política y de lucha política. En su afán de resaltar el papel activo de la lucha, y aclarando sus propias propuestas de una década atrás, dirá que "una teoría del Estado capitalista no puede construir su objeto refiriéndose solamente a las relaciones de producción, sin que la lucha de clases en las formaciones sociales intervengan más que como un simple factor de variación o de concretización de este Estado, tipo ideal, en tal o cual Estado concreto". La función de una teoría del Estado es explicar cómo se reproduce históricamente el Estado en cada estadio o fase del capitalismo (Estado liberal, Estado intervencionista, estatismo autoritario) y las formas que adoptan sus regímenes (fascismo, dictadura, parlamentarismo). Lo central, para Poulantzas, es que una teoría del Estado debe ser capaz de explicar las metamorfosis, los cambios de su objeto. Para empezar, hay que identificar las transformaciones que presentan las relaciones de producción y la división del trabajo a lo largo de la historia, que se expresan en el Estado. Estas transformaciones remiten a la "modificación en la constitución y en la reproducción de las clases sociales, de su lucha y de la dominación política" (*idem*: 148).

Poulantzas confronta aquí con las visiones que vinculan al Estado con las relaciones de producción entendidas como estructura económica, sin hacer intervenir a la lucha de clases y a la dominación política sino *a posteriori*. Esto lleva a subestimar las formas específicas que adopta tal dominación por parte del Estado. También critica las concepciones que toman las proposiciones generales de los clásicos marxistas sobre el Estado como una "teoría general" (marxista-leninista) que sólo habría que aplicar a los casos concretos (aunque no lo nombra, también piensa en Miliband). Cuestiona proposiciones como "todo Estado es un Estado de clase; toda dominación política es una dictadura de clase; el Estado capitalista es un Estado de la burguesía" (p.149), asociadas con las posturas del Partido Comunista francés. Subraya las nefastas consecuencias políticas de la simplificación-dogmatización estaliniana: la estrategia para hacer frente al avance del fascismo es un ejemplo claro de ello, al no diferenciar entre la forma democrático-parlamentaria y el Estado fascista[25]. Aquí resuena una respuesta al cargo que le efectuara Miliband en el debate, precisamente, de no distinguir en-

---

[25] Es interesante destacar que en *Marxismo y política*, Miliband también da el mismo ejemplo de la Komintern y el fascismo para ilustrar el error de no entender las diferencias entre las distintas formas de dominación burguesa, que le plantean a la clase obrera escenarios de lucha muy diversos (1978: 107).

tre diversos regímenes políticos. Por eso, dice que "la urgencia teórica es (…) *captar la inscripción de la lucha de clases, y más particularmente de la lucha y de la dominación políticas, en la armazón institucional del Estado de manera que logre explicar las formas diferenciales y las transformaciones históricas de este Estado*" (*idem*: 150; subrayado del autor).

Poulantzas insiste en que la burguesía no se conforma como clase política dominante al margen o antes de un Estado creado por ella a su conveniencia, sino que el Estado mismo constituye "la unidad política de las clases dominantes: instaura estas clases como clases dominantes" (*idem*: 152). Y explica que el Estado "puede cumplir este papel de organización y de unificación de la burguesía y del bloque en el poder en la medida en que posee una *autonomía relativa* respecto de tal o cual fracción y componente de ese bloque, respecto de tales o cuales intereses particulares" (*ibidem*; subrayado del autor).

Precisando algunas de sus formulaciones anteriores, sostiene que el Estado capitalista "no debe ser considerado como una entidad intrínseca, sino como una relación, más exactamente como la condensación material de la relación de fuerzas entre clases y fracciones de clase, tal como se expresa, siempre en forma específica, en el seno del Estado" (*idem*: 154). Pero el Estado "no se reduce a la relación de fuerzas, presenta una opacidad y resistencia propias. Un cambio en la relación de fuerza entre clases tiene siempre, desde luego, sus efectos en el Estado, pero no se traduce de forma directa e inmediata: se adapta a la materialidad de sus diversos aparatos y sólo se cristaliza en el Estado bajo una forma refractada y diferencial según sus aparatos. Un cambio del poder del Estado no basta nunca para transformar la materialidad del aparato del Estado: esa transformación depende, como es sabido, de una operación y acción específicas" (*idem:* 157). Poulanzas parece diferenciar en este pasaje entre la instancia más visible en que puede expresarse una correlación de fuerzas dada, por ejemplo en el gobierno, y la compleja estructura estatal. Significa que no todo cambio político surgido de una determinada relación de fuerzas entre clases o fracciones de clase tiene un correlato inmediato y directo sobre el aparato estatal. Porque la traducción en políticas públicas y/o en la modificación de las oficinas públicas es un proceso complejo, que obedece a diversas lógicas de acción, según sean los intereses en juego y sus capacidades y recursos relativos para imponerlos al conjunto. En estos pasajes resuena la distinción de Miliband entre Estado y gobierno y su advertencia de que no todo cambio en la cúpula gubernamental significa la asunción de manera directa e inmediata de la totalidad del sistema estatal.

En cuanto al establecimiento de políticas estatales (o públicas), Poulantzas muestra la complejidad que trasciende a una mera manipulación directa de la clase dominante y que también reniega de la posibilidad de definiciones políticas unívocas, preestablecidas y previsibles. Así, dice que aquellas son "el resultado de las contradicciones de clase inscritas en la estructura misma del Estado (Estado-relación). Captar el Estado como la condensación de una relación de fuerzas entre clases y fracciones de clases tal como éstas se expresan, siempre de modo específico, en el seno del Estado, significa que el Estado está constituido-dividido de parte a parte por las contradicciones de clase". Y explica que "las contradicciones de clase revisten en el seno del Estado la forma de contradicciones internas entre los aparatos y ramas del Estado, y en el seno de cada uno de ellos, según líneas de dirección a la vez horizontales y verticales" (*idem*: 159). Esto permite entender por qué el Estado no actúa de un modo homogéneo, coherente y constante, y por qué se presentan acciones contradictorias de las distintas áreas del Estado bajo la conducción de un mismo gobierno. Las contradicciones y las relaciones de fuerza existentes en el seno de las clases dominantes exigen que el Estado provea una organización que permita garantizar la perdurabilidad de la dominación. Pero la organización misma implica que en el seno del Estado se exprese la diversidad de contradicciones y relaciones de fuerza.

Socialismo democrático

Poulantzas dedica el último capítulo de *Estado, poder y socialismo* a formular algunas propuestas teórico-políticas que pueden considerarse como su testamento y como el lúcido señalamiento de cuestiones que tendrían profunda actualidad treinta años después. Paradójicamente, la búsqueda de aunar socialismo y democracia tiene más puntos en común que diferencias sustantivas con los aportes de Miliband, y se inscribe en la senda en la que también se había embarcado el llamado eurocomunismo (aunque con resultados que luego se demostraron desalentadores).

A una década del mayo francés, derrotadas las dictaduras de España, Portugal y Grecia, fracasada la experiencia del gobierno socialista en Chile, en plena desilusión por los horrores del estalinismo y frente al quiebre de las expectativas generadas por la "revolución cultural" china, para Poulantzas lo que se planteaba era el siguiente dilema: "o bien mantener en condiciones el Estado existente, atenerse exclusivamente a la democracia representativa en la que se hacen modificaciones secundarias, lo que lleva al estatismo socialdemócrata y al llamado parlamentarismo liberal, o bien atenerse exclusivamente a la democracia directa de base, o movimiento autogestionario, lo que conduce ineludiblemente, en un plazo más o menos largo, a un despotismo estatista o a una dictadura de los expertos" (*idem*: 313). La cuestión clave es "*cómo emprender una transformación radical del Estado articulando la ampliación y la profundización de las instituciones de la democracia representativa y de las libertades (que fueron también una conquista de las masas populares) con el despliegue de las formas de democracia directa de base y el enjambre de los focos autogestionarios: aquí está el problema esencial de la vía democrática al socialismo y de un socialismo democrático*" (*idem*: 314; subrayado del autor).

Consciente de la extendida presencia del Estado, sostiene que las luchas de las masas populares lo desgarran permanentemente, incluso cuando se trata de aparatos en los que las masas no están físicamente presentes. Por eso cree que "la vía democrática al socialismo es un largo proceso en el cual la lucha de masas populares no apunta a la creación de un doble poder efectivo, paralelo y exterior al Estado, sino que se aplica a las contradicciones internas del Estado" (*idem*: 315). Éste es uno de los aportes más fructíferos que ha dejado abiertas las puertas a nuevas indagaciones y, sobre todo, a formas de lucha más efectivas e innovadoras. Para Poulantzas, "el poder no es una sustancia cuantificable detentada por el Estado que haya que arrebatarle. El poder consiste en una serie de relaciones entre las diversas clases sociales, concentrado por excelencia en el Estado, que constituye la condensación de una relación de fuerzas entre las diversas clases sociales" (*idem*: 316). De modo tal que tomar el poder del Estado no es asaltar ningún Palacio de Invierno, sino que significa, con inocultables reminiscencias gramscianas, "desarrollar una lucha de masas tal que modifique la relación de fuerzas internas en los aparatos del Estado, que son el campo estratégico de las luchas políticas (...) Este largo proceso de toma del poder en una vía democrática al socialismo consiste, esencialmente, en desarrollar, reforzar, coordinar y dirigir los centros de resistencias difusos de que las masas siempre disponen en el seno de las redes estatales, creando y desarrollando otros nuevos, de tal forma que estos centros se conviertan en el terreno estratégico que es el Estado, en los centros efectivos de poder real" (*idem*: 316).

Sin embargo, contra toda ilusión reformista y evocando aquí también el pensamiento gramsciano más genuino, Poulantzas advierte que "modificar la relación de fuerzas internas del Estado no significa reformas sucesivas en una progresión continua, conquista pieza a pieza de una maquinaria estatal o simple ocupación de puestos y cimas gubernamentales" (*idem*: 317). Desechando la mirada ingenua de que es posible la toma del poder "de a pedacitos", abonada por cierta lectura sesgada de Gramsci hecha por el eurocomunismo, plantea que la lucha tendrá un punto de inflexión clave. Así, dice que la modificación de las relaciones de fuerza del Estado "significa, claramente, un proceso de rupturas efectivas cuyo punto culminante, y habrá forzosamente uno, reside en el basculamiento de la relación de fuerzas a favor de las masas populares en el terreno estratégico del Estado. Esta vía democrática al socialismo no significa, pues, una simple vía parlamentaria o electoral (...) La modificación de la relación de fuerzas en el seno del Estado concierne al conjunto de sus aparatos y de sus dispositivos..." (*idem*: 317).

En un pasaje de enorme actualidad política a la hora de analizar la tensión entre reformismo complaciente y pulsión revolucionaria, dice que la cuestión de *"quién* está en el poder y *para qué* no puede quedar al margen de estas luchas autogestionarias o democracia directa. Ahora bien, esas luchas y movimientos no pueden (...) tender a una centralización en un segundo poder, lugar que se supone absolutamente exterior al Estado, sino a la modificación de las relaciones de fuerzas en el mismo terreno del Estado" (*idem*: 319). Aquí una clave: la articulación entre democracia política que exprese los intereses generales, con la democracia de base encaminada a resolver las cuestiones específicas de cada sector. *"Una transformación del aparato de Estado orientada hacia la extinción del Estado* sólo puede apoyarse en una intervención creciente de las masas populares en el Estado por medio ciertamente de sus representaciones sindicales y políticas, pero también por el despliegue de sus iniciativas propias en el seno mismo del Estado" (*idem*; subrayado del autor). Y "todo esto debe ir acompañado del despliegue de nuevas formas de democracia directa de base y del conjunto de focos y de redes autogestionarios" (*idem*: 321).

Poulantzas rechaza así tanto el neotecnocratismo de izquierda (tradición estatista) como el neolibertarismo de los micropoderes exteriores al Estado (tradición libertaria). Afirma que el desafío es articular la transformación del Estado y la democracia representativa con el despliegue de la democracia directa de base y el movimiento autogestionario. Igual que Miliband en *Marxismo y política*, advierte sobre el viejo peligro de la reacción del adversario burgués y propone un conjuro: "la vía democrática al socialismo no será ciertamente un simple paso pacífico. No se puede afrontar aquí este peligro más que apoyándose en un amplio movimiento popular" (*idem:* 323). En coincidencia con su antagonista inglés, dice que "una cosa es segura: el socialismo será democrático o no será tal" (*idem:* 326). Y finaliza su libro son una invocación: "(los) riesgos del socialismo democrático no se podrían evitar con certeza más que de una sola forma: mantenernos tranquilos y marchar derechos bajo los auspicios y la dirección de la democracia avanzada. Pero ésta es otra historia..." (*ibidem*).

A modo de conclusión

Poulantzas decide terminar con su vida poco después de publicar su último libro. Aunque las razones que llevan a una persona a tan drástica decisión nunca pueden ser explicadas de manera lineal, el suicidio del griego subraya, con la fuerza de un símbolo contundente, el fin de una época que se soñó gloriosa para los sectores populares y el comienzo de otra signada por la regresión de conquistas históricas. La contraofensiva neoliberal y conservadora de los años ochenta y noventa, que había mostrado su rostro trágico en las dictaduras de América latina años antes, ya se prefiguraba con nitidez en Europa. En mayo de 1979, Margareth Thatcher asumía como primera ministra en Gran Bretaña. En 1980 moría Jean Paul Sartre, Louis Althusser era internado tras estrangular a su mujer y Ronald Reagan se alzaba con la presidencia de los Estados Unidos. La recomposición capitalista brutal "resolvía" la crisis del Estado benefactor, a costa de la derrota de los movimientos populares que la década anterior habían intentado, aunque de modo desarticulado y con intensidad y conciencia diversas, superar los límites impuestos por el sistema. El optimismo del horizonte socialista se iba desvaneciendo y se estrellaría en 1989 contra el muro de Berlín. El "siglo corto" abierto por la revolución bolchevique, como señaló Hobsbawn, llegaba a su fin.

En ese clima "de época", el atormentado Poulantzas logra, sin embargo, dejar un legado de fructíferas ideas para pensar nuevos caminos para construir el socialismo, que lo acerca llamativamente a Miliband. Opuestos al burocratismo autoritario de la experiencia soviética, distantes del tecnocratismo timorato de la socialdemocracia y descreídos del libertarismo ingenuo, apuestan a una transformación que aúne la potencialidad revolucionaria de la participación y movilización populares desde la base, con la necesaria articulación democrática y plural desde la conducción política del Estado. Casi tres décadas después de formuladas, estas ideas recuperan hoy su vitalidad para pensar alternativas socialistas de nuevo tipo.

---

* **Biografía:** Adolphe (Ralph) Miliband nació en Bruselas el 7 de enero de 1924, en el seno de una familia de comerciantes judíos originarios de Varsovia. En mayo de 1940, lanzada la ofensiva occidental contra el nazismo, Miliband logró escapar a Londres con su padre. Por esa época se hizo marxista y se convirtió en activista de diferentes grupos de izquierda. En enero de 1943 fue electo vicepresidente del Centro de Estudiantes de la prestigiosa *London*

School of Economics (LSE), en la que estudiaba desde 1941. Fue el discípulo predilecto del profesor socialista Harold Laski, a quien admiraba mucho pero con quien confrontaba por sus opciones políticas. De él aprendió las tensiones entre capitalismo y democracia y que los socialistas debían valorar las libertades civiles. Tras su graduación, Miliband se convirtió en un académico profesional en la LSE. Simpatizó con la izquierda del Partido Laborista, al que se afilió en 1951 y en el que permaneció sólo un tiempo. Pero el movimiento político más radical poco a poco lo fue arrastrando y se convirtió en un activo miembro de la Nueva Izquierda británica. En realidad, Miliband fue un intelectual socialista independiente que promovió toda su vida la construcción de un nuevo movimiento socialista que superara tanto el vanguardismo leninista como el revisionismo laborista. Desde entonces, fue un docente apasionado, que supo no sólo transmitirles a sus alumnos conocimientos de forma clara y precisa, sino entusiasmarlos en el estudio profundo, el rigor intelectual y el debate académico y político fundado.

Su primer libro, *"Socialismo parlamentario: un estudio de las políticas del laborismo"*, publicado en 1961, es una ácida crítica al apego dogmático del laborismo inglés al parlamentarismo, causante del aislamiento de los líderes de las masas del partido y el alejamiento de los objetivos más radicales. Este trabajo pronto resultó enormemente influyente entre estudiantes y activistas y fue reconocido como uno de los textos seminales de la Nueva Izquierda británica. Ese mismo año, Miliband se casó con la joven académica y activista Marion Kozak, con quien tuvo dos hijos: David y Eduard. En 1969 publica *El Estado en la sociedad capitalista*. Entre ese año y 1976 desarrolló una intensa polémica con Nicos Poulantzas en las páginas de la *New Left Review*, que trascendió como *instrumentalismo* versus *estructuralismo* y tuvo una gran trascendencia en el debate sobre el Estado capitalista. En 1972, cansado del aislamiento político que padecía en el claustro de profesores y disgustado por la forma en que las autoridades de la LSE habían manejado las revueltas estudiantiles de los años anteriores, Miliband decidió dejar su puesto para aceptar un cargo de director del Departamento de Ciencia Política de la Universidad de Leeds. Pero tampoco se sintió conforme con la vida intelectual fuera de Londres, que no sintonizaba con su pensamiento. Después de unos incómodos años allí, Miliband aceptó ofrecimientos en Estados Unidos, donde ocupó diversos puestos académicos temporales, que lo alejaron de su familia durante largos períodos. En 1970 publica *La democracia capitalista en Gran Bretaña* y en 1977, *Marxismo y política*.

Durante los años 80, Miliband se involucró en la tarea de construir y fortalecer una izquierda independiente en Gran Bretaña. En 1981 contribuyó a la fundación de la llamada Sociedad Socialista, con viejos aliados de la *New Left Review* (como Robin Blackburn, Tariq Ali, Michele Barrett, Michael Rustin y Hilary Wainwright), que se proponía articular a la izquierda del Partido Laborista con las varias ramas de los movimientos socialistas independientes. Junto con otros famosos socialistas y activistas en la nueva izquierda (Raymond Williams, Perry Anderson y Tony Benn), confluyeron en el Movimiento Socialista que emergió de las Conferencias Socialistas de Chesterfield, en 1987, dispuestos a enfrentar al thatcherismo y la derechización del Partido Laborista.

Aunque siempre fue profesor, no se sentía cómodo en el ámbito de sus colegas académicos. Se sentía, en cambio, perteneciente a una comunidad de intelectuales socialistas más amplia que la estrechez de las aulas universitarias. Hasta el final de su vida estuvo al frente del anuario *Socialist Register* (que fundara junto a John Saville en 1964) y se empeñó en hacer del socialismo el "sentido común" de la época, esmerándose en una prosa clara y rigurosa (Meiskins Wood). Miliband murió en mayo de 1994, tras una operación del corazón de la que no se repuso, cuando tenía 70 años. No alcanzó a ver editado su último libro, *Socialismo para una época de escépticos*, que estaba aún en la imprenta. [Apuntes biográficos tomados de Newman (2002), Panitch (1995), Barrow (2006) y Meiskins Wood (1995).]

** **Biografía:** Nicos Poulantzas nació en Atenas el 21 de setiembre de 1936, en el seno de una tradicional familia. Su padre era abogado y profesor y una destacada figura de la sociedad ateniense. Pasó su niñez en la exclusiva área de Lycabetus, cercana a la Acrópolis. Estudiante precoz de escuelas de elite, asistió al Liceo francés. Muchos de sus compañeros llegaron a ser prominentes figuras, como Kostas Simitis (ex primer ministro). Una vez finalizado el bachillerato, en 1953, ingresó en la Facultad de Derecho de la Universidad de Atenas y se recibió en 1957. Si terminó derecho no fue porque esta carrera le interesara mucho, sino porque no había por entonces en su país un desarrollo importante y autónomo de la filosofía y las ciencias sociales, que era lo que realmente le interesaba. Sin embargo, el entrenamiento que Nicos Poulantzas recibió en Derecho fue de gran influencia en sus posteriores trabajos. Durante sus años universitarios, comenzó a simpatizar con el socialismo y el marxismo, participó en el movimiento estudiantil de Atenas y se involucró en la Alianza Democrática Griega, que era una organización amplia y legal del proscrito Partido Comunista. No fue tarea sencilla para el joven Nicos desarrollarse dentro de una orientación política marxista seria, pues la mayor parte de la producción teórica a la que podía acceder durante esta época surgía desde el propio seno del estalinismo. Después de pasar tres años en la marina de su país (el cuerpo que reclutaba a los sectores de la elite social), Poulantzas fue admitido por el Colegio de Abogados, pero nunca ejerció la profesión, ya que se marchó a París. Se incorporó a La Sorbona en 1960, donde obtuvo una codiciada ayudantía y enseñó filosofía del derecho hasta 1964. Ese año terminó su tesis doctoral, que trataba sobre filosofía del derecho y se apoyaba en los aportes de Goldmann y Luckacs. Mientras concluía este trabajo académico, participó intensamente en la vida intelectual francesa, se inscribió en un seminario de Merlau-Ponty, entabló estrechas relaciones con J. P. Sartre (a través de cuya obra hizo su primera aproximación sistemática al marxismo) y S. de Beauvoir e inició un lectura rigurosa de Gramsci. Publicó un artículo en *Les Temps Modernes*, la célebre revista que dirigía Sartre –y con la cual comenzó a colaborar regularmente– que atrajo la atención de Althusser y desde entonces frecuentó el círculo de jóvenes marxistas que seguían al filósofo comunista (Balibar, Macherey, Rancière, Debray). Como muchos de ese grupo, comenzó a simpatizar con el maoísmo.

Ya convertido en uno de los alumnos predilectos de Althusser, trabajó en el Departamento de Sociología en la Universidad de Vincennes. En 1968, tras una división interna en el comunismo griego derivada de divergencias por el "golpe de los coroneles" de 1967, Poulantzas adhiere al Partido Comunista Griego del Interior –escindido del PCG pro-soviético–, que años más tarde se incluiría en la corriente eurocomunista. Se casó en 1966 con una joven novelista, Annie Leclerc, con la que tuvo una hija, Ariane, en 1970. A pesar de que su formación inicial era jurídica, Nicos Poulantzas comenzó a reorientar sus estudios hacia el Estado capitalista como un todo, y no simplemente en su aspecto legal. Para ello se valerá de los aportes realizados por la filosofía francesa (inicialmente los trabajos realizados por Sartre y Goldmann y, posteriormente, Althusser) y el marxismo italiano (incluida la escuela de Della Volpe y, más significativamente, la obra de Gramsci). Asimismo, se vio influido por los trabajos del marxismo británico (especialmente a través de la revista *New Left Review*, y dos de sus editores, Tom Nair y Perry Anderson). En 1968 publica *Poder político y clases sociales*, y a partir de 1969 y hasta 1976 desarrolla una intensa polémica con Ralph Miliband en las páginas de la *New Left Review*, que trascendió como *instrumentalismo* versus *estructuralismo* y tuvo una gran trascendencia en el debate sobre el Estado capitalista. En 1970 Poulantzas edita *Fascismo y dictadura,* y en 1974 aparece su *Las clases sociales en el capitalismo de hoy*. Dos años después, publica *La crisis de las dictaduras* y coordina el volumen colectivo *La crisis del Estado*. En 1978 sale su último trabajo: *Estado, poder y socialismo*. La descomposición de la alianza de la izquierda francesa, el ascenso de las ideas neoliberales y el creciente rechazo a las ideas marxistas que sobrevino en esos años lo afectaron profundamente en lo personal y en su carrera como profesor universitario. Cuenta Macciocchi: "Nikos era joven, robusto, de alto cuerpo estatuario y, sin embargo, había sido el primero en quebrantarse bajo el destino de derrota, que él enlazaba con la descomposición de la *Unión de la Gauche*. Nuestro último encuentro es de junio del 79. Nos vimos, como siempre, comiendo en la Rue des Écoles. Nikos está excitado porque nos han zurrado, a él, a Foucault y a mí, en Vincennes. En *Le Monde* (28 de marzo del 79) me relee una noticia cruel. Un tipo de cabeza hirsuta, una especie de sosias de Proudhon, se sube a una silla y vocifera: 'Nikos, al tercer párrafo de tu libro me da dolor de cabeza. Y si no lo entiendo es porque no hay nada que entender' (...) '¿Le contestamos a *Le Monde*?', me pregunta (Nikos). Se tortura, odia el viejo dogmatismo ortodoxo, pero siente alzarse a su alrededor la ferocidad de los provocadores que trabajan por el suicidio de la Universidad. Siente la hostilidad de los nuevos intelectuales, los antimarxistas a la moda, los ortodoxos de la antiortodoxia" (1987: 476). Poulantzas se suicidó el 3 de octubre de 1979, a los 43 años, arrojándose del décimo piso de un edificio de Montparnasse, uno de los barrios populares de París, donde vivía su colega y amigo Constantin Tsoukalas. Cuentan que llevaba en sus manos un maletín con sus trabajos. Así se recuerda su entierro: "En el cementerio de Montparnasse sentimos un viento de destrucción soplar sobre un largo período de vida intelectual, uno de cuyos protagonistas había sido Nikos. En nuestro desalentado grupo de profesores entreví a Althusser" (Macciocchi 1987: 476/477). [Las principales referencias biográficas se toman de Hall (1980), Jessop (1985), Macciochi (1987), Casanova y Larumbe (2000), y de la información que gentilmente proporcionaron para este artículo Isidoro Cherevsky y Peter Bratsis.]

Capítulo 3
Estado y capital.
Debates sobre la *derivación* y la *reformulación* del Estado

Alberto R. Bonnet

Introducción

Este capítulo presenta sintéticamente algunos de los principales aportes a la teoría marxista del Estado introducidos en el denominado *debate de la derivación*, que se desarrolló en Alemania durante la primera mitad de la década de los setenta, y en su posterior recuperación en el *debate de la reformulación* del Estado, desarrollado en Gran Bretaña durante los años ochenta. Dos razones justifican esta presentación. La primera radica en que, como veremos más adelante, dichos aportes son decisivos y no pueden soslayarse en el marco de un recorrido histórico a través de las teorías marxistas del Estado. La segunda reside en que, a pesar de su importancia, esos aportes son escasamente conocidos en nuestro medio. Este escaso conocimiento responde, en parte, a la propia complejidad de las discusiones alemanas originales y, en parte, a que las circunstancias políticas que atravesó nuestro país y otros países latinoamericanos desde mediados de los setenta –i.e., las condiciones represivas impuestas por las dictaduras militares– impidieron que esas discusiones se difundieran inmediatamente en América Latina. Basta indicar, en este sentido, que la recopilación en inglés de las principales intervenciones en dicho debate, publicada por J. Holloway y S. Picciotto en 1978, nunca sería publicada íntegramente en castellano.[1]

---

[1] El debate alemán tuvo una temprana difusión en Francia, en el contexto de la discusión del capitalismo monopolista de Estado, doctrina oficial del PCF (véase Vincent 1975), y en

Antecedentes del debate alemán

El debate alemán de la derivación del Estado se desarrolla en la ex República Federal de Alemania, particularmente en círculos universitarios de Berlín y Frankfurt, desde comienzos de la década de los setenta. Tres acontecimientos de finales del decenio anterior determinan fundamentalmente su contexto histórico. En primer lugar, la recesión económica de 1966-67 constituyó un punto de inflexión clave con respecto a un *milagro alemán* que había parecido eterno durante las dos décadas previas de expansión capitalista de posguerra. En segundo lugar, el SPD ascendió al gobierno, por vez primera en la posguerra, mediante la alianza en minoría con los demócratas cristianos del CDU (que nombraría a W. Brand como vicecanciller en 1966) y más tarde a través de la alianza en mayoría con los liberales del FDP (que elevaría a Brandt a la cancillería en 1969). En tercer lugar, se desarrolló, en 1968-69, el ciclo de luchas estudiantiles asociadas con el *mayo alemán*. Estos tres acontecimientos de fines de los sesenta determinarían en buena medida la problemática que enfrentaría la crítica marxista del Estado en la Alemania de comienzos de la década siguiente. Las luchas estudiantiles retrocederían, una exitosa recuperación económica relanzaría la acumulación y la administración socialdemócrata intensificaría el nivel de intervención del Estado. El *Modell Deutschland*, en síntesis, se mantendría sin cuestionamientos decisivos hasta la ofensiva neoconservadora emprendida desde 1982 por H. Kohl y la CDU. ¿Cuáles son las características y límites de la intervención del Estado capitalista ante las crisis económicas y las revueltas sociales? Esta pregunta apunta ciertamente a las *funciones* del Estado capitalista pero, para los derivacionistas, su respuesta exigiría preguntarse por la *forma* misma de ese Estado capitalista (véase Holloway y Picciotto 1978b, Holloway 1980).

Aquella no era la primera vez, naturalmente, que se planteaba en el marco del marxismo la pregunta acerca de las funciones que desempeñaba el Estado capitalista de posguerra. Los derivacionistas, sin embargo, rechazaron las respuestas provistas por las teorías marxistas del Estado predominantes. Dos son las visiones que rechazarían.[2] La primera se relaciona con

Gran Bretaña, en un contexto que luego analizaremos (Holloway y Picciotto 1978). En la publicación de algunos textos derivacionistas en español, en la edición latinoamericana de la revista *Críticas de la Economía Política* en México en 1978-80 y en algún trabajo de Rojas (1980) en Colombia y de Fausto (1983) en Brasil se encuentran las pocas repercusiones del debate en nuestro medio.

[2] S. Clarke sostiene en este sentido: "La inadecuación de estas teorías del Estado se volvió crecientemente manifiestas a lo largo de la década de 1960. Por una parte, el crecimiento del Estado de bienestar, y la elección de gobiernos socialdemócratas, particularmente en Gran Bretaña y Alemania, socavó la cruda identificación del Estado con los intereses del

las concepciones del Estado de bienestar propias de algunos miembros de la segunda generación de la denominada Escuela de Frankfurt (véanse en particular Habermas 1975 y Offe 1990). En efecto, los derivacionistas objetaron a estas concepciones una asunción acrítica de la separación entre lo político (el Estado) y lo económico (la acumulación capitalista) que convalidaba las ilusiones reformistas depositadas en el Estado de bienestar.[3] La segunda se vincula con la visión del Estado inherente a la concepción del capitalismo monopolista de Estado (el *stamocap*) de los intelectuales ligados a los partidos comunistas de entonces.

Margareth Wirth, una derivacionista alemana, situó en las nociones de un capitalismo monopolista en vías de descomposición y de una creciente intervención de un Estado en manos los monopolios para contrarrestar ese curso de descomposición, los pilares de dicha concepción del capitalismo monopolista de Estado (Wirth 1979). Y formuló sendas objeciones a esas nociones. "La afirmación según la cual el monopolio constituye el relevo de la 'libre competencia', que está en contradicción con ella, es por lo menos ambigua; implica que la 'libre competencia' no es una abstracción lógica, sino una verdadera *fase histórica* del desarrollo del capitalismo, que, en consecuencia, Marx en el libro 3 no ha desligado las características generales del capital como capital, sino que ha analizado concretamente *una fase* del capitalismo, de suerte que tal análisis debe completarse ahora por nuevas características en el plano *general*. Si se pone en el mismo plano la competencia —expresión de la ley del valor y la competencia— modos de acción reales de los capitalistas individuales en el mercado y se confunde además la forma ideal de aplicación de la ley del valor con una *fase* del capitalismo, el monopolio se encuentra entonces efectivamente 'al lado y afuera' de la libre competencia" (*idem*: 203). Es importante reparar en la naturaleza de esta objeción a la noción de una etapa de capitalismo monopolista sucesora de una etapa de capitalismo de libre competencia.[4] La ob-

---

capital monopolista. (...) Por la otra parte, el limitado impacto del Estado de bienestar sobre los problemas de la pobreza, la vivienda y la salud, los problemas económicos emergentes de la inestabilidad monetaria y financiera, seguidos del desempleo en aumento, la desigualdad social creciente, particularmente entre los sectores jóvenes y marginados, y el fracaso de los gobiernos socialdemócratas para desafiar efectivamente el poder y los intereses del capital, socavó el optimismo color de rosa de la concepción socialdemócrata del Estado de la década pasada" (Clarke 1995: 4).

[3] No vamos a analizar aquí estas concepciones, pues son analizadas en el artículo de R. Gómez incluido en este volumen; nos detendremos, en cambio, en las críticas derivacionistas a la visión del Estado inherente a la teoría del capitalismo monopolista de Estado.

[4] Esta noción, naturalmente, proviene de la concepción de Lenin del imperialismo como etapa superior —esto es: posterior y postrera— del capitalismo clásico (Lenin 1977). La discusión de esta concepción leninista del imperialismo es uno de los elementos que integran

jeción de Wirth es metodológica y se centra en una confusión entre distintos niveles de abstracción: la concepción del *stamocap* reduce el análisis de la forma capital (y de la forma capital-dinero) a la descripción de una etapa histórica del desarrollo capitalista y aun de las prácticas de los monopolios mismos (a una etapa de predominio del capital financiero e incluso a las prácticas de dominación de una oligarquía financiera). Pero Wirth también objeta la noción de un Estado en manos de los monopolios, concebido como un mero instrumento de los monopolios (sea en la versión alemana de M. Katzenstein o en la francesa de P. Boccara) o como una fusión sin más entre Estado y monopolios (en las versiones soviéticas). Más importante aún es reparar en la naturaleza de esta segunda objeción porque, como la primera, adelanta argumentos que encontraremos en el debate de la derivación del Estado. Wirth argumenta, en sintonía con S. von Flatow y F. Huisken, que la libertad y la igualdad formales entre los poseedores de mercancías, que esconden la compraventa de fuerza de trabajo y por consiguiente la explotación de clase, son condiciones necesarias para la reproducción capitalista, condiciones que, sin embargo, deben ser garantizadas por un poder externo a los propios capitalistas. La forma Estado se derivará de esa necesidad de un poder externo. Y el derecho y el dinero serán los dos medios, inherentes a esa forma Estado, a través de los cuales el Estado ejerce esa garantía. El Estado, por consiguiente, no puede ser un mero instrumento de un grupo de monopolios ni, menos aún, estar fusionados con los mismos.[5]

Pero ¿qué significa *forma*? y ¿qué significa *derivación* de la forma Estado? De la correcta comprensión de estos dos conceptos depende, en gran medida, la comprensión de la empresa de los derivacionistas. Holloway y Picciotto definieron el objetivo del debate alemán en términos de "derivar sistemáticamente el Estado como una forma política a partir de la naturaleza de las relaciones de producción capitalistas, como un primer paso hacia la construcción de una teoría materialista del Estado burgués y su desarrollo" (1978b: 2). Esos conceptos de forma (*Form*) y de derivación del Estado (*Staatsableitung*) aparecen, entonces, ubicados en el eje del debate.

---

el marco en el que se desarrolló el debate de la derivación del Estado (la propia Wirth remite a los aportes previos de C. Neusüss en *Imperialismus und Weltmarktbewegung des Kapitals* de 1972).

[5] La crítica derivacionista a esta concepción instrumentalista del Estado (que se halla asimismo en la concepción leninista: véase Lenin 1978) motivó en buena medida el rescate del debate alemán en otros ámbitos. J. M. Vincent: "Implícitamente, los teóricos de los partidos comunistas admiten así que la naturaleza de clase del Estado se debe al personal dirigente burgués, a los servidores activos de un puñado de monopolizadores, y que basta con reemplazarlos para que fluya un contenido nuevo en las formas estatales" (1980: 161).

El concepto de forma desempeña un papel clave dentro de la crítica marxiana de la economía política. En este concepto, por una parte, cifra Marx la distancia entre sus propios conceptos y aquellos de la economía política clásica: "es indudable que la economía política ha analizado, aunque de manera incompleta, el valor y la magnitud de valor y descubierto el contenido oculto de esas formas. Sólo que nunca llegó siquiera a plantear la pregunta de por qué ese contenido adopta dicha forma; de por qué, pues, el trabajo se representa en el valor, de a qué se debe que la medida del trabajo conforme a su duración se represente en la magnitud de valor alcanzado por el producto del trabajo. A formas que llevan escrita en la frente su pertenencia a una formación social donde el proceso de producción domina al hombre, en vez de dominar el hombre a ese proceso, la conciencia burguesa de esa economía las tiene por una necesidad natural tan manifiestamente evidente como el trabajo productivo mismo" (Marx 1867 I: 98-9). En el concepto de forma cifra Marx, por otra parte, el fetichismo que rodea, tanto a los conceptos de la economía política, como a los propios objetos que corresponden a dichos conceptos. "¿De dónde brota, entonces, el carácter enigmático que distingue al producto del trabajo no bien asume la *forma de mercancía*? –se pregunta Marx. Obviamente, de esa forma misma" –responde (Marx 1990: 88).

Precisemos un poco este punto. La matriz de la crítica marxiana del fetichismo de la mercancía es tripartita: la mercancía como cosa o valor de uso / la mercancía como producto de un trabajo concreto / la adopción de la forma mercancía por parte de ese trabajo, ahora devenido trabajo abstracto creador de valor. En esta tríada, afirma Marx, el secreto del fetichismo reside en la propia forma de la mercancía. Pero esta forma no existe exclusivamente en nuestras mentes, como un producto de nuestras capacidades subjetivas de abstracción, ni existe para nada en una realidad ajena a nosotros, como los objetos de la naturaleza. La abstracción que caracteriza a la forma de la mercancía resulta, en cambio, de nuestra propia práctica de intercambio de mercancías. Sohn-Rethel indica, en este sentido, que "la esencia de la abstracción-mercancía reside en el hecho de que no es un producto del pensamiento, que no tiene su origen en el pensamiento de los hombres, sino en sus actos" (1980: 27). La forma puede definirse entonces como una "ilusión objetiva" (*gegenständlicher Schein*, según la expresión de Adorno) o una "abstracción real" (*reale Abstraktion*, conforme la expresión de Sohn-Rethel), que comparte su carácter abstracto con nuestras ideas pero que, a la vez, comparte su carácter objetivo con las demás cosas existentes por fuera de nuestras cabezas. La forma es objetiva, en su calidad de modo de existencia de determinadas relaciones sociales. La forma deviene subjetiva, por consiguiente, en la medida en que la crítica de la economía política construye su concepto de forma a través de la crítica de esas relaciones sociales. En este preciso sentido afirmarán Müller y Neusüss que "la reificación y autonomización del Estado es una ilusión necesaria resultante del modo de producción burgués en la misma medida en que lo son las formas del dinero, el capital, el trabajo asalariado, los factores de producción o los ingresos" (1978: 36).

A pesar de su centralidad dentro de la crítica marxiana de la economía política, el concepto de forma permaneció relativamente marginado durante un extenso período de la historia del marxismo. I. I. Rubin reconoció plenamente su importancia en su pionero estudio sobre la teoría marxista del valor (Rubin 1980). Pero el economista ruso caería víctima del estalinismo en 1930, mientras que los avances posteriores en la teoría marxista del valor se centrarían en su dimensión cuantitativa, es decir, en la relación entre valor y precio.[6] Los aportes de Rubin recién se conocerían en Occidente a inicios de la década de los setenta. E. Pashukanis, asimismo, se valdría del concepto de forma para la crítica del Estado y la ley en su estudio, igualmente pionero, sobre la teoría general del derecho (Pashukanis 1970). Pero también el jurista ruso caería víctima del estalinismo, en 1937, y sus aportes recién comenzarían a conocerse en Occidente en las décadas de 1960-70. La recuperación de estos aportes pioneros de Rubin y Pashukanis ejercería, sin embargo, considerable influencia sobre el debate de la derivación. La estirpe dialéctica de la tradición marxista en Alemania, particularmente en la senda trazada por la primera Escuela de Frankfurt, constituiría a su vez un terreno fértil para dicha recuperación.[7]

Una vez reconocida la centralidad de este concepto de forma, la crítica marxiana de la economía política puede ser considerada como un proceso de derivación de unas formas a partir de otras. Así, siguiendo la argumentación de Marx en las páginas de *El capital*, el valor asume la forma mercancía, la forma dinero, la forma capital, la forma capital-dinero, y así sucesivamente, a través de una serie de metamorfosis que conducen hacia formas cada vez más complejas –y, ciertamente, cada vez más fetichistas– de las relaciones sociales. Pero es importante advertir que la derivación de estas sucesivas formas no puede constituir ni un proceso de deducción lógico-formal ni un proceso de explicación causal-histórica. Constituye, en cam-

---

[6] La obra de Rosdolsky (1978) acerca de la génesis de los conceptos marxianos constituye una excepción a esta generalización, pero se publicó (en alemán) sólo a fines de los sesenta.
[7] Los trabajos de un discípulo de Adorno, H.-G. Backhaus (como *Zur Dialektik der Wertform*, publicado originariamente por A. Schmidt en 1969), parecen haber sido antecedentes decisivos en este sentido (véase Backhaus 1992).

bio, un proceso de reflexión dialéctica que produce conceptos nuevos a partir de las contradicciones inherentes a los conceptos anteriores, contradicciones a su vez enraizadas en los antagonismos inherentes a sus objetos mismos. El desdoblamiento de la mercancía en mercancía y dinero, argumenta Marx en este sentido, deriva de la propia imposibilidad del valor de la mercancía de expresarse a sí mismo, y así sucesivamente. El desafío derivacionista consistiría, pues, en derivar la forma Estado a partir de las contradicciones propias de las formas que asumen las relaciones sociales capitalistas. "El error de las teorías burguesas del Estado, compartido por las teorías socialdemócratas e incluso por los analistas más radicales de la Escuela de Frankfurt –comenta lúcidamente Clarke– es que 'fetichizan' las formas diferenciadas de las relaciones sociales capitalistas separándolas unas de otras y tratándolas como si fueran relaciones sociales distintas e independientes, ignorando el hecho de que sólo son comprensibles en su mutua relación como formas diferenciadas de la relaciones sociales de la producción capitalista" (1995b:10).

Pero las dificultades que enfrentaba ese desafío eran mayúsculas. Señalemos apenas, antes de concluir este apartado, las dos que resultarían más características. La primera dificultad se relaciona con la complejidad misma de nociones como forma y derivación. No vale la pena detenerse en las actitudes de rechazo de esta complejidad, y del propio desafío planteado en el debate alemán en su conjunto, invocando un supuesto sentido común que nos reclama ir directamente a las cosas mismas. El sano sentido común propio de los positivistas es, apenas, la ingenua contrapartida del carácter fetichizado de sus "cosas mismas". Importa en cambio indicar que los propios participantes del debate alemán no siempre definieron y/o emplearon con precisión dichas nociones. La noción de forma pareció a menudo deslizarse hacia la mera noción de abstracción lógica y la noción de derivación vaciló a veces dentro de la alternativa de las nociones de deducción lógica y de explicación histórica. La asimilación del debate alemán en ambientes intelectuales distantes conduciría, previsiblemente, a mayores imprecisiones.[8] La segunda dificultad proviene de la impresión de que el intento mismo de derivar la forma Estado a partir de la forma capital es una empresa economicista. Ciertamente, en la medida en que las nociones de forma y derivación no fueran definidas y/o empleadas con preci-

---

[8] Salama (1979) nos proporciona una muestra de estas imprecisiones: después de definir la noción de forma como abstracción real, la emplea efectivamente como sinónimo de abstracción a secas y convierte así a la derivación del Estado en una operación deductiva mechada de algunas consideraciones históricas.

sión, esta impresión podría justificarse.[9] Pero sigue siendo esencialmente errónea. La crítica marxiana de la economía política no es, ni economía política, ni economía a secas. Es una crítica de los conceptos de la economía política que aspira a develar la naturaleza de las relaciones sociales representadas, de manera fetichizada, por dichos conceptos. Una crítica que apunta, para emplear la expresión de Marx, a desentrañar la "anatomía de la sociedad burguesa". Las formas capital y Estado son, por ende, formas diferenciadas asumidas por un mismo contenido: las relaciones sociales capitalistas.

El debate alemán de la derivación del Estado

El debate alemán de la derivación del Estado comienza con el artículo de W. Müller y Ch. Neusüss, antes mencionado, en 1970. Holloway y Picciotto presentaron el debate alrededor de tres problemas: el punto de partida de la derivación, la relación entre la derivación de la forma Estado y la derivación de las funciones del Estado, y la relación entre la derivación y la historia. Y organizaron las distintas posiciones a partir de las diferencias en cuanto al punto de partida de la derivación. Vamos ahora a revisar brevemente estas distintas orientaciones.

W. Müller, Ch. Neusüss, E. Alvater, B. Blanke, U. Jürgens y H. Kastendiek, vinculados con *Probleme des Kalssenkampfs* de Berlin, tomaron como punto de partida la concepción marxiana del capital social total o de la producción capitalista considerada en su conjunto. Puesto que ese capital social total o esa producción capitalista considerada en su conjunto existen a la manera de múltiples capitales o productores individuales en competencia, argumentaron, el Estado puede derivarse como la instancia que asegura la reproducción conjunta de esos capitales o productores. Esta manera de derivar el Estado capitalista evidencia claramente la necesaria particularización (*Besonderung*) del Estado respecto de los capitales o productores particulares. Y la particularización del Estado es, como recuerdan Blanke, Jürgens y Kastendiek, el motivo de la pregunta planteada oportunamente por Pashukanis acerca de "¿por qué la dominación de clase no sigue siendo lo que es, a saber, la sujeción de una parte de la población por la otra? ¿Por

---

[9] Laclau sostiene, en este sentido, que "el mérito del debate en torno de la derivación es que puso en el centro del análisis el problema de la locación estructural del Estado en la sociedad capitalista (...) Las insuficiencias de la escuela lógica del capital no resultan por eso, sin embargo, menos evidentes. Ellas pueden reducirse a un hecho central: el haber intentado resolver el problema dentro de un marco economicista que forzaba a hacer de la categoría capital el punto de partida del análisis" (1997: 37).

qué reviste la forma de una dominación estatal oficial, o lo que viene a ser lo mismo, por qué el aparato de coacción estatal no se constituye como el aparato privado de la clase dominante, por qué se separa de esta última y reviste la forma de un aparato de poder público impersonal, separado de la sociedad?" (1970: 128).[10]

Las diversas posiciones adoptadas por los derivacionistas pueden entenderse así como sendas respuestas a esta vieja pregunta. Müller y Neusüss afirmaron así que "esta particular existencia de una institución coercitiva exclusivamente política, el Estado, se vuelve posible y necesaria sólo con la privatización de la esfera de la subsistencia y mantenimiento de la vida, que en las sociedades precapitalistas era a priori un asunto social, y con el desarrollo de la propiedad privada como distinta de la propiedad comunal (...). La concentración de la sociedad burguesa en la forma del Estado, es decir su concentración en una institución que aparece como externa a la misma, que parece flotar sobre ella como una 'existencia particular', es necesaria porque únicamente de esta manera puede asegurarse la existencia de la sociedad (capitalista). Puesto que el objetivo directo de la producción no es la subsistencia social sino la producción de plusvalor, y puesto que el proceso de producción es por consiguiente conducido por leyes que escapan a la voluntad consciente de los individuos y son implementadas por detrás de sus espaldas, aun cuando por medio de sus propias acciones, hay una necesidad real de semejante institución social particular que confronta a la sociedad productiva" (1978: 37/38).

Blanke, Jürgens y Kastendiek partieron asimismo de una producción organizada a partir de productores de mercancías mutuamente independientes. La separación entre lo político y lo económico deriva entonces del carácter dual del intercambio de mercancías como relación de intercambio de cosas regida por la ley del valor y como relación de propiedad de las mercancías en cuestión por parte de sus propietarios. Esta última relación de propiedad requiere de un marco de sanción extraeconómica que garantice de manera permanente los derechos de propiedad, aspecto constitutivo de la forma Estado. El Estado protege así la propiedad privada de los agentes de mercado regulando legal y públicamente las relaciones privadas de intercambio y conformándolas a la ley del valor. La apariencia de neutralidad e igualdad abstracta que rodea esta protección es correlativa de la equivalencia de las mercancías en el mercado a través del dinero. "A partir de la forma mercancía nosotros podemos derivar la función de la fuerza

---

[10] Marx ya se había referido a esta particularización del Estado, notoriamente en *La ideología alemana*: véase, en este sentido, el artículo de José Castillo incluido en este volumen.

coercitiva (sanción = formulación de ley y su ejecución), pero no aún el Estado como estructura concreta. El próximo paso en la derivación sólo puede ser el *desarrollo de ciertos principios de forma que esta fuerza coercitiva debe observar si se conforma adecuadamente a la forma de la mercancía*. Estos principios han de encontrarse en el concepto de la ley general, la *norma*, como corporizando la cualidad impersonal, general, pública de la ley" (1978: 124). Esta derivación a partir de la forma mercancía y del intercambio simple de mercancías, sin embargo, es limitada. "Mostramos *por qué* el Estado (como estructura concreta) constituye en esencia una fuerza de coerción general que confronta aún a los burgueses individuales (los capitales individuales en competencia) como una instancia separada, neutral, pero que *al mismo tiempo* y sólo *a través de* esta separación es, en virtud de su existencia como una fuerza central que garantiza la ley, una fuerza de clase" (1978ª: 129). La compraventa capitalista de fuerza de trabajo implica una diferenciación de esa igualdad abstracta: aquí la forma de la relación de intercambio contradice su contenido, evidenciando la importancia de aquella sanción y el carácter de clase del Estado.

Alvater prefirió partir directamente del concepto marxiano de capital social total existente al modo de diversos capitales en competencia: "las 'leyes de movimiento' del modo de producción capitalista se relacionan siempre con el capital social total, nunca con las diversas unidades individuales de capital, las cuales, sin embargo, a través de sus acciones constituyen los medios inconscientes por los cuales se logra la regularidad capitalista" (1977: 90). Esta distinción permite a Alvater derivar la forma Estado del hecho de que estos capitales en competencia no pueden garantizar por sí mismos las condiciones de reproducción de aquel capital social total: "el capital no puede generar exclusivamente, a través de las acciones de las múltiples unidades que lo integran, la naturaleza social necesaria para su existencia. Se requiere entonces de una institución especial que no esté sujeta a las limitaciones del propio capital, una institución cuyos actos no estén determinados así por la necesidad de producir plusvalor, una institución que es especial en el sentido de estar 'junto a la sociedad burguesa y al margen de ella', una institución que al mismo tiempo suple dentro de la indisputada armazón del capital las necesidades inmanentes que el capital ignora. Como resultado de esto, la sociedad burguesa desarrolla, en el Estado, una forma específica que expresa los intereses generales del capital. El Estado no puede ser concebido, entonces, ni como un mero instrumento político ni como una institución establecida por el capital, sino más bien como una forma especial de cumplimiento de la existencia social del capital al lado y juntamente con la competencia, como un momento esencial en el proceso de reproducción social del capital" (*idem*: 91/92). Esta manera de derivar el Estado permitió a Alvater, por una parte, contraponer la necesaria particularización del Estado, inherente a la propia forma Estado, a las nociones de un Estado instrumento de, o fusionado con, los monopolios propias de la concepción del *stamocap*. "El Estado nunca es un capitalista total real y material, sino que más bien implica siempre un capitalista total idealizado o ficticio, escribe. Éste es el fundamento de la categoría de 'autonomización del Estado', de la 'doble naturaleza' de la sociedad burguesa como sociedad y como Estado" (*idem*: 93). Esta manera de derivar el Estado permitió a Alvater, por otra parte, introducir las funciones históricas que asume el Estado capitalista, distinguiendo entre cuatro grandes áreas de intervención: la provisión de condiciones materiales generales para la reproducción capitalista, el establecimiento y la garantía de las relaciones legales generales, la regulación y la represión en las relaciones entre capital y trabajo, y el apoyo a la inserción de los capitales locales en el mercado mundial.

S. von Flatow, F. Huisken y M. Wirth partieron, en cambio, del intercambio de equivalentes en el mercado. Flatow y Huisken argumentaron así que, en una superficie de la sociedad burguesa signada por la apariencia de igualdad e libertad, los individuos aparecen como poseedores de distintas fuentes de ingresos pero igualmente interesados en mantener y elevar esas fuentes de ingresos.[11] El interés común definido entre estos propietarios privados resulta así en un interés general, condición de posibilidad del Estado. La necesidad del Estado deriva, en cambio, de que estos propietarios privados en mutua competencia resultan incapaces de garantizar por sí mismos ese interés común. El Estado se particulariza así, con su aparente neutralidad de clase, como una suerte de administrador de esos intereses generales. Sin embargo, aunque asumiendo como punto de partida el intercambio de equivalentes en el mercado, Flatow y Huisken recurren a un argumento similar a los antes examinados a la hora de explicar la particularización del Estado. Las demandas particulares que alcanzarán ese estatus de interés general y serán asumidas por el Estado, sostienen, dependerán en definitiva de su relevancia para la reproducción capitalista. También Wirth partió de la libertad e igualdad formales entre los poseedores de distintas fuentes de ingresos como condición de posibilidad para la reproducción capitalista y, en la medida en que deben ser protegidas por un poder externo, para el propio Estado. El derecho y el dinero aparecen así

[11] Reichelt (1978) objetaría este punto de partida en el intercambio simple de las mercancías sin considerar que, en el capitalismo, ese intercambio de equivalentes implica la compra venta de fuerza de trabajo.

inextricablemente asociados con la forma Estado misma. Estas libertad e igualdad formales son, no obstante, apariencias detrás de las cuales se esconde la compraventa de fuerza de trabajo y las clases. "La *forma* de la actividad estatal debe referirse a la libertad y la igualdad de los individuos; su *contenido* debe garantizar la conservación de la relación de clases con la reproducción de las clases en tanto que tales" (1979: 218).

J. Hirsch, vinculado con la revista *Gesellchaft* de Frankfurt, partió finalmente de las propias relaciones de explotación y dominación entre capital y trabajo. En realidad, en una primera intervención Hirsch (1979) introdujo el Estado a partir de la anarquía inherente a una sociedad capitalista caracterizada por la producción e intercambio de mercancías, en un camino semejante al recorrido por otros derivacionistas. Pero en una segunda intervención, Hirsch (1978) consideró que la precondición para esa sociedad de producción e intercambio de mercancías era una imposición de relaciones sociales capitalistas que, a su vez, suponía la expropiación de la capacidad de ejercer la fuerza por parte de los productores directos y su monopolización en el Estado (véase Holloway 1994). La naturaleza económica de los mecanismos de expropiación del excedente en la sociedad capitalista, sostuvo Hirsch entonces, implica por sí misma la separación entre lo económico y lo político y la particularización del Estado como instancia de dominación política. Hirsch anota en este sentido que "el punto de partida de un análisis del Estado burgués debe ser por consiguiente el examen de la 'anatomía de la sociedad burguesa', esto es, un análisis del modo de trabajo social específicamente capitalista, la apropiación de plusproducto y las resultantes leyes de reproducción de la formación social en su conjunto, que origina objetivamente una forma política particular" (1978: 58). "En la sociedad capitalista la apropiación de plusvalor y la preservación de la estructura social y su cohesión no depende de relaciones directas de fuerza o dependencia, no depende directamente del poder y la fuerza represiva de la ideología. Más bien descansa en la operación ciega de las leyes ocultas de la reproducción. (...) La manera en que se establece el lazo social, se distribuye el trabajo social y se apropia el plusproducto, requiere necesariamente que los productores directos sean privados del control sobre los medios de fuerza física y que estos últimos sean localizados en una instancia social elevada por encima del proceso de reproducción económica: la creación de la libertad y la igualdad formales burguesas y el establecimiento de un monopolio estatal de la fuerza" (*idem*: 61). Hirsch insistirá más tarde en esta segunda línea de derivación: "en una formación social capitalista es necesario que la explotación y la reproducción de las clases no se efectúen (y no puedan efectuarse) directamente a través de la utilización física de la violencia, sino a través de la misma reproducción de las relaciones de producción, regida por la ley del valor. El intercambio entre los propietarios de mercancías (incluso de la 'mercancía' fuerza de trabajo) formalmente iguales y libres, produce una apariencia de equivalencia, mediatiza la explotación del trabajo vivo por el capital. La ley del valor, al regir la reproducción social, opera a través de la concurrencia entre los propietarios de mercancías. Ahora bien, la libre circulación de mercancías y la concurrencia presuponen la igualdad formal de los propietarios de mercancías y la ausencia de relaciones de violencia física entre ellos (...) El capitalismo también se caracteriza por el hecho de que la violencia coercitiva de la burguesía, concentrada en los medios de represión física, conoce necesariamente, en razón del modo social de explotación y de reproducción de clase, una institucionalización separada de los burgueses individuales" (Hirsch 1977:126).[12]

Hirsch enfatizaba así, diferenciándose de perspectivas como la de Alvater, en la constitución histórica de los Estados capitalistas durante la transición del feudalismo al capitalismo: "una teoría del Estado burgués debe desarrollarse a partir del análisis de la estructura básica de la sociedad capitalista en su conjunto y (...) para hacer eso se trata antes que nada de definir el Estado burgués como la expresión de una forma histórica específica de dominación de clase y no simplemente como el portador de funciones sociales particulares" (*idem*: 63). Las funciones del Estado capitalista, históricamente cambiantes, deben entenderse a partir de los cambios en el proceso de acumulación. El proceso de acumulación capitalista se encuentra signado por la tendencia decreciente de la tasa de ganancia, argumentaba Hirsch, aunque atribuyendo un importante papel a la lucha de clases en esa dinámica de la acumulación y en las crisis y reestructuraciones productivas resultantes. La intervención clave del Estado apunta a su vez a movilizar tendencias contrarrestantes de esa tendencia a la crisis. "El significado en términos concretos de 'la garantía de las condiciones generales y externas del proceso de producción' depende esencialmente del curso del proceso de reproducción tendiente a la crisis; es alcanzada políticamente por medio de las acciones políticas de grupos y clases sociales, acciones que proceden de los cambios en las relaciones de clases y las relaciones de explotación" (*idem*: 76). "El intento de sistematizar funciones concretas del Estado no puede proceder abstractamente a partir de la lógica aparente-

---

[12] Destaquemos, para recuperarlo más adelante, que aquí Hirsch asocia esa particularización con la noción poulantziana de autonomía relativa del Estado respecto de las clases y fracciones de clase que constituyen el bloque en el poder y que considera esta noción como un antídoto contra el reduccionismo económico (sobre este punto, véase Jessop 1991b).

mente objetiva de las estructuras económicas o procesos de desarrollo, sino que debe enfocarse en el desarrollo de las relaciones de clase y las luchas de clases mediadas por las transformaciones en la base económica y las condiciones para asegurar la dominación política de la burguesía resultantes" (*idem*: 82). Hirsch concedía entonces una marcada importancia al creciente peso económico y político de la clase trabajadora en su explicación del intervencionismo del Estado de posguerra en materia de apoyo a los intereses de los capitales locales en el marco de un mercado mundial de intensificada competencia monopolista e imperialista, de medidas fiscales y monetarias anticíclicas de corte keynesiano y de redistribución de ingresos de corte bienestaristas, de desarrollo de la infraestructura y del sistema científico y tecnológico. Este énfasis en la lucha de clases permite a Hirsch no sólo poner en evidencia los límites de esas intervenciones, derivados de aquella tendencia a la crisis y puestos en evidencia en las crisis mismas, sino también problematizar la funcionalidad misma de la intervención del Estado y la propia unidad del aparato de Estado.

Mencionemos, para finalizar, dos intervenciones más puntuales que pusieron de relieve otras dimensiones importantes dentro del debate alemán. H. Gerstenberger (1978), por una parte, insistió en la necesidad de acompañar la derivación con una reconstrucción de la génesis histórica del Estado. Distinguió entonces la constitución del Estado burgués durante el período de la llamada acumulación primitiva, signado por una imposición a menudo violenta de las nuevas relaciones sociales capitalistas por parte de un Estado absolutista que operaba como simple comité administrativo de los negocios comunes de las clases dominantes, de su posterior evolución hacia una forma de Estado burgués de la sociedad en su conjunto y del interés general, en un período ahora signado por la reproducción de relaciones sociales capitalistas preexistentes. Las funciones del Estado, afirmó además Gerstenberger, suelen encontrarse en tensión con su forma; por ejemplo, el contenido de clase de las medidas legales adoptadas por el Estado en relación con el principio de igualdad de participación ciudadana para la determinación de las mismas. Las funciones del Estado no pueden derivarse de su forma, sino que deben explicarse a partir de las condiciones históricas concretas de valorización del capital. En la medida en que esas condiciones históricas están atravesadas por la lucha de clases, entonces, nada permite descontar de antemano ni la funcionalidad ni la coherencia de las intervenciones del Estado.[13]

[13] H. Gerstenberger encararía esa reconstrucción de la génesis histórica del Estado capitalista en *Die Subjektlose Gewalt: Theorie der Entstehung Bürgerlicher Staatsgewalt* de 1990. Véase Gerstenberger (1992) y Holloway (1996).

C. von Braunmühl, por otra parte, introdujo un importante llamado de atención en el debate a propósito de los determinantes internacionales del intervencionismo de Estado. Argumentó que cualquier análisis del Estado debe comenzar con el sistema internacional de Estados, que no es una mera suma de Estados sino un sistema que existe en la forma de múltiples Estados, así como del mercado mundial no es una mera suma de economías nacionales sino que un sistema que existe en la forma de múltiples economías nacionales. "Si el movimiento del capital y con él de la ley del valor deben recibir análisis conceptual a nivel del mercado mundial, entonces la derivación y determinación de la forma del Estado burgués debe ser introducida en esta dimensión, o quizá sólo puede ser completada a este nivel" (1978: 165). No se trata solamente de derivar el Estado en general, por ende, sino también la específica organización política del mercado mundial en múltiples Estados-nación, operada mediante la organización y reorganización de las fronteras que impone la acumulación capitalista.

Antecedentes del debate británico

Las controversias alrededor del Estado capitalista desarrolladas en Gran Bretaña a fines de la década de 1970, en cuyo contexto serían recuperados críticamente varios aportes del debate alemán, se inscriben en circunstancias históricas bastante diferentes de las citadas para el caso de la Alemania de comienzos de la década. El capitalismo británico de posguerra había ingresado, desde fines de la década de 1960, en un curso de crisis irreversible, con déficits comerciales, devaluaciones, estancamiento e inflación, que culminó a comienzos de 1973. Los laboristas habían logrado romper a mediados de los 60 la saga de gobiernos conservadores inaugurada por W. Churchill. Esto implica que esa crisis se gestaría bajo la propia administración laborista de H. Wilson (1964-1970), conduciendo a su posterior derrota en manos de los conservadores, y estallaría en manos de la nueva administración conservadora de E. Heath (1970-1974), conduciendo a su vez a su caída anticipada. Una extensa oleada de luchas obreras entre los mineros del carbón, los ferroviarios, los obreros de la industria eléctrica, se extendió durante este período, culminando con una huelga minera cuyas impacto –agravado por la crisis del petróleo– acabó con el gobierno de Heath. El retorno al gobierno de los laboristas, con la nueva administración de Wilson (1974-76) y la de J. Callahan (1976-1979), acarrearía sucesivos intentos de consensuar políticas de austeridad, que se hundirían nuevamente en medio de luchas obreras. El ascenso de M. Thatcher en 1979 cerraría este período.

En este contexto histórico, la pregunta acerca de las características y los límites de la intervención del Estado capitalista también adquiría connotaciones diferentes. A comienzos de la década de 1970 ya podía afirmarse que la crisis del capitalismo y el Estado británicos de posguerra estaban presentes para quedarse. El desafío era, entonces, explicar los obstáculos, cada vez más notorios e insalvables, que de hecho ya estaba enfrentando el Estado en su tarea de revertir la crisis capitalista. El contexto intelectual en que se intentaría responder a esta pregunta también era diferente del examinado antes. La reflexión acerca del Estado y las crisis estaba dominada, en la Gran Bretaña de comienzos de los setenta, por las controversias entre *instrumentalistas y estructuralistas* y entre *fundamentalistas y neoricardianos*, respectivamente. No vamos a detenernos aquí en el célebre debate entre R. Miliband y N. Poulantzas, ya analizado en páginas anteriores de este volumen.[14] Debemos examinar sintéticamente, en cambio, este último debate acerca de la naturaleza de la crisis capitalista, poniendo énfasis en sus implicancias para la discusión del Estado.[15]

Algunos marxistas británicos —así como de otras latitudes— consideraron que la entrada en crisis del capitalismo de posguerra desmentía definitivamente las ilusiones reformistas en un desarrollo armónico del capitalismo guiado por las políticas fiscales y monetarias keynesianas de manejo de la demanda agregada y, en cambio, confirmaba las concepciones marxianas originales acerca de las crisis periódicas del capitalismo. Esta recuperación de las concepciones marxianas originales conducirá, precisamente, a que estos marxistas fueran calificados de *fundamentalistas*. Tal el caso de D. Yaffe (1980) que, apartándose de las concepciones que desplazaban las causas de la crisis hacia afuera de las propias leyes inherentes a los procesos de producción y acumulación capitalistas, rescató la tradición marxista

---

[14] Hay que tener presente la influencia que tendría este debate —particularmente las posiciones de Poulantzas— en Inglaterra. "La teoría de Poulantzas no ejerció su mayor atracción en Francia, donde la teoría del capitalismo monopolista de Estado siguió siendo dominante, sino en Gran Bretaña, donde fue retomada con entusiasmo por la *New Left Review*" (Clarke 1995b: 18; para su discusión véase Clarke 1995c). Y asimismo los debates que tuvieron lugar en las primeras reuniones de la *Conference of Socialist Economists* de Londres, hacia 1970-72, sobre la internacionalización del capital y los Estados-naciones entre B. Warren, M. Barratt-Brown, H. Radice y S. Picciotto (véase también Clarke 1995b). Véase el capítulo 2 de la segunda parte de este volumen.

[15] La discusión acerca de las características y los límites de la intervención del Estado, como enseguida veremos, se centraría en gran medida en el creciente gasto público y la crisis presupuestaria consiguiente de los Estados de posguerra. La discusión del asunto ya tenía como antecedentes los trabajos de T. Cliff y M. Kidron de los sesenta sobre el armamentismo permanente y el de J. O'Connor de comienzos de los setenta sobre la crisis fiscal del Estado.

que explicaba las crisis a partir de la tendencia decreciente de la tasa de ganancia derivada del aumento de la composición orgánica del capital. Esto es, la tradición inaugurada por el propio Marx en el tercer tomo de *El capital* y más tarde retomada por H. Grossman, P. Mattick, R. Roldolsky, E. Mandel y otros. Yaffe sostenía entonces que la intervención del Estado apenas si podía morigerar momentáneamente las peores consecuencias de esta dinámica de acumulación signada por su tendencia a la crisis, pero en ningún caso suprimir dicha tendencia ni evitar el desencadenamiento de la crisis a largo plazo. El gasto público, ya provenga de impuestos pagados por los trabajadores o por la burguesía y cualquiera sea su destino, era gasto improductivo, en la medida en que reduce la plusvalía disponible para ser reinvertida como capital en la producción, y devenía inflacionario, en la medida en que era financiado mediante endeudamiento.[16]

El aumento del gasto público incrementaba así el sector improductivo de la economía y reducía la tasa de ganancia. Y este aumento del gasto público enfrentaba severos límites. En palabras de Yaffe: "existen límites para el gasto 'improductivo' y la demanda inducida por el gobierno en una economía capitalista. Si la producción crece más rápidamente en el sector 'privado', la producción de ganancia, o la plusvalía, baja más rápido que antes con relación a la producción total. A fin de que tal tendencia a la baja de la tasa de ganancia sea detenida, hay que producir más plusvalía, a partir de un número más restringido de trabajadores productivos. En cuanto la productividad del trabajo pueda aumentarse suficientemente para mantener la tasa de ganancia y financiar el sector no productivo, el gasto inducido por el gobierno será evidentemente la 'causa' del pleno empleo y de la estabilidad social. Pero este proceso es autodestructor" (*idem*: 135). El aumento de la composición orgánica del capital, sin embargo, establece límites a esos aumentos de productividad del trabajo y, por consiguiente, a la posibilidad de incrementar indefinidamente el gasto público. El Estado, en síntesis, "en sus intentos por reestructurar el capital e impulsar a la acumulación, exacerbó la crisis inevitable —es entonces forzado a contrarrestar uno de los resultados, el desempleo, incrementando los gastos improductivos a través de deducciones de la plusvalía— forzando después al capital a incrementar la productividad para apartar el efecto de los impuestos y los costos crecientes, acentuando así la caída en la tasa de ganancia. La tensión creciente en el proceso de reproducción se expresa en una caída en la tasa

---

[16] Aunque no podemos detenernos aquí en este punto, es importante advertir que Yaffe afirmaba esto en oposición a los neoricardianos que —en la senda de Bortkiewicz y Sraffa— consideraban que sólo los gastos en bienes de lujo eran propiamente improductivos. Volveremos sobre este asunto a propósito del tratamiento de Gough del gasto público.

de ganancia, a pesar de la masa de plusvalía rápidamente creciente y del ascenso del crédito e inflación, junto con un cambio en la naturaleza del empleo en la sociedad" (Yaffe y Bullock 1975: 35).

Otros marxistas británicos, sin embargo, explicaron de manera diferente la crisis del capitalismo de posguerra. Dentro de la tradición *neoricardiana*, inaugurada apenas una década antes por P. Sraffa y sus seguidores, la concepción de A. Glyn y B. Sutcliffe de la crisis británica a comienzos de los setenta como originada en un estrangulamiento de las ganancias (*profit squeeze*) fue seguramente la más influyente. El argumento de Glyn y Sutcliffe (1972) era sencillo: las condiciones de pleno empleo vigentes en el capitalismo de posguerra habían fortalecido la capacidad de presión y negociación de los sindicatos y, por consiguiente, de imponer aumentos de salarios; las condiciones de intensificación de la competencia internacional que sobrevinieron en las postrimerías de ese capitalismo de posguerra impidieron, por su parte, que los capitalistas pudieran trasladar plenamente a los precios esos incrementos de sus costos salariales. Sobrevino, en consecuencia, un estrangulamiento de los márgenes de ganancia de los capitalistas derivado, en última instancia, del aumento de los salarios de los trabajadores.

I. Gough (1977), a su vez, recuperará esta concepción neoricardiana de la crisis para explicar la naturaleza del gasto público, rechazando los argumentos de Yaffe alrededor de tres objeciones. En primer lugar, objetó que Yaffe no asignara papel alguno a la lucha de clases en la orientación de los gastos públicos y de los gastos en infraestructura y apoyo a la industria –o sea, los rubros de gasto que más intensamente habían aumentado en la posguerra– y que considerara como improductivos a todos los gastos públicos. Las luchas de la clase trabajadora en la posguerra habían determinado la magnitud del gasto público y su orientación hacia los gastos sociales. Estos gastos sociales se vinculaban además con la reproducción de la fuerza de trabajo y eran indirectamente productivos. En segundo lugar, sostuvo que el aumento del gasto público en el *boom* de la posguerra –salvo en los EE.UU.– no había sido financiado mediante endeudamiento sino mediante un aumento correlativo de los impuestos. Y, en tercer lugar, cuestionó la validez de la tendencia a la caída de la tasa de ganancia por aumento de la composición orgánica, reemplazándola por los conflictos distributivos, como origen de la crisis.[17]

---

[17] B. Fine y L. Harris (1976) terciarían en esta disputa, por su parte, cuestionando los supuestos neoricardianos del análisis de Gough, entre ellos la característica separación entre producción y distribución en que sustentó la autonomía relativa del Estado.

Esta discusión centrada en la relación entre el gasto público y la crisis implicaba evidentes consecuencias para la teoría del Estado. Al enfoque de Yaffe podía objetarse una concepción determinista, economicista, donde el Estado aparecía como una suerte de apéndice de una dinámica de la acumulación capitalista regida por sus propias leyes objetivas internas. Al enfoque de Gough, que aspiraba a rendir cuenta de una autonomía relativa del Estado (explícitamente definida en términos poulantzianos) y de los efectos de la lucha de clases en la orientación de sus intervenciones, podía objetarse en cambio cierto politicismo en la medida en que escindía el Estado de la acumulación capitalista. En el contexto intelectual definido por estas discusiones tiene lugar la recepción en el ámbito británico de los aportes provenientes del debate alemán, impulsada en gran medida por la recopilación que Holloway y Picciotto (1978) hicieran en lengua inglesa de sus principales aportes. Las relaciones entre Estado y capital no deben entenderse en términos de la determinación más o menos mecánica de una superestructura por parte de una estructura económica ni tampoco de la autonomía relativa se esa superestructura, argumentó Holloway en este sentido, sino en términos de sendas formas diferenciadas y fetichizadas de unas mismas relaciones sociales capitalistas signadas por el antagonismo de clase. "Lo económico no debe verse como la base que determina la superestructura política, sino que más bien lo económico y lo político son ambos formas de relaciones sociales, formas asumidas por la relación básica del conflicto de clase en la sociedad capitalista, la relación capital; formas cuya existencia separada emerge, a la vez lógica e históricamente, de la naturaleza de esta relación" (Holloway y Picciotto 1978b: 14). Las concepciones fundamentalistas conservaban pues un estrecho vínculo entre capital y Estado, pero al precio de expurgar a una dinámica de la acumulación capitalista regida por sus leyes internas y a una intervención del Estado regida por su funcionalidad a esa dinámica de acumulación, de la dinámica de la lucha de clases. Las concepciones neoricardianas reconocían la incidencia de la lucha de clases, aunque desplazada desde la producción hacia la distribución, pero tendían a escindir lo político de lo económico. Los aportes del debate alemán podían, acaso, ayudar a resolver estos dilemas.

El debate británico de la reformulación del Estado

Recordemos, sin embargo, que estamos en la Gran Bretaña de fines de la década de los setenta. El debate alemán, despés de una prolífica actividad a comienzos de la década, había concluido y algunos de sus protagonistas habían recorrido caminos intelectuales que los distanciaban de las posiciones que habían adoptado en ese debate. El debate alemán, además, había lidiado con un Estado y un capitalismo de posguerra que el nuevo gobierno conservador británico de Thatcher, pionero en esa ofensiva de reestructuración capitalista a escala mundial que asociamos con el neoliberalismo, estaba dispuesto a desmantelar. En pocas palabras: en la Gran Bretaña de fines de los setenta y los ochenta, ya no eran las crisis del *boom* capitalista y del Estado reformista de posguerra las que ocuparían el centro de la discusión, sino las respuestas burguesas a dichas crisis a través de una profunda reestructuración del capitalismo y de su Estado. El denominado debate sobre la *reformulación* del Estado giró, precisamente, alrededor de este nuevo eje. "En la discusión marxista de los últimos años –señalan en este sentido Holloway y Bonefeld (1994b: 11)–, el foco de atención pasó del debate en torno de la *crisis* capitalista a la cuestión de la *reestructuración* del capitalismo".

El punto culminante del debate quedaría registrado en varias intervenciones que aparecieron en la revista londinense *Capital and Class*, publicada por la *Conference of Socialist Economists*, entre 1987 y 1991. Sus dimensiones, sin embargo, se extendieron a otros momentos de los ochenta. En efecto, a comienzos de la década, alrededor de la coyuntura de ascenso del neoliberalismo en Alemania con la victoria de Kohl en 1982, Hirsch introdujo la dupla conceptual "Estado de seguridad" (*Sicherheitsstaat*) fordista y "Estado de competencia" (*Wettbewerbsstaat*) posfordista para rendir cuenta de un conjunto de cambios en el Estado que interpretaba como un proceso de transición desde el tipo de Estado vigente en el capitalismo de posguerra hacia un nuevo tipo de Estado por venir. Se trataba de conceptos intermedios, pues aspiraban a tener un grado de generalidad menor que el propio del concepto de forma Estado antes examinado, aunque mayor al que sería propio de una noción que simplemente resumiera los rasgos de un Estado-nación particular en un período acotado. Podríamos decir que, en lugar de apuntar a la forma Estado y a su relación con el capital en general, apuntaban a las *formas de Estado* correspondientes a determinadas *modalidades de acumulación* capitalistas. Hirsch sostenía que, de esta manera, se encaminaba a "un ulterior desarrollo de la teoría política marxista, que se ha estancado en Alemania occidental desde el fin de la así llamada 'teoría de la derivación del Estado' (...) La deficiencia de este enfoque teórico consiste en que se centra casi exclusivamente en las características estructurales, generales de una sociedad capitalista. Es por consiguiente incapaz de rendir cuenta de algunas de las transformaciones históricas fundamentales de esta sociedad, de los cambios en las formas de producción de excedente, de estructura de clase, de internacionalización del capital y de socialización en general" (1995: 143). Jessop, por su parte, retomaría el concepto de forma Estado proveniente del debate alemán con las mismas intenciones: "la forma valor y la forma Estado son indeterminadas y deben ser complementadas por estrategias que imparten alguna coherencia sustantiva a lo que de otra manera permanecería como formas vacías" (Jessop 1995: 157). Jessop introdujo con este fin los conceptos de "estrategia de acumulación" (*accumulation strategy*), un pariente del "régimen de acumulación" regulacionista que rinde cuenta de un modelo de crecimiento económico y sus precondiciones extraeconómicas, como el fordismo, y de "proyecto hegemónico" (*hegemonic project*), emparentado a su vez con el concepto de "modo de regulación" que apunta a las modalidades de representación, intervención y articulación interna del aparato Estado, conforme las clases y fracciones hegemónicas, su orientación estratégica y su relación con la acumulación (Jessop 1990c: 1995).

Se trataba, en síntesis, de conceptos diseñados para explicar cambios en la forma de Estado que estarían registrándose conforme avanzaba la reestructuración capitalista. Hirsch argumentaría, en este sentido, que "el capital puede seguir diferentes *estrategias de acumulación* de acuerdo con las circunstancias sociales, políticas y tecnológicas dadas: estrategias enfocadas al mercado doméstico o mundial, estrategias 'intensivas' (basadas en un desarrollo tecnológico acelerado y un incremento en la producción de plusvalía relativa) o 'extensivas' (basadas en la subordinación de nuevas esferas o regiones a la relación del capital, reducciones salariales, alargamiento de la jornada laboral) (...) La realización de una estrategia particular de acumulación o de un modelo a acumulación se encuentra siempre vinculada con la posibilidad de imponer una *estructura hegemónica* político ideológica compatible, un modo de suprimir a la clase trabajadora y de institucionalizar las relaciones de clase (...). Pero el concepto de 'estrategia' no debe ser malinterpretado en cuanto a que implique una teoría de la acción consciente: al contrario, la implementación de una estructura de acumulación hegemónica siempre es el resultado de las acciones contradictorias y estructuralmente determinadas de los grupos y de las clases y es, entonces, un 'proceso sin sujeto' (...) Las crisis seculares son entonces las crisis de formaciones sociales integrales, coherentes y estructuralmente establecidas, crisis de un 'bloque histórico' en el sentido gramsciano, y su función consiste en 'revolucionar' dicha estructura de tal modo que el proceso de acumulación pueda de nuevo continuar sobre una nueva base social (...) Las crisis y sus resoluciones son, finalmente, la expresión de luchas de clases concretas, luchas que siempre tienen lugar bajo condiciones 'objetivas' que se establecen a espaldas de los actores" (Hirsch 1994: 20/21).

En estos argumentos de Hirsch puede advertirse la presencia de tópicos que provienen de su específica intervención en el debate de la derivación, como su énfasis en la relación entre el Estado (ahora, la "estructura política") y el capital (el "modelo de acumulación") y en la importancia de la lucha de clases (la crisis como "expresión de la lucha de clases"). Pero también pueden advertirse elementos más novedosos, como las nociones de "determinación estructural" y de "proceso sin sujeto", provenientes del althusserianismo, de acumulación "intensiva" y "extensiva", de la escuela francesa de la regulación, o de "estructura hegemónica" y "bloque histórico", de origen gramsciano, aunque asimiladas de manera poulantziana. Detengámonos un momento en este punto.[18]

Dijimos antes que las intervenciones de Hirsch en el debate de la derivación estaban atravesadas de ciertas tensiones (Holloway 1994b). Estas tensiones, agreguemos ahora, no se reducían al punto de partida de la derivación, sino que se extendían a las relaciones entre Estado y capital y al papel de la lucha de clases. "En la medida en que el capital en su lucha por la tasa y masa de ganancias –decía entonces Hirsch– es forzado a movilizar 'fuerzas contrarrestantes' en la forma de explotación incrementada, para ser capaz de continuar existiendo, la ley de la tendencia a la caída de la tasa de ganancia señala la base objetiva de las luchas de clases actuales. Sólo la formulación del contexto sustentado en la teoría del valor comprendido en la ley nos permite definir las acciones de las clases en lucha como estrategias en tanto sus contextos sociales permanecen escondidos (o parcialmente escondidos) para los actores que actúan bajo la dominación de la ley del valor. Depende del éxito de estas estrategias y del resultado de estas luchas si la tendencia de la tasa de ganancia a caer deviene empíricamente visible o no (...) La ley de la tendencia decreciente de la tasa de ganancia expresa el marco de referencia objetivo en el que los conflictos de clases toman su curso histórico; las 'influencias contrarrestantes' señalan los resultados y condiciones de estos conflictos, que asumen la forma de relaciones sociales complejas" (1978b: 75). La acumulación capitalista ya aparecía así como una dinámica gobernada por sus propias leyes internas –i.e.,

---

[18] No podemos detenernos aquí a analizar la denominada "escuela francesa de la regulación", en sus diversas vertientes y en sus relaciones con otras corrientes de pensamiento económico institucionalistas. Para acceder a una presentación esquemática véase Boyer y Saillard (1996), para aproximarse a la manera en que la recupera la escuela de la reformulación del Estado, véase Jessop (1999b) y para una crítica desde una perspectiva cercana a las que más adelante presentaremos, véase Clarke (1994).

la ley de la tendencia decreciente de la tasa de ganancia, que el Estado intentaba revertir a través de la movilización de contratendencias– que operaba como una suerte de marco externo para la lucha de clases. En este sentido Hirsch no estaría innovando cuando sostendría, años más tarde, que esas luchas "siempre tienen lugar bajo condiciones 'objetivas' que se establecen a espaldas de los actores" (1994: 21). La innovación radicaría más bien en la adopción de conceptos como los mencionados, genéricamente estructuralistas, para conceptualizar esa relación entre la lucha de clases y sus condiciones o, en los términos tradicionales, entre sujeto y estructura. Es precisamente esta adopción de un marco conceptual estructuralista lo que distingue los trabajos de Hirsch acerca de la *reformulación* del Estado, así como los trabajos de sus colaboradores alemanes como R. Roth y J. Esser y de sus pares ingleses como B. Jessop, respecto de los trabajos de la derivación del Estado originales.

Jessop definiría, entonces, este enfoque de la reformulación en términos de una suerte de mixtura entre los aportes de los derivacionistas alemanes y los regulacionistas franceses: "la reformulación basa el desarrollo del Estado en la acumulación. Esta corriente supuestamente arguye que las formas y funciones del Estado corresponden a un régimen de acumulación constituyendo así una unidad, determinada por las leyes objetivas del desarrollo capitalista y *también* por la lucha de clases" (1994ª: 73). "Tanto el debate sobre la derivación del Estado como la escuela de la regulación han producido conceptos de rango medio, a nivel institucional; ambos están más interesados en las etapas y fases del desarrollo capitalista que en las leyes abstractas del movimiento y las tendencias que operan al nivel del capital en general; ambos son sensibles a la autonomía relativa de las esferas política y económica intentando evitar el reduccionismo económico y tratando de explorar la intervención del Estado; ambos están comprometidos con el análisis coyuntural; y ambos enfatizan el papel de la conducta y las luchas estratégicas en la transición de una a otra fase del capitalismo" (1994ª: 81).

Pero también Holloway retomaría los aportes del debate alemán, aunque en un sentido divergente. Refiriéndose a la segunda intervención de Hirsch en dicho debate, antes examinada, Holloway escribe: "la importancia de esta derivación del Estado se encuentra en que finca al Estado, no en la necesidad de establecer alguna clase de interés general en una sociedad anárquica (como estaba implícito en el artículo de 1973 y en muchas de las otras contribuciones al debate sobre la derivación del Estado), sino en la naturaleza de las relaciones sociales de dominación en la sociedad capitalista. El capital es entonces considerado como una relación social, como una relación de dominación entre el capital y el trabajo, como una relación de clase. El capital no es lo económico que determina lo político, sino que tanto lo económico como lo político son formas (superficiales) de una forma históricamente específica de dominación de clase" (1994b: 91). Holloway y Picciotto defenderían entonces una variante de la derivación del Estado, emparentada con esa de Hirsch y la de Blanke, Jürgens y Kastendiek antes vista, que parte de la naturaleza de la explotación organizada a través del intercambio. "La característica más importante y distintiva de la dominación de clase en la sociedad capitalista es que está mediada por el intercambio mercantil. El trabajador no está sujeto ni directa ni físicamente al capitalista, su sujeción está mediada por la venta de su fuerza de trabajo como una mercancía en el mercado. (...) Esta abstracción de las relaciones de fuerza respecto del proceso inmediato de producción, y su instalación necesaria (puesto que la dominación de clase debe descansar en última instancia sobre la fuerza) en una instancia separada de los capitalistas individuales, constituyen (histórica y lógicamente) las formas distintivas y particularizadas, en lo económico y lo político, de la dominación capitalista. Esta particularización de las dos formas de dominación encuentra su expresión institucional en el aparato de Estado como una entidad aparentemente autónoma" (Holloway y Picciotto 1994: 79/80). Pero Holloway enfatizará, asimismo, en que el Estado es una "forma-proceso", es decir, un proceso permanente de separación entre lo económico y lo político, cuyo grado de fetichización, de clausura, depende de la lucha de clases.

Los teóricos de la reformulación del Estado argumentaron, entonces, que había entrado en crisis la estrategia de acumulación intensiva dominante en la posguerra (o régimen fordista de acumulación, en terminología regulacionista), caracterizada por la generalización del taylorismo, el empleo de una serie de nuevas tecnologías, el aumento la productividad del trabajo, de los salarios reales y las ganancias, la universalización del trabajo asalariado, la ampliación del mercado interno y del consumo de masas, etc. Y entendieron la crisis del Estado de seguridad (eje del modo fordista de regulación) correspondiente a esa estrategia de acumulación, benefactor y disciplinario, regulador corporativo de la reproducción de la fuerza de trabajo y las condiciones de acumulación, por su parte, como una consecuencia de aquella otra crisis.[19] "La crisis actual obedece a que la estructura de acumulación *fordista* y su hegemonía comenzaron a convertirse en

---

[19] Hirsch emplea el término "seguridad" en su doble sentido de *welfare* y *surveillance*. El Estado de seguridad "garantiza a la vez la supervivencia material de sus miembros sociales y su ajuste y regulación funcional, sus condiciones sociales y su vigilancia" (1995: 146).

un *obstáculo* para la valorización del capital" (Hirsch 1994: 25). Pero esta crisis del Estado de seguridad fordista era, a su vez, el inicio de una transición hacia un nuevo Estado de competencia posfordista.[20]

J. Holloway, W. Bonefeld, S. Picciotto y otros marxistas reunidos inicialmente a fines de los 70 en la *Conference of Socialists Economist*, particularmente en Edimburgo, rechazarían este abordaje de la crisis del Estado. Las implicancias políticas que parecían seguirse de este abordaje estarían en el eje de la discusión. Ya las políticas de ajuste por consenso encaradas por las administraciones laboristas y conservadoras de los setenta habían planteado importantes desafíos para la izquierda británica en general y para la teoría marxista del Estado en particular. Holloway y otros marxistas argumentaron entonces que las luchas que enfrentaban aquellos ajustes, como la huelga minera de 1974, no podían reducirse a una condición de luchas contra el contenido de las políticas de Estado y en defensa del *statu quo*, sino que debían avanzar hacia un cuestionamiento de la propia forma del Estado capitalista. Debían ser luchas en, y a la vez contra, el Estado.[21] La ofensiva de reestructuración capitalista desatada por el thatcherismo en los ochenta, a su vez, encontraría a algunos sectores sindicales y políticos vinculados con el laborismo, e incluso a intelectuales de izquierda como los reunidos alrededor de la revista *Marxism Today*, sosteniendo que dicha reestructuración era irreversible y que, por consiguiente, las luchas sociales debían asumirla de manera realista como su marco de desarrollo. Las discusiones suscitadas alrededor de la gran huelga minera de 1984-85 serían decisivas en este sentido.[22] Si se entendía la reestructuración capitalista (la decadencia de la industria carbonífera y clausura de las minas estatales) como el marco establecido para las luchas sociales, muchas de esas luchas (como la de los mineros por sus puestos de trabajo) parecían de antemano condenadas al fracaso. Abordajes de la crisis como el aportado por la reformulación del Estado, en la medida en que asumieran una suerte de dualismo entre la lucha de clases y sus condiciones, o entre sujeto y estructura,

---

[20] Véase asimismo la noción de "Estado de trabajo shumpeteriano" de Jessop (1999c).

[21] Varios materiales del *London Edimburgh Weekend Return Group* (LEWRG) de la segunda mitad de la década pusieron de manifiesto estas preocupaciones (véase LEWRG 1978 y 1980). Muchos de los argumentos de entonces se hallan reelaborados en Holloway (1982 y 1994d).

[22] La huelga de los mineros británicos contra el cierre de las minas estatales y los despidos, anunciados por el gobierno de Thatcher en marzo de 1984, se prolongaría durante un año y se convertiría en la batalla decisiva entre los sindicatos y el gobierno thatcherista. Algo semejante ocurriría con otros conflictos que enfrentaron el ascenso de gobiernos neoconservadores, como la huelga de los controladores aéreos de 1981 contra el reaganismo o, entre nosotros, la huelga ferroviaria de 1991 contra el menemismo.

parecían alimentar conclusiones políticas pesimistas. Bonefeld diría en este sentido que "es la desarticulación entre estructura y lucha y la ambigüedad del concepto de *fordismo* lo que da cabida al argumento de que la lucha de clases es imposible en las condiciones actuales" (1994: 42). Y Holloway añadiría que, "por un extraño giro de la teoría, las 'leyes objetivas del desarrollo capitalista', antes utilizadas para señalar la inevitabilidad de la crisis capitalista, ahora sirven para sostener la inevitabilidad del restablecimiento del capitalismo" (1994b: 88/89). Pero Jessop negaría que esas implicancias políticas pesimistas fueran inherentes a los enfoques de la reformulación y de la regulación (1994b: 172).

Revisemos los argumentos teóricos en juego. Bonefeld rechazó el marco teórico del enfoque de la reformulación como estructural-funcionalista y determinista.[23] Señaló que, a raíz de la adopción de dicho marco, el enfoque interpretaba de antemano la crisis del capital y del Estado como una transición hacia un nuevo tipo de Estado y una nueva modalidad de acumulación capitalista y subordinaba así la lucha de clases a las supuestas leyes objetivas del desarrollo capitalista. "La crisis es vista como la forma que adopta el capital para mediar y transformar históricamente sus contradicciones. (...) El alcance de la lucha se encuentra subordinado a la trayectoria predeterminada por las leyes del desarrollo, que proporciona el *contexto* para la lucha. Esta puede acelerar o bien retardar el curso definitivo de esa trayectoria predeterminada, pero es incapaz de desafiarla" (1994: 47/48). El enfoque de la reformulación reconoce la incidencia de la lucha de clases, indicó Bonefeld, aunque en una posición de "pero además" (*but also*) en relación con unas supuestas leyes del desarrollo capitalista que, en definitiva, rigen el proceso de transición. La lucha de clases interviene, de una manera característica del estructuralismo, como un medio a través del cual la estructura se reproduce o transforma a si misma. Y Holloway profundizó aún más estas objeciones. "Las 'leyes del desarrollo capitalista' no son otra cosa que el movimiento de la lucha de clases" (1994b: 92). "El capital es lucha de clases" (1994c:180).[24]

Jessop, a su vez, rechazó estas objeciones. "Tanto los teóricos de la *regulación* como los de la *reformulación* niegan que haya una lógica objetiva

---

[23] Holloway y Peláez (1994) endilgarían también el componente de determinismo tecnológico en este enfoque.

[24] Aunque tampoco podemos detenernos aquí en este punto, este énfasis en la lucha de clases se vincula con la recepción del marxismo autonomista en la CSE. En este sentido debe tenerse en cuenta las traducciones de textos de M. Tronti, A. Negri, S. Bologna y otros autonomistas y de materiales vinculados con las luchas italianas de la segunda mitad de los sesenta y los setenta en su seno (véase AAVV 1976 y 1979).

única del desarrollo capitalista que trasciende todas las particularidades: el desarrollo del capitalismo siempre está mediado por formas institucionales históricamente específicas, instituciones reguladoras y normas de conducta. (...) Lejos de suponer que los regímenes de acumulación o los modos de regulación de alguna manera preceden a la lucha, los regulacionistas argumentan que aquellos son siempre el producto de luchas pasadas, y que siempre están penetrados por las luchas presentes. El legado de las luchas pasadas constituye una selectividad estratégica, inscrita estructuralmente, que favorece a algunas fuerzas clasistas por encima de otras" (1994ª:71). Jessop introdujo entonces sus conceptos de "estrategias" y "estructuras" para entender aquella relación entre la lucha de clases y las leyes de desarrollo capitalista. "La dialéctica de estructuras y estrategias involucra un proceso complejo de condicionamiento histórico mutuo y de transformación recursiva recíproca" (1994b:172). "La estructura debe ser vista como el conjunto de limitantes estructurales y oportunidades coyunturales que existen para las diversas fuerzas sociales durante el horizonte temporal específico y dentro de límites espaciales determinados" (1994ª:78). El proceso de transición, argumentó entonces, no estaba predeterminado: "no sólo la transición a uno u otro tipo de *posfordismo* es una cuestión abierta, sino que incluso lo es si ocurrirá o no alguna clase de transición al *posfordismo*" (1994ª: 80).

La discusión se desplazaría entonces, de algún modo, hacia diversas maneras de entender la relación entre la lucha de clases y las formas que asume. Jessop objetó en este sentido a Holloway que "reduce el capital a un efecto no mediado de la lucha de clases y no concede ningún efecto independiente a la forma de esa lucha" (1994b:158/9). Y precisó esta objeción a través de dos argumentos principales. Respecto de aquellas leyes del desarrollo capitalista argumentó que, "al considerarlas como 'leyes objetivas', no se pretende separarlas radicalmente del ámbito de la 'acción subjetiva' sino que, por el contrario, al descubrirlas como 'objetivas' se trata de enfatizar su modo de operar emergente, cuasi-natural e independiente, que se realiza 'a espaldas' de los productores; es decir, que sin las acciones concientes de los productores no se producirían tales efectos emergentes" (1994b:170). Y respecto de estas formas de la lucha de clases sostuvo que "al tratar de especificar las formas institucionales y las formas de lucha en un estadio determinado del desarrollo capitalista, los teóricos de la regulación no están rompiendo con la lógica general de la interpretación marxista" (1994b:171). Defendió entonces la necesidad de descender hacia niveles más bajos de abstracción, a estrategias específicas, a coyunturas particulares, en vez de quedarse en una noción amorfa de lucha de clases en general. Holloway rechazó esta crítica, empero, reconociendo la importancia de analizar esas formas que asume la lucha de clases. "Para comprender una sociedad de clases dada, no basta con darse cuenta simplemente de que la sociedad se basa en una lucha cuyo objetivo es la explotación, sino que es esencial una comprensión de la 'forma específica' que asume la extracción de trabajo excedente de los productores directos de esa sociedad particular (...), no sólo es importante entender que el capital *es* lucha de clases, sino también que, a la inversa, la lucha de clases asume, en la sociedad en que vivimos, la forma de capital" (1994c:180).

A manera de conclusión

Recorrimos anteriormente algunos de los principales aportes a la teoría marxista del Estado contenidos en los llamados debates de la derivación y la reformulación del Estado que tuvieron lugar en la Alemania y la Gran Bretaña de los setenta y ochenta. Y justificamos este recorrido antes de emprenderlo, en las primeras páginas, aduciendo que dichos aportes eran claves para la teoría marxista del Estado y, simultáneamente, poco conocidos en nuestro medio. Pero, ahora que finalizamos nuestro recorrido, podemos añadir algo más específico. En períodos como el que acabamos de atravesar en América Latina durante las décadas de los ochenta y noventa, en las cuales los Estados capitalistas del continente sufrieron profundas metamorfosis encaminadas a la imposición de una nueva forma neoconservadora de Estado, los aportes que nos legaron estos debates adquieren una relevancia aún mayor. Si nuestra crítica de estos Estados neoconservadores no quiere detenerse en la nostalgia por los Estados populistas preexistentes, si aspira en cambio a avanzar hacia una crítica radical del Estado-como-forma de las relaciones sociales capitalistas cualquiera sea la forma-de-Estado que asuma históricamente, las ideas que examinamos en estas páginas pueden sernos de mucha ayuda.

Capítulo 4
Las miradas de Habermas y Offe sobre el Estado benefactor

Rodolfo Gómez

Introducción

Pretendemos dar cuenta en este texto de una serie de discusiones que fueron presentándose hacia los años sesenta del siglo pasado y que resultaron históricamente de un proceso de "retorno del Estado" como objeto de estudio propio de la ciencia política, de la sociología política y más concretamente de la teoría marxista. Vamos a partir del debate sobre el Estado y el capitalismo monopolista en Alemania, que tiene su punto de inicio en los años veinte del siglo pasado a partir de la tesis del capitalismo monopolista de Estado del economista más prominente de la llamada "primera generación" de la Escuela de Frankfurt, Friedrich Pollock, para llegar a las teorías del Estado de la "segunda generación" de dicha escuela. Jürgen Habermas y Claus Offe, sus autores más paradigmáticos,[1] fueron a su vez quienes, desde esta corriente teórica, participaron de aquel "debate alemán". Pero este debate en torno de la caracterización de la formación estatal de *bienestar*, de sus crisis y de las alternativas políticas en relación con qué hacer con el Estado, no se circunscribió solamente a Alemania, sino que se exten-

---

[1] Si bien es cierto que los dos representantes más conocidos de la llamada "segunda generación" de la escuela de Frankfurt son Habermas y Offe, también es cierto que algunos otros miembros de dicha escuela prosiguieron sus caminos por otros "carriles" intelectuales. Es el caso de las reflexiones de Alfred Schimdt, cuyos escritos se encuentran en una línea teórica muy próxima a la de Adorno. Otro autor como Oskar Negt asumió algunas de las críticas de la "segunda generación" a la de los "padres fundadores", pero sin renegar de la potencialidad emancipatoria del sujeto de la transformación "clásico" del marxismo, la clase obrera. Al respecto Schmidt (1973) y Negt y Kluge (1993).

dió a habermaseanos críticos ingleses como John Keane, David Held y John B. Thompson.

De Pollock y Horkheimer a Hahbermas y Offe

El origen del Instituto de Investigaciones Sociales de Frankfurt, a inicios de los años veinte del siglo pasado, está muy emparentado con el intento de reactualizar el marxismo, de repensar algunas de sus categorías centrales para dar cuenta de las transformaciones que estaban dándose en la estructura de la sociedad capitalista de ese entonces. Un momento histórico que coincidía con un ascenso de las fuerzas de la reacción, manifestadas con toda claridad en el fascismo italiano, que presentaban incluso un fuerte ascendiente sobre numerosos grupos de proletarios, precisamente el sujeto de la transformación que había tomado el marxismo.

Las primeras investigaciones del Instituto se centraron en la problemática histórica, pero con la llegada de Horkheimer a la dirección del mismo comenzaron a articularse con otras que indagaban en lo cultural, lo artístico y lo ideológico, sin renegar del elemento explicativo económico. Podría decirse que fue Marx el primero en desarrollar una *teoría crítica* del modo de producción capitalista como una totalidad social organizada. Pero no estableció, por lo menos desde un punto de vista absoluto o más firme, los preceptos ni epistemológicos ni metodológicos de esa misma teoría. Es en los escritos de Karl Korsch y de Gÿorgy Lukács donde pueden encontrarse tales fundamentos. Así lo entendió Horkheimer y, sobre esta base, construyó el programa de investigación de la llamada *teoría crítica* (véase Honneth 1995). Este primer programa de investigación se articulaba en torno de tres disciplinas, a saber: la economía política, la psicología social y la teoría sociocultural de la sociedad de masas.

A nuestros fines, nos interesa principalmente remarcar que ese aporte de la economía política partía de la tesis del "capitalismo de Estado" de Friedrich Pollock, que tenía la particularidad de ser una tesis que servía para explicar tanto el funcionamiento de las economías capitalistas como también el de la nueva economía soviética, y expresaba una crítica hacia ambas formas de organización social. Tomando en cuenta las formulaciones que Lenin hiciera en *El imperialismo, etapa superior del capitalismo* con relación al traspaso de una primera formación capitalista, más orientada a la pequeña propiedad, a una segunda formación donde la organización reposaba en empresas monopólicas que tendían a invadir esferas de funcionamiento social antes más autónomas, la tesis del capitalismo de Estado daba cuenta de un cambio estructural en el capitalismo (aunque se extendía también a las sociedades de tipo soviético) que indicaba una mayor presencia del Estado en la esfera de la organización de la economía. Este traspaso de un capitalismo organizado en torno de la pequeña propiedad, a un capitalismo de tipo monopolista organizado a partir de la intervención estatal y de la gran empresa monopolista (que Pollock define siempre en una estrecha relación con el Estado) iba a tener, en la interpretación de los frankfurtianos, serias consecuencias para la forma de organización del conjunto del funcionamiento social. Erich Fromm, por ejemplo, iba a desarrollar estas nuevas características privadas de la cotidianidad capitalista burocrática, a partir del traspaso de un capitalismo librecambista basado en la pequeña propiedad a un capitalismo de tipo imperialista basado en la preponderancia de las empresas monopolistas. En dicho traspaso, el pequeño propietario –el *bourgeois*–, perdía facultades individuales y dejaba de serlo, perdiendo también su derecho de ciudadanía y su independencia. Estas diferentes "pérdidas", según Fromm, terminaban también socavando su propia autoridad familiar y generando una búsqueda de autoridad por parte de los distintos miembros de la familia en las instituciones externas creadas por la sociedad de masas.

Si bien autores como Horkheimer y Adorno no se centraron en el análisis del Estado en particular, sus posiciones teóricas se sostenían en esa concepción de Pollock sobre el capitalismo monopolista de Estado, que entendía a la sociedad capitalista como una sociedad donde predominaba el capital monopolista y que necesitaba de la intervención del Estado como institución reguladora de los intercambios económicos y del funcionamiento del conjunto de las esferas sociales, acción que llevará a cabo a partir de la promoción de reglas y normas burocráticas de funcionamiento. La sociedad capitalista y el Estado en ella inmerso caían presa de la organización "técnica", aunque en este caso no es comprendida en un sentido neutral: su resultado era un proceso de aniquilamiento y disciplinamiento de los diferentes sujetos sociales. Extendiendo el punto de vista de Horkheimer y Adorno a la época de posguerra, ellos verían en la expansión de la formación estatal de bienestar –aun luego de vencido el fascismo– una nueva forma de preeminencia de la "racionalidad instrumental" o –en los términos de los análisis de Marcuse– de la "unidimensionalidad".

Estos análisis derivaban de ciertas posiciones teóricas lukacsianas, pero lo cierto es que en muchos puntos fundamentales Lukács sostenía matices que lo diferencian sustancialmente. La teoría de la cosificación de Lukács partía de los análisis weberianos de la expansión de la racionalidad con arreglo a fines, aunque reformulada en términos de expansión del intercambio mercantil, con los efectos fetichizantes y cosificadores propios de dicha expansión. Sin embargo, para este autor dichos procesos nunca eran absolutos, sino que se entendían dentro de una organización capitalista signada por la contradicción entre capital y trabajo, comprendida como una contradicción entre la lucha de la burguesía por expandir su dominio, frente al conjunto de las clases subalternas desposeídas de sus medios privados de producción. Materialmente, para Lukács, esta contradicción se manifestaba en las acciones desplegadas por los sujetos capaces de romper con la cosificación, esto es, por las acciones de aquellos que carecen de los medios de producción y se organizan políticamente para transformar la sociedad. Lukács veía esta organización política de las clases explotadas a partir del proceso mediador llevado a cabo por el partido, que resultaba a su vez una manifestación del proceso de contradicción de la expansión de la producción mercantil (y del proceso de fetichización que le es propio). En contra de lo que podría presuponer Weber, entonces, lo que sostenía Lukács es que el conjunto de las instituciones (incluido el Estado técnico-burocrático) y la sociedad toda se encuentran finalmente atravesadas por luchas de clases (véase Keane 1992, Cap. 2 y Lukács 1983).

La teoría del Estado en Habermas

Entre estos dos marcos teóricos, los de Lukács y Adorno, Horkheimer y Marcuse, se configuró el intento de reconstrucción de la teoría crítica llevado a cabo por la llamada "segunda generación" de la escuela de Frankfurt, con Habermas y Offe como sus autores más destacados. El intento de reconstrucción realizado por Habermas obedece a lo que él entiende como las aporías en las que recayeron tanto Adorno como Horkheimer y Marcuse y que hicieron que el programa de investigación de la primera teoría crítica entrara en un callejón sin salida filosófico. Éstos son el problema de los "fundamentos normativos", el del "concepto de verdad y su relación con las ciencias" y el de la "infravaloración de las tradiciones del Estado democrático de derecho" (Habermas 1994b). Sobre estas tres críticas se constituye, ya en la primera obra de Habermas, *Historia y crítica de la opinión pública* (Habermas 1994a), una valoración del potencial democrático de la Ilustración, que es también el potencial democrático de la esfera privada burguesa. Esto supone que las acciones de los sujetos –informadas normativamente– se despliegan en dirección de la esfera pública –regida por una racionalidad con arreglo a fines– estatal y promueven una discusión de las propias normas emanadas de esta última. En este sentido tenemos una articulación de los fundamentos normativos que, en la medida que fundamentan una acción de crítica política, ponen en juego un cierto concepto de verdad establecido en relación con la ciencia y la filosofía y suponen además una valoración de la crítica dentro de las tradiciones del Estado democrático de derecho.

Habermas sigue el razonamiento de Abendroth, que sostenía que el Estado social suponía la realización concreta, y no meramente formal, de los ideales liberales de subjetivación, marcando a su vez un horizonte para la emergencia de un proceso de transición socialista. En el marco de este Estado social, Habermas propone concretamente una participación política sostenida en una crítica que parte de la esfera de las personas privadas raciocinantes reunidas en calidad de público, es decir, de la esfera de la publicidad, dentro y fuera de los partidos políticos, de modo que se pueda transformar ese Estado social, desde dentro y desde fuera de la misma estructura estatal, en un sentido socialista democrático.

Pero ¿qué significa para Habermas "socialista democrático"? En principio, no un proceso de socialización de los medios privados de producción, en la medida que Habermas considera que esa tarea la realiza el Estado social en la esfera de la redistribución, y tampoco una modificación de toda la estructura del sistema político representativo vigente, aunque sí la generación desde el Estado de nuevas instituciones que tiendan a permitir una mayor participación de los distintos sectores de la sociedad civil, entendida en un hegeliano sentido de sociedad burguesa. El antagonismo y la lucha de clases quedan así suspendidos en un proceso de complejización burocrática generada por el Estado social y tendiente a "equilibrar" e institucionalizar —en el sentido weberiano del término— los conflictos y a resolverlos en términos "racionales-formales".

Ahora bien, ¿cómo piensa Habermas lo que sucede en las sociedades de tipo soviético? Y ¿qué sucede con la entrada en crisis del Estado de bienestar y la emergencia de la formación estatal que denominamos neoconservadora? En las respuestas a estas preguntas es donde va a verse claramente la influencia weberiana (y también hegeliana), reformulada a posteriori —en sus últimos escritos— en clave holístico-parsoniana. Primero, porque Habermas ve a las sociedades del éste como resultado de un fuerte proceso de burocratización sustentado en una expansión de la racionalidad instrumental, que tiene su punto de partida en la expansión de la esfera estatal al conjunto de la sociedad y en el ensamblamiento de lo político en la esfera del Estado. Esta caracterización de Haberlas no difiere de las posturas de la primera generación, aunque se diferencia notoriamente de Lukács al no ver posibilidades emancipatorias y democratizadoras que partan de una esfera del trabajo que, en las sociedades estalinistas, se encuentra interrelacionada con la misma esfera estatal. Segundo, porque Habermas ve que este proceso de expansión de la racionalidad burocrática también se presenta en las sociedades capitalistas occidentales, aunque en este caso no sea sólo producto de la expansión de la esfera estatal sino también de la imbricación de dicha esfera con la esfera económica y el conjunto de las esferas institucionales.

El proceso de entrada en crisis de la formación estatal de bienestar lo sitúa Habermas en la expansión de la técnica, de la racionalidad instrumental o de las acciones racionales con arreglo a fines, y del proceso de sepultamiento de los sujetos producto de dicha expansión. Es así que, a diferencia de Adorno o Horkheimer, Habermas encuentra que en el mismo proceso de evolución de las sociedades no solamente aparecen estructuras sociales regidas por una racionalidad instrumental sino también de estructuras normativas emanadas de un "mundo de la vida" cuya racionalidad "comunicativa" se diferencia de la mera "técnica" tendiente al proceso de reproducción del "sistema". Esto explica que esta estructura normativa comunicativa –que los sujetos portan, pero no en un a priori sino en la medida que la construyen en los procesos de interacción– se revele en contra de ese proceso de expansión técnico-burocrático propio del Estado benefactor. Según Habermas, ése sería el motivo que explica las constantes crisis de legitimidad de los Estados sociales de bienestar en el capitalismo tardío, así como también la emergencia de gobiernos legitimados en un proceso de elección democrática de notorio signo neoconservador y que bregan por desmantelar esa formación estatal. Esta explicación no recurre ni al concepto gramsciano de hegemonía ni al marxista o estructuralista de ideología, sino a una reformulación de ellos en un marco epistemológico de interaccionismo lingüístico y simbólico muy propio del pragmatismo de Peirce. Y por eso también las crisis se encuentran delimitadas por la concepción de "legitimación", resultante por otro lado de una reformulación de concepto weberiano, ya que en este último la legitimidad se encuentra mucho más circunscrita a los imperativos de lo "legal-formal" o de las creencias "tradicionales" que remiten en última instancia también a un imperativo claramente "instituido". Es por eso que Habermas ve la crisis de legitimidad del Estado social como un producto de sus crecientes políticas de intervención en espacios sociales regidos por normas que no se extraen del sistema (en el que se encuentra no solamente la esfera estatal sino la esfera del mercado y la esfera laboral) sino del mundo de la vida. Nos encontramos así con una suerte de contradicción entre sistema y mundo de la vida.

Pero en realidad esta suerte de contradicción no es tal para Habermas, sino que se construye teóricamente –en un sentido casi kantiano– como interrelación entre dos sistemas que se encuentran en competencia. No hay una dialéctica en el sentido propiamente hegeliano-marxista del térmi-no, sino que nos encontramos con la necesidad del Estado de bienestar, o de un Estado que tienda a tomar una forma neoconservadora pero que en realidad no puede tomarla del todo porque encuentra límites en los tipos de acción sustentados normativamente emanados del mundo de la vida. Es por esto que, en este entramado teórico, las crisis no pueden considerarse ni en un sentido económico (y esto no implica que la teoría de Habermas no de cuenta de la existencia concreta de crisis económicas en el capitalis-mo tardío) ni en un sentido orgánico más gramsciano, sino que deben asumirse como "crisis de legitimación", en la medida que son generadas por problemas de dirección en el funcionamiento sistémico que implican a su vez problemas en el proceso de integración social. Esto es, son crisis de legitimación del sistema, pero en la medida que el mismo sistema y el sub-sistema estatal en él inserto tienden de modo permanente a generar equili-brios entre los diferentes subsistemas, aunque generando también por otro lado problemas al inmiscuirse con sus intervenciones en ámbitos regidos por una lógica que no es la sistémica sino la comunicativa. Sin embargo, como las acciones comunicativas emanadas del mundo de la vida ponen ciertos límites a las normativas emanadas del Estado (discutiendo justa-mente su legitimidad y proponiendo nuevas normativas más legítimas que justifique el mismo Estado), no se sigue en este caso la necesidad de tomar del Estado, ni la indiferencia frente al mismo, ni su negación en un sentido más propiamente dialéctico.

Como puede verse ya, esta lógica dualista que subyace a la visión de Habermas de la sociedad y de las normativas emanadas del Estado se dife-rencia en parte de las visiones que aparecían en un libro como *Historia y crítica de la opinión pública*, donde la lógica teórica era más holista, pero no podía explicar los procesos de crisis propios del Estado de bienestar en el capitalismo tardío. Sin embargo, este dualismo ya aparece en un texto ape-nas posterior como *Teoría y praxis* y en *Conocimiento e interés*, donde se presenta como la distinción entre "trabajo" e "interacción". Tal como Arendt, Habermas ve en esta distinción dos procesos evolutivos diferenciados del sujeto social, en el primer caso observa una serie de prácticas intersubjeti-vas que le permiten la reproducción, mientras que en el segundo caso da cuenta de otra serie de prácticas intersubjetivas que le permiten constituir-se cultural, moral y políticamente.

Tenemos tres cuestiones teóricas importantes aquí. Primero que, clara-mente, en este caso no puede deducirse lo político de las prácticas repro-ductivas y de la esfera del trabajo —es decir, que lo social no se politiza—. Segundo, que esta posición supone una clara ruptura con el pensamiento de Lukács, que notoriamente veía que cualquier proceso de transformación político-económico partía necesariamente de los trabajadores que se veían enajenados de su propia producción; en Lukács, lo social se politiza y no siempre se presenta como regido por una racionalidad instrumental, ya que el proceso de fetichización nunca se completa, como mencionamos antes. Tercero, que Habermas no ve posibilidades de emancipación que partan de una clase subalterna determinada y menos aún de clases que interactúan antagónicamente.

En *Problemas de legitimación en el capitalismo tardío*, el dualismo trabajo-interacción se presenta en términos de la mencionada diferencia entre sistema y mundo de vida. Lo que podemos ver acá, teniendo en consideración las tres cuestiones teóricas indicadas anteriormente, es la influencia del contexto histórico en la construcción de categorías, ya que no casualmente Habermas ve, por un lado, la gran capacidad del sistema de superar los diferentes tipos de crisis que se le presentan y, por el otro, la capacidad del mismo sistema de integrar a las diferentes clases sociales de modo que los conflictos a ellas inherentes puedan solucionarse de una forma notoriamente institucionalizada (y aquí vemos también la concepción de cómo funciona el subsistema estatal en relación con el subsistema económico que incluye a la relación capital-trabajo). En esta perspectiva la acción política emancipatoria no podría provenir de ninguno de los imperativos sistémicos entre los que se encuentran las acciones desplegadas por las distintas clases (que se encuentran a su vez integradas al sistema, al igual que las diferentes instituciones políticas como los partidos políticos), sino de la crítica a las normativas sistémico-estatales emanadas de los distintos movimientos sociales particulares (pacifistas, feministas, homosexuales, ecologistas, artísticos, étnicos, etc.), los que se politizan a partir de reivindicaciones sociales pero nunca en un sentido "antisistémico".

Esta visión política en relación con el sistema y con la concepción de Estado como subsistema tiene que ver, por otro lado, con la forma en que Habermas da cuenta de la problemática económica. Como mencionamos anteriormente, Habermas también ve el funcionamiento de la economía como un subsistema dentro del sistema social general. Es decir que, desde este punto de vista, puede entenderse al subsistema estatal como generando, por un lado, ciertas normativas de tipo general tendientes a regular las tendencias expansionistas de la esfera del mercado (que generan "problemas de legitimación") y, por otro lado, otras normativas tendientes a garantizar el funcionamiento autónomo y autorreproductivo de dicha esfera del mercado. El subsistema estatal debe así garantizar las condiciones de reproducción capitalista establecidas por el funcionamiento del subsistema económico en la medida en que no genere disfunciones en el resto de los subsistemas pero, a su vez, esto sólo es posible en la medida que se considere que el subsistema económico actúa con la autonomía suficiente como para licuar los conflictos entre clases en el marco de unas acciones con arreglo a fines desplegadas en términos reproductivos –como trabajo– dentro del mismo subsistema, lo que implica decir que no se considera el cumplimiento de la ley del valor marxista en el conjunto del sistema social y que la totalidad sólo se comprende desde el punto de vista de un funcionamiento no dialéctico de subsistemas diferenciados pero integrados.

La teoría del Estado en Offe

Este punto de vista aparece también en las primeras lecturas que Offe realiza en torno del Estado. Como en Habermas, encontramos en Offe un herramental teórico propio de la Escuela de Frankfurt que articula posturas hegelianas con elementos de la teoría de la burocracia de Weber, pero reformulada en clave de una "antimetafísica" teoría de sistemas. También como en el caso de Habermas, se sostiene que los Estados del capitalismo tardío, ubicados espacialmente como subsistema del sistema general, poseen suficiente capacidad de "autoorganización", de "autoconocimiento" y de expansión sistémica como para resolver las crisis –económicas, políticas, de legitimidad– que se van presentando históricamente. Estas crisis redundan en un proceso, por un lado, de resolución y de amortización de conflictos entre clases dentro del subsistema económico y, por el otro, de reconfiguración de la misma esfera del trabajo dentro del conjunto del sistema social que da como resultado lo que Offe denomina una "sociedad sin trabajo". Ahora bien, esta posición es posible en un marco teórico que entiende que la ley del valor, dentro del capitalismo, no se cumple en el conjunto del ámbito social del sistema. Por esto es que Offe sostiene que "el problema clave de las sociedades capitalistas es el hecho de que la dinámica del desarrollo capitalista parece exhibir una tendencia constante a *paralizar* la forma mercantil del valor. Los valores cesan de existir en forma mercantil tan pronto como cesan de intercambiarse por dinero u otros valores (…) sea cual fuera la explicación correcta y completa, hay muchos datos cotidianos conducentes a pensar que tanto la fuerza laboral como el capital se ven expulsados de la forma mercantil, y que la creencia liberal en su automático reintegro a relaciones de intercambio posee escasa base" (Offe 1990: 108-9).

Partiendo de esta concepción, Offe sostiene que en las sociedades del capitalismo tardío, y en relación con la necesidad de reproducción de un modo de producción capitalista que debe también legitimarse, se producen procesos de "mercantilización" y de "desmercantilización" en diferentes esferas de funcionamiento social en los que el Estado social tiene directa injerencia. El Estado en este sentido puede verse como un "grupo multifuncional y heterogéneo de instituciones políticas y administrativas, cuyo propósito es manejar las estructuras de socialización y la economía capitalista",[2] es decir como un conjunto de instituciones articuladas en torno del funcionamiento de normas específicas tendientes a regular el funcionamiento de la economía capitalista pero –como ya dijimos– garantizando que dicha forma de producción se legitime no permitiendo una entrada en desequilibrio del sistema social. Como Offe afirma que la forma mercancía no se encuentra extendida a la totalidad social, entonces puede comprender que la forma de acción del Estado capitalista sea más política, en el sentido de mercantilizar y desmercantilizar ciertos espacios sociales en pos de sostener la legitimidad democrática de las políticas capitalistas emanadas del Estado benefactor.

Así, el Estado de bienestar debe garantizar la expansión de la economía, aspecto crucial para lograr el cobro de impuestos necesarios para el funcionamiento eficiente de una burocracia estatal "no particularista" que permita generar a su vez ciertas *policies* redistributivas que den cierta "legitimidad de masas" y con ella incentivar procesos de "mercantilización". Pero por otro lado, como las formas mercantilizadas de intercambio en el marco del capitalismo tardío chocan permanentemente, según Offe, con una tendencia constante a paralizar la forma mercantil del valor, esto implica que los intercambios puros entre formas mercantilizadas tienden al fracaso y en ese sentido se hace necesaria la intervención del Estado en dicha esfera de la economía a partir de mecanismos ajenos a dicha esfera –esto es, desmercantilizados– tendientes a restaurar el equilibrio del subsistema y de su relación con los otros subsistemas. Puede verse que en este esquema el subsistema político y el subsistema estatal vinculado con éste cumplen un rol sumamente destacado. Rol que implica una idea de "autolimitación" de las *policies* emanadas de la esfera del Estado, idea que aparece en casi todos los autores que intervienen en el debate alemán sobre el Estado.[3]

En Offe, aun así, el Estado pretende entenderse de algún modo como estructuralmente capitalista, por lo que debe garantizar las condiciones de

---

[2] Cfr. al respecto el argumento de Keane en la introducción a Offe (1990: 17/18).

[3] Sobre el debate alemán de la derivación del Estado en particular, remitimos al capítulo de Bonnet en este volumen.

acumulación provenientes de la esfera económica, esto es, debe crear las condiciones necesarias para garantizar la inversión privada, ya que también es el mismo Estado el que vía impuestos percibe una parte del plusvalor proveniente del proceso privado de acumulación de capital. En este sentido y en la medida en que el Estado no interviene en los procesos de acumulación privada sino indirectamente, encontramos aquí otro de los límites establecidos al Estado en el proceso dual de mercantilización y desmercantilización llevado a cabo por el mismo.

Es entonces que, en esa necesidad de legitimar ante las masas el proceso de acumulación capitalista, la intervención del Estado tiende a presentarse como "neutral" en la medida en que tampoco garantizará la preeminencia de una determinada fracción del capital individual. Sin embargo, esto no supone que el Estado en el capitalismo tardío funcione como un "capitalista colectivo ideal", en la medida que encuentra nuevos límites para establecerse en competencia con capitalistas individuales. Carnoy (1993) sostiene que en Offe los límites que la estructura general del sistema impone a la planificación estatal establece que entonces las políticas a ser aplicadas se reducen a procesos de "asignación de recursos" (en tanto que el Estado legalmente tiene la facultad de promulgar leyes de tipo impositivo, que implican coercitivamente la asignación de recursos a algunos sectores sociales y a determinadas ramas de la producción) y de "provisión de insumos de acumulación" (lo que implica la intervención directa del Estado en la economía, pero regulada en la medida en que no debe competir —si pretende garantizar los procesos de acumulación capitalista— con capitales individuales; por lo que básicamente estos tipos de intervención implican producciones que en última instancia provean recursos a los capitalistas individuales o a ciertas ramas de capital), por supuesto siempre entendiendo que este tipo de políticas debe sostener procesos de legitimación.

Agreguemos tres cuestiones más en lo que respecta a la teoría del Estado en Offe. En primer lugar, y como puede verse también en lo expuesto sobre Habermas, se toma el concepto de legitimación poque las crisis son vistas básicamente como crisis de dirección de la estructura del sistema, lo que indica que se acentúa el punto de vista de crítica tanto del estatalismo soviético como de las llamadas políticas estatales intervencionistas de tipo keynesianas como las implementadas por los gobiernos socialdemócratas (o populistas para el caso latinoamericano). En segundo lugar, que esta visión teórica es posible en la medida en que se comprende también que dichas *policies* emanadas del Estado benefactor permiten neutralizar o institucionalizar los conflictos de clase de modo que éstos puedan solucionarse "civilizadamente" a partir de "compromisos corporativos". Para Offe este proceso es la antesala de un cambio drástico que provoca estructuralmente el capitalismo tardío, ya que el efecto que promueven las "*policies* desmercantilizadoras" emanadas del Estado y tendientes a la resolución de conflictos resulta en la conformación de una sociedad del "no-trabajo", una sociedad "desproletarizada" (Habermas 1994b:118). En tercer lugar, y tal como también sostiene Habermas, esto desplaza el problema político-sistémico (que es por supuesto también un problema económico y sociológico) hacia afuera del propio sistema –como ya vimos, en un sentido que diluye la dialéctica hegeliana en un sentido kantiano– porque no ve un proceso de reformulación del Estado de bienestar y sus políticas demasiado pronunciado (concretamente Offe plantea la dificultad –para los gobiernos de signo neoconservador– en sociedades complejas de desandar de la noche a la mañana el "aparato burocrático bienestarista"; Offe 1996:13/ 4). Y porque tampoco ve un proceso de impugnación y negación del mismo Estado y porque la emergencia de movimientos sociales críticos implica para estos autores procedimientos de reclamo de tipo particular –aun en el caso puntual de los movimientos de trabajadores y aun en el caso de que dichos reclamos se entiendan como "politizados"– que finalmente terminan provocando procesos de presión y de democratización del funcionamiento estatal al verse el Estado en la obligación de promulgar una nueva normativa teniendo en consideración la crítica externa de dichos movimientos.

Queda así expresada la forma en la que Offe caracteriza el funcionamiento del Estado en el capitalismo tardío, teñida por una concepción sistémica y donde el Estado funciona en gran medida como un subsistema más que aparece diferenciado del subsistema económico. En esta relación "independiente" pero que no deja de ser "interdependiente" entre ambos subsistemas, éstos están ubicados en una relación de igualdad que tiende a garantizar el equilibrio reproductivo del sistema social en su conjunto; lo que indica que se parte de normativas de funcionamiento diferenciadas para ambos casos, algo distinto a caracterizar al Estado –tal como Marx sugiere en *El capital*– como una "relación social" co-constitutiva del modo de producción capitalista. Esto provoca un problema teórico, del que dan cuenta los críticos de estas teorías (y también de algunas de las teorías estructuralistas como la de Poulantzas), en la medida que tanto Offe como Habermas entienden al Estado, por un lado, como producto de una organización capitalista de la sociedad donde funciona reproduciendo dicha organización y, por otro, actuando con cierta autonomía relativa para garantizar que el funcionamiento de la lógica de acumulación capitalista no provoque serias crisis de legitimación.

Puede observarse que en este esquema, donde la separación de subsistemas remite a la separación de esferas diferenciadas de funcionamiento social, tenemos una clara separación entre economía y política, donde la lógica de funcionamiento de lo económico se separa de la lógica de funcionamiento de lo político y donde el Estado se nos presenta separado del ámbito de la sociedad civil. Lo que se sostiene, a diferencia de lo manifestado por Marx en *El capital*, en la convicción de que la lógica capitalista del valor no se encuentra expandida al conjunto de las esferas de funcionamiento social y que a su vez dicha no-expansión es una condición estructural del capitalismo tardío. En esta perspectiva, finalmente, se dificulta explicar la interrelación existente entre el proceso de expansión mercantil propio del capitalismo y la emergencia de una formación estatal entendida como una relación social propia del capitalismo y, en el mismo sentido, se dificulta explicar el modo de producción capitalista pensado como un todo.[4]

Las críticas a las teorías de Offe y Habermas

Las teorías sobre el Estado que desarrollan tanto Offe como Habermas, pero sobre todo este último, se enmarcan en un proyecto más general de desarrollo de una teoría social. Sin embargo, esto supone dar cuenta del funcionamiento del modo de producción capitalista, que para estos autores es caracterizado como un capitalismo tardío, en donde la existencia del Estado de bienestar permite resolver funcionalmente las constantes entradas en crisis del subsistema económico en su relación con el subsistema político y con aquellas normativas emanadas del subsistema reproductivo provenientes del ámbito privado. La caracterización teórica permite también dar cuenta de las crisis que se producen dentro de este modo de producción y de los modos de resolución de las crisis generados por el mismo sistema social articulado con dicho modo de producción.

Así, finalmente, el punto de partida de la teoría del Estado de estos autores es explicar dentro de este marco el proceso de entrada en crisis, de aparición de límites y de modificación, de la denominada formación estatal de bienestar y, sobre todo, en el caso de Offe, tratando de eludir una caracterización teórica tanto "instrumentalista" como "estructuralista".[5] Por eso estos autores tienden a caracterizar al Estado como una sumatoria de

---

[4] Es la conclusión lógica que puede extraerse de los mencionados textos de Offe, pero también de Habermas (1995) y de otros textos posteriores (Cfr. al respecto Habermas 1990, tomo II y también desde una perspectiva crítica, Olive, 1985).

[5] Sobre el llamado "debate instrumentalismo-estructuralismo" remitimos al capítulo de Thwaites Rey incluido en este volumen.

instituciones burocráticas regidas por tipos de acciones racionales con arreglo a fines y regladas normativamente en su funcionamiento, esto es "antipolíticas", en la medida en que suponen jerarquías y valores establecidos por un criterio "indiscutible" de "eficiencia", que contribuyen al mantenimiento sin fisuras del equilibrio del sistema social capitalista. Esto supondría que entonces, y a diferencia de una posición instrumentalista, el Estado sería organizativamente capitalista más allá de la procedencia de clase del personal que actúa dentro de él. Lo que no significa, por el otro lado, que entonces los Estados sean una estructura inamovible que aparece extendida sin fisuras al conjunto de la sociedad civil, porque esa posición, según los autores, puede derivar en una concepción en cierta medida estática de la historia y de las disputas sociales y porque no permitiría diferenciar –si las diferentes formas remiten siempre a una misma estructura– entre sistemas democráticos y totalitarios (fascistas o bien de tipo estalinista).

Sin embargo, como vemos aquí y como mencionamos anteriormente, estas teorías hacen hincapié en el aspecto organizacional del sistema social y en las contradicciones –en primer lugar políticas– que parten de este mismo sistema, en la medida en que se produce lo suficiente y se distribuye lo suficiente en términos económicos como para neutralizar las virulentas luchas de clase presentes, por ejemplo, a lo largo del siglo XIX; teniendo en cuenta que dentro de esta concepción el proceso se sustenta en la verificación de existencia de "sitios" en donde no se expresa la teoría del valor. La crítica social, entonces, no es concebida por estos autores en términos totalizadores.

Es justamente sobre los límites críticos que poseen las teorías de Habermas y Offe que se sitúan las críticas a ellas dentro y fuera de Alemania, y sobre todo en el ámbito anglosajón. Uno de los primeros cuestionamientos viene, en realidad, de una apropiación crítica de las mismas y fue expresado hacia mediados y fines de los años 80 en Alemania por autores ligados a la tradición de la escuela de Frankfurt, como Oskar Negt o Alexander Kluge y en Gran Bretaña, a partir de los desarrollos de autores como John Keane o John B.Thompson, nucleados en la versión británica de la revista *Telos*. En el primero de los casos mencionados, el de Negt y Kluge, encontramos en la crítica un retorno desde Frankfurt hacia las posiciones clásicas del marxismo, ya que a diferencia de Habermas entienden estos autores que el potencial crítico de los movimientos sociales puede potenciarse con la emergencia de una "esfera pública proletaria", despojada de una racionalidad con arreglo a fines y que funciona en articulación con los otros grupos sociales que ejercen públicamente su crítica al funcionamiento de la sociedad capitalista (véase Negt y Kluge 1993).

Esta crítica, a su vez, es tomada por John Keane e incluso por John B. Thompson y desarrollada y complementada de manera que entonces pueden extraerse de ella consecuencias más radicales que las que se extraen de las teorías de Habermas y de Offe. Porque Keane tiene en cuenta, de un modo no habermasiano, que las acciones desplegadas por los diferentes sujetos sociales pueden ser racionales pero no necesariamente racionalistas, es decir que no necesariamente serán consensuales o tendientes a construir un consenso, por lo que puede suceder –y esto es lo que muchas veces sucede empíricamente– que la impugnación a las normativas emanadas del Estado redunden en enfrentamientos directos con el complejo de instituciones burocráticas estatales o paraestatales ligadas a la reproducción del modo de producción capitalista.[6]

Otra de las principales críticas proviene del ámbito de la economía política, en muchos casos desde dentro del marxismo, y sostiene la idea de que las teorías del Estado de estos autores están planteadas teniendo en cuenta retóricamente las relaciones de producción capitalistas, pero prestando poca atención al aspecto estrictamente económico del capitalismo y del Estado capitalista. Así, sostienen los críticos, al hacerse hincapié en el aspecto o bien ideológico o bien de dominio burocrático-institucional, se resta importancia a las funciones de tipo económico –como por ejemplo las funciones fiscales y redistributivas tendientes a restaurar la tasa de ganancia capitalista, controlar la inflación, etc.– que presentan los Estados capitalistas. Esta crítica, mucho más cierta para el caso de Habermas que para el de Offe (donde encontramos ciertamente apreciados algunos de los elementos económicos mencionados), apareció tanto en Alemania con autores como Altvater, como en Inglaterra con autores como Gough (véase Jessop 1980: 192/3), aunque tal vez debería decirse que esto no se presentó como una crítica directa o una respuesta a aquellos autores sino que simplemente resultó de un desarrollo teórico que partía desde otra posición.

Una última crítica que podría hacerse a las posiciones de Habermas u Offe se extrae de la necesidad de comprender al Estado como parte de la lógica de funcionamiento del capital. Si se entiende al Estado como parte de este proceso, se comprende a la sociedad como una totalidad y por lo tanto también se entiende que esa totalidad funciona a partir de la plena vigencia al interior de la misma de la ley del valor trabajo de Marx. Partiendo de una interpretación de *El capital* en donde Marx daría cuenta de la existencia de prácticas de explotación del hombre por el hombre derivadas

---

[6] Cfr. al respecto Keane 1992 y 1988. Para la crítica de Thompson, donde recupera y discute la noción de ideología, Cfr. Thompson (1998).

de la expansión y de la extracción de plusvalor extendida "estructuralmente" al conjunto del modo de producción, esta crítica da en el centro del problema en aquellas visiones que –como las de Offe o Habermas– ven "zonas liberadas" dentro del modo de producción capitalista tardío en las que no se verifica la ley del valor. En este sentido, si se entiende que la ley del valor se expresa en el conjunto del sistema capitalista y que el Estado es un derivado de ese proceso de explotación del capital sobre el trabajo, no puede entenderse entonces al Estado en un sentido neutral como un "lugar" que se debería ocupar o transformar ni tampoco como una institución del subsistema económico o político. Así entendida la "lógica del capital" supone un proceso de expansión "totalizante" de las relaciones mercantiles y de la cosificación y fetichización que conllevan.[7] Y si el Estado y las relaciones políticas que se desarrollan dentro del sistema se derivan también histórica y lógicamente de ese proceso, esto supone también que el Estado se presenta como una relación fetichizada y que todas las formas políticas que escinden al trabajador del ciudadano en el modo de producción capitalista también lo son. No se deduce de aquí otra salida práctica que un proceso de "destrucción" o de "desgajamiento" del Estado al momento de la transformación de las relaciones sociales de explotación propias del capitalismo.

Conclusiones

A lo largo de este texto tratamos de exponer las características más sobresalientes de las teorías del Estado de Habermas y Offe, entendiendo que dichas teorías en ambos autores, y en realidad en muchos de los autores que han abordado el tema o bien desde una perspectiva materialista o de izquierda o directamente marxista, se encuentran relacionadas con teorías sociales que dan cuenta del funcionamiento históricamente situado de la sociedad capitalista.

En términos teóricos, pudimos ver cómo estas teorías se elaboran en la articulación de categorías hegelianas, marxistas, weberianas y finalmente empírico sistémicas del pensamiento social. Sería tal vez injusto sostener que teóricamente encontramos la preeminencia de un tipo u otro de categorías; sin embargo, en términos de las consecuencias prácticas que se desprenden de la teoría tenemos que decir que puede notarse el fuerte impacto que las teorías de sistemas (sobre todo la parsoniana) han tenido sobre el pensamiento sociológico alemán. Esta influencia ha impregnado

---

[7] Cfr. al respecto Lukács (1985) y también la relectura que de este texto hace John Holloway (2002).

mucha de la sociología alemana contemporánea con una impronta empirista que tiene serias consecuencias para el caso del pensamiento social que se considera emancipatorio. Si pensamos que no se puede aprehender un mundo complejo y contradictorio a partir de una teoría basada en la mera observación, estas teorías no pueden dar cuenta correctamente de las contradicciones presentes en la sociedad capitalista. Y eso es lo que les pasa en cierto modo a las teorías de Habermas y Offe, que han traducido la noción de totalidad hegeliana en clave de teoría de sistemas y donde lo dialéctico se piensa en términos de procesos de aumento y reducción de complejidad entre diferentes subsistemas o bien en términos de límites variables interpuestos por el mundo de la vida a los avances de los imperativos emanados del sistema social (sean éstos impulsados por el subsistema económico, político y estatal). Por eso, por ejemplo, la importancia que Habermas le asigna a los problemas de dirección sistémicos, o el hincapié hecho en la interacción consensual de modo de privilegiar los procesos de integración (recordemos que en Habermas la dicotomía presentada entre sistema y mundo de vida remite a diferentes "procesos de integración": la "sistémica" y la "social"); dado que su punto de vista tiende a sobreestimar la capacidad del sistema social para resolver los problemas que se le presentan, provengan éstos tanto del entorno como del mundo de la vida como de la interacción entre los distintos subsistemas.

Más allá de esto, tanto Habermas como Offe caracterizan al Estado a partir de las funciones que cumple en torno de los procesos de reproducción del sistema social del capitalismo tardío, es decir que para ellos el Estado es fundamentalmente capitalista y está constituido por un conjunto de instituciones regidas por procedimientos burocráticos de mandato-obediencia, antipolíticos, sustentados en acciones racionales con arreglo a fines. En tal sentido, el propio Habermas, que en sus primeros escritos asignaba al Estado un papel fundamental en la constitución de una esfera pública democrático-radical, reformula su posición al encontrar que el funcionamiento del Estado capitalista posee límites establecidos dentro del funcionamiento sistémico que le impiden generar "prácticas emancipatorias" e incluso abrir procesos de transición hacia una vía socialista.

En la misma dirección, Offe tiene argumentos más claros, ya que no sólo ve en el Estado una organización burocrático-sistémica regida por una racionalidad instrumental que permanentemente intenta invadir un mundo de la vida regido por otro tipo de acciones (comunicativas en el sentido habermasiano) no constituidas en términos de mandato-obediencia, sino que también lo ve como una institución del sistema que debe realizar por un lado intervenciones de mercantilización tendientes a garantizar los procesos de reproducción capitalista dentro del subsistema económico y por el otro procedimientos de desmercantilización tendientes a legitimar (políticamente y en el sentido sistémico del término) dichas intervenciones. Es decir que también Offe ve límites establecidos a los procedimientos de intervención del Estado dentro de los subsistemas económico y político. Concretamente, siendo un Estado capitalista que cumple funciones de garantizar la homeóstasis dentro del sistema, no puede entonces intervenir de modo tal de generar desequilibrios funcionales al interior del mismo sistema.

Esta descripción del Estado capitalista permite dar cuenta en un sentido empírico de cómo interviene esta institución tanto en el subsistema económico como también en el resto de los subsistemas –de un modo notoriamente técnico-burocrático– y además la forma de articulación entre el conjunto de dichos subsistemas en un marco de funcionamiento general sistémico. Es decir, dicha descripción da cuenta de que en este tipo de instituciones sistémicas se dificulta la construcción de alternativas democráticas que no sean absorbidas por la forma de funcionamiento técnico-burocrática institucional y que por lo tanto la práctica política emancipatoria tiene que tener ciertos reparos –y tener presente los límites funcionales mencionados que existen en este tipo de instituciones– a la hora de discutir una estrategia que pretenda una transformación "interna" de las mismas.

Ahora bien, si la transformación del sistema en términos generales no puede darse internamente, entonces sólo podrá darse desde fuera, y en el caso de estos autores esto es posible a partir de la emergencia de "nuevos movimientos sociales", que extraen sus normas de acción de un mundo de vida que genera procesos de integración social antes que procesos de integración sistémica. Sin embargo, en el marco del funcionamiento de las sociedades complejas del capitalismo tardío –y siempre para estos autores– esto no supone un proceso de contradicción entre sistema y mundo de la vida de modo tal que se termine por transformar el conjunto social, no supone un proceso de transformación que permita un cambio radical del capitalismo como modo de producción ni del Estado como institución co-constitutiva del modo de producción. Antes bien –como la distinción sistema-mundo de vida no es dialéctica sino en cierto modo complementaria– nos encontramos con que la preeminencia de un punto de vista empírico sostiene teóricamente la necesidad de existencia del funcionamiento sistémico pero complementado críticamente por el despliegue de acciones por parte de grupos cuyas normas discuten los imperativos funcionales sistémicos aunque en el límite de nunca querer negarlos del todo.

Podría decirse entonces que estas teorías "críticas", opuestas al empirismo vulgar, a las teorías de sistemas en sus versiones parsoniana y luhmanniana y a los puntos de vista neoconservadores, pierden de un modo notable –al hacer demasiado hincapié en el consenso y excluir ciertos tipos de prácticas emancipatorias como las provenientes de la esfera del trabajo– el potencial dialéctico que caracteriza, por ejemplo, a las teorías marxistas y cuyas consecuencias prácticas no son otras que la transformación democrática y radical de la sociedad. Sirven a la formulación de críticas al positivismo, a cierto idealismo, al neoconservadurismo en general y a las posiciones posmodernas; permiten explicar el colapso del Estado de bienestar y del modelo estatalista-totalitario soviético, los límites de intervención que se presentan a las políticas estatales, el porqué de la pérdida de credibilidad en las formas tradicionales-técnicas-institucionalizadas-partidarias de hacer política y la emergencia de nuevos movimientos sociales.

Todo esto, por cierto, es valorable cuando es expresado en un momento de reflujo, en un momento de "crisis de los grandes relatos", de emergencia de fuertes críticas posmodernas y de constitución de un formidable bloque neoconservador, como fueron los años ochenta y gran parte de los noventa del siglo pasado. Pero en otro momento, como el actual, cuando es un hecho el notable fracaso del neoconservadurismo radical y de las políticas neoliberales prácticamente en todo el mundo, es necesario decir que estos marcos teóricos necesitan de una profunda revisión crítica. En parte dicha revisión, como vimos, queda expresada en las críticas desplegadas durante el debate alemán sobre el Estado, por las críticas de la teoría de la lógica del capital y también por las críticas que se expresaron desde las manifestadas por los "habermasianos críticos". El intento crítico va en la búsqueda por recuperar el perdido punto de vista dialéctico, un tanto ausente de las teorías de Habermas y Offe.

La réplica que se desprende de la teoría de Offe a las posiciones derivacionistas y en la que se basan también los "habermasianos críticos" como Keane o Thompson, es que no sólo es posible una reformulación de las teorías de Habermas o de Offe en un sentido dialéctico (cosa que intenta Keane seriamente al no excluir, como hace Habermas, a los trabajadores de una esfera pública crítica en un sentido radicalizado, es decir, que no le quita al proletariado su potencialidad político-dialéctica) sino que el propio Offe en sus últimos escritos plantea la capacidad de los grupos de trabajadores de interpelar al Estado –incluso en un sentido un tanto instrumentalista, de utilizarlo– de una forma notablemente crítica, de modo que los intereses del mismo movimiento obrero contradigan los emanados de la esfera estatal y entonces a futuro las consecuencias sean más abiertas (no tan circunscritas al único funcionamiento dentro de las instituciones de la democracia formal) a la constitución de una democracia radicalizada.

El problema principal es que se presenta una contradicción, porque si se sostiene la idea moderna de una sociedad escindida en esferas diferenciadas de funcionamiento social, no se puede entonces reclamar una noción de totalidad que no se encuentre notablemente empobrecida en sus consecuencias prácticas. Y es aquí donde se vislumbran los límites teóricos de los habermasianos críticos y donde cobran plena vigencia los cuestionamientos provenientes del marxismo más "clásico" y de las posiciones cercanas a la teoría de la lógica del capital, ya que al negar aquellos autores la completa extensión de la ley del valor pierden de vista la noción de totalidad y consecuentemente, también potencialidad transformadora (dialéctica) en sus teorías. Pero para muchos teóricos marxistas, al negar toda política y toda organización, en la medida en que sostienen que –correctamente desde nuestra visión– el Estado es una forma cosificada (Lukács) o fetichizada derivada del funcionamiento de la ley del valor dentro de la sociedad capitalista, presentan algunos interrogantes en lo que respecta al proceso de construcción de alternativas.

Capítulo 5
Imperio, Poder y Estado. Los recientes aportes de Negri y Holloway

Alberto R. Bonnet

Introducción

En este artículo abordaremos algunos aportes a las reflexiones sobre el Estado capitalista, que venimos exponiendo en este volumen, que se encuentran en los escritos recientes de Antonio Negri y John Holloway. Libros como *Imperio,* de Negri y Michael Hardt, o *Cambiar el mundo sin tomar el poder,* de Holloway, ciertamente no pueden considerarse, en sentido estricto, como libros de teoría marxista del Estado. Consisten, más bien, en escritos dedicados a las características que reviste, o debería revestir, la práctica política revolucionaria en el marco del capitalismo contemporáneo. Sin, embargo, en la medida en que la propia existencia del Estado capitalista sigue planteando un desafío insoslayable para esa práctica política, escritos como éstos no pueden sino enfrentar ese desafío y contener aportes a la crítica de ese Estado capitalista. Tanto Negri como Holloway, por lo demás, cuentan en su haber con importantes escritos previos centrados estrictamente en la teoría marxista del Estado, a los que asimismo recurriremos en estas páginas.

Estas aclaraciones preliminares alcanzan para precisar nuestra intención en este capítulo: extraer de algunos escritos recientes de Holloway y Negri sus aportes específicos a la teoría marxista del Estado. Pero conviene agregar que, aunque recuperaremos aportes suyos anteriores cuando sea pertinente, nos centraremos en esos escritos mas recientes porque, justamente en la medida en que abordan cuestiones políticas de nuestros días, contribuyen específicamente a la critica del Estado capitalista en su forma contemporánea. En el marco de la llamada *globalización* y de las políticas neoliberales que la acompañaron, los Estados nacionales atravesaron profundas metamorfosis que obligaron a poner en debate su relevancia, sus características y sus relaciones con el mercado mundial y el sistema internacional de Estados. Y, aunque esas transformaciones y los debates que suscitaron incumben al sistema internacional de Estados en su conjunto, adquirieron una importancia particular para el caso de Estados nacionales de la periferia capitalista como el nuestro. La revitalización de prácticas políticas alternativas que no parecen tener su eje en la conquista del poder del Estado, desde las acciones y los discursos del movimiento antiglobalización en Seattle, Génova y Davos hasta los del zapatismo y de algunas organizaciones piqueteras y asambleas populares en nuestro continente y nuestro país, resultan incomprensibles sin atender a aquellas transformaciones y a aquellos debates.[1] Dos aclaraciones más se desprenden en este sentido. Nuestra decisión de abordar *Cambiar el mundo sin tomar el poder* e *Imperio* en un mismo capítulo de este volumen no implica que ambos textos deban considerarse como parte de una misma corriente de pensamiento. Entre las ideas de Negri y las de Holloway existen ciertamente algunas afinidades, pero también muchas diferencias, como veremos más adelante. Nuestra decisión se justifica más bien en que esos textos irrumpieron en la misma coyuntura y en los mismos movimientos sociales que, en un sentido muy amplio, podríamos asociar con una orientación autonomista o neo-autonomista. En pocas palabras: fueron leídos juntos y de ellos se extrajeron enseñanzas políticas afines. Esta coincidencia es significativa, desde luego, pero no debe sobreestimarse. Los dos textos, además, tuvieron importantes repercusiones y suscitaron amplias polémicas en ese contexto. Nosotros rescataremos aquí algunas de las intervenciones de esos debates, aunque restringiéndonos a las concernientes al Estado. *Cambiar el mundo sin tomar el poder* e *Imperio* se inscribieron así en el centro de los debates actuales de la izquierda para convocarnos, una vez más, a seguir discutiendo sobre el Estado capitalista.

El Estado en Holloway

Holloway apunta, en *Cambiar el mundo sin tomar el poder*, a discutir la centralidad otorgada al Estado en los paradigmas que orientaron la práctica política de la izquierda, ya fueran reformistas o revolucionarios, del pasado siglo xx. "La aparente imposibilidad de la revolución a comienzos del siglo veintiuno refleja, en realidad, el fracaso histórico de un concepto particular de revolución: el que la identifica con el control del Estado" (2002:

[1] Para análisis críticos de ciertas aristas concernientes a la relación con el Estado de estas prácticas políticas, remitimos a Thwaites Rey (2003 y 2004) y Bonnet (2004).

28). La ambiciosa sentencia merecería ser acompañada, ciertamente, de reflexiones acerca de las revoluciones del siglo veinte mucho más detalladas que las ofrecidas por Holloway en su volumen. Más detalladas, en cualquier caso, que las que alcanzarían para sostener una sentencia inversa acerca del fracaso histórico de tantos paradigmas, hoy acaso olvidados, que negaron aquella centralidad al Estado. Pero Holloway no deja de advertir esta reticencia de la historia política a avalar sus conclusiones: "podría sostenerse que la experiencia de los movimientos que han tenido por objetivo cambiar el mundo sin tomar el poder sugiere que tales intentos también carecen de realidad. El argumento para explorar la posibilidad de cambiar el mundo sin tomar el poder no se basa sólo en la experiencia histórica –aclara– sino también en la reflexión teórica sobre la naturaleza del Estado" (*idem*: 37). Y esta advertencia nos ubica, una vez más, ante la necesidad de reflexionar sobre el Estado capitalista.

Holloway argumenta contra el paradigma reformista en los siguientes términos: "A primera vista parecería obvio que lograr el control del Estado es clave para el advenimiento del cambio social. El Estado reclama ser soberano, ejercer el poder al interior de sus fronteras. Esto es central en la idea habitual de democracia: se elige un gobierno para que cumpla con la voluntad de las personas por medio del ejercicio del poder en el territorio del Estado. Esta idea es la base de la afirmación socialdemócrata de que el cambio radical puede alcanzarse por medios constitucionales. El argumento en contra de esta afirmación es que el punto de vista constitucional aísla al Estado de su contexto social: le atribuye una autonomía de acción que de hecho no tiene. En realidad, lo que el Estado hace está limitado y condicionado por el hecho de que existe sólo como un nodo en una red de relaciones sociales. Esta red de relaciones sociales se centra, de manera crucial, en la forma en que el trabajo está organizado. El hecho de que el trabajo esté organizado sobre una base capitalista, significa que lo que el Estado hace y puede hacer está limitado y condicionado por la necesidad de mantener el sistema de organización capitalista del que es parte. Concretamente, esto significa que cualquier gobierno que realice una acción significativa dirigida contra los intereses del capital encontrará como resultado una crisis económica y la huida del capital del territorio estatal" (*idem*: 30). Esta afirmación de que las funciones del Estado capitalista ("lo que hace y puede hacer") están determinadas por la división social del trabajo ("la forma en que el trabajo está organizado") parece, a primera vista, suponer una determinación del carácter capitalista del Estado en términos de estructura y superestructura. Es importante aclarar, sin embargo, que Holloway determina ese carácter capitalista del Estado, en la senda del debate alemán de la derivación del Estado, considerándolo como forma de las relaciones sociales capitalistas.[2] "El centro del debate sobre el Estado como una forma particular de las relaciones sociales —anota más adelante— es el quiebre crucial con el determinismo económico implicado, por ejemplo, por el modelo base-superestructura (y sus variantes estructuralistas). En el modelo base-superestructura, la base económica determina (en última instancia, por supuesto) lo que el Estado *hace, sus* funciones. (...) Entonces la pregunta no es: ¿cómo determina lo económico la superestructura política?, más bien es: ¿qué es lo peculiar de las relaciones sociales del capitalismo que hace surgir la rigidización (o particularización) de las relaciones sociales en la forma del Estado? El corolario de esto es la pregunta: ¿qué es lo que hace surgir a la constitución de lo económico y lo político como momentos distintos de las mismas relaciones sociales? Seguramente la respuesta es que hay algo distintivo en el antagonismo social en el que se basa el capitalismo (como cualquier otra sociedad de clase). Bajo el capitalismo, el antagonismo social (la relación entre clases) está basado en una forma de explotación que no tiene lugar abiertamente, sino a través de la 'libre' compra y venta de fuerza de trabajo como una mercancía en el mercado. Esta forma de relación de clases presupone una separación entre el proceso inmediato de explotación, que se basa en la 'libertad' del trabajo, y el proceso de mantenimiento del orden en una sociedad explotadora, que implica la necesidad de coerción (...) En tanto una forma de las relaciones sociales capitalistas, su existencia depende de la reproducción de esas relaciones: por lo tanto no es sólo un Estado en una sociedad capitalista sino un Estado capitalista, ya que su propia existencia continua está sujeta al fomento de la reproducción de las relaciones sociales en su conjunto" (*idem*:143-4). Holloway recupera de esta manera, en gran medida, sus aportes previos a la teoría marxista del Estado, sustentados a su vez en aquella recuperación crítica del legado del debate de la derivación. Sin embargo, advirtamos que, si de esta particularización del Estado como forma de las relaciones sociales capitalistas se sigue el carácter capitalista de ese Estado, en contraposición con su extrema autonomización reformista, ciertamente no se sigue que dicho Estado sea apenas "un nodo en una red de relaciones sociales", o "sólo un nodo en una red de relaciones de poder" (p.40), o

---

[2] Remito a mi propio capítulo sobre el debate alemán incluido en este volumen. No abundaremos aquí en los conceptos usados por Holloway en estos argumentos recurriendo extensamente a sus escritos previos —algo que sí haremos en alguna medida en el caso de Negri— porque resultarán comprensibles revisando la intervención de Holloway en los debates de la *derivación* y *reformulación* del Estado, examinada en ese capítulo.

"sólo un elemento en el despedazamiento de las relaciones sociales" (*idem*: 116), o expresiones semejantes. La justa crítica contra la autonomización del Estado respecto de las relaciones sociales capitalistas, relaciones sociales a partir de las cuales ese Estado se particulariza como forma de la dominación política, parece deslizarse en semejantes expresiones hacia una negación a secas de la centralidad que ese Estado reviste dentro de la propia sociedad capitalista.[3] Volveremos más adelante sobre esta cuestión.

Ahora bien, en cualquier caso, esa crítica de la autonomización del Estado no puede, como reconoce Holloway, hacerse extensiva al paradigma revolucionario. "Los movimientos revolucionarios inspirados por el marxismo siempre han sido conscientes de la naturaleza capitalista del Estado. ¿Por qué, entonces, se han concentrado en el hecho de ganar el poder del Estado como el medio para cambiar la sociedad?" (*idem*: 30-31). Holloway responsabiliza, como una primera respuesta a esta pregunta, a la concepción instrumentalista del Estado que habría predominado en ese paradigma revolucionario. "La noción de instrumento implica que la relación entre el Estado y la clase capitalista es externa: como un martillo, la clase capitalista manipula ahora al Estado según sus propios intereses; después de la revolución, éste será manipulado por la clase trabajadora según sus propios intereses" (*idem*: 31). Y esta concepción instrumentalista del Estado dentro del paradigma revolucionario no se encontraría, a su vez, muy lejos de aquella autonomización del Estado propia del paradigma reformista.

"Tal punto de vista reproduce, quizás inconscientemente, el aislamiento o la autonomización del Estado respecto de su propio contexto social, aislamiento cuya crítica es el punto de partida de la política revolucionaria" (*ibidem*). Este argumento merecería una discusión mucho más detallada de la que podemos encarar en estas páginas. Digamos que seguramente la concepción del Estado predominante en ese paradigma revolucionario puede ser definida como instrumentalista y cuestionada por su subestimación de la pervivencia de rasgos constitutivos del Estado capitalista en los Estados postrevolucionarios. Y en este sentido, las advertencias de Holloway son muy pertinentes. Pero digamos también que, en verdad, a diferencia del paradigma reformista, ese paradigma revolucionario nunca asumió propiamente al Estado capitalista como instrumento que pudiera manipularse a voluntad para fines revolucionarios sin que mediaran cambios radi-

---

[3] Este deslizamiento conduce a Holloway –aunque involuntariamente, pues Holloway guarda una sana distancia respecto del posestructuralismo– cerca de la consabida concepción del poder como una red de micropoderes que sustenta las micropolíticas posmodernas (véase Bonnet 2005).

cales en sus características.[4] La cuestión del Estado en los procesos revolucionarios, si partimos asumiendo a la separación entre lo político y lo económico como constitutiva del Estado capitalista, debería analizarse atendiendo a la dinámica de pervivencia y/o supresión de esa separación en el seno de esos procesos revolucionarios. Esta dinámica fue distinta en los diversos procesos revolucionarios de los siglos xix y xx, e incluso en cada fase de sus respectivos desenvolvimientos, pero en ningún caso quedó clausurada de antemano mediante ninguna asunción del Estado como un instrumento separado de la sociedad y manipulable para transformar dicha sociedad desde afuera.

La segunda respuesta de Holloway a aquella pregunta apunta a la asunción, dentro de ese paradigma revolucionario, del carácter nacional de las relaciones sociales capitalistas. "El mundo, en esta concepción, está formado por muchas sociedades nacionales, cada una con su propio Estado, que se relacionan entre sí en una red de relaciones internacionales (...) El problema de tal perspectiva es que las relaciones sociales nunca han coincidido con las fronteras nacionales" (*idem*: 31-32). Frente a unas relaciones sociales precapitalistas de naturaleza territorial, argumenta Holloway, las relaciones sociales capitalistas, mediadas por el dinero, resultan de una emancipación de la explotación respecto de sus límites territoriales. La revolución contra estas relaciones sociales capitalistas no puede pensarse, en consecuencia, encerrada en las fronteras de los Estados nacionales. Este argumento de Holloway constituye un punto de partida insoslayable tanto para entender los conceptos mismos de *Estado* y *capital* como la conformación histórica del sistema internacional de Estados y del mercado mundial. Este argumento acarrea también importantes implicancias políticas, pues priva de cimientos a las más diversas estrategias nacionalistas de emancipación social. Pero es importante advertir que dicho argumento tampoco puede conducir a minusvalorar la importancia del Estado como forma de esas relaciones sociales capitalistas. Si seguimos partiendo de la separación entre lo político y lo económico como constitutiva de las relaciones sociales capitalistas, debemos concluir que dichas relaciones sociales son ciertamente aterritoriales, pero también que se territorializan en los Estados nacionales. Las relaciones sociales capitalistas son mundiales por propia naturaleza y su escenario histórico más adecuado es el mercado mundial, pero requieren asimismo una territorialización mediante la compartimentalización de ese mercado mundial por parte del sistema internacional de

---

[4] En sentido estricto, ni siquiera a Lenin, a quien tiene en mente por excelencia Holloway en estas críticas al paradigma revolucionario, podría aplicarse sin matices esta objeción.

Estados. "La mediación de las relaciones sociales por el dinero –argumenta Holloway– significa una completa desterritorialización de esas relaciones: no existe razón por la cual el empleador y el empleado, el productor y el consumidor, o los trabajadores que cooperan en el mismo proceso de producción, deban estar en el mismo territorio" (*idem*: 32). Este argumento es tan acertado como los anteriores, siempre que dicha "completa desterritorialización" no conduzca a conclusiones unilaterales. Es decir, siempre que sea acompañado por el argumento de que esas relaciones sociales no sólo son mediadas por el dinero, sino también por la ciudadanía, de que esos diversos territorios en que pueden encontrarse capitalistas y trabajadores o productores y consumidores siguen siendo territorios sometidos a soberanías nacionales, de que los Estados nacionales siguen recortando mercados internos que enmarcan la explotación, y así sucesivamente. Recordemos que incluso aquella mediación dineraria de las relaciones sociales opera de hecho, a escala mundial, a través de un sistema monetario internacional constituido por una estructura jerárquica de monedas nacionales... La efectiva dimensión aterritorial de las relaciones sociales capitalistas desmiente cualquier proyecto emancipatorio encerrado en las fronteras de cualesquiera Estados nacionales, pero de ningún modo socava la centralidad que revisten esos Estados nacionales para la territorialización de esas relaciones sociales y, por consiguiente, frente a cualquier proyecto emancipatorio.

Retomando de conjunto estos argumentos de Holloway acerca de la posición del Estado en el paradigma revolucionario, puede afirmarse que dichos argumentos proveen advertencias importantes para la práctica política, aunque no son concluyentes en la medida en que aspiren a demostrar que ese paradigma consideró al Estado como un simple instrumento que puede tomarse y manipularse ni a las fronteras nacionales de ese Estado como contexto de la revolución. Y Holloway parece reconocer estas restricciones a propósito de las conclusiones que puede derivarse de sus argumentos, aunque, desafortunadamente, para saltar por encima de ellas hacia una conclusión aún más osada: "es importante evitar ciertas caricaturas crudas –advierte–, pero sigue siendo un hecho el que generalmente se ha considerado la toma del poder del Estado como un elemento particularmente importante, un punto central en el proceso de cambio social, un elemento que exige también una concentración de las energías dedicadas a la transformación social. Concentrarse en esto privilegia, inevitablemente, al Estado como lugar de poder" (*idem*: 33). En efecto, esta conclusión es mucho más ambiciosa que los anteriores y, simultáneamente, mucho menos cuestionable: el Estado reviste efectivamente, dentro del paradigma revolucionario en cuestión, esta centralidad señalada por Holloway. Pero el problema es que ninguno de sus argumentos anteriores alcanza para cuestionar esta centralidad del Estado y el problema, más grave aún, es que sus argumentos posteriores supondrán necesariamente esta misma centralidad del Estado que aquí está cuestionando...

Veamos. Uno de los ingredientes decisivos del proyecto de cambiar el mundo sin tomar el poder propuesto por Holloway es la distinción entre poder-sobre (*power over*, o poder como *potestas*) y poder-hacer (*power to*, o poder como *potentia*). Sostiene así que, en las sociedades precapitalistas, el poder-sobre descansa en relaciones personales entre los dominadores y los dominados (esclavos propiedad del amo, siervos sometidos al señor), mientras que en la sociedad capitalista ese poder-sobre descansa en una relación impersonal entre esos dominadores y lo hecho (capitalistas propietarios de los medios de producción). Holloway recupera, en este sentido, el conocido argumento marxiano a propósito de la conversión de la fuerza de trabajo (el poder-hacer) en una mercancía adquirible por el capital (el poder-sobre). El capital depende de la propiedad de los medios de producción del trabajador que, convertido en persona jurídicamente libre y propietaria de su fuerza de trabajo, es a la vez no-propietaria de esos medios de producción. "Eso es el capital: la afirmación del comando de otros sobre la base de la 'propiedad' de lo hecho y, en consecuencia, de los medios de hacer, la condición previa del hacer de aquellos otros a los que se comanda" (*idem*: 56).

Vayamos ahora al papel que Holloway atribuye al Estado capitalista en esta separación entre el poder-hacer y lo hecho. "El capital no se basa en la propiedad de las personas sino en la propiedad de lo hecho y, sobre esta base, del repetido comprar el poder-hacer de las personas. Dado que no hay propiedad de las personas, ellas muy fácilmente pueden rechazar tener que trabajar para otros sin sufrir un castigo inmediato. El castigo proviene más bien del hecho de ser separadas de los medios de hacer (y de supervivencia). El uso de la fuerza no proviene entonces de la relación directa entre capitalista y trabajadora o trabajador. La fuerza, en primer lugar, no se centra en el hacedor sino en lo hecho. No la ejerce el propietario individual de lo hecho porque eso sería incompatible con la naturaleza libre de la relación entre el capitalista y la trabajadora o el trabajador, sino en una instancia separada responsable de proteger la propiedad de lo hecho: el Estado. La separación entre lo económico y lo político (y la constitución misma de lo 'económico' y lo 'político' por esta separación) es, por lo tanto, central para el ejercicio de la dominación bajo el capitalismo (...) Sin esta separación, la propiedad de lo hecho (como opuesta a la posesión meramente temporal) y, por lo tanto, el capitalismo mismo, serían imposibles" (*idem*: 58). Este argumento recupera la derivación del Estado a la que ya hicimos referencia. Pero: ¿cómo puede compatibilizarse esta afirmación de que la separación entre lo económico y lo político constitutiva del Estado capitalista es "central para el ejercicio de la dominación bajo el capitalismo" con aquel reproche esgrimido contra el paradigma revolucionario de "privilegiar al Estado como lugar de poder"? ¿Y qué relación guarda esta misma afirmación de que la separación entre lo económico y lo político constitutiva del Estado capitalista es "central para el ejercicio de la dominación bajo el capitalismo" con aquellas otras afirmaciones de que el Estado sería "sólo un nodo en una red de relaciones de poder" o "sólo un elemento en el despedazamiento de las relaciones sociales"?

El Estado capitalista aparece entonces como una instancia central para la dominación capitalista y, simultáneamente, como una instancia a la cual la lucha contra esa misma dominación capitalista no debería otorgar centralidad alguna. La supresión práctica del Estado capitalista es reemplazada, en consecuencia, por una superación meramente idealista –en el más riguroso sentido del término– de ese Estado capitalista.[5] Y si aún fuera necesario recordar aquí que ambas cosas son distintas, bastaría con recordar algunas líneas de aquella carta escrita por Engels a Carlo Cafiero poco después de la Comuna de París: "durante la insurrección de Lyon en septiembre de 1870, aplastada por la fuerza armada, Bakunin decretó en la Casa Consistorial la abolición del Estado, sin tomar ninguna medida contra todos los burgueses de la Guardia Nacional, que se dirigieron tranquilamente a la Casa Consistorial, echaron a Bakunin y en menos de una hora restablecieron el Estado" (Engels 1974: 27).[6]

---

[5] Esta crítica de Engels a Bakunin reaparece en la reciente crítica de De Angelis a Holloway: "Hay algunas escalas críticas de la acción en las cuales, si usted ejerce el poder, *ellos* mandan a la policía y al ejército. Entonces, ciertamente, el poder debe ser ejercido y no tomado, pero nos negamos a nosotros mismos si no reconocemos y por ende problematizamos el hecho de que hay *modos de ejercicio del poder hacer* que se encuentran *en pugna*, digamos el poder de los sin tierra de reclamar la tierra, construir escuelas, casas y hospitales y comunidad, y el poder del ejército de disparar, asesinar, arrasar la tierra y devolverla a los propietarios multinacionales 'legales'" (De Angelis 2006). Por supuesto, Holloway advierte esta deriva de su argumento y reflexiona alrededor de la misma en varios debates suscitados tras la publicación de *Cambiar el mundo* (especialmente Holloway 2006).

[6] Es imperioso reconocer, sin embargo, que las posiciones políticas adoptadas por el propio Holloway son rigurosamente coherentes con su prescripción de que las luchas contra la dominación capitalista desconozcan la centralidad que el Estado reviste para esa misma dominación capitalista. Así sucede, por excelencia, en su apoyo incondicional a *La otra campaña* desarrollada por los zapatistas frente a las últimas elecciones mexicanas (un excelente debate acerca de las potencialidades y limitaciones de esta nueva iniciativa zapatista, con intervenciones del propio Holloway, se encuentra en el número 10 de la revista mexicana *Bajo el Volcán*). Esto no sucede, como veremos más adelante, en el caso de Negri y Hardt.

El Estado en Negri y Hardt

Negri y Hardt coinciden con Holloway en la necesidad de discutir la centralidad otorgada al Estado en las concepciones tradicionales de la política revolucionaria, pero esta coincidencia no se extiende mucho más allá de este punto. En efecto, mientras las afirmaciones de Holloway en este sentido se sustentan en argumentos concernientes al Estado capitalista en general (o al Estado como forma de las relaciones sociales capitalistas), las de Negri y Hardt se sustentan en argumentos concernientes a las transformaciones contemporáneas de ese Estado capitalista (o mejor, al pasaje de una modalidad estatal a una supraestatal de soberanía). "La constitución capitalista de las relaciones sociales –decía Holloway– es esencialmente global. Su no-territorialidad es propia de la esencia del capital y no sólo el producto de la fase actual de 'globalización'" (2002: 146). "Junto con el mercado global y los circuitos globales de producción surgieron un nuevo orden global, una lógica y una estructura de dominio nuevas: en suma, una nueva forma de soberanía, dicen Negri y Hardt. Nuestra hipótesis básica consiste en que la soberanía ha adquirido una forma nueva, compuesta por una serie de organismos nacionales y supranacionales unidos por una única lógica de dominio. Esta nueva forma global de soberanía es lo que llamamos 'imperio'" (2002: 11).

Se trataría pues de una modalidad de soberanía novedosa porque estaría reemplazando la declinante soberanía de los Estados-nación, una nueva modalidad de soberanía que no debe confundirse con la extensión imperialista de la soberanía de ninguno de esos Estados-nación preexistentes. Y la emergencia de esta nueva modalidad de soberanía descansa en una serie de procesos históricos usualmente asociados con la globalización o, para decirlo en palabras de Negri y Hardt, con la subsunción real del trabajo al capital registrada a escala del mercado mundial en su conjunto. "Cuando se forma una nueva realidad social que integra tanto el desarrollo del capital como la proletarización de la población en un solo proceso, la forma política de mando debe modificarse y articularse de un modo y en una' escala que se adapten a este proceso: un cuasi-Estado global del régimen disciplinario [*a global quasi-state of the disciplinary regime*]" (*idem*: 227). Examinemos ahora con mayor detalle los argumentos de Negri y Hardt acerca de la génesis y las características del imperio.

El imperio emerge, en sus argumentos, como una modalidad de soberanía –es decir, de comando capitalista– acorde con el grado de socialización e intelectualización alcanzado por el proceso de producción en el marco del capitalismo contemporáneo. El concepto de trabajo inmaterial, entendido como una modalidad de trabajo plenamente social e intelectual que produce bienes inmateriales –conocimientos, informaciones, comunicaciones y afectos– desempeña un papel articulador en este punto.[7] "La figura de la fuerza de trabajo inmaterial (dedicada a tareas relacionadas con la comunicación, la cooperación y la producción y reproducción de afectos) –escriben Hardt y Negri– ocupa una posición cada vez más central, tanto en el esquema de la producción capitalista como en la reproducción del proletariado" (*idem*: 60). En efecto, el trabajo inmaterial define una nueva "composición de clase" (el "obrero social", sucesor del "obrero masa" y del "obrero profesional") que actualiza sociológicamente la noción filosófica más amplia de "multitud" en las condiciones del capitalismo contemporáneo y, asimismo, define un nuevo "paradigma productivo" (la "producción biopolítica", posfordista y postindustrial).[8] No vamos a detenernos aquí a discutir la interpretación que Hardt y Negri proponen acerca de estas transformaciones en los procesos de producción del capitalismo contemporáneo, pues escapan al marco de la teoría del Estado en sentido estricto. Explicitemos apenas su procedimiento: parten de ciertos cambios efectivamente registrados en procesos productivos de algunos sectores avanzados de la producción capitalista (la informática, la genética, las comunicaciones, ciertos servicios), considerándolos como indicadores del advenimiento de una producción completamente socializada e intelectualizada, para concluir que esa producción inmaterial tiende a hegemonizar la producción capitalista en su conjunto. Por cierto, este procedimiento es incuestionable desde una perspectiva metodológica y, en análisis como los de la tendencia hacia la socialización del trabajo incluidos en los *Grundrisse,* tan caros a Negri (1991), Marx mismo proveyó algunas de sus mejores aplicaciones. La validez de la interpretación depende así, naturalmente, de que se identifique y se interprete correctamente esas tendencias y se las asuma como tales –es decir, como tendencias aún no realizadas en el presente, atravesadas de contradicciones, cuya realización sigue siendo siempre indeterminada– y, en este sentido, la interpretación de Negri y Hardt acerca de las transformaciones de los procesos productivos en el capitalismo contemporáneo merecería una minuciosa crítica.

[7] Negri desarrolla esta problemática en numerosos trabajos, pero son especialmente relevantes varios de sus artículos publicados en la revista parisina *Futur Anterieur* durante los noventa. Algunos fueron reunidos en español en Negri y Guattari (1999) y las versiones originales se encuentra ahora en la web en multitudes.semizdat.net.

[8] La distinción entre estas dimensiones filosófica y sociológica de la argumentación de Negri en este punto se encuentra en Bensaïd (2005). Véanse particularmente su asimilación de la noción spinoziana de *multitud* (en Negri 1993) y su hipótesis sobre la emergencia de una nueva composición de clase con el *obrero social* (en Negri 1980), que seguirán presentes en textos posteriores.

En cualquier caso, Hardt y Negri sostienen aquella hipótesis acerca de la emergencia de una nueva modalidad de soberanía en estos cambios en los procesos productivos: el imperio es la modalidad de soberanía correspondiente a esta modalidad de producción biopolítica. Pero aquí debemos detenernos porque es precisamente en este vínculo entre soberanía y producción, o entre Estado y capital, donde radican importantes aportes específicos de Negri y Hardt a la teoría marxista del Estado. Negri y Hardt recuperan en *Imperio* la definición marxista del Estado como "capitalista colectivo en idea" (Engels 1975) y proponen una periodización de las relaciones entre Estado y capital que descansa sobre una tendencia hacia la creciente imbricación entre ambos; en otras palabras, hacia la supresión de la separación entre lo político y lo económico, de la distinción entre Estado y sociedad civil, de la autonomía de lo político.

En los siglos XVIII a mediados del XIX "el Estado administraba los asuntos del capital social total, pero para hacerlo requería poderes de intervención relativamente moderados" (*idem*: 270). A mediados del siglo XIX y comienzos del XX, en cambio, "interna y externamente, los Estados nación se vieron obligados a intervenir con mayor energía para proteger los intereses del capital social total contra los capitalistas individuales" (*idem*: 271). Digamos, de paso, que no resulta para nada evidente en qué sentido, valiéndonos de los propios ejemplos de Hardt y Negri, la organización del comercio con las colonias por las coronas metropolitanas a través de compañías de indias implica un grado menor de intervención estatal en la acumulación capitalista que la sanción de leyes antitrust. Pero, en cualquier caso, mucho menos evidente aún, y muchos más importante para los debates actuales, resultaría saber cómo podemos entender las relaciones entre Estado y capital en el capitalismo de nuestros días, partiendo siempre de la tendencia hacia una creciente imbricación entre ambos subyacente a esta periodización. En efecto, la forma neoconservadora de Estado parece, más bien, reimponer aquella escisión entre lo político y lo económico que, asumiendo dicha tendencia, deberíamos dar por superada. La respuesta de Hardt y Negri consiste en una suerte de salto hacia delante: "hoy ha madurado plenamente una tercera fase de esta relación, en la cual las grandes compañías transnacionales han superado efectivamente la jurisdicción de los Estados nación" (*ibidem*). Tendría lugar así un desplazamiento de la soberanía desde los desbordados Estados nacionales hacia ciertas instancias supranacionales que, articuladas, constituyen el imperio. "El hecho de reconocer que las grandes empresas transnacionales extendieron su poder más allá y por encima del gobierno constitucional de los Estados-nación no debería hacernos suponer que los mecanismos y controles constitucionales perdieron su fuerza, ni que las compañías transnacionales, relativamente libres de los Estados-nación, tiendan a competir y administrarse libremente. Lo que ha ocurrido es que las funciones constitucionales de trasladaron a otro nivel. Después de reconocer la decadencia del sistema constitucional nacional tradicional, lo que debemos hacer es indagar cómo se constitucionalizó el poder en un nivel supranacional o, para decirlo de otro modo, cómo comienza a formarse la constitución del imperio" (*idem*: 273). Estas afirmaciones pueden aparecer a primera vista como resultantes de una sorpresiva adhesión de Hardt y Negri al discurso dominante en nuestros días acerca de la crisis de los Estados nacionales. Pero sería una lectura errónea.[9] En estas afirmaciones desemboca, en realidad, un extenso proceso de reflexión de Negri, que se remonta hasta sus primeros escritos, acerca de las metamorfosis del Estado capitalista.

Ya en un trabajo de 1964, que permanecería inédito durante años, Negri afirmaba que "la constitución política y jurídica tiende a repetir la constitución económica de la sociedad en la medida en que la dimensión material de la producción social identifica Estado y sociedad. En contraste con el Estado de derecho, entonces, el Estado social asume la relación de clase entera en su corazón. Sustituye la tarea de garantizar las condiciones para la autorregulación del capital por el proyecto de integrar a las clases y regular el capital globalmente" (1996ª: 72). Y en sus trabajos posteriores sobre ese Estado social –ese Estado reformista keynesiano de posguerra que bautizaría como *stato piano*– retomaría estas afirmaciones. En su conocido artículo de 1967 sobre el pensamiento de Keynes sostendría así que el pasaje del Estado liberal al Estado keynesiano "fue el entierro final del mito liberal clásico de la separación entre Estado y mercado, el fin del *laissez faire*" (1996b: 27). El manejo político macroeconómico de la demanda agregada de inspiración keynesiana pondría en juego, no un Estado que interviene en la acumulación, puesto que ese intervencionismo se remonta ya al último tercio del siglo xix, sino un Estado que planifica la acumulación capitalista suprimiendo la distinción entre Estado y sociedad civil (véase asimismo Negri 1988b).

A estas reflexiones sobre el Estado de posguerra subyace, en efecto, la hipótesis de que la tendencia de la producción capitalista hacia una socialización creciente conduce a su vez a una tendencia hacia la supresión de la

---

[9] El mejor exponente de este (entre muchos otros) malentendido es el ensayo de Borón (2002). Una sólida exposición de las raíces de las ideas más recientes de Negri en su período autonomista, aunque no compartimos muchas de sus apreciaciones, se encuentra en Callinicos (2001).

separación entre Estado y capital. Esta hipótesis, empero, envuelve importantes problemas para la teoría del Estado. En un artículo de 1974 dedicado a la crítica a la concepción del Estado de la denominada "escuela del capitalismo monopolista de Estado" Negri interpretaba las sucesivas definiciones marxianas y engelsianas del Estado capitalista en paralelo con una supuesta evolución histórica de ese Estado capitalista. Y concluía: "El movimiento, por consiguiente, es desde un máximo de instrumentalización del Estado por el capital hacia un máximo de integración organizacional del Estado capitalista con la sociedad civil. En la fase contemporánea de la lucha de clases, el Estado capitalista muestra un nivel de integración estructural de la sociedad civil que se acerca a los límites extremos previsibles. El Estado capitalista comienza a definirse *realmente* como un 'capitalista colectivo en idea'" (1996c: 145). Estas afirmaciones permitían a Negri criticar el instrumentalismo inherente a ciertas versiones de la concepción del Estado de aquella escuela del capitalismo monopolista de Estado –el Estado como instrumento de los monopolios–, pero no ciertamente su identificación entre Estado y capital, la idea de fusión entre Estado y monopolios. La crítica, de esta manera, se debilitaba sensiblemente. Holloway acierta en este sentido cuando señala, a propósito de ese mismo Estado de posguerra, que "la nueva integración de los Estados dentro del circuito internacional del capital se puede ver como una intensificación de la socialización del capital. Esto no significa que haya una fusión efectiva entre el Estado y los monopolios o los capitales individuales (como sugieren, de manera muy distinta, las teorías de Negri y de los teóricos del capitalismo monopolista de Estado), sino que los movimientos de ataque y (sobre todo) de defensa del capital son más estrechamente coordinados a un nivel nacional e internacional. El caos inherente a la producción de valor no está superado, pero hay consecuencias significativas para la forma en la cual se presenta la crisis así como para las formas que toman las luchas alrededor de la reestructuración del capital" (Holloway 1994: 55).

Pero los problemas que plantea para la teoría del Estado esta hipótesis de Negri de que la tendencia hacia la socialización de la producción capitalista conduce a una tendencia a la completa imbricación entre Estado y capital no se reducen, naturalmente, a su coincidencia en los hechos con la concepción de la escuela del capitalismo monopolista de Estado. La separación entre lo político y lo económico, entre Estado y capital, aparece así como una característica pasajera de una forma de Estado en particular –digamos, del Estado liberal clásico– en vez de ser asumida como una característica constitutiva del Estado capitalista como forma política de las relaciones sociales capitalistas, es decir, del Estado capitalista en general.

Desde luego, esto no implica que, una vez impuesta esa separación entre lo político y lo económico con esa forma de Estado liberal, los modos en que se articularán Estado y capital no hayan variado históricamente con las sucesivas formas de Estado y modalidades de acumulación; implica, en cambio, que la propia separación entre Estado y capital permanecerá como constitutiva de los propios conceptos de Estado y capital, reproduciéndose como proceso permanente y antagónico de separación a través de la lucha de clases (véase en este sentido Holloway 1994).

Y los problemas que aquella hipótesis plantea para el análisis de la evolución contemporánea del Estado capitalista no son menores que los anteriores. Si parecía plausible –aunque siguiera siendo íntimamente equivocado– interpretar el Estado keynesiano en términos de un intervencionismo económico que consumaba aquella supuesta tendencia a la supresión de la separación entre Estado y capital, ¿de qué plausibilidad gozaría cualquier interpretación, sobre la base de esa tendencia, de un Estado neoconservador que se empeñaría en reimponer la más estricta separación entre lo político y lo económico? ¿Qué forma de Estado se encontraría más allá de aquellos "límites extremos previsibles" de "integración estructural de la sociedad civil en el Estado"? Negri vacilaría en su respuesta a estas preguntas: revisemos estas vacilaciones.

Es sabido que el Estado keynesiano entró en crisis mucho antes de que la contrarrevolución neoconservadora encarara la tarea de desmantelarlo, es decir, ya a comienzos de la década de 1970. En un artículo de 1971 Negri anunciaba así la transición desde ese *stato piano* hacia un *stato crisi* que empleaba las crisis –i.e., las devaluaciones que siguieron al colapso del sistema monetario y financiero de Bretton Woods– como mecanismo de reestructuración del capital (véase 1988d). Pero las crisis cambiarias en cuestión no eran desencadenadas por los Estados, desde luego, sino por los ciegos movimientos internacionales de capitales.

Si en el Estado plan había culminado una secuencia que iba de la empresa al plan y del plan al Estado, argumentaba Negri por entonces, el Estado crisis revertía esa secuencia: las empresas multinacionales devenían las instancias claves del comando capitalista y los Estados nacionales retrocedían ante ellas. ¿Cómo evitar cuestionar aquella supuesta tendencia a la imbricación entre Estado y capital a la luz de este proceso? En las postrimerías de la década de los setenta, finalmente, ese Estado keynesiano comenzaría a ser desmantelado por la reacción neoconservadora. Negri introduciría entonces, en un artículo de 1980, la hipótesis de que el *welfare state* de posguerra estaría deviniendo un *warfare state*. "La ideología del *laissez faire* de la 'nueva derecha' implica como corolario la extensión de nuevas técnicas de intervención coercitiva y estatal en la sociedad en su conjunto: o, más precisamente, un nuevo incremento decisivo en la subsunción de la sociedad en el Estado" (1988e: 183). El Estado crisis habría intentado constituirse en una versión autoritaria de ese *welfare state* que, sin embargo, no habría estado en condiciones de adaptarse a los niveles alcanzado de socialización de la producción y habría entrado en crisis a su vez. Emergería así una forma de Estado cuasi-fascista –i.e., fascista política, aunque no económicamente hablando– que acompañaría sus políticas monetarias de austeridad con una represión creciente. Se trataría de "una forma de Estado sustentada en la ruptura entre el desarrollo capitalista y las luchas de la clase trabajadora" (*idem*: 187) y, por consiguiente, de un Estado extremadamente parasitario y coercitivo. Negri resumía esta evolución del Estado capitalista en un "esquema de tres fases: primera fase, expansión indiscriminada del bienestar y reconocimiento de la nueva naturaleza socializada de la fuerza de trabajo; segunda fase, un plan de control basado en el paradigma de la productividad y una estrategia de corporativismo combinado con guetización; tercera fase, reconstrucción de un equilibrio general de tipo "fascista"" (*idem*: 189).

Todas las marchas y contramarchas argumentativas que hemos venido registrando y que culminan en esta curiosa concepción del Estado neoconservador como cuasi-fascista resultan, en definitiva, de aquella asunción de una supuesta tendencia subyacente hacia la supresión de la separación entre Estado y capital. Mucho menos enmarañado y más adecuado a los hechos, ciertamente, hubiera sido un análisis de las metamorfosis registradas por el Estado capitalista durante las últimas décadas que, sin presuponer esa supresión de la separación entre Estado y capital, se hubiera centrado en las reconfiguraciones de las relaciones entre Estado y capital que fueron definiendo las formas de Estado resultantes de esas metamorfosis. Pero aquí no podemos detenernos en semejante análisis. El punto a remarcar es que esa forma de Estado que la reacción neoconservadora comienza a imponer en la lucha de clases en las postrimerías de la década de los setenta y que apunta a reimponer la separación entre lo político y lo económico no podía aparecer, siempre a la luz de aquella supuesta tendencia subyacente, sino como un irracional anacronismo. El Estado no podía ser sino un "monstruo barroco de provocación y devastación" (Negri 1996c: 203). Semejante forma de Estado, en cualquier caso, resultaría demasiado estrecha como forma de soberanía en las condiciones del capitalismo contemporáneo. El imperio sería pues la nueva forma supraestatal de soberanía que vendría a compensar esta estrechez.

La objeción más inmediata que puede oponerse a la hipótesis de Hardt y Negri de la emergencia de esta nueva forma supraestatal de soberanía es simple: *el imperio no existe*. La noción de imperio resulta de una necesidad interna a los análisis previos de Negri acerca de las metamorfosis contemporáneas del Estado, no de una necesidad externa, es decir, impuesta por el análisis de la dominación política en el capitalismo contemporáneo. Pero esto merece algunas precisiones. Esto no significa de ninguna manera que esa dominación política no haya sufrido profundas transformaciones en el capitalismo contemporáneo. En este sentido, Negri y Hardt aciertan en diferenciarse de aquellos que "se muestran reacios a reconocer que la globalización de la producción capitalista y su mercado mundial representan una situación fundamentalmente nueva y un cambio histórico significativo" y de aquellos que "se manifiestan remisos a reconocer el gran cambio operado en las relaciones globales de poder, porque advierten que los Estados-nación capitalistas dominantes continúan ejerciendo una dominación imperialista sobre las demás naciones y regiones del globo" (2002: 23). E incluso muchas de esas transformaciones son agudamente analizadas por los propios Negri y Hardt en sus escritos, como por ejemplo la ponzoñosa dialéctica en que desembocaron los procesos de liberación nacional (2002, Caps. 5 y 6) o el Estado de excepción permanente y generalizado, el Estado de guerra global, en que nos encontramos sumergidos (2004, Caps. 1 y 2). Esto no significa, por consiguiente, que esa dominación política pueda seguir siendo analizada a partir de las concepciones clásicas del imperialismo. Y aquí debemos ir incluso más allá de los argumentos que Hardt y Negri proponen en este sentido: no alcanza simplemente con reconocer los límites históricos de validez de esas concepciones clásicas del imperialismo, sino que deben discutirse también sus límites teóricos inherentes. En efecto, acaso paradójicamente, Negri y Hardt asumen acríticamente muchos de los elementos mas cuestionables desde un punto de vista teórico de las concepciones clásicas del imperialismo de Luxemburg y Lenin (véase 2002, Cap. 10) para limitarse a declararlas superadas desde un punto de vista histórico. Esto tampoco significa, *last but not least,* que la vieja soberanía estatal pueda asumirse sin más como una modalidad de soberanía perfectamente adecuada al grado de integración alcanzado por el mercado mundial en el capitalismo de nuestros días. Y bien puede suceder que, en palabras de Hardt y Negri, "la trascendencia de la soberanía moderna" esté tropezando con "la inmanencia del capital" en algún sentido (2002: 289). Pero crisis no es sinónimo de transición, o, mejor dicho, sólo pueden ser sinónimos dentro de una concepción determinista de la historia, incompatible con el énfasis que ponen los propios Negri y Hardt en la lucha de clases: la crisis de la modalidad estatal de soberanía no implicaría necesariamente una transición hacia una modalidad supraestatal de soberanía.[10] En determinada región de nuestro sistema solar existe un planeta, nunca observado hasta la fecha, que altera la órbita predecible de Urano: Leverrier y Adams descubrieron Neptuno, en 1846, mediante esta conjetura. Pero este procedimiento, que acaso valga para descubrir astros, no vale ciertamente para descubrir nuevas soberanías (véase Bonnet 2002).

El síntoma por excelencia de que la noción de imperio resulta más de una necesidad interna a los análisis previos de las metamorfosis contemporáneas del Estado de Negri que de una necesidad externa impuesta por el análisis de la dominación política en el capitalismo contemporáneo, se halla en las dificultades que Negri y Hardt encuentran a la hora de definir en qué consiste esa supuesta nueva modalidad de soberanía. No podemos detenernos aquí en la discusión del proyecto constituyente que inspiraría esta nueva modalidad de soberanía. Digamos apenas que Hardt y Negri sostienen que "la idea contemporánea del imperio surge a través de la expansión global del proyecto constitucional interno de los Estados Unidos" (2002: 165). Esa expansión resultaría de la generalización durante la posguerra del *New Deal* rooseveltiano, a través de "tres mecanismos: la descolonización, la descentralización de la producción y la aplicación de la disciplina-[que] caracterizaron el poder imperial del *New Deal* y demostraron hasta qué punto éste había superado las antiguas prácticas del imperialismo" (*idem*: 222). Detengámonos aquí, en cambio, en la estructura que adoptaría esa nueva forma de soberanía. Hardt y Negri sostienen al respecto que la nueva constitución supranacional adoptaría "una estructura piramidal compuesta por tres tercios progresivamente más amplios, cada uno de los cuales contiene a su vez varios niveles" (2002: 273). Este tríptico estaría conformado por un primer tercio, encabezado por un Estado-nación, los EE.UU., como superpotencia militar hegemónica, así como por un conjunto de Estados nacionales poderosos militar y monetariamente reunidos en organismos como el Grupo de los Siete, los Clubes de París y Londres y el Foro de Davos y por asociaciones culturales y biopolíticas no especificadas. Un segundo tercio estaría conformado por las grandes transnacionales que controlan los flujos de capitales, mercancías, tecnologías y poblacio-

---

[10] La explicación de Negri y Hardt sobre la emergencia de esta nueva forma supraestatal de soberanía no escapa, en este sentido, a las críticas de Holloway y otros a las explicaciones sobre la emergencia de una nueva forma de Estado, *posfordista*, de los teóricos de la *reformulación* del Estado (véase Holloway y Bonefeld 1994 y nuestro capítulo previo). El propio Holloway (2003) parece sugerir esta crítica. Más adelante veremos que esto se relaciona con una impronta estructuralista también presente en el pensamiento de Negri.

334

nes y otro conjunto de Estados nacionales menos poderosos pero capaces de intervenir en la regulación de esos flujos. Y un tercer tercio estaría conformado por Estados nacionales subordinados y organizaciones no estatales, desde las viejas instituciones religiosas hasta las nuevas organizaciones no gubernamentales. Es difícil, ciertamente, diferenciar esta descripción del imperio de una descripción del ordenamiento político internacional inspirada en las teorías clásicas del imperialismo, (...) o del ultraimperialismo. Y más difícil aún es precisar en qué sentido la forma estatal de soberanía habría sido superada a la luz de esta descripción del ordenamiento político internacional que sigue remitiendo básicamente a una jerarquía de Estados nacionales. La analogía entre esta estructura y el esquema tripartito polibiano de monarquía-aristocracia-democracia propuesta por Negri y Hardt no ayuda demasiado a aclarar las cosas. En síntesis: ¿estamos ante la "constitución híbrida" de una nueva modalidad de soberanía o, en cambio, ante la ausencia de constitución alguna de una nueva soberanía?

Pero aquí no se acaban las dificultades. Ahora conviene detenerse un momento en las características de esa necesidad interna a los análisis previos de Negri que lo conduce a postular esta nueva modalidad de soberanía. Decíamos antes que, a la hora de explicar la instauración del imperio, Negri y Hardt remiten a un *New Deal* que se habría extendido, en la posguerra, hasta constituirse en un orden disciplinario mundial. Este proceso coincidiría a su vez con la extensión a escala mundial y la plena realización de la subsunción real del trabajo, plenamente socializado e intelectualizado, al capital. Esta realización extendida de la subsunción real es la que exigiría ese pasaje de una soberanía estatal/imperialista, sustentada aún en un paradigma de poder disciplinario, a una soberanía supraestatal/imperial sustentada en un nuevo paradigma de control.[11] En este punto de la argumentación, sin embargo, se registra una tensión, que acaso mine el pensamiento de Negri en su conjunto. La tensión se relaciona con las características de esa necesidad subyacente a este argumento acerca del pasaje de la soberanía estatal/imperialista a la soberanía supraestatal/imperial: ¿dónde radica el motor de este pasaje?

Negri y Hardt, aparentemente, vacilan entre dos respuestas a esta pregunta. Una de ellas es una respuesta de inspiración autonomista: esa metamorfosis de la soberanía es una respuesta del capital ante la lucha del tra-

---

[11] Las nociones de *sociedad disciplinaria* y *sociedad de control* provienen, naturalmente, del último Foucault y de Deleuze (especialmente relevante es, en este contexto, Deleuze 1999). A propósito de la influencia deleuziana en particular debe tenerse en cuenta la colaboración de Negri con Hardt.

bajo.[12] "Las luchas proletarias constituyen –tanto en términos reales como ontológicos– el motor del desarrollo capitalista" (2002: 188). Así pues "el deseo de liberación fue usufructuado (de una manera extraña y pervertida, pero aun así muy real) por la construcción del imperio. Hasta podría decirse que la construcción del imperio y sus redes globales es una respuesta a las diversas luchas emprendidas contra las máquinas modernas del poder y, específicamente, a la lucha de clases impulsada por el deseo de liberación de la multitud. La multitud dio nacimiento al imperio" (2002: 51-52). Negri y Hardt tienen en mente las oleadas mundiales periódicas de las luchas sociales y, en particular, aquella de fines de los sesenta y comienzos de los setenta. "Estos ciclos internacionales de luchas fueron el motor real que impulsó el desarrollo de las instituciones del capital y que lanzó a este último a un proceso de reforma y reestructuración. El internacionalismo proletario, anticolonial y antiimperialista, la lucha por el comunismo, presente en todos los acontecimientos importantes de insurrección de los siglos xix y xx, anticipó y prefiguró los procesos de globalización del capital y de formación del imperio. De este modo, la formación del imperio es una *respuesta* al internacionalismo proletario" (*idem:* 58).[13]

La otra respuesta es, en cambio, de inspiración regulacionista, para no pensar que deriva de una adopción ingenua de las concepciones dominantes sobre la desaparición de los Estados nacionales ante la mundialización: esa metamorfosis de la soberanía respondería, en este caso, a la adaptación de la soberanía a la globalización del capital. A propósito de los Estados capitalistas dicen: "A medida que va cobrando su forma plena, el mercado mundial actual tiende a desconstruir las fronteras del Estado-nación. En un período anterior, los Estados-nación eran los actores principales de la organización imperialista moderna de la producción y el intercambio global, pero para el mercado mundial hoy se van transformando cada vez más en meros obstáculos" (2002:140). Y acerca de los Estados burocráticos del Este dicen: "El sistema entró en crisis y se desmoronó a causa de su incapacidad estructural para superar el modelo de la gobernabilidad disciplinaria, tanto en el plano del modo de producción, que era fordista y taylorista,

---

[12] Recuérdese la tesis clásica de Tronti: "Nosotros también hemos trabajado con un concepto que pone al desarrollo del capitalismo en primer lugar y a los trabajadores en segundo lugar. Esto es un error. Y ahora tenemos que invertir el problema completamente, revertir la polaridad y comenzar otra vez desde el principio: y el principio es la lucha de clase de la clase trabajadora" (Tronti 1979: 1).

[13] Esta afirmación es coherente con la argumentación desarrollada por Negri años antes para explicar el surgimiento del Estado benefactor como respuesta a la crisis capitalista de 1929 (Negri 1996b, Negri 1967).

como en el plano de la forma de dominio político [*political command*], que era socialista-keynesiana, es decir, meramente modernizador en la esfera interna e imperialista en la esfera externa" (*idem*: 244).

Es evidente que ambas cosas son muy distintas. El imperio aparece como una respuesta en ambos casos, pero ¿como respuesta a las luchas internacionales de los trabajadores o a la mundialización de la acumulación capitalista? La lucha de clases es el motor del pasaje de la soberanía estatal/imperialista a la soberanía supraestatal/imperial en el primer caso, la disfuncionalidad entre la soberanía estatal/imperialista y la mundialización de la acumulación capitalista en el segundo. Ambas cosas son diferentes. Y la tensión entre ellas atraviesa en su conjunto los escritos de Negri. En efecto, Negri acostumbra periodizar el desarrollo capitalista en su conjunto valiéndose de categorías y razonamientos tomados de la escuela de la regulación y, al mismo tiempo, introducir la lucha de clases como elemento ajeno a las determinaciones estructural-funcionalistas puestas en juego en esas categorías y razonamientos regulacionistas.[14] Pero acaso esta tensión alcance su paroxismo en las páginas *Imperio* y, más precisamente, en las páginas que Negri y Hardt dedican a las concepciones clásicas del imperialismo. "El imperialismo, en realidad, le coloca una camisa de fuerza al capital o, para ser más precisos, en cierto momento, las fronteras creadas por las prácticas imperialistas obstruyen el desarrollo capitalista y la realización plena de su mercado mundial", concluyen de su exposición de las ideas de Luxemburg y Lenin (2002: 209). Mas enseguida advierten que "las teorías del paso al imperialismo y del modo de superarlo que dan prioridad a la crítica pura de la dinámica del capital corren el riesgo de subestimar el poder del verdadero motor eficiente que impulsa el desarrollo capitalista desde su centro más profundo: los movimientos y luchas del proletariado" (*idem*: 210). Y digamos que no se equivocan: las concepciones clásicas del imperialismo –y especialmente la luxemburguiana, a la que conceden mayor interés– no otorgan sino una importancia explicativa secundaria a la lucha de clases. Pero esto no les impide a Hardt y Negri concluir, como envueltos en un ejercicio de esquizoanálisis, que "la decadencia de los Es-

---

[14] El vínculo de Negri con el estructuralismo francés acaso se remonte a su estadía en la *École Normale Supérieure de Paris*, invitado por Althusser, de 1978, donde desarrollará su relectura de los *Grundrisse* de Marx (véase Negri 1991). Pero es seguro que se consolidará con su exilio parisino posterior a su encarcelamiento en Italia, es decir, desde 1983. El vínculo con el *regulacionismo* es manifiesto en las páginas de la antes mencionada *Futur Anterieur* de los noventa.

tados-nación es, en un sentido profundo, la realización plena de la relación entre el Estado y el capital" (*idem*: 211).[15]

En todo caso, señalamos antes que el Estado capitalista seguía apareciendo en el pensamiento de Holloway como instancia central de la dominación capitalista, aun cuando, paradójicamente, prescribiera que esa centralidad fuera desconocida sin más por las luchas contra esa misma dominación capitalista. Pero esta relación entre el Estado y las luchas contra la dominación capitalista resulta, si cabe, mucho más paradójica y problemática en el pensamiento de Negri y Hardt. Ellos parten, en cambio, de la decadencia de esa centralidad de los Estados nacionales para concluir en las últimas páginas de *Imperio* proponiendo un edulcorado conjunto de consignas que sorprendió a más de uno de sus lectores, y, en sus últimas declaraciones, un apoyo, mucho más desconcertante aún, a cualquier administración de esos mismos Estados capitalistas que se proclame a sí misma como progresista.[16]

---

[15] Esta tensión que mina el pensamiento de Negri y Hardt remite acaso, en última instancia, a su negativa a interpretar la relación entre trabajo y capital en términos dialécticos. La superposición de la multitud productiva y constituyente de la ontología spinoziana a las categorías estructuralistas de fordismo y posfordismo no es quizá sino un engorroso atajo para esquivar la dialéctica, un atajo que conduce a una reproducción permanente de esa tensión (véanse las críticas de Holloway al dualismo entre trabajo y capital en Negri y el autonomismo en su conjunto, en Holloway 2002 y especialmente en Holloway 2005).

[16] Entre ellas, ciertamente, administraciones decididamente neoliberales como las de Lula en Brasil o Kirchner en la Argentina. "El gobierno de Kirchner corresponde a un pasaje positivo para la prosecución constituyente de la situación argentina" (A. Negri: "Con Kirchner y Lula el Cono Sur mejoró", en *Página 12*, 19/10/03). "El viaje de Lula a Davos ha sido positivo, y puede ayudar (...) Lula tiene poder para modificar la agenda de Davos" (M. Hardt: "Lula tem poder para mudar a agenda", en *O Globo*, 30/1/05). "Cuando se habla de 'nuevos' gobiernos latinoamericanos, nos referimos a aquellos que son productos de movimientos constituyentes y no de un proyecto político estructurado o de un partido de vanguardia que se arroga la representación. Podemos definir a los gobiernos de Lula, Kirchner, Chávez y Morales como verdaderamente 'nuevos' ya que el momento electoral y representativo de sus gobiernos está completamente sobredeterminado por el proceso de constitución democrática" (entrevista a G. Cocco, colaborador de Negri, "Los nuevos gobiernos no se entienden sin los movimientos sociales", en *Página 12*, 20/3/06).